全国师范院校教师职业道德教材

# 教师伦理学

王正平◎主编

人民教育出版社
·北京·

图书在版编目（CIP）数据

教师伦理学/王正平主编. —北京：人民教育出版社，2023.1（2025.10重印）
ISBN 978-7-107-37205-6

Ⅰ. ①教… Ⅱ. ①王… Ⅲ. ①师德—教材 Ⅳ. ①G451.6

中国国家版本馆 CIP 数据核字（2023）第 018400 号

全国师范院校教师职业道德课程教材　教师伦理学

出版发行　人民教育出版社
（北京市海淀区中关村南大街 17 号院 1 号楼　邮编：100081）
网　　址　http://www.pep.com.cn
经　　销　全国新华书店
印　　刷　北京中科印刷有限公司
版　　次　2023年 1月第 1 版
印　　次　2025年 10月第 2 次印刷
开　　本　787毫米×1 092毫米　1/16
印　　张　23.75
字　　数　358 千字
印　　数　2 001～3 000 册
定　　价　64.00 元

# 本书作者一览（按执笔章节排序）


王正平　上海师范大学教授、博士生导师

刘竑波　华东师范大学副教授、教育学博士

周治华　上海师范大学副教授、伦理学博士

董　辉　陕西师范大学教授、博士生导师

车丽娜　山东师范大学教授、博士生导师

王本陆　北京师范大学教授、博士生导师

汪　明　首都师范大学讲师、教育学博士

何云峰　上海师范大学教授、博士生导师

钱焕琦　南京师范大学教授、硕士生导师

杜时忠　华中师范大学教授、博士生导师

刘次林　上海师范大学教授、博士生导师

贾新奇　北京师范大学教授、博士生导师



责任编辑　沈艳艳　龚鹏飞

装帧设计　于　艳

# 序

全国师范院校教师职业道德教材《教师伦理学》即将付梓，主编王正平教授嘱我写序。我虽学识浅薄，但有此良机先睹书稿学习，故不揣寒碜，欣然应允。

习近平总书记在全国教育大会上指出：“教师是人类灵魂的工程师，是人类文明的传承者，承载着传播知识、传播思想、传播真理，塑造灵魂、塑造生命、塑造新人的时代重任。”教师的工作意义非凡。这些年来，人们越来越认识到教师是教育工作的中坚力量，越来越体会到教师队伍建设是重中之重，越来越深刻体验到重中之特重是师德师风的建设。习近平总书记谆谆教导：“要把师德师风建设摆在首要位置，引导广大教师继承发扬老一辈教育工作者‘捧着一颗心来，不带半根草去’的精神，以赤诚之心、奉献之心、仁爱之心投身教育事业。”此话不啻为明灯一盏，指引着教师队伍建设的方向。

出于对优质师资培养高度负责的精神，为回应教育高质量发展对优质师资队伍的时代需求，以王正平教授为引领的八所师范大学资深教授和专家学者悉心研究教育伦理和教师职业道德。他们在对我国新时代教育伦理学的宏观、中观和微观等重大伦理道德问题进行全方位的理论探讨与审视的基础上，进而聚焦于教师职业伦理道德的研究，顺势而为，久久为功，创造了研究新成果。他们的研究既具有立足中国、放眼世界、融通古今的特色，又强调理论与实践的高度结合。该书以教育哲学、伦理学、应用心理学、社会学等为学术支撑，以当前师德实践问题为导向，力图建构教师伦理学科的理论框架，凸显新时代师德师风建设的价值取向与根本要求。该书观点明确，阐释清晰，有整体面的思考，又有点上的深入推敲，读者若能认真学习，深思践行，必将收启智润心之效，受益良多。

例如“只有从教育劳动和整个社会历史发展进步要求的高度来充分理解和深刻认识教师道德，才能为教师的职业实践提供道德上的激励”，此言极是。这是从研究者的角度去把控理论建构的历史性、发展性、时代性和教育的本质特征。如若就事论事，就师德论师德，往往会捉襟见肘，难以深入底里。由此可进而推论，要教师尊崇师德，形成道德自觉，单凭是非标准、奖惩并举，虽有效果，但不易达到理想境界。提升师德，关键是在内心深处，从根和魂上施以心灵养料，要让教师切实体悟到自己所从事的平凡工作寓含着不平凡的价值和意义，提高教师内省、自律、自我修为的能力。在人类历史发展的长河中，中国特色社会主义教育以培育德智体美劳全面发展的社会主义建设者和接班人为目的，从教育本质特征来说，从教育规模来说，从教育理念到方针政策再到教育实践，世界上绝无仅有。教师生逢盛世，参加如此具有开创性的教育大事，教书育人，立德树人，既无上光荣，又责任重大。教师若能真切体会到自己是一头挑着学生的现在，一头挑着国家的未来，今天的教育质量就是明天的国民素质、明天的人才质量，那么理想信念的明灯就会在教师心中高高升起，以心相许，自强自律，有用不完的内驱力。

立德树人是教育的根本任务，是对培养什么人、怎样培养人、为谁培养人的明确回答。教师工作是以人育人的工作，是“三个传播”（传播知识、传播思想、传播真理）“三个塑造”（塑造灵魂、塑造生命、塑造人）的工作，立人先立己，“其身正，不令而行；其身不正，虽令不从”。立德树人所立之“德”，在当代中国有其特定的丰富内涵，“明大德、守公德、严私德”是对其含义及要求的阐释。“明大德”，就是要牢固树立理想信念，有了这个根和魂，遵守公德、严守私德的自觉性就会大大加强。教育学生如此，教师更须身体力行。围绕这一点，该书对社会主义核心价值观作了诸多论述，有理有据，旨在激励教师超越狭隘的利益观，追求高尚博大的伦理道德情怀。

该书在不少章节强调一个“善”字，以智求善、以德求善、以行求善。教师“四有”中的“有仁爱之心”，就是善的表现。教育学生成长、成人、成才，肩负国家的期望、人民的嘱托，是一种大爱、仁爱，是把阳光、雨露播撒到每个学生心中的无私的爱。研究伦理道德，目的在于追求道德上的善，也即追求生活之善，而最大的善，就是人的幸福。教师在立身处世、在教育活动中追求“善”，是个人的幸福，也就是每个学生的幸福，更是人民大众的幸福。

教师的活儿是良心活儿，呵护的是一个个需要精神养料的鲜活的生命。教师要尽心尽力，一丝不苟，把这些鲜活的生命培养成为国家的有用之才。教育力量活的源泉是人格的完美、道德的高尚、学识的丰厚。教师只有有品、有德、有才，才能在阑风伏雨面前头脑清醒、认准方向、执着追求，才能对得起每个鲜活的生命，才能担得起国家托付的千钧重担，才能对得住自己的良心。以上为我学习一得，与阅读教材的同行共享，也聊表对相关学者专家的敬意。

于漪

2022 年 11 月

（本序作者为全国著名特级教师，“人民教育家”国家荣誉称号获得者）

# 前　言

学高为师，身正为范。我们中华民族具有尊师重教、重视教师伦理道德的优良传统，具有“百年大计，教育为本；教育大计，教师为本；教师大计，师德为本”的伦理智慧。这本《教师伦理学》，是由全国八所师范大学长期从事该领域研究的著名专家学者，立足当前我国师德建设的实践需要，认真总结和吸取国内外教育伦理和教师伦理道德研究的最新成果，同心协力，为师范生和大中小学教师编写的教师职业道德教育教材。

这本《教师伦理学》的编写和出版，是厚积薄发、久久为功之作。1986年，人民教育出版社为了加强改革开放背景下的教师队伍建设，把王正平的专著《人民教师的道德修养》列入“师范教育丛书”出版。此书经过修订，多次重印，对我国教师道德教育实践和理论研究，产生了非常积极的影响。此后30多年来，王正平教授、王本陆教授、钱焕琦教授、贾新奇教授、杜时忠教授、刘次林教授等一直重视与教师伦理道德有关的研究，陆续有不少教育伦理学、教师伦理学和教师职业道德方面的专著和教材问世。进入新时代，随着我国教育现代化事业的迅速发展，教育伦理学和教师伦理道德研究日益受到学界和教育工作者的高度关注。2019年，人民教育出版社出版了由王正平教授主编，十所师范大学著名专家学者协作编写的《教育伦理学》。学界认为：“该书对于全面系统分析教育伦理问题、传播教育伦理学先进理念、回应新时代我国教育改革发展面临的伦理道德挑战、推动我国迈入教育强国行列都具有重要的启示意义。”① 该书公开出版后，得到了教育学界和伦理学界众多专家和广大教师的充分肯定；《中国社会科学报》《中国教育报》等主流媒体纷纷发表评论和报道，给予了较高评价；先后入选由中国教育新闻网主持评选的“2019年度全国教师暑期阅读推荐书目”和“2019年度影响教师的100本书”。2020年1月3日，该书又入选教育治理与智库研究院（ETTG）

① 王正平主编：《教育伦理学（第六辑）》，华东师范大学出版社2019年版，第461页。

通过专家三轮评审确定的"2019年度十大教育图书"。

这本《教师伦理学》与《教育伦理学》有着显著区别:《教育伦理学》重在对我国新时代教育伦理学的宏观、中观和微观的重大伦理道德问题进行全方位的理论探讨和审视，为我国的教育伦理学理论和实践研究提供深层次的智力支持和价值引领，兼具学术专著和高层次研究教材的双重特征;《教师伦理学》重在对教师教育职业活动过程中的各种伦理道德关系，师德原则、范畴、规范和要求，以及教师的师德评价、德性养成和人格完善，进行理论联系实际的阐述和探讨，在当前思想价值多元、教育利益矛盾凸显的背景下，为师范生和大中小学教师提供教育行为选择的伦理智慧和建议。可以说，《教师伦理学》是一本适合面向师范生和教师开展教师职业道德培养和培训的新型教材。

教师伦理学是教育伦理学的一门新兴分支学科，是以研究教师的教育职业伦理道德为对象的科学。这本《教师伦理学》在理论总结、应用和开拓创新上，坚持以新时代广大教师面临的大量师德实践问题为导向，以教育科学理论和道德科学理论为基础，以兼顾应用心理学、社会学等跨学科研究为特征，重视功利论、义务论、美德论、正义论和契约论的融通与互补。

我国当前师德师风建设的深入发展，需要新时代教师伦理学科学理论的正确引导。本教材力图建构的中国特色教师伦理学科学理论框架，坚持以习近平新时代中国特色社会主义思想和党的二十大关于全面贯彻党的教育方针、广泛践行社会主义核心价值观、落实立德树人根本任务的价值导向，努力体现社会主义核心价值观的根本要求。同时，本教材直面我国当代教育工作中的利益矛盾、观念冲突、师德建设困境，积极继承和弘扬中华民族教师伦理道德的优良传统，大胆借鉴国外教师伦理道德实践的有益经验，努力探寻与社会主义市场经济和教育改革发展要求相契合的教师道德原则规范体系，倡导恪守底线、追求高尚，为全面提高我国教师队伍的思想道德素质，为把青少年学生培养成为德智体美劳全面发展的、堪当民族复兴重任的时代新人服务。

这本《教师伦理学》十分重视把近年来党和国家关于师德建设的指导思想、重要基本要求和具体行为规范有机融入教材内容。这种融入坚持实事求是、入情入理，符合教师伦理道德科学理论的内在逻辑，不搞生搬硬套、教条主义和形式主义。本教材突出教材内容和教学方法的科学性、适切性、稳定性和创新性。当代教师伦理学理论，是教育科学规律要求和现代教育伦理道德文明进步要求的高度统一，从根本上说，它追求教师的心灵之善和行为之善，追求教育职业活动的崇高价值与真理。

本教材的编写，强调理论联系实际，特别是理论对实践的指导性和针对性，立足于教师伦理学理论创新、教学方法创新、实践养成创新。每一章根据论述的主要内容和理论要点，在文末设置富有启发性的思考与练习题、案例分析、拓展阅读书目、教学实践活动建议，以促进师生互动、学员（生）主动。希望在各方面的努力和支持下，这本《教师伦理学》教材在实践中日臻完善，成为全国师范生和教师培养培训的好教材。

这本《教师伦理学》是集体努力的研究成果和思想结晶，由上海师范大学王正平教授主编，来自上海师范大学、北京师范大学、华东师范大学、华中师范大学、南京师范大学、陕西师范大学、山东师范大学、首都师范大学等八所大学长期从事教育伦理学和教师职业道德研究的专家学者协作编写。具体分工如下：上海师范大学教授王正平撰写第一章、第三章，合作撰写第二章；华东师范大学副教授刘竑波合作撰写第二章；上海师范大学副教授周治华撰写第四章；陕西师范大学教授董辉撰写第五章；山东师范大学教授车丽娜撰写第六章；北京师范大学教授王本陆和首都师范大学讲师汪明撰写第七章；上海师范大学教授何云峰撰写第八章；南京师范大学教授钱焕琦撰写第九章；华中师范大学教授杜时忠撰写第十章；上海师范大学教授刘次林撰写第十一章；北京师范大学教授贾新奇撰写第十二章。在具体编写和修改过程中，上海师范大学副教授朱炜起草了第二章中的“澳大利亚教师伦理思想研究概况”和第七章中的“在线与智能化教学的伦理挑战及其应对”；北京师范大学伦理学博士生孙俊妮协助撰写了第十二章；上海师德研究与评价中心助理研究员李文静担任主编助理，参与了对全书正文的核校和各章“案例分析”的补充、调整和修改工作。另外，科研助理舒松、周瑶和周妍璇也担任了部分书稿章节的核校工作。

本书在拟订编写大纲、讨论修改书稿的过程中，得到了我国伦理学和教育学领域许多专家的热忱指导和大力支持。2020 年 8 月 14—17 日，以讨论和审阅《教师伦理学》书稿为主要内容的“新时期教师伦理学与师德师风建设高端学术研讨会”在广州大学召开。中山大学马克思主义哲学与中国现代化研究所所长、博士生导师李萍教授，中国伦理学会副会长、中山大学博士生导师林滨教授，广东省伦理学会副会长、广州大学罗明星教授，上海师范大学跨学科研究中心主任、博士生导师王正平教授，上海师范大学知识与价值研究所所长、博士生导师何云峰教授，南京师范大学吴贻芳研究中心主任钱焕琦教授，湖南师范大学道德文化研究院院长、博士生导师向玉乔教授，陕西师范大学博士生导师董辉教授，首都师范大学教师工作部部长苏寄宛教授，以及广州大学冉杰教授、吴阳松副教授、詹明鹏副教授、符海平博士等，就《教师伦理学》初稿进行了逐章逐节的讨论。专家们认为，教材内容与时俱进，反映了近年来我国面向当代师德实践的重要理论研究进展，重视教学方法实际创新。同时，专家们也提出了具体的修改意见和建议。本书正是在认真广泛听取有关专家、师德建设工作者和大中小学一线教师意见的基础上，多次修改、定稿而成的。

本教材编写的一个特色，是每章末尾除了有思考题以外，还专门安排了结合教学重点的“案例分析”。这些来自于教师道德实践中的一个个活生生的案例，有利于师生共同面对现实教育利益和师德观念冲突，尊重道德主体性，充分调动师生教与学的积极性，使重点教学内容和科学合理的教师伦理道德理念入心入脑。这是符合当代全球教学改革趋势的一项重要举措。本书选用的全部案例，有的是根据已经公开发表的报道和文章，由作者精心编写的；有的是从正式出版的书中由作者用心选取的，并尽量注明来源。在此，我们特向为本书案例作出贡献的原作者表示真诚的谢意！

牵头发起组织本教材编写的上海师范大学和参加协作编写的我国著名师范大学，长期重视教师伦理道德理论研究与教学实践。近年来，随着教师教育改革的不断深入，上海师范大学领导和广大教师更加深刻地认识到：应当把师德师风建设摆在首要位置，教师伦理的价值理念、认知态度和思维方式需要深深植入师范生职前培养，应该成为未来教师素养和知识结构的重要组成部分。因此，本书的编写和出版，得到了上海师范大学负责教学工作的副校长李晔教授和教务处处长高湘萍教授的积极关心和大力支持。

本书在编写过程中，得到了教育部教师工作司领导的悉心指导和热情支持，教育界和伦理学界的许多专家为教材的编写献计献策。“人民教育家”、全国教书育人楷模于漪先生热忱为本书作序。人民教育出版社刘立德编审对本书的编写和定稿提出了宝贵的意见和建议，吕达编审、诸惠芳编审、任长松编审、韩华球编审、冯卫斌副编审、沈艳艳博士和龚鹏飞编辑对本书的编辑出版尽心尽力。谨此一并表示衷心的感谢！

我们深知，建构新时代中国特色教师伦理学理论体系是一个需要在实践中不断探索和完善的过程。由于教师伦理学的理论与实践问题极其复杂，教师伦理价值观念和师德理论纷繁多样，尽管参与编写的专家学者尽心尽力，即使在新型冠状病毒肺炎疫情（简称“新冠肺炎疫情”）严峻的形势下，依旧以追求教师伦理真理的精神积极探讨，笔耕不辍，但限于现有研究条件和作者的认知能力，这本《教师伦理学》还存在着这样或那样的缺点和不足。恳请广大读者不吝赐教，对本书提出各种有益的批评和建议，以便使之不断完善。

编　者

2022 年 11 月 10 日

# 目　录

## 第一章　绪论



## 第二章　中外教师伦理思想发展概况

## 第三章　教师伦理道德原则



## 第四章　教师伦理范畴

## 第五章　师生关系中的伦理道德

## 第六章 教师集体关系中的伦理道德

## 第七章　教师教学劳动中的伦理道德



## 第八章　教师科学研究中的伦理道德

## 第九章 教师与家长关系中的伦理道德



## 第十章 教师与社会关系中的伦理道德

## 第十一章　教师行为选择与道德评价



## 第十二章　教师职业道德修养

# 第一章　绪　　论

教师所从事的教育劳动是人类最重要、最崇高的职业劳动之一。著名教育家夸美纽斯说："太阳底下再也没有比教师这个职业更高尚的了。"① 教育工作是传承文明、开启民智、把人培养成为人、造就一代又一代社会新人的伟大事业，为国家、民族和全人类开创更加幸福和美好的未来。教师是人类灵魂的工程师，承担着传播思想真理、传授知识技能、塑造青少年良好思想品德的重大社会责任。教师在教育职业劳动中表现出的道德面貌，直接影响着青少年学生的思想品行。故而，古往今来，人们都对教师道德提出较高的要求。夸美纽斯说："教师应该是道德卓异的优秀人物。"②

学高为师，身正为范。进入新时代，发展中国特色社会主义教育事业，实现中华民族的伟大复兴，培育一代又一代德智体美劳全面发展的社会新人，需要我们广大教师成为有理想信念、有道德情操、有扎实学识、有仁爱之心的"四有"好教师。做"四有"好教师最基本的是要在教育和教学工作中讲教师职业道德。教师要出色履行教书育人、立德树人的职业使命，必须从讲师德开始。

教师伦理学是近年来随着教育伦理学的兴起而发展起来的一门专门研究教师职业道德的新兴学科。在当今社会道德价值观念多元、教育方式和情境多变、教育利益冲突明显的时代背景下，师范生和教师认真全面地了解和掌握教师伦理学的基本科学知识，有益于自己学习借鉴教育领域的重要道德智慧，明确教育行为的是非善恶标准，合理地协调和解决教育职业活动中的矛

---

① 唐晓云：《夸美纽斯传略》，载魏泽馨选编：《傅任敢教育译著选集》，湖南教育出版社 1983 年版，第 584 页。

② ［苏］В. Н. 契尔那葛卓娃、И. И. 契尔那葛卓夫著，严缘华、盛宗范译：《教师道德》，华东师范大学出版社 1982 年版，第 5 页。

盾和利益冲突，提高教育教学工作效益，培养自己优秀的教师职业品质。

## 第一节　教育劳动和教师职业道德

### 一、教育、伦理道德与教师对善的追求

教育是培养人的一种社会活动，它同社会的发展、人的发展有着密切的联系。教育的目的是增进人的知识技能和培养人的美好德行。“伦理道德”是一个组合词。“伦理”是指一定社会的基本人际关系规范及其相应的道德原则。“道德”是指以善恶为标准，依靠社会舆论、传统习惯和人们的内心信念维系的，调整人与人（包括个人与集体、个人与社会）、人与自然、人与自我生命体等关系的原则规范、心理意识和行为活动的总和。①“伦理”与“道德”在一般情况下可以通用。如要予以细化，“伦理”是指社会的人际“应然”关系，即应有的道德规范，而“道德”是指主体对道德规范的内化和践行。“伦理”偏重于社会上人与人之间应有的秩序和价值目标，而“道德”更侧重于个体的德性和行为操守。“伦理道德”这一观念，是指一定社会的基本人际关系及其相应的道德价值观念、道德原则规范、道德行为品质。探究和践行伦理道德的目的，是为了维护良好的社会秩序和培养具有优秀道德品格的人。“教育”与“伦理道德”在其社会现实性上都与训育人、培养人、促进人的完善和精神成长密切相关。纵观人类几千年的教育史，“教育”与“伦理道德”总是难分难舍，两者之间具有密不可分的内在联系。

在我国，“教育”一词最早见于《孟子·尽心上》：“得天下之英才而教育之，三乐也。”《孟子·滕文公上》指出：“夏曰校，殷曰序，周曰庠，学则三代共之，皆所以明人伦也。”许慎《说文解字》的解释：“教，上所施下所效也。”“育，养子使作善也。”中国传统文化历来强调教育是要“化民成性”，教人从善。两千多年前的《学记》强调：“君子如欲化民成俗，其必由学乎！”

---

① 王正平、周中之著：《现代伦理学》，中国社会科学出版社 2001 年版，第 11 页。

儒家经典《大学》开宗明义："大学之道，在明明德，在亲民，在止于至善。"教育的最高境界就是成人，培养人拥有德性完善的人格。

在西方，"教育"一词源于拉丁文 educare，本义是指"引出"或"发挥"，意指教育活动是引导儿童固有能力得到完善的发展。柏拉图指出，教育的最高目标就是善。他说："什么是教育之善？答案很简单——教育造就善的人，并且善的人行为高尚。"① 雅斯贝尔斯说："真正的教育应先获得自身的本质。教育须有信仰，没有信仰的教育就不成其为教育……对终极价值和绝对真理的虔敬是一切教育的本质。"② 显而易见，西方教育活动同样强调伦理道德的重要性。

伦理道德不仅是教育的重要内容，而且是整个教育活动追求的价值目标。康德在《论教育》中指出："所谓教育系指保育（儿童的养育）、管束、训导和道德陶冶而言。故人在幼儿时期必须保育，儿童需要管束，求学时须加训导。"③ 皮亚杰也明确指出："教育是一个整体，并且是智力和道德成长的两个根本的必要因素之一，因此，学校对于个体潜能的实现和社会生活的适应方面的最终成败负有重大责任。"④

教师是组织和开展教育职业活动的主体。教师与其他社会职业劳动有所不同，全社会对教师职业有较高的道德期待和道德要求。个人从事教育职业活动，不仅意味着他谋得了一份有利于生存发展的岗位和物质利益，而且意味着他选择并承担了一份以智求善、以德求善、以行求善的教育职业道德使命。教师以教育劳动求善，是以尊重、向往和恪守伦理道德来实现的。伦理道德通常表现为一定社会所认可和推崇的道德原则规范体系和实践这些原则规范而形成的价值理念、个人品质和精神信念。它反映着一定社会对人的行为和德性完善的要求，是人们共同生活和协调人际关系的精神力量。高尚的、合理的、健全的伦理道德，总是激励和引导包括社会教育活动在内的一切社

---

① 陈嘉映等译：《西方大观念》（第一卷），华夏出版社 2007 年版，第 301 页。

② ［德］雅斯贝尔斯著，邹进译：《什么是教育》，生活·读书·新知三联书店 1991 年版，第 44 页。

③ ［德］康德著：《论教育》，载任钟印主编：《世界教育名著通览》，湖北教育出版社 1994 年版，第 498 页。

④ ［瑞士］皮亚杰著，卢濬选译：《皮亚杰教育论著选》，人民教育出版社 1990 年版，第 80 页。

会实践活动趋向完善，创造更好的社会、更好的人、更好的生活。因此，以培育人、发展人、完善人为宗旨的教育活动，不仅一刻也不能脱离合理的伦理道德价值理念的正确指引和规范，而且合理的伦理道德理念和优秀品格的训育，本身就是教育实践活动的内容和目的。教师通过教育和教学活动追求道德之善，就应当关心学生和自我的道德心灵的健康成长。雅斯贝尔斯说："所谓教育，不过是人对人的主体间灵肉交流活动（尤其是老一代对年轻一代），包括知识内容的传授、生命内涵的领悟、意志行为的规范，并通过文化传递功能，将文化遗产教给年轻一代，使他们自由地生成，并启迪其自由天性。"①

教师在教育活动中的求善，深刻地表现为自觉信守合理的道德价值理念和教师道德行为规范，引导学生追求高尚的生活理想、价值理念和道德品行。教育必须传授有价值的东西，必须给有价值的活动和思想与行为方式以启发和引导。同时，教育还必须以一种道德上可接受的方式向学生传授某些有价值的东西。这就是说，一切有益的教育活动，不单需要合理的伦理道德价值理念的指导，使之成为教育和教学的重要内容，而且教育和教学必须"以一种道德上可接受的方式"来进行。只有保证教育目的、教育手段、教育内容、教育方式、教育成果和教育过程中的人际关系、精神氛围都是合乎伦理道德的，才能确保教育价值得以真正实现。

教师职业劳动的崇高目标是求善，努力培养和造就全面发展的善良之人。什么是道德上的善？亚里士多德在《尼各马可伦理学》一书中说过，研究伦理道德学的目的是追求生活之"善"，而最大的"善"就是人的幸福。教师在教育活动中追求的善，是个人的幸福，也是每个学生的幸福，更是人民大众和全人类的幸福。

### 二、教师职业道德

教师职业道德是职业道德的一种。在社会生活中，职业是指人们由于社会分工而对社会所承担的一定职责和所从事的专门业务。所谓职业道德，就是指人们在从事各种正当的社会职业活动过程中，思想和行为应当遵循的道

---

① ［德］雅斯贝尔斯著，邹进译：《什么是教育》，生活·读书·新知三联书店 1991 年版，第 3 页。

德规范和准则。

职业道德是整个社会道德体系的一个重要组成部分。我们知道人类的生活是多方面的，一般可分为职业生活、家庭生活和社会公共生活。与之相应，道德也可分为职业道德、家庭婚姻道德和社会公共道德。在社会职业劳动和日常生活中，各行各业的职业道德扮演着重要的角色，起着非常重要的作用。职业道德主要调整两方面的关系：一是从事同一职业的人的内部关系，维护和协调职业集团内部利益关系；二是职业集团与职业劳动对象及社会各方面的关系，以维护职业劳动服务对象的基本利益，满足社会各方面对本职业的要求。丰富多彩的职业劳动，是人类社会生活向前发展的生命线。每一个社会的职业道德状况，反映出社会道德的要求和状况，并直接关系到各行各业的发展和全体社会成员的切身利益。

由于从事各种特定职业的人们有着共同的劳动方式，接受共同的职业训练，因而往往具有共同的职业兴趣、爱好、习惯和心理传统。在职业集团内部、职业集团之间、职业集团与社会各方面的人与人之间具有特定的利益关系，形成了特殊的职业责任和职业纪律，从而产生了各种具有本职业特点的行为规范和道德要求。职业道德与社会道德或其他道德类型相较，具有丰富多样性、专业适用性和稳定连续性的特点。从事每一个职业的一代又一代人，总会从上代人那里吸取合理的道德观念，以确保职业劳动能够顺利开展。例如我国唐代著名的医药学家孙思邈在《备急千金要方・大医精诚》中提出：医生临诊治病，要“先发大慈恻隐之心”；对病人，“不得问其贵贱贫富，长幼妍媸，怨亲善友，华夷愚智”，应“普同一等，皆如至亲之想”；而对病情，要“一心赴救”，“详察形候，纤毫勿失”；对待同行，不能“道说是非，议论人物，炫耀声名，訾毁诸医，自矜己德”；要谦虚为人，不能“偶然治差一病，则昂头戴面，而有自许之貌，谓天下无双”。这些流传千古的优秀医德传统，至今仍有借鉴意义。再比如古希腊时代，著名思想家柏拉图在《理想国》中提出，奴隶主统治者的道德是“智慧”，武士的道德是“勇敢”，商人和工匠的道德是“节制”，所有人应当共同遵守的道德是“公正”。

到了现代社会，随着生产力的大力发展，人类的分工日益细致，有了千万种社会职业，职业道德也因此有了进一步的发展。职业道德的产生和发展，在总体上是人类社会精神文明的成果之一。每个社会的职业道德是整个社会道德的一部分，它总是受该社会占统治地位的道德原则、道德规范的影响和制约，职业道德是全社会倡导的基本伦理道德在职业劳动中的细化和表现。在总体上看，职业道德的发展和进步，与全社会和全人类的道德文明和完善是联系在一起的。

在整个社会分工中，教师从事的是教育职业劳动。教师职业道德，又称“教师道德”，简称“师德”。那么，什么是教师职业道德呢？所谓教师职业道德，是指教师在从事教育劳动过程中形成的比较稳定的道德观念、行为规范和道德品质的总和。它是在教育职业活动范围内调节教师个人与他人、个人与集体及个人与社会相互关系的行为准则，是一定社会对教师职业行为的基本要求和概括，是教师实践独特性在社会道德体系中的具体表现。在我们推进中国特色社会主义教育现代化的进程中，教师的职业道德是全体教师顺利进行教育和教学工作，履行自己崇高社会职责的重要保证。

在教育劳动中，教师承担着两种社会角色：一方面，教师是“社会的人”，是一个社会公民；另一方面，教师又是“专业的人”，要从事特定的专业（职业）工作。因此，从伦理道德的角度看，教师既要承担社会道德的责任，又要履行专业道德即职业道德的责任。我们倡导的新时代教师职业道德，具有鲜明的时代（社会）和职业特征。教师职业道德作为整个社会职业道德的重要组成部分，它受社会主义核心价值观和基本道德原则、道德规范的指导。与时俱进的新时代教师道德，体现富强、民主、文明、和谐、自由、平等、公正、法治、爱国、敬业、诚信、友善等社会主义核心价值观，体现集体主义、爱国主义、人道主义和以人民为中心等社会主义基本道德原则规范的根本要求。教师作为“社会的人”，作为中国特色社会主义的建设者，应当积极践行全社会基本道德价值理念和道德要求。

同时，教师又是“专业的人”，应当履行教育专业道德即教师职业道德的责任。教师只有在教育专业（职业）劳动中把社会道德的一般要求与教师职业劳动的特殊要求结合起来，恪守教师道德的基本要求，才能成为有道德的教师。当今世界，随着教育事业的发展，世界各国纷纷加强教师职业（专业）道德建设。教师的专业培训和专业发展，不是要减弱，而是要加强教师职业道德建设。穆雷尔等人指出，美国最大的师范教育认证机构——“全美师范教育认证委员会”（NCATE）及其发布的文件在美国教师质量的专业保障领域发挥着积极的作用①——在 2001 年制定的《教师专业发展学校教育标准》中把“教师专业习性”描述为：是在教师对待学生、家长、同事和社会的行为中产生影响的价值观、责任感和职业道德，它能影响学生的学习、动机和发展以及教师自身的专业成长。习性受知识基础、信念和态度的引导，这些信念和态度与关爱、正义、诚实、责任、社会公平等价值观念有关。进入 21 世纪特别是新时代以来，我国根据师德师风建设的客观需要，高度重视师德规范和教师行为准则制定，先后修订颁布了《中小学教师职业道德规范（2008 年修订）》《高等学校教师职业道德规范》《关于建立健全中小学师德建设长效机制的意见》《关于建立健全高校师德建设长效机制的意见》《新时代高校教师职业行为十项准则》《新时代中小学教师职业行为十项准则》《新时代幼儿园教师职业行为十项准则》等重要的师德建设指导性文件，为全国教师加强师德教育培训建设提供了基本行为参照。教师道德是教师从事和开展教育劳动的价值目标和道德基础。教师应当在教育职业劳动中，听从道德理性的引导，遵循教育科学规律，自觉遵守教育劳动特有的教师道德原则、规范、要求和戒律。

马克思曾经指出，道德是人们用“实践—精神”的手段把握世界的一种特殊方式。教师职业道德就是在教育职业领域中，用特殊的道德方式，来协调教育职业活动中的人际关系。教师道德是以教师行为准则和评价的方式，帮助人们分清是非善恶，鼓励教师趋善避恶，恪守教师伦理底线，追求教师道德高尚，以实现教育利益的最大化。教师道德是保障教育活动顺利、有效开展的必不可少的重要思想精神资源。

在教育实践中，教师道德具有两方面的职能。其一，保障和维护学生、家长和全社会的根本教育利益。教师道德明确反对和坚决制止教育和教学中的各种利己主义、拜金主义、见利忘义等不道德行为，以维护全体人民的教

① ［美］小彼得·C. 穆雷尔等编，麦丽斯译：《中小学教师职业道德培训手册：师德的定义、养成与评估》，中国青年出版社 2016 年版，第 8 页。

育根本利益，追求实现教育公平正义的社会崇高理想。其二，教师道德明确肯定教师从事的教育劳动的正当性和重要性，明确反对一切贬低教师、损害教师、践踏教师正当权益和人格尊严的不当言论和不道德行为，维护教师个人、教师集体和全社会教师的正当利益。

著名教育家徐特立说："学师范，做人民教师的人，他的思想品质好坏，也就格外显得重要。"① 德国著名教育家第斯多惠，在谈到教师道德修养时也指出："教师应当以教育事业为终身职业，自我教育也是终身教育。因此意义更为深远。教育要使别人获得真正的生活，就得发动别人去追求真、善、美，最大限度地发挥他们的天资和智力。"② 今天，加强我国 1 700 多万人民教师的师德师风建设，既是发展我国现代化教育事业、培养德智体美劳全面发展的社会新人、实现中华民族伟大复兴的客观要求，也是师范生和教师完善自身道德品行、提升自身道德境界、实现自我完善的热切愿望。

### 三、教育劳动特点、新时代教育伦理挑战与教师职业道德责任

为什么教师应该具有良好的教师职业道德？为什么教师应当自觉承担教育职业伦理责任？这是由教育劳动自身的特点和新时代教育面临的重大伦理道德挑战决定的。

（一）教育劳动的特点决定了教师职业道德的特殊重要性

马克思说："观念的东西不外是移入人的头脑并在人的头脑中改造过的物质的东西而已。"③ 因此，深刻揭示和认识教育劳动的一系列特点，是认识和阐明教师职业道德重要性的有效方法。我们只有注意分析教育劳动的特殊性，才能正确把握教师伦理道德和教师道德本身。④

1. 教育劳动的目的是要根据一定社会的需要创造新人，即把正在成长着的青少年一代，培养成具有良好的知识技能、品德素养和身心健康的人，既能为社会的经济文化建设作贡献，又能为实现人生的幸福奠定基础。教育是社会发展的基础，人才是民族振兴的基石。在错综复杂、利益多元的社会背

---

① 中央教育科学研究所编：《徐特立教育文集》，人民教育出版社 1979 年版，第 350 页。

② 任钟印主编：《西方近代教育论著选》，人民教育出版社 2001 年版，第 366 页。

③ 《马克思恩格斯选集》（第二卷），人民出版社 2012 年版，第 93 页。

④ 王正平主编：《教育伦理学》，上海人民出版社 1988 年版，第 4—6 页。

景下，教师只有依照社会基本道德理性和良知，以合理的职业道德价值理念为指导，才能确立和实现健全的教育目的，使自己的教育和教学活动真正给学生和社会整体带来福祉。相反，如果教育活动中教师不讲道德，只求私利，没有以公平正义的教育价值理念为指导，那么教育目的就偏离了人的全面发展这个根本目标，也必定会给学生和社会带来巨大灾难。

2. 教育劳动的对象既不是死的自然物，也不是一般的动物或植物，而是活生生的、有思想的、有感情的、有理性的、有个性的、作为社会整体一员的人。教育劳动的这个特点使教育劳动本身复杂化了。一方面，只有在师生之间确立良好的伦理道德关系，才能增进教育劳动的效果。教师要完成自己的教育任务，必须研究学生的心理、生理特点，尊重学生，与学生建立良好的信任关系。另一方面，教师是学生天然的榜样，应当以身作则。教师在教育劳动中的劳动态度、道德品行，直接影响青少年学生道德品质的形成和发展，影响正在成长的一代人的身心健康。著名的俄国教育家乌申斯基说："教师个人的范例，对于青年人的心灵，是任何东西都不能代替的最有用的阳光。"① 他指出，教师的思想品德对青少年学生心灵成长的影响是"任何教科书、任何道德箴言、任何惩罚和奖励制度都不能代替的一种教育力量"②。因此，教师应当好好检视自己，努力使自己具备高尚的道德品质和思想情操。

3. 教育劳动的工具是教师在教育劳动中借以对学生施加影响的各种手段。恰如马克思所说："劳动资料是劳动者置于自己和劳动对象之间、用来把自己的活动传导到劳动对象上去的物或物的综合体。"③ 在教育劳动中，劳动的执行者（教师自身）是和劳动手段融为一体的。教师通过自己的教育活动对学生施加影响，把知识、品德、才能传导给学生，所使用的工具除了教材、教学设备这些教育劳动的辅助工具，更重要的是教师的个性，即教师的知识水平、思维能力、思想觉悟、道德品质和情感意志。教师的劳动效果，不仅取

---

① ［苏］娥·芙·杰普莉茨卡娅编讲，华东师范大学教育系教育史教研组翻译室译：《教育史讲义》，华东师范大学出版社 1958 年版，第 375 页。

② ［苏］В. Н. 契尔那葛卓娃、И. И. 契尔那葛卓夫著，严缘华、盛宗范译：《教师道德》，华东师范大学出版社 1982 年版，第 20 页。

③ 《马克思恩格斯选集》（第二卷），人民出版社 2012 年版，第 171 页。

决于他的知识水平和思维能力，而且取决于他的世界观和道德面貌。因此，在提高教师学术水平、教育能力的同时，还应提高教师个人的职业道德水平和德性，这既是改善教育劳动主要工具的必要条件，也是提高教育质量的重要方面。

4. 教育劳动的形式是建立在集体协作基础上的个体脑力劳动。一方面，教育劳动的脑力性质，决定了教师劳动的个体形式。教育劳动的大部分工作是依靠教师独立完成的。教师能否全心全意地搞好教学工作，尽心尽力地提高教育质量，很大程度上有赖于教师的个人自觉性和责任心。好教师是有教育责任感和“慎独”精神的人。另一方面，现代教育又是一种教师密切配合的集体协作劳动。教育劳动过程中对学生产生影响的是整个教师集体。对学生进行德育、智育、体育、美育、劳动教育等需要教师集体的互相配合与协调。人际关系也成为教育劳动的生产力，和谐一致的人际关系成为开展教育劳动的必要条件。因此，恪守良好的教师道德规范既是建立教师集体和谐人际关系的精神保障，也是积极开展教育职业活动的特定要求。

5. 教育劳动的创造性在于要求教师在开展教育和教学工作时充分发挥自身的积极性和能动性。由于学生的个性、教学内容、客观条件、教师自己的特点等是千差万别的，因而教师的教育和教学工作的具体方式方法也是千变万化的。教学理论、教学方法和教学大纲只为教育工作提出最一般的要求，并不能为教师解决五花八门的任务提供捷径。真正的教育劳动既是一种科学性的创造，又是一种艺术性的创造。因材施教，就是一种教学创造或教育创新，它要求教师有独立思考和解决问题的能力，要求教师具有筹划和预见自己行为结果的本领，以便创造性地开展工作。教育工作的复杂性和艰巨性就在于教育工作的创造性，这要求教师对自己的教育劳动抱有强烈的责任心和事业心。教育工作的创造性要求超越了一般的教育管理规范诉求，需要一种超越狭隘利益的高尚的伦理精神追求。体现人类全部教育正义、智慧和仁爱精神的教师职业道德信念，是激励和引导教师激发潜能、开拓创新、追求职业生命完美的高尚伦理精神。

6. 教育劳动的结果是造就掌握一定人文科学知识、生产劳动技能，具备一定道德品质和身心素养的人。在今天，一个国家和民族的教育究竟能培养出怎样素质的人，这将从根本上决定社会的经济、政治、文化建设的质量和创造活力。整个教育劳动如果没有合理的教师职业伦理价值观念的引导、教师伦理道德原则和规范的约束，就不可能把青少年一代培养成理想新人。而且，教育劳动的这种“产品”——人，是能够自我发展的。教师在教育劳动中对他们施加的知识技能、行为品德，不仅会影响他们的一生，而且会影响他们的子女和社会上的其他人。一个教师要对学生的一生负责，对整个社会负责，就不仅要在教育劳动中教给学生真才实学，而且还要以身作则，教书育人，给学生的心灵施以良好的影响。

加里宁曾说：“国家和人民把儿童托付给教师们，要他们来教育这些按年龄上是最容易受影响的人，托付教师们来培养、教育和造就这代青年人，也就是说，把自己的希望和自己的未来完全嘱托给他们。这是把伟大责任加在教师身上的一种重托。”① 上述教育劳动的一系列特点表明，教育劳动的目的、对象、手段、形式、创造性与结果等都与人的自觉能动性密切相关。正是这些特点，使教师职业道德体现的教育伦理道德在教育劳动中的作用与机制大大增强。教育伦理道德在教育劳动中占有非常重要的地位，它决定教育和教学活动的根本价值取向与教育劳动成效。没有合理的、适宜的教育伦理道德的引导，就不会有有效的教育劳动。

（二）新时代的伦理挑战与教师的职业道德责任

新时代面临一系列的重大伦理挑战。进入 21 世纪，人类正遭遇着政治、经济、科技、生态和社会发展的某种不确定性。2020 年初，突如其来的新冠肺炎疫情引发的全球性综合危机，直接造成人们对当下生活和发展前景的普遍忧虑、恐惧和不安，甚至对人类文明向前发展的信心产生了动摇。面对人类社会发展百年未有的大变局，人们应当听从千百年来积累起来的思想理智和道德理性的呼唤，在不确定性中寻找确定性，在无序中寻找有序，在发展困境中寻找成长的希望，在道德迷茫中重建伦理信仰。为应对这些挑战，广大教师需要自觉承担重要的职业道德责任。

第一，实现中华民族伟大复兴和全面建设社会主义现代化国家，需要教

① ［苏］加里宁著，陈昌浩译：《论共产主义教育》，中国青年出版社 1979 年版，第 52—53 页。

师自觉教书育人，立德树人。经过40多年的改革开放，我国社会主义现代化建设深入推进，实现中华民族伟大复兴进入了不可逆转的历史进程。百年大计，教育为本；教育大计，教师为本。教师唯有以德为先，自觉履行教书育人、立德树人的崇高职业使命，努力把青少年学生培养成为新时代所需要的德智体美劳全面发展的社会主义新人，才算是履行了自己根本的职业道德责任。

第二，全人类抗击新冠肺炎疫情的严峻情势，需要教师珍爱自我生命，关爱学生生命，普爱人类生命。2020年以来，中国和世界抗击新冠肺炎疫情的伟大实践告诉教师，面对疫情一定要尊重科学，服从防疫规则，做好个人防护，珍爱自我生命。珍爱自我生命是关爱他人生命的基础。“生生之谓大德”。同时，教师要关爱学生的生命，真诚呵护每个学生的心理和生理健康。抗疫还需要教师发扬仁爱和人道精神，以“生命至上”“人民至上”的道德理念，从精神和行动上关爱本社群、本民族和全人类的生命。新时代的教育伦理道德，更加关注师生生命健康。

第三，以信息技术、人工智能、生物科学为代表的高科技迅速发展，需要教师在教育和教学工作中恪守价值理性，保持伦理智慧。计算机信息技术、人工智能、生物科技、光导纤维、天体物理、海洋开发等一系列现代科学技术的迅猛发展，正在急速改变人类的生活，对社会发展的方方面面产生前所未有的深刻影响。应当看到，现代高新技术既是一种强大的工具或力量，也是一把双刃剑，对它的使用能够产生怎样的结果，完全取决于人的伦理道德价值指向。爱因斯坦指出：“科学是一种强有力的工具。怎样用它，究竟是给人类带来幸福还是灾难，完全取决于人自己，而不取决于工具。”[①] 因此，面对高新技术的发展，教师有责任保持自身的伦理理智，积极引导和鼓励青少年学生正确探讨科技伦理这一重大问题，依靠人类的伦理自觉来趋利避害，使高新技术造福人类。新时代的教育伦理道德既引导师生热爱新科技，又引导师生保持对科技发展的道德精神和趋向合理价值导向。

---

① ［美］爱因斯坦著，许良英、赵中立、张宣三编译：《爱因斯坦文集》（第三卷），商务印书馆1979年版，第56页。

第四，全球经济、政治、文化和社会发展引发的各种利益冲突和观念对立，需要教师恪守公平正义，追求真理。由于经济全球化、新技术革命、贫富差距、文化价值观念差异、种族矛盾、重大疫（灾）情冲击、发达国家与发展中国家的利益摩擦等复杂因素，在相当程度上造成人与人、阶层与阶层、地区与地区、国家与国家之间的利益冲突和思想观念的矛盾对立。面对各种极端个人主义、民族利己主义、民粹主义、种族主义、霸权主义、贸易保护主义，广大教师作为全民族和全人类的思想良知，应当保持清醒和理智，并且在教育和教学过程中积极鼓励和引导青少年学生明辨是非。新时代的教育伦理道德引导师生坚持公平正义，主张和平、和谐、尊重、理解、包容，追求真理和社会文明进步。

第五，全球生态环境危机日益严峻，需要教师信守并倡导节约资源、保护环境的生态伦理观念。当今世界随着经济社会的发展和人口数量的增长，空气污染、资源短缺、淡水匮乏、物种减少、全球变暖等人与自然环境的冲突日益加剧。新时代需要教师确立全新的生态伦理价值理念，在教育和教学过程中积极引导和激励青少年学生热爱大自然，保护生态环境，追求生态化的生活方式，促进人—社会—自然关系的和谐可持续发展。

第六，当代科学技术的发展和社会生活环境的迅速变化，对教育的目标和方式提出了全新的要求，需要教师发扬开拓创新的教育伦理精神，与时俱进。教育是面向未来的伟大事业，当代学校教育要求教师培养时代发展所需要的新人。从教育目标看，各级各类学校培养的学生应当是适应新时代社会发展要求的全面发展的高素质人才。教师要着力培养学生的自觉学习兴趣、批判性思维、自主创新能力、健全道德人格，追求高尚的人生价值。广大教师需要在教育和教学工作中确立新的教育理念，积极开展个性化教学、在线互动教学、去中心化教学、人工智能教学、兴趣活动等，坚持教育创新，探索培养创新型人才的教育规律，为国家和社会发展培养大批创新型人才。新时代的教育伦理道德是推进教育创新的支持性精神资源。

### 四、教育中的利益与道德调节

应该看到，教师道德的基本问题是“道德”与“利益”的关系问题。其他如“善”与“恶”、“正当”与“应当”等重要问题，实际上可以看作是

“道德”与“利益”这个最根本问题的补充和展开。马克思曾经极其深刻地指出：“感性的特性和自尊、享乐和正确理解的个人利益，是全部道德的基础。”① 教育利益是教育伦理道德的物质基础。教育劳动作为一种合理的社会职业劳动，具有特定的社会利益和价值。在教育活动中，当教育行为和教育关系具有较重要的社会意义并涉及各方面的利益时，就需要进行道德上的认知、判断和调节。正是各种教育利益的现实存在、矛盾冲突以及对其进行合理道德调节和正确价值引导的客观需要，使科学研究教师伦理学成为必要。

每一个社会在教育活动中，体现了复杂多样的利益关系。它通常包含以下几个主要的利益因素。

1. 教师的个人利益。教师个人作为社会主义普通劳动者中的一员，在教育劳动中具有自己的特定利益。在教育劳动过程中，教师的个人利益在于力求获得最好的教学劳动效果，选择自己满意的、有助于表现自己个性的劳动形式和方法，并力求通过个人的教育劳动改善自己的物质和精神生活条件，发展自己多方面的才能，提升自己的职业劳动价值，获得人生幸福。

2. 学生的个人利益。在教育劳动过程中，学生的个人利益在于获得教师最良好的教育和教学训练，发展自己的智力、品格、体力和能力，形成和发展自己的个性，使自己具备将来作为一个理想的社会成员的知识、品德和才能，为自己一生有意义地工作和生活幸福作准备。

3. 教师集体的利益。在教育劳动过程中，不论是每个学校教师集体还是整个社会教师职业集团，其利益表现在争取教师职业社会政治和经济地位的提高，教师威望的提高，争取为教育事业的发展创造最有利的条件。

4. 社会的利益。在教育劳动过程中，社会的利益表现在要求教师职业劳动为社会培养需要的、特定类型和要求的人，以便使整个社会主义建设事业继续向前发展。教育是实现中华民族伟大复兴、提高国民素质、促进人的全面发展的根本途径，寄托着亿万家庭对美好生活的期盼。在我国，坚持教育为社会主义现代化建设服务、为人民服务，为实现中华民族伟大复兴的目标，建设富强民主文明和谐美丽的社会主义现代化强国，培养德智体美劳全面发

① 《马克思恩格斯文集》（第一卷），人民出版社 2009 年版，第 333 页。

展的社会主义建设者和接班人服务，是国家和全体民众的根本利益所在。

在教育劳动中，上述几个利益因素综合表现为教育事业的整体利益，它们是相辅相成的。然而，教育实践中仍然存在着错误理解和不当处理各种利益关系的可能性，各方都有可能偏重其中某一方利益而忽视或损害另一方利益。教育劳动过程中的利益关系又极为复杂，如果不能正确认识和处理这些关系，有可能引起相互利益间的矛盾和冲突，从而影响教育事业整体利益的实现。

大量的实践表明，教育活动中的利益冲突，不能仅仅依靠教育法律法规、强制命令和行政手段来解决，而更多地需要依靠教师在提高道德认知基础上的道德自觉来协调。在教育和教学劳动中，教师的工作本身具有复杂性，并且在社会主义市场经济条件下人们的道德价值观念呈现多样性，教育改革、在线教育和教育智能化，面临大量的教育利益冲突，使教师在道德选择上面临许多新挑战，仅仅依靠一般的教育法律法规和行政管理规范，难以妥善处理各种现实问题，必须借助道德智慧和道德自觉来正确处理各种利益冲突。

应当看到，由于教育劳动主要依靠教师的主体自觉性，因此教育行政管理手段作用受到一定的限制，特别是当教师面对复杂的教育道德情境，处于善恶难辨、黑白混杂的“中间地带”时。当教师要正确处理教育活动中的利益冲突、协调各方利益关系时，必须借助教师伦理道德来进行调节。教师伦理道德是借助社会舆论、传统习惯和教师的内心道德信念的方式来调节教师教育行为的。教师伦理道德发挥出的对教育利益的调节和对教师行为的督促作用，常常是一般的教育法律与行政命令所难以达到的。教师伦理道德是对教师提出的一整套社会要求，告诫教师不要采取某些行为，鼓励他们去采取另一些行为。从根本上说，教师伦理道德“需要体现在教师劳动中调节各种利益的可能性”①。教师伦理道德规范在教师调节利益矛盾冲突中具有灵活调节、自觉调节的重要功能。“规范可以为自我管理提供基础，而且帮助教师建

① ［苏］B. H. 契尔那葛卓娃、И. И. 契尔那葛卓夫著，严缘华、盛宗范译：《教师道德》，华东师范大学出版社 1982 年版，第 53 页。

立自信心，在公众的监督下维持教师的正直。"① 当前，为了保障社会教育事业的顺利发展和教育劳动的有效进行，需要以社会倡导和认可的核心价值观和道德规范体系作指导，从教育劳动的特点出发，努力探讨和建构合理保障国家、集体和个人教育利益相一致的，包含教师伦理道德价值理念、原则规范、行为是非准则在内的科学的教育伦理道德规范体系，以调节教育劳动中的利益矛盾和利益冲突，创建良好的教育人际关系和道德氛围，从而保障社会、集体和个人各种正当教育利益得以充分实现。

## 第二节 教师伦理学是研究教师职业道德的学问

### 一、教育伦理学和教师伦理学

教师伦理学是教育伦理学的一个分支，在我们了解什么是教师伦理学之前，有必要了解什么是教育伦理学。教育伦理思想有着悠久的形成与发展史，它是随着人类教育活动的开展和社会经济文化的进步而逐步形成、丰富与变化的。在中外教育史上，无论是孔子、孟子、荀子、韩愈，还是柏拉图、亚里士多德、昆体良、夸美纽斯，都曾较早提出过许多包含真知灼见的教育伦理思想。但教育伦理学作为一门相对独立的、具有比较完整思想理论体系的学科，是到了近现代才得以形成，并逐步在实践中得到充实、提高与完善。

从现有研究资料看，美国著名哲学家、教育家杜威（John Dewey）较早正式使用"教育伦理学"（Educational Ethics）这一学术概念。1895 年，他的《教育伦理学：六次讲座内容纲要》一书，作为哥伦比亚大学教育学相关专业的教材，该书主要内容包括"学校伦理问题""教育方法的伦理""课程或学习科目的伦理""学校与道德进步"等，开创性地提出和探讨了教育伦理学及其重要的理论问题。杜威在阐述"学校的伦理"时提出，学校是一种社会机

① ［加］伊丽莎白·坎普贝尔著，王凯、杜芳芳译：《伦理型教师》，华东师范大学出版社 2010 年版，第 129 页。

构，应当为社会发展服务。他对学校伦理的假定或预设是“发展个性与服务社会的统一”。[①] 之后，杜威又在《构成教育基础的伦理原则》《教育中的道德原理》等著作中比较全面而系统地阐述了他的教育伦理思想，概括和揭示了该学科所涉及的最基本的研究领域，如学校伦理、宏观教育伦理、教育方法伦理、学科课程伦理、师生关系伦理、教育心理伦理等重要内容。

20 世纪 60 年代以后，教育伦理学在西方国家得到了进一步发展。1966 年，英国著名教育哲学家彼得斯（R. S. Peters）出版了《伦理学和教育》一书。该书系统地论述了教育的伦理标准、伦理学经典理论与教育的关系、教育平等权利、有价值的教育与教学活动、教育利益的思考、教育中的自由、权威与教育、惩罚与纪律等。杜威和彼得斯的教育伦理学著作在教育界和学术界产生了广泛的学术影响，成为教育伦理学学科理论框架基本形成并趋向成熟的标志。最近几十年来，西方国家由于社会与教育环境的变化、教育内外利益冲突的凸显和教育道德观念的发展，教育伦理学理论研究得到进一步发展，已成为西方应用伦理学研究和教育哲学研究中的一个重要分支。

我国教育伦理思想有着悠久而丰富的历史渊源，但教育伦理学正式成为一门独立的学科却相对较晚。直到 20 世纪 80 年代后，随着我国改革开放和经济、教育体制改革的深入，教育过程中的利益矛盾和道德价值观念的冲突日益凸显，教育伦理和教师职业道德问题成为教育界和全社会共同关心的问题。1988 年，王正平主编的《教育伦理学》正式出版。该书由全国九所师范大学的教师合著，是新中国成立以来我国第一本教育伦理学著作[②]，在海内外产生了广泛影响。“此书的诞生结束了教育伦理研究的无意识状态，‘教育伦理’成了明确的教育研究主题。”[③] 该书的出版，带动了国内对教育伦理学的进一步深入研究，各种教育伦理学专著和教材相继出版，如施修华、严缘华主编的《教育伦理学》（1989 年），李春秋主编的《教育伦理学概论》（1993 年）等。樊浩、田海平等著的《教育伦理》（2000 年）一书，除了仍然重视教

---

① ［美］约翰·杜威著，杨小微、罗德红译：《杜威全集·早期著作（1882—1898）》（第五卷，1895—1898），华东师范大学出版社 2010 年版，第 224—232 页。

② 王本陆著：《教育崇善论》，广东教育出版社 2001 年版，第 261 页。

③ 王正平主编：《教育伦理研究》（第一辑），华东师范大学出版社 2014 年版，第 340 页。

师职业道德问题研究，开始用更广阔的伦理研究视野来探讨教育伦理问题，分析了教育的伦理意义和精神前提、教育的伦理内涵与伦理问题、教育伦理关系、教育人伦原理、教育的人道理念、教育德性体系、教育德性修养、教育伦理训练、教育人生、教育精神等。王本陆出版了《教育崇善论》（2001年），该书发出“让教育成为真正善的事业”的呼声。

近年来，我国的教育伦理学研究领域更加广泛、深入和全面。贾新奇的《教育伦理学新编》（2008年），分析了教育伦理学能做什么，探讨了教育伦理学中的善恶判断、学校的相对自主性、学校与社会利益关系的调节、教师的职业观、教师职业实践中的道德冲突、教师职业道德素质的要素与培养等。钱焕琦主编的《教育伦理学》（2009年），专门探讨了教育的伦理基础、教育目的的德性、教育管理伦理、学校行政管理中的道德、教学的道德、家庭教育伦理等。檀传宝的《教师伦理学专题——教育伦理范畴研究》（2000年）以专题形式探讨了教师幸福论、教师公正论、教师仁慈论、教师义务论、教师良心论、教师人格论等，拓展了教育伦理有关范畴。

近年来，在教育伦理道德建设实践需求的大力推动下，经过哲学伦理学、教育学等领域专家的共同努力，教育伦理学作为一门相对独立的学科取得了较快发展，学术论著日益丰富，并逐步走向成熟。2019年，由王正平主编，北京师范大学、华东师范大学、华中师范大学、上海师范大学、南京师范大学等全国十所师范院校专家合作撰写的专著《教育伦理学》正式出版。该书结合我国新时代教育领域伦理道德面临的实践问题，全面吸取国内外30多年来教育伦理学理论研究的最新成果，拓展了教育伦理学理论研究的边界，把全方位的教育伦理问题，如教育目的的善、教育制度和教育政策伦理、教育伦理原则和范畴、教育中的具体伦理问题、教学伦理、教育管理伦理、教育伦理实践问题等作为十分重要的研究对象，进行了深层次的理论探讨，使教育伦理学的理论研究范围更加广泛全面。

什么是教育伦理学？教育伦理学是研究教育活动的价值与善恶，探讨教育中的道德关系、伦理原则和行为规范，探索健全教师和教育工作者道德人格完善，以实现教育的最大利益和最大善的科学。①

教育伦理学作为一门相对独立的应用伦理学或教育哲学，它的研究范围大致包括：教育伦理价值研究、教育制度与政策伦理研究、教师职业伦理道德研究、教学伦理研究、教育管理伦理研究、教育心理伦理研究、高等教育伦理研究、基础教育伦理研究、教育科研伦理研究、特殊教育伦理研究、教师美德伦理研究、教师职业人格养成研究等。

那么，什么是教师伦理学？教师伦理学是教育伦理学的一个分支，是研究教师教育职业活动中的道德意识、伦理关系、原则规范、行为评价、道德修养和主体人格完善的科学。它是全面研究教师职业道德的学问，是教师道德理论学说、教师道德规范学说和教师道德实践学说的有机统一。②

自改革开放以来，随着教师职业道德建设的广泛实践需求和教师道德及教育伦理学理论研究的推动，我国教师伦理学研究应运而生，如吴灿华的《教师伦理学》（1989 年）、王正平的《高校教师伦理学》（1991 年）、李建华的《教师伦理学》（1993 年）、朱法贞的《教师伦理学》（2001 年）、檀传宝的《教师伦理学专题——教育伦理范畴研究》（2000 年）等。这些教师伦理学著作主要用于高校师范教育教材和大中小学师德理论培训。

教师伦理学以教师的职业道德为主要研究对象，要探索的是教师在教育中“具体”的善、“看得见”的善和“可遵循”的善恶是非标准。教师伦理学高度重视作为教师开展教育和教学工作基本遵循的教师道德原则、范畴和规范体系的研究。以教师在教育中必须面临的实际伦理关系如教师与学生、教师与教学科研、教师与集体、教师与家长、教师与社会等道德关系为导向，开展师生伦理、教学伦理、教师集体伦理、教育科研伦理、师德评价伦理、教师社会责任伦理、教师美德伦理等研究，吸取教师道德中丰富有益的道德智慧，破解教师伦理道德的现实难题。

新时代教师伦理学以培养有道德的好教师，促进教师明确立德树人的根本任务，全面提高教育和教学工作质量，实现教师和学生的人格完善和人生

---

① 王正平主编：《教育伦理学》，人民教育出版社 2019 年版，第 46 页。

② 王正平主编：《高校教师伦理学》，上海交通大学出版社 1991 年版，第 17 页。

幸福为根本目标。

## 二、教师伦理学的道德哲学基础

如上所述，教师伦理学是教育伦理学的一个分支。从伦理学的表达形式来看，它属于规范伦理学的范畴。规范伦理学是伦理学中最重要的形式之一，它研究道德上是非善恶的标准，确立道德规范和论证道德判断，探讨道德规范和判断其对人类的行为、品质、制度和生活方式的直接影响。

在当代，把规范伦理学理论应用于实际的道德问题的学问，一般又称作应用伦理学。《牛津哲学词典》也提出把伦理学应用于具体的实践问题，如流产、安乐死，对待动物或其他环境、法律、政治和社会问题的学科。① 一般说来，应用伦理学是将伦理学理论应用于解决当代社会的重大问题，如生态环境、计算机网络、生命科学以及政治、经济、文化、教育、社会等现实道德问题的学问。它既是人类道德智慧在解决现实道德问题中的合乎情理的应用，也是人们道德理论和智慧在新时代道德实践中的创新。②

教师伦理学在教育实践中的形成和发展，离不开道德哲学即伦理学的理论支撑与指导。中外各种伦理学理论在发展过程中，因判断善恶是非的基本尺度不同，或所持的道德立场不同，可以区分为不同的理论。但在总体上，它们是人类在道德生活中凝结的最重要的道德智慧，体现了社会发展对道德文明的共同向往和追求。新时代的教师伦理学的建构与发展，同样需要这些最基本的道德哲学理论的引导。

### （一）功利论

功利论，又称功利主义，通常是指以行为和实践产生的福利或功效作为道德评价标准的伦理学说。功利论是一种“效果论”，判断一个行为道德上的正确与错误，主要看该行为是否在总体上给全体利益当事人带来福利。同样，以功利论为基础的伦理学是以行为和实践产生的福利与功效作为道德评价标准的。判断一个行为的正确与错误主要是看该行为能否在总体上给活动相关的全体利益当事人带来福利。边沁指出：“当某项行为所具有的增大共同体幸

---

① Simon Blackburn. *The Oxford Dictionary of Philosophy*. New York: Oxford University Press, 1996, p. 126.

② 王正平主编：《应用伦理学》，上海人民出版社 2013 年版，第 4 页。

福的倾向大于其减少共同体幸福的任何倾向时，该行为便可以说是符合功利原则的，或简言之，是符合功利的（就整个共同体而言）。”[①] 他明确提出，“最大多数人的最大幸福是衡量正确或错误的标准”[②]，是评价一切行为善恶是非的根本准则。功利主义的行为标准并不是行为当事人本人的最大幸福，而是全体行为相关人员的最大幸福。“因为功利主义的标准不是指行为者自身的最大幸福，而是指最多数人的最大幸福。”[③] 快乐是唯一被人们欲求的东西，快乐就是利益、好处、善和幸福的同义词。并且，每个人的快乐或幸福与所有其他人的快乐或幸福同样值得追求。以功利为基础的教师伦理学追求的始终是教育活动可能实现的最大多数人的最大教育利益。因此，一种教育行为如果倾向于增加有关人的幸福，抵制或减少有关人的痛苦，那么它就是正确的；反之，它就是错误的。

（二）义务论

义务论，又称道义论，通常是指人的行为必须遵照道德准则或按某种正当性去行动的道德理论。它是一种区别于功利主义“效果论”的“非效果论”。义务论强调道德义务和责任的神圣性以及履行义务和责任的重要性，重视人的道德动机和义务感在道德评价中的地位和作用。在以义务为基础的伦理学看来，判断一种活动或行为的是非善恶，最重要的是看它是否符合道德准则，动机是否善良，是否履行了社会或个人的道德义务。人的活动或行为所具有的道德价值，唯一取决于人们所遵循的道德原则的价值。因此，只有具有“善良意志”的人履行的行为才有道德价值；并且只有当一个人把建立在普遍有效的规范基础上的道德义务当作行为的唯一动机时，他才具有“善良意志”。道德义务论的倡导者康德提出过一个人履行自己的义务时应当遵循两项最高道德原则或“绝对命令”，即：其一，“除非我也愿意我的行为准则会成为一个普遍的法则，否则我决不应该那样行为”；其二，“你必须这样行

---

① ［英］边沁著，程立显、宇文利译：《论道德与立法的原则》，陕西人民出版社 2009 年版，第 3 页。
② ［美］弗吉利亚斯·弗姆主编，戴杨毅等译：《道德百科全书》，湖南人民出版社 1988 年版，第 530 页。
③ ［英］约翰·斯图亚特·穆勒著，叶建新译：《功利主义》，中国社会科学出版社 2009 年版，第 18 页。

为，把每个人当作目的并且不把他只当作手段来对待”。[①] 以义务为基础的教师伦理学主张，遵守和服从具有普遍价值的道德原则和规范具有崇高的道德意义。一个社会、学校或教师必须把他人（包括学生、教师）当作能自律地确立自己的目标的人来对待，而且决不能把他人纯粹作为达到自己决定的目标的手段。每个人在任何时候都应该享有全部的尊重和道德尊严。

（三）权利论

权利论，又称契约论，这种伦理学理论所关注的是尊重个人权利。权利可分为主动权利和被动权利。主动权利指的是“不论他或她的需要是什么，都有自由追求自身利益的权利”[②]。被动权利是指在某些活动中自由地受到来自外部的干涉。被动权利的例子有言论自由的权利、人身自由的权利、隐私权等。以权利为基础的伦理学是契约论的同义语。道德的基础是一种社会契约，为了避免人们在无序状态下的利益争斗所造成的危害，人们有必要在个人与集体、社会之间达成一种彼此尊重生命和自由的默契，社会有义务为个人提供保护，作为交换，公民必须遵守法律，这便是契约的权利。古德帕斯特指出：“公平被解释为一种当所有人在社会安排中作为参与者受到平等的尊重时的一般条件。”[③] 总之，契约论着重强调需要尊重作为正义和公平的基础的个人的法定权利、道德权利和契约权利。注重权利和契约论的伦理学，着重强调一切政治、经济、文化、教育等社会活动，需要尊重作为正义和公平的基础的个人法定权利、道德权利和契约权利。以权利为基础的教育伦理学理论分析教育道德中伦理道德问题，探讨某种特定教育行为是否违反了个人的基本人权和法定教育权利，如自由权、隐私权和劳动成果权利等。在当代，对教育平等和教育自由等问题的探讨，对教师道德实践具有重要意义。

（四）正义论

正义论，又称公正论，这种伦理学理论所强调的是作为公平的正义，并

---

① ［美］汤姆·L. 彼彻姆著，雷克勤等译：《哲学的伦理学——道德哲学引论》，中国社会科学出版社 1990 年版，第 180—181 页。

② Manuel Velasquez. *Business Ethics*：*Concepts and Cases*. NJ：Prentice-Hall，1992，p. 76.

③ Kenneth Goodpaster. *Some Avenues for Ethical Analysis in General Management*，*in Kenneth Goodpaster*，*John Matthews*，*and Laura Nash*，*Policies and Persons*. New York：McGraw-Hill，1985，p. 497.

优先考虑权利而不是善。所谓正当的行为，就是重视人的各种基本权利或自由的与正义原则相一致的行为。当代以正义为基础的伦理学，认可罗尔斯提出的有关正义的两项原则，并应用于伦理道德实践研究。一方面，强调平等原则，即每个人都拥有一种平等权利，这种不分社会地位、财富多寡，人人应当享有的平等权利，对于追求不同目标的人、发展自己个性的人、实现自己人生计划的人来说，是必须拥有的基本人权，这是一个正义社会中一切社会活动追求的基本教育价值目标。另一方面，重视差异原则，即在实践中的善、好处或利益的分配可以实行“差异”。而这种差异原则只有被证明是有利于“最小受惠者”，即对处在社会最底层的民众及其子女有利时才是合乎正义的。在当代社会贫富差距不断拉大，教育条件优劣显著，教育不平等现象加剧的背景下，以正义为基础的教育伦理学，其重要使命是为教育中的弱势群体正当利益辩护，为特定社会教育政策背景下的那些处于“最小受惠者”“最不利者”地位的人及其子女的合理和正当的教育利益作理论伸张。没有以正义为基础的教育，不可能有良善的教育，更不能培育良善的人和良善的社会。

（五）美德论

美德论，又称德性论，通常是指以人的美德和品质为中心来判断道德是非善恶的伦理学理论。功利论和义务论的伦理学在讨论伦理道德的善恶是非时，主要集中在“我们应当做什么”，行为或实践应当遵循怎样的原则、规范；而以美德为基础的伦理学，主要探讨的是“我们应当成为怎样性质的人”。美德论的伦理学把培养人的优良美德、道德品质和完善人格，作为伦理道德教育评价和实践的首要功能。以美德为基础的伦理学认为，在实践活动中任何道德原则、规范和要求的实现，本质上依赖个人的德性或良心，取决于个人的内在道德认知和品行。教育伦理学的首要任务是告诉人们如何认识自己的生活目的，并为实现一种善的生活目的而培养人的内在品格和美德。当代教育正处在一种教育道德原则和准则需要重建的情势下，教育伦理学强调培养人的美德和优良品质的重要性，要求人们“志于道，据于德”[1]，重建良善的教育道德信仰。在一定意义上可以说，教师伦理学的全部理论和实践

---

① 《论语·述而》。

在于培养教师的职业美德和良心。

毫无疑问，以上五种伦理学理论范型，各有特色，可以优势互补。在实际教师伦理道德问题研究中，既可以运用一种基础理论，又可以以问题为中心，综合灵活运用多种伦理学经典理论和价值学说，去探索当代教师伦理道德面临的重大或具体问题，去探寻和把握教育活动领域中的教师道德智慧和真理。

## 三、教师伦理学的任务和学习方法

### （一）教师伦理学的任务

教师伦理学是一门应用伦理学和教育哲学的新兴学科。① 进入新时代，我国教师伦理学理论研究具有以下几项基本任务。

第一，研究和阐述新时代教师道德的社会本质、作用和发展规律。教师道德是一种特殊的社会意识形态，它是由我国的社会主义经济、政治和文化条件决定的。马克思指出："物质生活的生产方式制约着整个社会生活、政治生活和精神生活的过程。"② 恩格斯也说过："人们自觉地或不自觉地，归根到底总是从他们阶级地位所依据的实际关系中——从他们进行生产和交换的经济关系中，获得自己的伦理观念。"③ 我国新时代的教师道德反映着中国特色社会主义经济、政治、文化和社会发展的内在道德需求，它的发展和变化与社会物质生活条件和精神生活条件有着密不可分的内在联系。同时，以教师职业伦理道德为研究对象的教师伦理学，要科学地揭示和论证教师道德与教育劳动、教育人际关系和各种教育利益之间的关系，阐明教师道德的特点和特殊本质。再者，教师道德的执行主体是教师本身。因此，教师伦理学还必须研究教师作为人的一般本质与教师道德的深刻关系。教师作为一个现实的人，他的本质一方面是"一切社会关系的总和"，受社会基本条件的制约，另一方面又受到人的趋乐避苦和作为人自身生存与发展的自然需求的自然本质的制约。真正的历史唯物主义认为，随着历史的文明进步，道德应当合乎人性。马克思和恩格斯深刻地指出："既然人是从感性世界和感性世界中的经验

---

① 王正平主编：《教育伦理学》，人民教育出版社 2019 年版，第 44 页。

② 《马克思恩格斯选集》（第二卷），人民出版社 2012 年版，第 2 页。

③ 《马克思恩格斯全集》（第二十六卷），人民出版社 2014 年版，第 99 页。

中获得一切知识、感觉等等的，那就必须这样安排经验的世界，使人在其中能体验到真正合乎人性的东西，使他常常体验到自己是人。”① 科学的教师伦理学应当从肯定人的本质是社会本性与自然本性的统一性出发，才能建构合乎人性的教师道德。只有讲合乎人性的教师道德，才能使教师“常常体会到自己是人”，认识到自身作为社会人的价值、尊严和责任，自觉履行自己的全部职业道德责任。在当代世界教师道德发展中，塑造教师们的人性化师德，已成为师德发展的文明趋势，“人性化师德就是面对文化和语言多样化的学生时提倡尊严、人性化、成就感的态度、价值观和信念”②。新时代教师伦理学要向人们揭示，教育中由人性制约的人的需要和利益决定教师道德，道德又以自身特有的满足个人、集体和全社会需要和利益的“共同善”，不断改良教师的道德和人性，新时代教师伦理学要着重揭示和论证教师道德产生、发展和变化的历史必然性和客观规律性，只有从整个社会发展和教育劳动进步要求的高度来充分理解和深刻认识教师道德，才能为教师的职业实践提供道德上的激励和伦理精神上的支持。

第二，面向具体师德实践，建构新时代中国特色教师伦理道德原则规范体系。紧密联系教育劳动实际，阐明新时代教师道德的原则、规范、范畴和行为准则，是教师伦理学的一项中心任务。没有规矩，不成方圆，不确立教育工作中能够为多数人理解和认可的价值尺度和行为准则，就不可能有健康有效的教育秩序。师德原则和规范为教师的职业道德实践提供基本的行为遵循和道德评价标准，有利于教师明辨是非善恶，从而帮助教师在进行道德选择时确定价值目标。

建构新时代中国特色教师伦理道德原则规范体系，有其特定的内在要求。

其一，要以社会主义核心价值观为基本引领。社会主义核心价值观承载着中华民族伟大复兴和国家长远发展的伦理精神追求。社会主义核心价值观把富强、民主、文明、和谐作为国家层面的价值目标，把自由、平等、公正、法治作为社会层面的价值取向，把爱国、敬业、诚信、友善作为公民层面的

---

① 《马克思恩格斯文集》（第一卷），人民出版社 2009 年版，第 334—335 页。

② ［美］小彼得·C. 穆雷尔等编，麦丽斯译：《中小学教师职业道德培训手册：师德的定义、养成与评估》，中国青年出版社 2016 年版，第 41 页。

价值准则，它们为建构新时代中国特色教师伦理道德规范体系提供了根本价值引领。教师伦理学要把一般意义上的核心价值观科学地、恰当地、具体地转化为教师应当遵守的师德价值理念、原则、规范和要求。

其二，要以道德科学和教育科学基本理论为基础。教师伦理学科学理论本质上是人类文明生活道德智慧和人类千百年来教育活动智慧的互相结合，是充分体现道德合理性和教育规律科学性的结晶。教师道德规范体系只有符合道德科学和教育规律的要求，才能真正有利于教师和学生知识、才能和德性的成长。

其三，要继承和弘扬我国传统教师伦理道德的优良传统。我们中华民族有着几千年来积累起来的优良师德传统，这是我们建构中国特色的教师伦理道德规范体系的独特优势。我们要推动我国传统教育伦理思想的创造性转化和创新性发展，坚持推陈出新，与时俱进，激活中国教育伦理精神的生命力，为我国和世界提供优秀的教育伦理生活精神指引。

其四，要认真吸取国外教师伦理道德的有益成果。教师伦理道德的提升，需要我们在坚持中国道德文化自信的前提下，融通和吸收世界各国有益的教育伦理思想资源。新时代教师伦理道德规范体系应当“外之既不后于世界之思潮，内之仍弗失固有之血脉”①。

其五，要面向我国当前教师伦理道德生活实践。我国的改革开放、市场经济、教育改革和新技术革命，迅速地改变着教师开展教育和教学工作的社会环境，教师实际职业生活面临许多新的道德困境，原有的师德规范和评价标准受到挑战，教学实践中出现新的道德盲区和“灰色地带”。因此，与时俱进，重新理解和确立新时代的师德原则、规范和要求是教师伦理学研究的重点与难点。新师德规范和行为准则，必须恪守职业伦理底线，追求高尚道德境界；应当切合实际，把握分寸，坚持科学性和适宜性。建构新的师德规范和标准，要发扬“道德民主”，倾听广大教师、学生和社会公众的声音。

第三，调动教师道德主体积极性，为新时代教师的职业道德人格养成提供教育伦理智慧的滋养和科学路径的引导。教师是教育职业活动的主体，也

① 鲁迅著：《坟·文化偏至论》，载《鲁迅全集》（第一卷），人民文学出版社 1961 年版，第 192 页。

是教师伦理道德最重要的实践主体。教师伦理学的一项重要任务，就是要充分尊重和调动教师的道德主体积极性与进取心。尊重教师，充分肯定教师在教育职业活动中的主体地位，具有重要的伦理价值。尊重教师是在道德上要求教师的前提，如果我们大力倡导加强师德建设，但又仅仅是把教师当作教育、管束、惩戒或引导的对象，而不是把教师当作道德上尊重、利益上保护、舆论上鼓励、社会上敬重、实践上依靠的对象，那就会严重挫伤广大教师作为道德主体的积极性，引起教师内心的道德心理抗拒，从而使任何形式的师德说教，或由政府教育领导部门下达的种种"师德规范""师德禁令"难以真正起效。

新时代教师伦理学作为一种科学有效的教师道德学说，应当科学阐明教师既是教育劳动的实行者，也是教育劳动的主体。教师既是"手段"与"目的"的统一，也是"奉献"与"享受"的统一，同时是"爱人"与"爱己"的统一。康德深刻地指出："不论是谁在任何时候都不应把自己和他人仅仅当作工具，而应该永远看作自身就是目的。"① 这是伦理道德的"绝对命令"。在文明社会里，无论是个人、集体还是社会，都必须把每位教师当作能自律地确立自己目的的人来对待，而且坚决不能把教师纯粹当作达到个人或集团利益目的的手段。尊重教师是全部教育伦理的一项重要原则。尊重教师原则要求社会、集体和相关的个人尊重教师的道德人格，尊重教师的正当利益诉求，尊重教师的教育民主和教育自由权利，尊重教师的生命财产安全。② 学生、家长、学校和全社会尊重教师、爱护教师、体谅教师，有益于教师更好地认识自己职业劳动的社会价值和道德使命，努力做一个令人尊敬的有道德的好教师。

新时代教师伦理学要研究和探讨新的社会境况下教师职业道德人格的特征和养成规律。乌申斯基指出，在教育中，一切都应该基于教师的人格，因为教育力量是从活动的人格源泉中产生出来的。③ 苏霍姆林斯基也指出："教

---

① ［德］康德著，苗力田译：《道德形而上学原理》，上海人民出版社 2005 年版，第 53 页。

② 王正平：《尊重教师：教育伦理的一项重要原则》，《道德与文明》2015 年第 4 期。

③ ［俄］彼得洛夫著，方德厚译：《论人民教师的威信》，作家书屋 1951 年版，第 46 页。

师的人格是进行教育的基石。”[①] 教师应当是知识丰富、品德高尚、身心健康、理想崇高的人。在道德上，理想的教师应该是人格独立、善于思考、能够在教育和教学劳动的利益和道德观念冲突中有自由和善良的道德意志，善于趋善避恶，能够作出正确的行为选择。教师的人格独立和道德意志自由在教书育人中具有重要的价值。跪着的教师不可能培养出能够独立站立的学生。教师伦理学理论为教师职业人格的养成和道德境界的提高，为在教育职业劳动中自觉锻炼形成高尚的职业品质，提供具体有效的价值观与方法论的指导。要引导教师紧密结合日常教育和教学具体道德实践，加强师德理论学习和伦理道德理性反思，从师德正反两方面典型中寻找自我定位，积极投入教书育人、立德树人的职业生活，锻炼和培育高尚的职业道德人格必须具备的个人内在道德价值信仰、行为道德准则和良善的教师美德。

（二）教师伦理学的学习和研究方法

学习和研究教师伦理学，应当坚持辩证唯物主义与历史唯物主义的基本方法。教师伦理道德观念是教育职业劳动中人们的现实关系的要求和产物，是特定教育利益的一种表现。教师道德作为整个道德的有机组成部分，不是一个绝对的、不变的教条，而是和整个社会道德一样，处在不断产生、发展和变化之中。

以辩证唯物主义和历史唯物主义方法论原则为基础，我们可以自觉地运用一些在实践中被证明是正确的和行之有效的方法。

1. *理论联系实际的方法*。要认真学习和掌握当代道德科学理论和教育科学理论，包括社会主义教育伦理学的系统理论，以及与此有关的各种科学理论知识，紧密联系当代教育职业劳动的实际，实践、体验、深化理论认识，从中找出道德发展规律性和真理性的认识。新时代教师伦理学的真正生命力在于理论联系实际。

2. *调查研究的方法*。学习和研究教师伦理学应当重视以科学态度进行社会调查。教师道德的原则、规范等是从广大人民教师长期的道德实践中产生和概括出来的。只有认真回到实践中去调查分析，才能加深对这些原则、规

① ［苏］苏霍姆林斯基著，赵玮等译：《和青年校长的谈话》，上海教育出版社 1983 年版，第 170 页。

范必要性、重要性的认识。对于尚未踏上教育工作岗位的师范生来说，社会调查研究更为重要。只有认真倾听广大一线教师内心的道德呼声，才能正确把握教师伦理道德发展的大趋势，认识和追求道德真理。

3. 分析讨论的方法。教师职业劳动中的道德现象和道德关系极为错综复杂。人们对一种道德行为的善与恶、是与非、过分与适度，往往会存在不同的看法。一个人的认识，往往会存在某种片面性，而多人或集体的伦理思辨恰恰能弥补个人思考的不足，起到集思广益的作用。充分的辩论、摆事实、讲道理，使大家可以从不同或对立的观点中汲取养料，使道德价值观念更加科学全面。通过对道德难题或者典型案例的集体分析讨论，将有利于我们克服道德上的教条主义和独断，更加接近对教师道德智慧和真理性的认识。

## 第三节 学习和研究教师伦理学的现实意义

### 一、教师伦理学是师德师风建设的理论基础

进入新时代，我国教育事业正承担着为建设中国特色社会主义，实现中华民族伟大复兴，培养德智体美劳全面发展的社会主义建设者和接班人的重任。发展我国现代教育事业，迫切需要我们大力加强和改进师德建设，努力培养和造就一支师德高尚、业务精湛、结构合理、充满活力的高素质专业化教师队伍。教师的思想道德素质直接影响着青少年学生世界观、人生观、价值观的形成，决定着人才培养的质量，关系着国家和民族发展的未来。

新时代加强师德师风建设，需要教师伦理学科学理论。形成和发展中的教师伦理学以马克思主义、中国特色社会主义理论和社会主义核心价值观为指导，集中体现了党和国家对新时代教师道德提出的基本要求，凝聚了广大人民教师的集体职业伦理道德智慧，反映了道德科学和教育规律对教师道德的根本诉求，为广大教师在新时代的教师道德实践提供了全面的价值遵循、道德规范和行为准则。

应该看到，长期以来，我国千百万大中小幼教师忠诚于人民教育事业，

呕心沥血、默默奉献，潜心治学、教书育人，敢于担当、锐意创新，为教育事业改革发展作出了巨大贡献，赢得了全社会的广泛赞扬和普遍尊重。但是，当前社会变革转型背景下带来的负面道德现象也对教师队伍产生了不利影响。少数教师理想信念模糊、育人意识淡薄、教学敷衍马虎、知识不求进取，甚至言行失范、学术不端、道德败坏。加强师德师风建设和师德治理是一项系统工程，其中加强教师对教师道德科学理论的学习是一项必不可少的重要内容。重视教师职业道德知识的学习和师德素质的实践培养，是全面强化新时代师德师风建设长效机制的重要举措。没有正确的师德科学理论的指导，就不可能有良好的师德行为实践。

当前，我国各级各类学校组织师范生和教师理论联系实际，系统学习新时代教师伦理学，与全面加强师德师风建设具有重要的内在一致性。学习和研究新时代教师伦理学，有益于教师重建合理的教师道德价值理念，全面理解教师道德的原则、规范和行为准则，把握教师道德的重要智慧，为师德实践提供理论指导。一方面，教师职业道德作为社会先进道德的组成部分，是一种基本和高尚的道德理论体系。它不能自发地产生，需要从外界学习、汲取和“灌输”。另一方面，教师作为具有较高文化水平的职业人员，往往比其他社会职业人员更加重视理性思维。教师对一个道德行为的思考正确与否，往往不满足于直接的感性经验判断，而喜欢在道德理论上问一个“为什么”。对上级教育行政管理部门公开发布的师德规范、行为准则和禁令，教师只有从理论高度深刻认识其科学性和合理性，才能口服心服，变为个人的道德认知，从而自觉转化为自己的行动。科学师德理论是师德实践的强大精神推动力，只有加强教师的教师伦理学理论学习和研究，教师职业道德建设才能不断发展、深入和提高。

**二、教师伦理学是师范生和教师的必修课**

教师伦理学是研究教师职业伦理道德的学问，它是师范生和教师的重要专业必修课。教师职业伦理道德是全部教育和教学工作的价值基础。教师是人类灵魂的工程师，而教师职业伦理中所蕴含的人类道德文明智慧和崇高追求，是教师在道德上提升自我又照亮学生道德心灵的重要思想精神资源。当前，师范生和教师系统学习教师伦理学理论，联系实际进行师德培训，有着重要的现实意义。

第一，有利于师范生和教师深刻认识教育和教学劳动的重要道德价值，厘清现实教育活动中的道德是非，重建良好的教育道德秩序和教育道德精神信仰。教师伦理学揭示了教育工作与伦理道德的深刻内在联系，告诉人们教师的“伦理专业精神既建立在已经达成共识的和普遍能接受的一系列道德美德的基础之上，也建立在专业实践本身所反映的道德规范的基础之上”①。在当今世界各国教师专业培训中，包括教师伦理学在内的教育伦理学已经受到高度关注。教师伦理学向人们揭示教学既是一种知识传递的行为，也是一种培养道德的活动，教学的这两部分内容，是绝对不能分开的。“教学是一种道德实践，这一观点是世界上对教学工作最具生命力的理解之一。”②教师从事的教育和教学工作所具有的重要道德价值，一方面要求教师自觉加强教育劳动的道德责任心，在社会发展和时代变迁的过程中，避免道德迷失和价值观念混乱，坚持追求真善美，重建良好的社会道德理想和专业精神信仰；另一方面要求教师在教育和教学活动中以身作则，率先垂范，用高尚的道德行为和伦理道德精神引导青少年的思想道德成长，培养学生正确的世界观、人生观、价值观和道德观，培育青少年一代健康向上的心灵世界。

第二，有利于师范生和教师全面学习和掌握新时代教师职业伦理道德、原则、规范、行为准则和道德禁忌，厘清教育活动中的行为道德是非边界，引导教师趋善避恶。教师伦理道德是教师在教育活动中的行为准则。黑格尔曾经说过：“道德的观点，从它的形态上看就是一种主观意志的法。”③ 当教师在理论和实践的结合上认识了教师伦理道德规范的合理性，就能够把外在的社会对教师的道德行为要求逐步变成教师自己的内心需求，即黑格尔所说的“内心的法”，形成个人的“专业道德智慧”，并自觉指导自己的具体教育行为，追求教育工作中的具体的善。教师职业道德的原则、规范、行为准则和道德禁忌向教师指明了怎样的思想行为是善的、好的、应该去做的，怎样的思想行为是不好的、恶的、不应当去做的，为教师在职业劳动中正确选择行

①② ［加］伊丽莎白·坎普贝尔著，王凯、杜芳芳译：《伦理型教师》，华东师范大学出版社 2010 年版，第 11、10 页。

③ ［德］黑格尔著，范扬等译：《法哲学原理》，商务印书馆 1961 年版，第 111 页。

为提供了准绳。教师伦理学把教师放在一个个具体的教育伦理关系、教育利益冲突的情境中，经过充分的讨论和辨析，有益于教师形成自觉选择合理教育行为的自信心和主观自觉性。

第三，有利于促进师范生和教师的职业道德修养和人格完善。教师道德品质的养成，是从教师（或师范生）对教师道德具有一定的认识开始，进而产生教师道德情感，形成教师道德信念，指导教师道德行为，并在实践中反复锻炼，逐步成为个人行动中确定不移的倾向即稳固的品质这样一个有机联系的过程。[①] 在这里，通过学习教师伦理学，对教师职业道德有一定的了解，吸取人类共同的教育伦理道德智慧，是提高教师职业道德素养、完善师德人格的必由之路。

加强师范生和教师的师德系统理论学习和实践教学，是国内外教育专业人才培养的大趋势。近年来，我国已明确要求把教师职业道德教育作为教师职业培训的首要任务，把提高教师的职业道德素养作为教师培养的一个突出重点。目前，一些西方国家，同样把教师伦理学或教师职业道德培训作为教师在职培训和职前培训的一个重要任务和步骤。“养成教师的道德习性，即师德，是教师工作培训的重心。”[②] 努力培养和塑造师范生和教师的优良师德，成为世界各国共同重视推进的一项教育改革任务。关注职业伦理，重视专业人员的职业道德培训，是当代世界道德文明共同进步的一个表征，如同医学伦理学是医学生的必修课一样，教师伦理学也是师范生和教师的必修课。教师伦理学是鼓励人们实现教师道德人格完善的学问。教师和教育工作者一般都是具有较高文化知识和道德理性的人，在教育工作中，不仅会为现实个人利益所驱动，追求生活的美满和幸福，而且会受到体现道德真理和伦理良知的教育伦理道德价值理念的感召，自重重人、为人师表、教书育人，培养和引导广大青少年学生德智体美劳全面发展，为我国经济、政治、文化、社会的全面进步努力奉献自己的知识、才能、智慧和德性。

---

① 王正平、郑百伟著：《教育伦理学——理论与实践》，上海教育出版社 1998 年版，第 27 页。

② ［美］小彼得·C. 穆雷尔等编，麦丽斯译：《中小学教师职业道德培训手册：师德的定义、养成与评估》，中国青年出版社 2016 年版，第 114 页。

## 思考与练习

**【讨论思考】**

1. 为什么从事教师职业的人应当具有较高的道德素养?

2. 什么是功利论、义务论和美德论?这些重要的道德理论对当代师德建设有何重要启示?

3. 什么是教师伦理学?学习和研究新时代教师伦理学有什么现实意义?

**【案例分析】**

材料一

新学期开学后，某师范大学为师范生开设了教师职业道德修养课。教师在课堂上鼓励师范生向热爱教师岗位、乐于无私奉献的优秀教师学习，做新时代的好教师。但教师的观点引发了学生的争论。一部分同学认为该教师讲得很好，教师是人类灵魂的工程师，应当具有崇高的道德境界，这样才能对学生产生有益的道德影响。但另外有一部分同学认为，现在我国实行的是社会主义市场经济，不能随意拔高对教师的职业道德要求。每个教师有权维护和争取自己的正当权益，现在不能无条件地要求教师当“蜡烛”“人梯”和“园丁”。

在新的社会发展条件下，教师的职业道德形象应当是怎样的?教师应当怎样处理个人利益与学生利益、教师集体利益和社会整体教育利益的关系?

材料二

2008 年 5 月 12 日 14 时许，四川省汶川县发生特大地震，某中学正在给学生讲课的教师范某某，置全班学生于不顾，独自一个人最先逃到操场上避难。学生一开始没反应过来，等剧烈地震平息后才逃出来。学生问范某某：“老师，您怎么不把我们带出来再走啊?”范某某回答：“我从来都不是一个勇于献身的人，只关心自己的生命，你们不知道吗?”事件发生以后，引起广大师生和社会公众的热烈讨论。多数人认为范某某作为一名人民教师，在师生共同面临的生死挑战面前独自逃命，有违教师职业道德。也有人认为，教师也是人，危难之际首先保护自我生命是人的本能，不能用教师道德来绑架教师。

对此，你怎么看？请用教师道德理论，联系实际进行分析。

**【拓展阅读】**

1. 王正平主编：《教育伦理学》，人民教育出版社 2019 年版，第一章。

2. 钱焕琦主编：《教育伦理学》，南京师范大学出版社 2009 年版。

3. 王本陆著：《教育崇善论》，广东教育出版社 2001 年版，第一章。

4. 于漪著：《教育的姿态》，山西教育出版社 2014 年版，“一辈子学做老师”。

**【教学实践互动建议】**

1. 建议组织一次师范生或在职教师集体讨论，邀请优秀教师谈师德体会或开展小型师德调研活动。

2. 师范生或其他预备教师写一篇 300～500 字的体会文章，投给“师道网”的“学生发言”栏目；在职教师写一篇 500～800 字的体会文章，投给“师道网”的“教师声音”栏目。

# 第二章　中外教师伦理思想发展概况

中外教师伦理学思想源远流长、流派纷呈、大家辈出。[①] 随着教育活动的发展和人类道德的进步，师德规范也日益具体明确，逐步形成全面系统的教师伦理思想。纵观古今中外教育史，对教师的道德要求最早主要是通过教育箴言、信条等形式传播的；到了现当代，教育伦理和师德研究的范畴不断拓展，内涵也日渐丰富。

本章仅列举中外历史上具有代表性的教育家的教师伦理思想，从浩如烟海的文献中撷取片段，试图管窥并呈现世界教师伦理思想的发展和研究概貌。

## 第一节　我国教育史上的教师伦理思想

### 一、我国古代教育家的教师伦理思想

我国的教育职业活动和教师道德发展历史悠久。教师伦理思想是历代教育家、思想家探讨教师个人修养、教育活动中的人际道德规范的重要话题，是中华优秀传统文化中的重要组成部分。

我国民间的教育活动始于商周，言传身教和耳濡目染既是当时代际教育的基本形态，也是氏族部落开展教育的有效方式。此时的学校还未正式出现，且“学在官府”，教师非官莫属，教师道德的理论和实践尚未明确。

春秋战国时期是我国由奴隶制转变为封建制的大变革时期，也是思想璀

① 参见王正平、郑百伟著：《教育伦理学——理论与实践》第二章“教育伦理思想历史发展概述”，上海教育出版社 1998 年版，第 30—60 页。

璨、百家争鸣的辉煌时期。随着社会生产力的提高，教育职业活动迅速发展，出现了“师范端严，学明德尊”的教育家，他们对教师道德提出了精辟见解，对我国师德传统的形成及发展产生了深远影响。

孔子（前551—前479），被后世尊为“至圣先师”“万世师表”。他从教40余年，创办了大规模的私学，“弟子三千”。《论语》中的言论仅一万多字，却在中国教育史上开师德研究和教学探索之先河。孔子不仅提出了关于教师道德、师生关系、教与学的重要见解，而且身体力行。作为教师典范，他深受学生爱戴，开启了我国尊师重教的传统。

孔子的教师伦理学说以“仁”为核心，提出教师要修身养性，仁者“爱人”①。要以身作则，“其身正，不令而行”②。他重视教师自身的道德修养，主张教师要“躬自厚而薄责于人”③，待人宽，律己严。他认为教师应不断学习，要“见贤思齐”④。

孔子以“六经”作为教学内容，揭示了教与学的伦理本质与方法论，如“知之者不如好之者，好之者不如乐之者”“学而不思则罔，思而不学则殆”“学而时习之”“温故而知新”⑤。他实行德才兼顾的分科教学，“子以四教：文，行，忠，信”⑥，切实培养出各有所长的专门人才⑦。

在师生关系上，孔子提倡教师应谦虚为人、不耻下问、教学相长，甚至打破师生界限，提出“三人行，必有我师焉”⑧。对学生他主张“有教无类”。这一做法是打破贵族和平民界限的创举，追求教育公平。他提出的因材施教，至今仍是先进的教学理念。作为智慧导师，孔子对待不同学生的教学策略截然不同，他潇洒幽默、个性鲜明，当子路、冉有阐释经世治国的抱负时，他却赞同曾皙“浴乎沂，风乎舞雩”⑨ 的洒脱志向，站在更高的人生向度上指点

---

① 《论语·颜渊》。

② 《论语·子路》。

③ 《论语·卫灵公》。

④ 《论语·里仁》。

⑤ 以上四句分别来源于《论语》中的《雍也》《为政》《学而》《为政》。

⑥⑧ 《论语·述而》。

⑦ 《论语·先进》：“德行：颜渊、闵子骞、冉伯牛、仲弓。言语：宰我、子贡。政事：冉有、季路。文学：子游、子夏。”

⑨ 《论语·先进》。

学生。

孔子一生的教育实践堪称“教育善”的典范。在现实中，其人生际遇、教育求索和治国理想可以用“屡败屡战”和“知其不可为而为之”来概括。但这位乐观而有趣、清贫却豁达的老师，倾尽全力过滤了人生的艰难苦涩，留给后世的是洋溢着生命热忱的教师能量和充满理想色彩的教育实践。

墨子（约前 468—前 376），战国时期思想家、教育家。他提出教育目的是实现“兼相爱，交相利”的政治道德理想，认为人性如素丝，“染于苍则苍，染于黄则黄”①。他认为，教师要通过教学，向学生宣传做人的道理，把“有道者劝以教人”和“隐匿良道而不相教诲”②，分别视为教师的大善和大恶。他反对儒家“叩则鸣，不叩则不鸣”的消极教育，主张“叩则鸣，不叩必鸣”③，即对学生的提问不仅要有问必答，而且只要有益于国家、学生，教师应当主动积极、畅所欲言，遇到重大是非问题，还应做到“必鸣”，或谏或劝，或教或阻，以“为义”的精神“劝教”。他极为重视教师的言行一致，提倡言必行，行必果，认为教师只有“以身戴行”④，“使言行之合，犹合符节”⑤，勇于实践、表里如一，方能使学生心悦诚服。

孟子（约前 372—前 289），战国时期思想家、教育家，被后世尊为“亚圣”。他继承了孔子的德治思想，发展出以仁政为核心的政治思想。他直接肯定“性善”，认为人有不学而能的“良能”和不虑而知的“良知”，仁、义、礼、智等道德观念，恰是发源于人先天就有的恻隐之心、羞恶之心、辞让之心和是非之心。⑥ 他认为教育的目的即“明人伦”，应以伦理为教育内容，以孝悌为道德基础。他重视教师品德修养，强调“教者必以正”⑦，教师品行高尚、以身垂范方能教导学生。他指出，教师个人修养的四种原则：持志养气、动心忍性、存心养性、反求诸己。此外，孟子还较为重视培养人的主观能动

① 《墨子·所染》。
② 《墨子·尚贤下》。
③ 《墨子·公孟》。
④ 《墨子·修身》。
⑤ 《墨子·兼爱下》。
⑥ 《孟子·公孙丑上》。
⑦ 《孟子·离娄上》。

性，强调个人之“思”。他指明教学原则应是学生须自学自得、专心有恒，教师应启发诱导、循序渐进。孟子不仅继承了孔子的教师伦理思想理念，而且贡献了新的教师伦理思想。

荀子（约前325—前238），战国末期思想家、教育家。他把教师作用上升到与国家兴衰相关的程度，其名言至今振聋发聩：“国将兴，必贵师而重傅；国将衰，必贱师而轻傅”①，即国家兴盛，就必须尊师重教；国家走向衰落，必定与轻视教师和教育有关。他极看重教师的社会地位，首创“天地君亲师”之说。同时，他对教师素质提出严格要求：尊严而惮、耆艾而信、诵说而不陵不犯、知微而论，可以为师②，认为教师要有尊严、有威信，使学生敬服，能循序渐进地传授知识，要知识精深且通晓教材，善于阐发微言大义。可以说，荀子对教师不仅提出了道德与信仰方面的要求，也对其专业知识技能和道德素养提出了高要求。同时，他认为教师应当接受合理批评，反躬自省，“非我而当者，吾师也”③。荀子重视教师，对教师的要求既高屋建瓴又细致入微，具备很强的实践性。

秦汉以后，教师职业劳动的重要社会作用日益显现，教师道德从一般社会道德中分离出来，逐步具备了鲜明的职业特点。《学记》是儒家经典《礼记》中的一篇，仅1 229个字，言简意赅地全面总结了秦汉之前我国教育的宝贵经验，对教师道德也有独到论述。它明确指出教育的目的和作用是“化民成俗”，即教化百姓，促进社会形成良好的风尚。它提出了一系列教学原则，如教学相长原则④、预时孙（顺）摩原则、启发性原则和长善救失原则等，对教学过程和方法提出了专业而中肯的建议。它从社会功用角度强调尊师的必要性，“师严然后道尊，道尊然后民知敬学”“三王四代唯其师”，甚至把为师、为长、为君视为一个逻辑过程，把为师看作为君的步骤、素质和使命，使尊

---

① 《荀子・大略》。

② 《荀子・致士》。

③ 《荀子・修身》。

④ 《学记》提出“教学相长”这一重要的教师专业成长命题，是世界教育史上的首次。其原始含义是“教师通过自己的教而知‘困’，并学到东西，获得长进”。这是对教师个人专业成长方式和历程的深刻洞见。后来这一表述常被误认为“教与学双方的相互促进”，这虽是对“教学相长”本义的误解，但作为一种约定俗成的理解流传下来，未尝不可。

师具备了更丰富的内涵。[①]《学记》作为我国和世界教育史上最早的教育理论专著，内容完备，字字珠玑，不仅体现了先秦教育思想和实践的高度先进性，也是全世界最早成文并得以完整留存的教师伦理思想资料。

我国古代关于教师道德的箴言不绝于史，如西汉韩婴的《韩诗外传》从智慧和行动两方面确认了对为师者的要求。同一朝代的扬雄在《法言》中也指出："师者，人之模范也。"[②] 但"汉以降，教师的地位开始动摇，而从魏晋至唐发展到高峰，可谓岌岌可危"[③]。

韩愈（768—824），唐代文学家、思想家、教育家。中唐时代，儒学衰落，教育凋敝，社会风气耻于从师，教师也只自认是蒙童的"句读之师"，韩愈却不顾嘲骂招收弟子，坚持从事教学。他的《师说》是我国古代首篇论述教师职责的经典之作，堪称教师伦理研究的经典名篇，极具思想价值和实践意义。《师说》把教师地位上升到"道之所存，师之所存"的高度，认为无论对于个人还是社会，教师作用都无比重要，不可或缺，因此，耻学于师是愚昧的行为。他指出，"学者必有师"，因此必须高度重视并尊重教师职业，同时揭示了教师职业的核心任务在于传道、授业、解惑，对后世产生了重要影响。韩愈的这一表述，在教师身上寄托了复兴儒学的政治理想、实现路径和践行手段，也高度结合了教学历程中的道德追求、知识传授和教学方法。论及师生关系，韩愈的见解超越时代且具备民主色彩："弟子不必不如师，师不必贤于弟子"。这种师道观阐发了洒脱又孕育着生长可能性的师生关系，在我国千百年"师道尊严"的教师文化传统中是一个异数，具备高度的教师自我省思精神和豁达的气度。

朱熹（1130—1200），南宋著名的哲学家、思想家、教育家，理学思想集大成者，他的许多著作都涉及教师伦理和教师道德问题，见解独到。他对人性认识深刻，其理学思想的逻辑起点就是人性论，富有伦理色彩。他不仅区分了普遍人性和特殊人性，还厘清了善恶之源。他关注个人内在的道德意识对其外部行为的价值选择作用，认为道德行为不是被动服从道德规范，而是

---

① 钱焕琦主编：《中国教育伦理思想发展史》，改革出版社 1998 年版，第 111 页。

② 《法言·学行》。

③ 朱永新著：《中国古代教育思想史》，中国人民大学出版社 2011 年版，第 213 页。

“发自本心”的自律。在回顾孟子、荀子和韩愈等先贤的人性论及其不足后，他提出回归人本的伦理观念，这些见解是先进且超越时代的教师伦理思想。在修身方面，他的《白鹿洞书院揭示》即是修身准则，要求师生做到“言忠信，行笃敬，惩忿窒欲，迁善改过”。他倡导教师重国家民族之大义，轻个人功名利禄：“正其义不谋其利，明其道不计其功”①；具体论述了教师道德修养的日常方法，强调教师的道德养成应知义理、重践履。他还生动地阐释了知行之间的关系：“知行常相随，如目无足不行，足无目不见。”② 在教学领域，他提出了“博学”“审问”“慎思”“明辨”“笃行”的教学过程论，认为教与学都应学思结合，知行统一。朱熹的道德思想和伦理境界至今仍闪烁着智慧的光芒。

王夫之（1619—1692），明末清初唯物主义哲学家、思想家、教育家。其教师伦理思想十分丰富。其一，他强调立国“以教为本”。他认为治理国家有赖于“政教”两端，两者相辅相成，“政立而后教可施”；但从本末而言，则须“以教为本”。此处的“教”并不是指狭义上的教学，而是从国家治理角度出发，高度强调教育功用，认为教育若不受重视，就会“师道贱，而教无术”，必将“贻祸无穷”。其二，从人性论出发，他论证人人都有接受教育的可能性和必要性，但每个人都有向善或向恶的双重可能性，其根源在于日生日长的后天之“习”。他提出“习与性成”，教师应使美德成为其本性，然后努力通过教育帮助学生习德成性。他否认“生而知之”的“先知”，否认孔子“唯上智与下愚不移”的论断，重视后天教育，在封建时代，这殊为不易，也准确定位了教育的长期育人职责。其三，他认为教师的作用是“正天下人心”，强调教师须“恒其教事”，并修身躬行，“行而后知有道，道犹路也。得而后见有德，德犹得也”③。他认为教师如农民，因两者皆具备长期性和耕耘不辍的特点。他自己也在艰苦条件下教学著述，孜孜不倦。其四，他认为教师须德才兼备，“质以忠信为美，德以好学为极”④，旨在为教学服务。关于教学，他提出教师要善教乐教，给学生指出一条“进善”“致知”之路。而

① 顾树森编著：《中国古代教育家语录类编》（下册），上海教育出版社 1983 年版，第 161 页。

② 《朱子语类辑略》。

③ ④ 《思问录·内篇》。

“教事”的要义是“教人明”（明理且明智）。因此，当学生能“悉达之，决信之，率行之”（学会、信奉并践行学理）时，教师才算完成任务。同时，教师不该用自己的知识、门庭去困住学生。这是相当通达的教育观和师生关系诠释。

上述可见，我国古代先贤的教师伦理思想，具有较明显的“师者自我言说”的特点，因为他们自己就是最优秀、最具道德感和行动力的教师。这些思想和行动有温度、有高度的教师们，用自己的教育教学历程，表现出教师道德最理想的状态。同时，在历史的长河中，他们也是最早的师德思考者，其所思所为，具备开创性意义和原创价值。

## 二、我国近代教育家的教师伦理思想

近代以来，我国开始沦为半殖民地半封建社会，一些追求进步的资产阶级民主主义教育家受到西方资产阶级“自由”“平等”“博爱”观念的影响，在继承我国师德传统的基础上，提出了新的师德观念，在一定程度上推动了师德的历史进步。

康有为（1858—1927），近代政治家、思想家、教育家。他在《大同书》①中对未来理想世界的教育制度作出一番描绘。康有为高度重视教师道德，并认为教师道德是“全世界之人类才能德性兼系之”。他对各级学校教师的道德品质提出了具体建议，认为幼儿教师应“德性慈祥”“身体强健”“资禀敏慧”“有恒性而无倦心”；小学教师须“德性仁慈”“威仪端正”“学问通达”“诲诱不倦”；大学教师要“专学精深奥妙”“实验有得”。只有这样，才能把学生培养成德才兼备之人。

梁启超（1873—1929），近代政治家、思想家、教育家。他提出国民教育的思想，特别强调学校教育在振兴中国、开启民智中的重要地位。他认为“亡而存之，废而举之，愚而智之，弱而强之，条理万端，皆归本于学校”②；他提出“废八股、变科举、兴学校”③，认为教育的目的在于培养具有“自由”

① 康有为撰：《大同书》，上海古籍出版社 2005 年版，第 204—213 页。

② 梁启超著，汤志钧、汤仁泽编：《梁启超全集》（第一集），中国人民大学出版社 2018 年版，第 38 页。

③ 王炳照等编：《简明中国教育史》，北京师范大学出版社 1994 年版，第 264 页。

“自治”“进步”“进取”新思想的“新民”，方能图中华民族之复兴，“以自立意存在于列国之间”；他号召教师献身教育事业，“终身以教育为职志”。[①] 关于教师培养，他倡导师范教育，并视之为各类学校教育的基础，“师范学校立，而群学之基悉定”[②]。他是近代较早提倡各科教材教法的教育家，且十分关注儿童和女子教育。

蔡元培（1868—1940），近代民主革命家、教育家。他重视公民道德教育，将中国的传统伦理观念“义”“恕”“仁”类比于西方的“自由”“平等”“博爱”，作为师生共同遵守的道德准则，强调学校的一切教育均须“以公民道德为中坚”，“以最大多数人之最大幸福为鹄的”。[③] 民国成立以后，蔡元培担任教育总长，倡导“完全人格教育”，首次提出五育并举的教育方针，体现出他对教育本质的深刻理解和对“人”的高度关注。蔡元培任北大校长期间，提出大学改革建议并付诸实践。他整顿校风，提倡“兼容并包、思想自由、学术自由”的办学理念，不拘一格地聘请具备真才实学的教员；他要求教师“砥砺德行”“束身自爱”，开大学教师涵养师德之先河。

总之，上述教育家最突出的特点，是他们宽广的眼界、超卓的学习力和包容度，以及对于教育民主思想和教师德性精神的推崇，为我国传统教育注入了新的血液，打开了近现代教育改革的通道，也为教师专业道德的发展打下了走向现代文明的基础。

**三、我国现当代教育家的教师伦理思想**

五四运动以降，在新民主主义和社会主义革命过程中，陶行知、徐特立等一大批教育家，致力于人民的教育事业，继承我国教师道德传统中的积极因素，提出一系列符合广大人民利益的师德规范，为我国师德建设作出了突出贡献。

陶行知（1891—1946），杰出的人民教育家、教育改革家。他以毕生之精力，积极探索适合中国国情的人民教育之路。他著述等身，提出诸多先进的教师伦理思想。他创办面向劳苦大众子女的育才学校，兢兢业业、持续践行。

---

① 梁启超著，夏晓虹辑：《饮冰室合集》（集外文），北京大学出版社 2005 年版，第 670 页。

② 梁启超著，何光宇评注：《变法通议》，华夏出版社 2002 年版，第 81 页。

③ 蔡元培：《对于新教育之意见》，《教育杂志》1912 年第 3 期。

他在亲自起草的教师职业公约《我们的信条》[①]中，提出“教育是国家万年根本大计”“教师应当以身作则”“必须学而不厌，才能诲人不倦”“教师应当做人民的朋友”等观点。他倡导教师以“捧着一颗心来，不带半根草去”[②]的崇高精神投入人民教育事业，把一生“贡献给整个国家民族”。他认为“教师的一举一动，一言一行，都要修养到不愧为人师的地步”[③]。他致力于把好教育普及到乡村，倡导平民教育，惠及底层民众。陶行知倡导教师全心全意地热爱学生，强调师生之间应该相学相师。他提出了“生活教育”理论，倡导“教学做合一”。他较早明确地提出教师教书育人的道德责任，他说：“教师的职务，是‘千教万教，教人求真’。学生的职务，是‘千学万学，学做真人’。”[④]陶行知先生在教育岗位上身体力行、奋斗终生，真正做到了为人民利益“鞠躬尽瘁，死而后已”，成为人民教师的光辉楷模，被毛泽东称为“伟大的人民教育家”。

徐特立（1877—1968），无产阶级革命家、教育家，十分重视人民教师的道德修养问题。他认为，教师是教育活动的领导者，所以不能不谈教师人格。教师应当以自己的高尚品行成为学生的楷模。他指出，教师可分两种人格，一种是“经师”，一种是“人师”；“经师”注重教学问，“人师”教学生做人，人民教师应当以“经师”“人师”合一的标准教书育人，培养学生良好的思想品德。他提出：“我们的教学是要采取人师和经师二者合一的，每个教科学的人，他就是一个模范人物，同时也是一个有学问的人。”[⑤]徐特立提倡，在社会主义教育活动中建立民主、平等、互相尊重的新型师生关系，非常重视学校中人际关系上民主精神的普遍发扬。他说：“我们要求教师对学生民主，而我们负教育领导责任者对于教师，也需是民主态度。”[⑥]这种教师道德思想至今仍具启迪价值。

叶圣陶（1894—1988），现当代教育家、作家、编辑出版家和社会活动家。他高度重视人民教师肩负的教书育人的神圣职责。他指出：“对一个人民

---

① 方明主编：《陶行知全集》（第一卷），四川教育出版社2009年版，第74—75页。

②④ 江苏省陶行知教育思想研究会等编：《陶行知文集》，江苏人民出版社1981年版，第254、821页。

③ 华中师范学院教育科学研究所主编：《陶行知全集》（第一卷），湖南教育出版社1984年版，第576页。

⑤⑥ 中央教育科学研究所编：《徐特立教育文集》，人民教育出版社1979年版，第243、265页。

教师的职业道德具体要求很多，其中要求教师教书育人是根本的。教师既要教书，又要育人，才会使学生真正受益。”① 并且强调：“教师应该为学生的一生着想，要想想学生将来怎样一辈子做人，想想做一个社会主义的好公民应该具有什么样的知识品德。”②难能可贵的是，他较早地提出了担任各种学科教学任务的教师都有“课程育人”的教育伦理责任。他指出：“无论担任哪一门功课，都要认清那门功课的目标，如国文科在训练思想，养成使用语言文字的好习惯……各种功课有个总目标，那就是‘教育’——造成健全的公民。”③ 此外，叶圣陶认为，教师的师德不是空的，而是要落实到掌握好业务专门知识，搞好教学工作的实处。他说：“教师对自己从事的教学工作抱什么态度，对掌握业务专门知识抱什么态度，这也是师德问题。”“教师应该通过自己的讲课，在理解知识和掌握学习上给学生实际的益处。”④在谈到教师的师德修养时，他强调：“做教师最主要的是不说假话。要求学生做到的，自己要先做到。”⑤他认为教师必须以身作则，严于律己，对职业具有高度责任感。他强调教师必须尊重和信任学生，决不可以体罚，而应代之以“情感教育”，用信任引导学生走向自尊、自强、自爱。

教师伦理思想的显著特征是更加重视教师所承担的教书育人、为社会进步、民族振兴培养大批合格人才和健全公民的职业道德责任和义务。作为师德高尚、言行合一的教育改革家，他们用行动践行教师道德理想的精神和做法，值得后人效仿。

## 第二节　外国教育史上的教师伦理思想

### 一、古希腊罗马和文艺复兴时期教育家的教师伦理思想

在世界教育史上，不同时期的教育家在教师伦理思想方面都提出过精湛

①②④⑤　王正平：《听叶圣陶谈师德》，《上海教育》1983年第11期。

③　叶圣陶著：《如果我当教师》，引自本社编辑部编：《智慧之泉——〈我的老师〉征文选》，教育科学出版社1986年版，第8页。

的论断。其中，古希腊罗马时期的教育家最早涉及教师道德和教学过程伦理。

苏格拉底（前 469—前 399），古希腊哲学家和教育家。他毕生从事哲学探究和教育活动，认为教育是“对于人类有最大好处”① 的事业。他申明教育的重要目的是造就治国人才，其首要任务则是培养美德。“伦理问题是苏格拉底的哲学的主题，也是他的教育思想的主题。”② 其教师伦理的主要观点如下。其一，教育就是教人学会做人。作为教师典范，“苏格拉底耗尽了他毕生的精力，最大限度地嘉惠了那些愿意领受他的教益的人们，他使那些跟从他游学的人在和他分手的时候都成了更好的人”③。其二，智慧即德行。“智慧就是最大的善”④，“正义和一切其他德行都是智慧”⑤。其三，自制是一切德行的基础。要求人们理智地约束行为，克制欲望。其四，守法即正义。苏格拉底把教育、道德问题和政治、法律问题联系起来，以巩固当时的城邦制度。其五，身教重于言教。苏格拉底以身示范，他不仅是哲学和教育研究的语言大师，也是道德实践的巨人，由此成为后世教师的榜样。

柏拉图（前 427—前 347），古希腊哲学家、教育家。他师承苏格拉底的教育精神，将教育与哲学、政治、艺术视为统一整体，其最高教育理想是培养“哲学王”。他提出理想的教育体制构想，认为理想教师除了善用教学方法，也应与学生情感交融，陶冶学生健全人格，最后更宜走入社会，走入群众，进行意识形态批判与社会启蒙，使社会发展更臻健全。⑥ 他把培育学生的德行视为教师在道德方面的一种责任。柏拉图认为，教师应从“善”的理念出发，确立正确的是非荣辱等基本道德观念，并对儿童进行长期的监督和引导，培养他们服从严格纪律的习惯。他认为，教师“如果不指出什么是正确的，什么是不正确的；什么是值得赞扬的，什么是羞耻的；什么是神圣的，什么是渎神的；什么是应该做的，什么是不应该做的，他就无话可说，无事

①③④⑤　［古希腊］色诺芬著，吴永泉译：《回忆苏格拉底》，商务印书馆 1986 年版，第 193、21、171、117 页。

②　赵祥麟主编：《外国教育家评传》（第一卷），上海教育出版社 1992 年版，第 52 页。

⑥　杨深坑：《柏拉图哲学中的教师图像》，载林逢祺、洪仁进主编：《教师不可不知的哲学》，华东师范大学出版社 2009 年版，第 34 页。

可做”[①]。他关于教师应关注学生道德培养、培育全面人格的见解，富于真知灼见，兼具实践价值。

亚里士多德（前 384—前 322），古希腊哲学家、教育家，柏拉图的杰出弟子。他关注人的发展，区分了身体、情感、理智的发展顺序，提出按年龄分期教育和德智体美劳和谐发展的教育。他是西方第一位完成知识分类的研究者，为教师“为什么教”“如何教”提供了科学依据，极大地推进了“教育善”。他创建的伦理学被后世称为“美德伦理学”。他认为，美德并非天生，必须经过后天努力，而“完美德行”是“理智的德行”（聪明才智优人一等）和“道德的德行”（品格卓越出众）的完美结合，这恰恰需要优秀教师的良好教育才可以达成。他展现的教师形象是理论与实践兼顾的“思想家＋行动家”。他还“反复阐明和肯定人的自然潜能、环境的熏陶与教育在人的发展中的作用和价值”[②]。这种辩证、科学、整体思考教育的思路，对西方影响深远。

昆体良（约 35—96），古罗马教育家。在西方教育史上，他是真正从职业道德高度探讨师德问题的第一人。他认为教师应该处处给自己的学生做榜样，应该爱护学生，“让教师首先唤起个人对他学生的父母般的情感”[③]，要了解学生，研究学生的个体特征，注意学生智慧的差别，反对当时学校中流行的体罚。他还提出了“教是为了不教”的深刻见解，认为教育的最终目的是要“引导学生自己去发现问题，运用他们的智力……除了使我们的学生不需要总是有人教，我们的教学还能有什么别的目的呢?”[④]这些富有智慧的教育见解对当今教育仍有借鉴价值。

在黑暗的中世纪，宗教神学在欧洲的学校教育中占据绝对的统治地位，学校纪律严酷，科学受到禁锢，个性被摧残，这也窒息了师德发展。

14—16 世纪，欧洲掀起了文艺复兴运动。这一时期人文主义教育家道德思想的特点，是以人道反对神道，把崇尚知识、尊重学生的个性作为教师的重要美德。

---

① 引自［苏］В. Н. 契尔那葛卓娃、И. И. 契尔那葛卓夫著，严缘华、盛宗范译：《教师道德》，华东师范大学出版社 1982 年版，第 3 页。

②④ 赵祥麟主编：《外国教育家评传》（第一卷），上海教育出版社 1992 年版，第 120、161 页。

③ ［苏］麦丁斯基著，叶文雄译：《世界教育史》（上册），五十年代出版社 1953 年版，第 47 页。

蒙田（1533—1592），法国人文主义教育家。他提出“完全的绅士教育”理想，其教育思想散见于杂文中。他批判经院式死记硬背的旧教育，把学生已经背得滚瓜烂熟但未经深思熟虑的知识称作“从书本里抽出来光是放在舌尖上的知识”，毫无用处。他要求教师帮助学生发展思维能力，并让他们从不同观点中独立得出结论，允许他们保留怀疑，反对权威。他认为教师不应独断专行，要有民主作风，具备宽容精神。他说：“不应该由教师决定一切，而应该让他也听听学生的意见。”①

夸美纽斯（1592—1670），捷克著名教育家、文化巨子。他承先启后，对文艺复兴时期的教育思想家和教育实践作了总结，也为西方近现代教育理论体系奠定了基础。他一生孜孜不倦地求索，是为了“让旧的学校的崩溃与按照新观念的学校的设立同时进行”。其《大教学论》申明了理想教育和美好学校的创意构想，开启了“有道德的学校教育”的新篇章，他的理想学校构想在后世也成为现实。他首次提出“班级授课制”构想，业已成为全世界学校课堂教学的基本形态。他研究教师道德问题，把教师地位和威信提升到崇高地位，其名言“教师是太阳底下最光辉的职业”流传至今。同时，他对教师的德性提出了极高要求，认为“教师是道德卓异的优秀人物”，如果教师不能以身作则、成为表率，“他的全部工作都将是徒劳”。② 他认为教师必须是学问完备的人。他认为不学无术的教师是“无雨之云、无水之源、无光之灯，因而是空洞无物的”③。关于师生关系，他认为“教师善意地对待儿童”具有重要的教育意义，主张教师要像慈父一样爱护儿童，和善愉快地传授知识，反对体罚。他也重视学校纪律，论证了教师执行严格纪律的必要性，“如果你使学校丧失了纪律，你就夺去了它的原动力”④。他对教育抱有极大信心，坚信一切儿童都能成为人才。

上述西方教育家的教师伦理思想跨越千年，从古希腊哲学家师生三代的启蒙之功，到文艺复兴时期烛照黑暗教育的人本主义思想家，其教师实践和

---

①③　引自［苏］B. H. 契尔那葛卓娃、И. И. 契尔那葛卓夫著，严缘华、盛宗范译：《教师道德》，华东师范大学出版社 1982 年版，第 4、6 页。

②④　［捷］夸美纽斯著，任钟印译：《大教学论·教学法解析》，人民教育出版社 2006 年版，第 231、229 页。

师德研究，从关注学习者自我学习、重视知识分类、注重人格培育，到关于未来理想学校的想象、形成教师职业伦理的最初构想，其中的传承、开拓与创造，对西方后来的教师伦理思想发展起到了重要的引领和推动作用。

**二、近现代欧州教育家的教师伦理思想**

17—18 世纪发生的英法资产阶级革命，推动了西欧近代教育运动的迅速发展，当时代表新兴资产阶级意志和利益的自由、平等、博爱理念，被直接运用到教育职业活动中，促进了教师伦理思想的发展进步。

洛克（1632—1704），英国资产阶级思想家、教育家。其《教育漫话》阐释了他的重要教育思想，从多方面向教师提出要求，并把教师德行及其以身作则放在首要位置。他认为，德行比智慧、学问、礼仪更为重要："在一个人或者一位绅士具备的各种品性之中，我将德行放在首位。"① 同时，他还十分强调教师的榜样作用，认为做导师的人应该是一个具有高超的德行，持重、通达、和善的人，具有渊博的知识，"有严谨的作风及学者的性格"②。

卢梭（1712—1778），法国启蒙思想家、自然教育思想代表者。他从"天赋人权"的伦理思想出发，认为受教育者首先是人。③ 卢梭在反对当时实行呆读死记、严酷纪律，甚至体罚、摧残儿童个性的封建经院学校的基础上，提出"自然教育"论，并在其教育哲理小说《爱弥儿》中予以充分阐述。他认为教师首先应当成为一个道德优秀、受过良好教育、睿智且足以成为他人楷模的人。为了培养学生的"善良感情""善良判断""善良意志"，教师应始终以善良的态度对待学生、热爱学生、关心和尊重学生，避免不公正，并尽力发展学生独立思维和勇于创造的能力。虽然其"新人"理想如同乌托邦式的空中楼阁，却指向未来教育中人才培养的终极目标。卢梭提出的"教师是守护儿童善性的生命导师"的观点，成为引领后代教师正确行为的箴言。

康德（1724—1804），德国哲学家、教育理论家。其道德哲学极具影响力。他在《论教育》一书中阐述了他的教育伦理思想。康德指出："人是唯一必须受教育的造物，也就是说，我们把教育理解为照管（供养、抚养）训诫

①② ［英］洛克著，杨汉麟译：《教育漫话》，人民教育出版社 2006 年版，第 128、80 页。
③ ［法］卢梭著，李平沤译：《爱弥儿：论教育》（上卷），商务印书馆 2007 年版，第 13 页。

（管教）和连同塑造在内的教导。”① 他提出：“人唯有通过教育才能成为人。”②康德认为，“好的教育正是世界上一切善产生的东西”③，教师应当怀有善良意志，教会学生超越自我，引导他们面向未来。他高度重视对学生进行道德教育的重要性，他指出：“人们必须关注道德化。人应当不仅为达成各种各样的目的而有技能，而且还获得只选择完好的目的的意念。”④ 他发展了“道德教育阶段”理论，依照不同年龄阶段的学生，提出相对应的三阶段道德教育的目的、教法及教材。康德的研究，奠定了教师伦理思想的理性基础。

裴斯泰洛齐（1746—1827），瑞士著名教育家。他提出要素教育和教育心理化的思想，认为在一切知识中都存在最简单的要素；强调依照自然法则，遵循儿童心理成长规律，简化教学方法，促使儿童道德、智慧和身体的全面和谐发展；他重视道德教育，认为整个教育的核心问题就是形成人的道德，主张在家庭与学校的教育教学中培养、发展儿童的德性。“教学永远具有教育性”就是他首先提出来的。他指出，道德的实质是积极地爱人，因此作为道德教育者的教师一定要热爱学生，师生关系应建立在“父亲般爱儿童”的基础上。他身体力行，和学生关系密切、情感深厚，与学生同吃同睡，为学生的成长奉献了一切。“我的手握住他们的手，我的眼睛注视着他们的眼睛。我的眼泪和他们的眼泪一块淌下，我的欢笑跟着他们的欢笑。”⑤ 裴斯泰洛齐的教师伦理思想对瑞士、德国乃至整个西方国家产生了深远影响，成为促进师德提升的重要思想力量。

赫尔巴特（1776—1841），德国著名教育家、心理学家，是使教育学成为一门独立学科的先驱，被誉为“科学教育学的奠基人”。他高度关注教育的道德价值，认为教育的唯一工作与全部工作可以总结在这样一概念之中——道德在其看来：“道德，普遍地被认为是人类的最高目标，因此也是教育的最高目标。⑥” 他把道德培养集中于“内心自由”“完善”“仁慈”“正义”和“公

①②③④ ［德］康德著，李秋零主编：《康德著作全集》（第九卷），中国人民大学出版社 2010 年版，第 441、443、448、450 页。

⑤ 引自［苏］娥·芙·杰普莉茨卡娅编讲，华东师范大学教育系教育史教研组翻议室译：《教育史讲义》，华东师范大学出版社 1958 年版，第 152 页。

⑥ ［德］赫尔巴特著，李其龙、郭官义等译：《赫尔巴特文集》（第四卷），浙江教育出版社 2002 年版，第 177 页。

平”五种观念。他发展了裴斯泰洛齐的“教育性教学”，指出：“德育问题是不能同整个教育分离开来的，而是同其他教育问题必然地、广泛深远地联系在一起的。”① 在教育过程中，赫尔巴特强调管理的作用，认同威胁、命令、禁止、惩罚等措施，但更相信“权威与爱”比任何严厉手段更能保证管理效果。教师要有效运用这两种方法，发现学生的善良特征并予以恰当的教育。他主张建立“情感一致”的师生关系，要求教师把严格与爱结合起来，不应让儿童盲目服从。这是他独树一帜的教师伦理观。

第斯多惠（1790—1866），德国著名教育家，被誉为“教师的教师”。他认为，教师既然是学生的楷模，那么他就必须具有比平常人更为优秀的道德品质。他说，教师“要使别人获得真正的生活，就得发动别人去追求真善美，最大限度地发挥他们的天资和智力”②。在教师的优秀品德中，他特别注重坚定的教师职业信念，要求教师以教育事业为终身职业，自我教育也是终身教育。他说：“教师所奉行的宗旨在于培养人类德行。他要为它奉献自己的整个心灵。它牢牢地约束住教师，按天职他是教师，教学成了他的生命，他的养料。”③ 他高度重视教学的科学性，提出了尊重儿童天性，以发展性教学为核心的教学理论，要求教师创造性地运用教育和教学的原则与方法，赋予教学伦理以实践价值。

综上所述，这些西方近现代的师德研究者与实践家，都以其思想家、哲学家的缜密思考和详尽分析，为师德研究理论添上了浓墨重彩的一笔，开启了教师伦理研究的理性时代。

**三、近现代俄国和苏联教育家的教师伦理思想**

19 世纪中叶，俄国兴起资产阶级民主主义革命。这一时期的俄国进步思想家、教育家提出了以重视教育、崇尚民主与人道精神、尊重学生个性为特点的教师伦理思想。

别林斯基（1811—1848），俄国革命民主主义者、哲学家、文学评论家。

① 赵祥麟主编：《外国教育家评传》（第二卷），上海教育出版社 1992 年版，第 103 页。
② 任钟印主编：《西方近代教育论著选》，人民教育出版社 2001 年版，第 366 页。
③ 引自［苏］B. H. 契尔那葛卓娃、И. И. 契尔那葛卓夫著，严缘华、盛宗范译：《教师道德》，华东师范大学出版社 1982 年版，第 10 页。

他认为教育是伟大的事业，是人类进步和人类进程的条件。他歌颂教师，认为教育者是伟大的、重要的、神圣的。别林斯基从人道主义立场出发，认为教育者必须把受教育者看作是人。针对农奴制教育，他提出人的全面教育的理想，并认为道德教育是首要的。他特别强调教师要热爱学生，认为爱应该是教育工具，又是鉴别教育的尺度，而教育的目的是人道。他号召教师以纯洁的道德为前提，“使儿童们摆脱一切不良习气，并发展他们热爱、正义感及人道”①。

乌申斯基（1824—1870），俄国教育学家。他认为教师的道德品质具有极大的教育力量。“在教育中，一切都应基于教师的人格，因为教育力量是只有从活动的人格源泉中产生出来的。”② 他对当时教师只进行抽象的、限于语言的德育深表忧虑。他提出：至于谈到道德箴言，对儿童采用道德说教的手段，其效果甚至比惩罚手段更坏。这是由于要让儿童习惯于聆听关于道德的那些高尚的言辞；但对于这些言辞的含义，儿童却还不懂得。而且更主要的是，他们还感受不到。这实际上是在培养伪善者。③ 乌申斯基的教育思想具有很高的道德价值，使他成为“自古以来世界各国最杰出的20位教育家之一”④。

上述两位俄国哲学家和心理学家对于教师道德的分析和理解，既歌颂了教育和师德对于社会发展、人格成长的作用，也批判了现实中不恰当的德育手段，其师德见解富有人道主义的时代特点，对教育实践意义深远。

1917年，俄国十月革命胜利，世界上第一个社会主义国家在俄国建立。苏维埃教育得以迅速发展。一批无产阶级革命教育家，提出了体现工人阶级和广大人民群众根本利益的师德理念。

加里宁（1875—1946），苏联国家教育工作领导人。他认为，人民教师最主要的任务是培养新人，即造就社会主义社会的新人。教师必须培养学生“热爱人民”“热爱祖国”“团结同志”“爱好劳动”“诚实”“勇敢”等优秀品

---

① ［苏］麦丁斯基著，天枢、子诚译：《世界教育史》（下册），五十年代出版社1953年版，第114页。

② ［苏］彼得洛夫著，方德厚译：《论人民教师的威信》，作家书屋1951年版，第46页。

③ ［俄］乌申斯基著，郑文樾选编，张佩珍、冯天向、郑文樾译：《乌申斯基教育文选》，人民教育出版社2007年版，第231页。

④ 单中惠主编：《西方教育思想史》，教育科学出版社2007年版，第294页。

质。他表示："国家和人民把儿童信托给教师们，要他们来教育这些按年龄来说最容易受影响的人，信托教师们来培养、教育和造就这代青年人，也就是说，把自己的希望和自己的未来都完全嘱托给他们。这是把伟大的责任加在教师们身上的一种重托。"① 加里宁十分重视教师的思想品质对学生的熏染和影响，要求教师时时加强自我修养，为人师表。他还提出了"教师是人类灵魂的工程师"的重要见解，对我国教育界影响至深。

马卡连柯（1888—1939），苏联教育家。其教师伦理思想的重要见解是：教育者必须尊重受教育者，这是教育人的前提。"教师的心应该充满对每一个他要与之打交道的具体的孩子的爱，尽管这个孩子的品质已非常败坏，尽管他可能会给教师带来许多不愉快的事情。"② 教育应通过集体教育个人，吸引集体中的每一个成员，使学生体验到自己才是教育的主体，从而提高他们的自尊心和自信心，由简单的原始满足发展到最高的责任感，从而使整个集体朝气蓬勃。

苏霍姆林斯基（1918—1970），苏联教育理论家和实践家。他创建了帕夫雷什中学，从自己的教育实践中总结概括出许多重要的教育伦理思想。他明确提出"教师的人格是进行教育的基石"③，教师的思想道德面貌对学生有直接的熏陶作用。他指出："智慧要靠智慧来培植，良心要靠良心来熏陶，对祖国的忠诚要靠忠诚地为祖国服务来培养。"④ 苏霍姆林斯基认为，每一位教师不仅是教书者，而且也是育人者。他十分重视教学的育人功能，指出："教学过程不是单单归结为传授知识，而是表现为多方面的关系。共同的智力的、道德的、审美的、社会和政治的兴趣把我们教师中的每一个人都跟学生结合在一起。"⑤ 他还特别指出教师在职业活动中的独特道德个性对学生良好个性养成的重要作用。他说："一个精神丰富、道德高尚、智力突出的教师，才能

① ［苏］加里宁著，陈昌浩、沈颖译：《论共产主义教育和教学》，人民教育出版社 1957 年版，第 186 页。

② 引自［苏］В. Н. 契尔那葛卓娃、И. И. 契尔那葛卓夫著，严缘华、盛宗范译：《教师道德》，华东师范大学出版社 1982 年版，第 120 页。

③ ［苏］苏霍姆林斯基著，赵玮等译：《和青年校长的谈话》，上海教育出版社 1983 年版，第 170 页。

④ ［苏］苏霍姆林斯基著，肖勇译：《教育的艺术》，湖南教育出版社 1983 年版，第 15—16 页。

⑤ ［苏］苏霍姆林斯基著，杜殿坤编译：《给教师的建议》（下），教育科学出版社 1982 年版，第 290 页。

尊重和陶冶自己的学生的个性。”① 苏霍姆林斯基在许多方面发现了学校工作实践中教育人道主义和教育集体主义的界限和特点②，他对学生的教育充满了爱、正义和智慧。

苏联时期的教育家首次提出社会主义“人民教师”的概念，高度重视教师在社会文明进步中的重要作用，发展了较为完整的教师伦理思想，为我国社会主义师德和教师伦理的建构提供了丰富的思想资源。

## 四、当代外国教师伦理思想研究概况

进入20世纪以来，世界上许多国家都高度重视教师教育，并把研究和提高教师的职业道德素养作为教师队伍培养的重要任务。本节简要介绍美国、苏联、日本和澳大利亚等国当代教师伦理思想研究和师德教育概况。

### （一）美国教师伦理思想研究概况

美国现当代教师伦理思想研究始于20世纪20—30年代。1948年，全美教育委员会所属的师范教育委员会，在组织专家、教师、学者、大学研究机构进一步系统研究的基础上，向全国教师发布了题为《我们时代的教师》的报告，对教师应当具备的职业道德提出了13项具体的要求和指导。主要内容有：“教师要自重重人”“教师要富于社会意识”“教师要能够理智地处理一切事务”“教师要善于与人合作”“教师要能在专业素养中培养其一般的优良特质”“教师要继续不断地求知”“教师要熟悉传达知识的技术”“教师要爱护学生，与学生友善相处”“教师要能够了解学生”“教师要能够了解社会并参与社会活动”“教师要是学校社会中的良好分子”“教师对本身及儿童的成就要能具有正确的品评能力”“教师要有专业的信心”。这份报告对美国教师的职业品质的研究和教育产生了较大的影响。③ 20世纪50—60年代，美国中、高等教育迅速发展，开展了“理想教师职业素养和品质”的大规模系统研究，并充分认识到“一种可行的伦理行为准则，也许是一种职业生存下去的最好根据”④。可见，美国的教师伦理思想经由“教师职业/专业伦理标准”的建

① ［苏］苏霍姆林斯基著，赵玮等译：《和青年校长的谈话》，上海教育出版社1983年版，第93页。

② 王正平、郑百伟著：《教师伦理学——理论与实践》，上海教育出版社1998年版。

③ 王正平主编：《教育伦理学》，上海人民出版社1988年版，第31—32页。

④ 引自王正平主编：《教育伦理学》，人民教育出版社2019年版，第79页。

构，发展脉络清晰，内涵准确，实践性强，呈现出高度制度化、持续专业化的特点。

1. 教师专业伦理规范及师德规范的不断修订完善

美国全国教育协会的教师职业伦理规范（NEA Code）自1929年初创，经过六次修订，反映出美国教师职业的时代发展与专业要求的变化。1986年，卡耐基教育与经济论坛发表题为《国家为培养21世纪的教师作准备》的报告，把全美师资的准备水平从本科生层次提高到研究生层次。1987年，全美专业教学标准委员会成立，并逐步拟定了教学标准，在30多个教学专业领域内确立了资格认证制度，体现了教师的专业竞争力。1996年，美国制定了《优秀教师行为准则》，26条准则中有21条涉及教师专业伦理的要求。2001年，小布什总统签署了《不让一个孩子掉队》的教育改革法案，强调提高师资质量，指出“高质量教师是学校改进的关键环节”。

2. 专门学校和教育组织关注教师伦理的制度建设

美国不仅有专门培养教师的大学，更有大量社会组织在持续关心并致力于推进教师伦理建设。1839年，美国公共教育的旗手贺拉斯·曼创立了师范学校，推动专业教师培养；1857年，美国费城成立了“全国教师协会”（National Teacher Association）；1907年，美国“全国教师协会”与“师范学校协会”“学校督导协会”合并，定名为“全美教育协会”（National Education Association），成为非官方的全美教师组织，在提高教师专业和道德水平及其经济、政治地位等方面发挥了重要作用。

1966年，国际劳工组织和联合国教科文组织发布《关于教师地位的建议》，表明全世界对教师专业地位的认识与重视与日俱增，这促进了美国教师伦理“从职业向专业的转向”。1968年，全美教育协会正式制定了《教育职业伦理准则》（*NEA Code*），约200万教育工作者签署了这一准则。1997年，“美国学校道德委员会”宣称其主要职责是告知其成员相关道德标准，并为道德标准修改提出建设性建议，强调并关注教师作为专业人员的专业责任和精神等内在伦理品质，改进了旨在约束教师道德行为的制度。

3. 教师职业伦理规范高度重视专业性和实践性

美国师德规范关注教师教学道德和师生关系道德，使教师职业伦理的专业内涵得到最大限度的体现与落实。全美教育协会于 1975 年颁布的伦理规范提出对学生的责任与对本专业的责任两条原则，进一步强调了教师在教育职业活动中恪守职业伦理准则的重要性，强调了教师肩负的教书育人的道德责任。该准则在序言中指出：教育工作者相信每一个人的价值和尊严，认识到追求真理、栽培人才、养育民主精神具有至高无上的重要性。

新的《教育职业伦理准则》具体内容分为“献身学生”原则与“献身职业”原则两个部分。原则一：献身学生。教育工作者要努力帮助每个学生认识到自己作为有价值、有用的社会成员的可能性，要激发学生探索精神，帮助学生获取知识，提高学生理解能力，教师应为有价值的目标而工作。原则二：献身职业。人民对教育事业寄以厚望，同时要求教育工作者具备责任感，而责任感源于对教育事业的崇高理想。由于教育职业的服务质量直接影响国家和公民，教育工作者应尽一切努力提高自身专业水平，营造鼓励批评的氛围，创造吸引忠于教育职业优秀人才的条件，帮助纠正不合格教师的不良职业习惯。这一套可执行的师德标准，分为“对学生的义务”和“对教育专业的义务”两大领域，既规定了教师的行为底线，又对美国教师提出了很高的职业道德要求，要求教师在教育过程中应具备“善”和“正义”的品质，并且提出了一套能够落实到具体行为的要求，便于教师执行。

可见，美国教师专业伦理的发展已持续百年，在师德规范的研究上，既具备教师全员认可的基础，也反映了专业人士持续推进的努力。美国的师德规范内容层次清晰，既有高标，也有底线；既有法可依，也有据可循，对我国师德规范的修订与完善具有一定的启示作用。

（二）苏联教师伦理思想研究概况

苏联对教师职业道德研究比较重视。20 世纪 60 年代，教师劳动日益复杂，教师道德作用明显，其师德理论研究成为相对独立的研究领域。这一时期涌现出大量专家，先后发表、出版了一批质量较高的教师伦理学论文和专著，并在苏联的教育工作中被广泛采用。20 世纪 70—80 年代，在苏联师范院校中，“教师伦理学”或“教师道德”已作为教师教育的专业课程开设。①

苏联的教育道德理论研究较有特点。皮萨列恩科的《教师伦理学》一书，除了论述教师伦理学的目标和任务、教育活动中的道德关系、教育道德范畴等，还专门探讨了教育道德的基本原则，如“共产主义思想的信念”“公民的觉悟、爱国主义和国际主义”“职业上的忘我精神”“教育团结精神和集体主义”“教育职业的人道”“教育乐观主义”等。

В. Н. 契尔那葛卓娃和И. И. 契尔那葛卓夫所著的《教师道德》一书，十分重视分析教育劳动的特点和教育活动中的各种矛盾关系。他们指出，教育道德规范是调节教育活动中各种矛盾的反应和形式。作者正是在全面考察教育过程中各种道德关系的基础上，解释了一系列具体的教师道德规范。例如，在教师和学生关系中，教师应当遵守的最重要的道德规范是：“1. 教师对学生的态度不单单带有正式的（事务上）性质，而且带有人道的（同志的、友好的）性质；2. 把学生作为一个人来对待，尊重和支持他们的最高尚的品质，尽力促进他们的发展，应该把对学生的高要求看作是尊重学生的一种手段；3. 经常研究儿童和他们的内心世界，以便能正确地解决每个学生的问题，并能预见一切教育效果和社会效果；4. 要能够耐心地对待儿童的不正确的行为、意见和信念，善于说服他们，耐心地说服他们的错误；5. 认为自己不仅有责任要求自己的行为是正确的，而且有责任使学生正确理解自己的行为，经常提高控制自己情绪的能力。”②

在《教师道德》中，作者提出了“教育分寸”这一教师道德的重要命题。作者认为，教育分寸是“教师在教育方法、态度上的适度和恰到好处……它是一种道德行为，包括对行为的全部客观后果及其主观理解的预见；包括对人要有仁爱、同情和关心的要求；包括在任何情况下都能建立良好关系的方法……”，“教育分寸是从道德方面来调节教育过程的，也就是在人的关系的

① 引自［苏］В. Н. 契尔那葛卓娃、И. И. 契尔那葛卓夫著，严缘华、盛宗范译：《教师道德》，华东师范大学出版社 1982 年版，第 34 页。

② ［苏］В. Н. 契尔那葛卓娃、И. И. 契尔那葛卓夫著，严缘华、盛宗范译：《教师道德》，华东师大出版社 1982 年版，第 92—99 页。

范围中起调节作用的”。[1] 这一定义清晰地揭示了教育分寸的道德含义，它要求教师秉持高度的教师爱和教育智慧，更要求教师在日常工作中进行道德创造。

苏联教育工作者对教师伦理道德作过一些十分有益的探索，这是人类共同教育伦理智慧的一部分，对此，我们应当有所分析和借鉴。

（三）日本教师伦理思想研究概况

日本的教师道德研究始于对“现代教师形象”的探讨。19 世纪末 20 世纪初，随着教育发展和明治维新运动的开展，许多士族出身的人从事教职，逐步形成了“士族教师形象”，其道德特征是“严以律己，高洁至诚谨严；举止沉稳，一言一行亦不苟。对他人则宽厚为怀，亲切温情……得古时武士之魂魄，兼备刚正不阿气概，洋溢着高尚气质与端庄态度之奕奕风采”[2]。所谓“师魂通士魂”，成为日本教师的传统风度。

1886 年，日本颁布《师范学校令》，旨在改革师范教育。改革家野口援太郎认为，“理想教师”应当是“眷恋自然，热爱人类，洞察自身于国家社稷中所处之地位与应尽之职责；领悟自身对全宇宙所应具备的崇高温文之情操，并且崇尚之、完善之”[3]。

日本在二战中失败，宣告军国主义国家体系的结束。日本教师从政府发动侵略战争的现实中觉醒，开始追求民主主义的“现代教师形象”。战后日本的理想教师职业形象经历了“教师圣职论”“教师劳动者论”“教师专门职业论”三个阶段[4]的转变。1947 年，日本教职员组织成立，通过了以提高教职员地位与建设民主主义教育文化为目标的《宣言》；1952 年，该组织通过了《伦理纲领》，公立学校几乎所有教师都加入了这一组织，接受纲领内容。纲领内容包括：教师要肩负日本社会的课题，同青少年一道生活；教师要为教育机会的均等斗争；教师要保卫和平；教师要站在科学真理的立场上行动；

① ［苏］В. Н. 契尔那葛卓娃、И. И. 契尔那葛卓夫著，严缘华、盛宗范译：《教师道德》，华东师大出版社 1982 年版，第 203、201—202、205、206 页。

② ［日］信浓教育会编：《教育功臣列传》，信浓教育会 2001 年版，第 49 页。

③ ［日］筑波大学教育学研究会编，钟启泉译：《现代教育学基础》，上海教育出版社 1986 年版，第 461 页。

④ 陈永明主编：《现代教师论》，上海教育出版社 1999 版，第 169 页。

教师不容许教育自由遭受侵犯；教师要寻求公正廉明的政治；教师要同家长一道跟社会的颓废作斗争，创造新文化；教师是劳动者；教师要维护生活权益；教师要团结。这一纲领成为“日本教师的指南针”，对现代日本教师职业道德产生了很大影响。

1960 年以后，随着经济和教育事业的快速发展，日本对教师职业伦理的研究日益重视。例如，日本教师养成研究会编的《道德教育之研究》一书，专门分析了教师职业道德品质的培养问题，提出教师要具备优秀人格：“自我意识到现实性并想超越它，不断地努力于真实的自我创造的人，才是真正的人，才是教师。”① 该书指出，教师对学生的爱是出于责任心之爱，有别于父母的“自然之爱”。教师在道德观、人生观上应能自立立人，以“师生同学”的态度关心学生的思想进步，指导青少年学生选择人生道路，成为学生探索真理、不断进取的领路人。

小原国芳所著的《师道》探讨了师德的本质、内容和发展条件。他认为，教师的工作不能堕落到仅是单纯地传授知识，“教师应当有独立、自尊、自敬、自信、自恃的伟大精神”，“应具有天下一流人物的自豪感”，教师应努力在真、善、美、体育、劳动等方面完善自己，成为“完人式的理想教师”。②

皇至道则分析了教师提高职业伦理素养的必要性。他认为：“教职的专业性与它的伦理性具有深刻的关系”，教师具有重大的道德责任。他在分析“教师素养”时指出：“对儿童、学生的爱，是教师的基本素养。”他认为：“正是‘喜爱’孩子们的人，才能把握他们内在价值的可能性，并促进其发展，因为儿童、学生的心灵窗扉只向喜欢他们、爱他们的人打开。”③

日本研究者十分重视教师以身作则，遵守职业伦理道德，对学生的道德教育影响。新堀通也在论述“教师道德”时指出：在教育道德中，作为楷模的教师起到了决定性的作用。无论怎样通晓古今东西伦理学说，无论怎样精于说教艺术，要是其知识与说教没有行动依据的话，孩子很容易从教师那里

---

① ［日］教师养成研究会编：《道德教育之研究》，学芸图书 1980 年版，第 171—172 页。

② ［日］小原国芳著，由其民、刘剑乔、吴光威译：《小原国芳教育论著选》（下卷），人民教育出版社 2017 年版，第 344 页。

③ ［日］皇至道著：《人类教师与国民教师》，东京渔船大学出版部 1970 年版，第 128 页。

学到言行不一和对于所讲的道德的不诚实。他强调指出："在道德教育中，不仅是'孩子的道德''面向孩子的道德教育'，而且看来也有必要留心于'教师的道德'、面向'教师的道德教育'，这就是教师的职业伦理，是教师的自我修养。"①

日本各师范类院校十分重视教师职业伦理道德的教学和教育，"教职伦理修养"是教师培训的必修课。1997 年，日本教育职员养成审议会会长莲见音彦在《关于面向新时代教员养成》第一次咨询报告中，要求"未来教师具有从事培养学生生存能力教育的素质：全球性视野和行动的素质能力；作为社会成员适应时代变化的素质能力；教师工作必要的素质能力"②。这被称为立足多元世界且面向未来的教师素质要求。

由此可见，日本的教师伦理思想和实践具有东方的文化特点和独到的教师期待，其教师职业伦理研究也有其持续发展的内在线索，已成为世界师德研究中的一个东方思想因素。

（四）澳大利亚教师伦理思想研究概况

澳大利亚在 1901 年效法美国，建立各州自治的联邦制政体，因而其在基础教育管理上体现出统一和分权的双面性特征。在教师职业道德方面，政府、学界、教师团体以及教育机构等都相当重视，伴随着教师专业标准化运动的蓬勃发展，20 年来澳大利亚的教师伦理建设取得了显著的成果，形成了自己的特色。

1. 教师专业标准化运动：教师伦理建设的背景与动力

澳大利亚社会具有重教的传统，但是到了 20 世纪 80 年代，在新科技革命引发的全球竞争，以及美、英、日等发达国家积极推行教育改革等外部因素的冲击下，教育和教师的质量问题受到政府和民间的广泛关注。在联邦政府主导下，从 20 世纪 80 年代末开始，几乎每隔 10 年便发布一项关于教育发展的重要政策，包括《霍巴特宣言》（1989 年）、《阿德莱德宣言》（1999 年）和《墨尔本宣言》（2008 年）。从中可以发现其教育发展的战略重点与趋势，

① ［日］新堀通也著：《现代教育学讲座》（第九卷），株式会社福村出版部 1977 年版，第 181—182 页。
② 引自陈永明主编：《现代教师论》，上海教育出版社 1999 年版，第 61 页。

就是在追求公平和卓越中提高教育质量。为此，澳大利亚采取了一系列措施，提升教师专业能力是其中的重要方面。如《阿德莱德宣言》将教师专业发展作为21世纪国家教育目标的重要组成部分，明确提出“提升教师和学校领导的质量、专业主义和地位”①。作为对国家政策和社会关切的回应，从20世纪90年代开始，澳大利亚掀起了一场“教师专业标准化”运动，从联邦和地方政府到教育专业协会，相继出台一系列教师标准，其中最著名的是由澳大利亚联邦教育部门分别于2003年和2013年颁布的《全国教学专业标准框架》(*A National Framework for Professional Standards for Teaching*) 和《国家教师专业标准》(*National Professional Standards for Teachers*)，并于2018年对国家教师专业标准进行再版。教师伦理建设作为这一标准化运动的组成部分，也逐步推进，并日趋完善。

在澳大利亚，从国家层面对教师提出的道德要求，主要体现在教师专业标准的具体条文中。《全国教学专业标准框架》从教师职业生涯和专业素养两个维度建构起教师专业标准：教师职业生涯维度划分出毕业（Graduation)、胜任（Competence)、成熟（Accomplishment）和领导（Leadership）四个阶段；专业素养维度则包括专业知识、专业实践能力、专业价值观、专业协调能力四个领域。对于教师的伦理要求主要体现在专业价值观和专业协调能力方面，前者强调教师承担对学生的教育责任、尊重并发展学生的多样性、主动与学生家长/监护人建立密切联系等；后者规定教师须具备专业的关系协调能力，在尊重、信任与合作中提升与学生、同事、家庭以及社会的关系。2018年再版的《国家教师专业标准》基本沿袭了这一框架，只是在专业素养维度中将原来的四个领域合并成了三个，分别是专业知识、专业实践和专业参与，共涵盖了七个标准，其中与教师伦理有关的是专业实践中的“创造和维持支持性和安全的学习环境”，以及专业参与中的“与同事、家长/监护人以专业的态度互动”这两个标准，强调公平、公正、尊重、敬业的价值观，同时在教师的四个职业生涯阶段都阐明要遵守伦理操守，尤其是达到“领导

① Paulina Phillips. Professional Development as a Critical Component of Continuing Teacher Quality. *Australian Journal of Teacher Education*, 2008, (1), pp. 1—9.

阶段”的教师应成为道德楷模和备受尊敬的人。①

澳大利亚的教师专业标准化运动为教师认证与注册、教师质量评估提供了统一的基准，对于21世纪初期教育质量的提高起到了重要的推动作用。尽管澳大利亚联邦政府并未颁布专门的教师伦理规范，但在国家教师专业标准中明确提出的伦理要求，成为各州及领地制定、实施教师伦理准则的依据。

2. 澳大利亚教师伦理规范及其主要内容

“教师专业标准”为教师伦理规范建设提供了表现形式和内容依据，自21世纪初开始，澳大利亚的六个州及两个领地先后发布了教师专业伦理规范，并以标准的形式对教师的职业道德作出规范和引导。综观这八个地区的教师伦理规范，在基本理念、主导方向、总体框架和本质逻辑上保持一致的同时，也反映出各自的一些特点。

关于使命和目的。教师专业伦理规范的制定，是为了维护和提高教师职业的社会声誉，保障学校、公众和学生的最大利益，其目的不在于对教师进行纪律约束和违规惩处，而是重在支持、引导和鼓励教师养成道德自觉、增强道德能力以及提升道德境界。比如《昆士兰州教师伦理准则》提供了一个理想的正式框架，旨在指导和鼓励所有教师在与学生、家庭/监护者、同事和更广泛的社区交往和建立关系时达到这些高标准的道德行为和专业素养②。《南澳大利亚州教学伦理准则》明确提出，“并非让教师服从规范要求，而是提供一个框架以协助教师反思他们的教学决策和伦理问题”③。《维多利亚州教学行为准则》的目标则包括：一是鼓励教师坚守作为教育专业支柱的价值观；二是提供一套指导教师职业行为的道德原则，帮助教师摆脱伦理困境；三是肯定教师职业的公共责任；四是提高教师职业的公众信心。④

---

① Early Childhood Development and Youth Affairs (MCEECDYA). *National Professional Standards for Teachers*. http://www.aitsl.edu.au/teach/standards.

② Queensland College of Teachers. *Code of Ethics for Teachers in Queensland*. https://www.qct.edu.au/standards-and-conduct/code-of-ethics.

③ Teachers Registration Board of South Australia. *Code of Ethics for the Teaching Profession in South Australia*. https://www.trb.sa.edu.au/code-of-ethics.

④ Victorian Institute of Teaching. *Codes of Conduct and Ethics*. http://www.vit.vic.edu.au/professional-responsibilities/conduct-and-ethics.

关于核心价值观。澳大利亚各州和领地的教师伦理规范直接提出了教师专业的道德核心价值，正直、尊重、责任这三种价值观被普遍提及，公正、关怀等也颇受重视。这反映了国家和社会对教师专业角色的认识，以及对教师与其他教育相关者专业关系的期望。不少州对核心价值观的内涵作了解释，比如《南澳大利亚州教学伦理准则》指出：正直（integrity）是指“我们务必在我们的专业关系中保证真诚与可信赖，提高教师职业的尊严和荣誉”，尊重（respect）是指“我们务必以恰当的礼节和同理心支持学习者，承认和重视学习者不同的背景、能力和行为习惯；我们同样重视教育共同体的贡献，为学习者的未来发展发挥积极的影响”，责任（responsibility）是指“我们务必为了学习者的最大利益持续进行职业培训，与教育合作伙伴共同工作，以确保教学专业标准，为学习者提供高水平的教学质量和切实的关怀”。①

关于规范条文。在阐明目标与核心价值之后，澳大利亚的教师伦理规范多以专业关系为主线，清晰地列出在处理与教育相关者的关系上应达到的专业标准。也就是说，国家和社会所重视的教师伦理价值蕴含在教师的专业关系中，并由后者表现出来。以《维多利亚州教学行为准则》为例，它的规范条文按照教师应如何建立与不同的教育相关者的关系而逐次展开，包括教师与学生、家长/监护者、家庭、社区和同事的关系。比如在“与学生关系”方面提出下列原则：教师为所有学习者提供学习机会，教师以礼貌和尊重的方式对待学生，教师要承担广泛的责任等；在“与家长/监护者的关系”方面提出“维持专业关系”的原则；在“与同事的关系”方面提出“合作”的原则等。在每项原则中又进一步对不同情境下教师的处事态度和行为方式作了规定。② 澳大利亚《幼儿教育伦理规范》更是细分出八个专业关系，即教师与儿童、家长、同事、社区、专业学生、雇佣者、自我以及研究领域，并分别制定出相应的伦理标准。③

---

① Teachers Registration Board of South Australia. *Code of Ethics for the Teaching Profession in South Australia*. https://www.trb.sa.edu.au/code-of-ethics.

② Victorian Institute of Teaching. *Codes of Conduct and Ethics*. http://www.vit.vic.edu.au/professional-responsibilities/conduct-and-ethics.

③ 索长清、蒋娟、但菲：《澳大利亚幼儿教育伦理规范的特点及其启示》，《教育探索》2016 年第 7 期。

可见，使命与目的、核心价值观、规范条文，构成澳大利亚教师伦理规范组成部分。其中，核心价值观强调了对多样性和独特性的尊重、教师职业态度和行为的公正性，以及对学生、同事等相关者的广泛责任。规范条文则是在这些价值主导下，教师在处理专业关系中应遵循的伦理和行为准则。

3. 澳大利亚教师伦理规范建设的特点

伴随 20 世纪 90 年代兴起的教师标准专业化运动，澳大利亚的教师伦理规范建设进展迅速并趋于完善。纵观这一过程，体现出以下特点。

（1）在政府的引导和协调下，由专业团体制定教师伦理规范

澳大利亚的教师伦理规范主要由各州和领地的教育专业团体制定并颁布，如南澳大利亚州、维多利亚州、昆士兰州的教师专业伦理准则分别由各自的教师注册委员会、教育协会和教师学院制定并发布。尽管如此，这些规范无论在目的、核心价值还是伦理原则的制定上，均体现出较高的相似性，这与政府的引导和协调密不可分。由联邦政府主导提出的国家教师专业标准，为各地自行编制教师伦理规范提供了依据。此外，在社会各界对于追求公平与卓越的国家教育发展战略达成共识的条件下，通过政府协调，由专业团体组织相关研究者、学校管理者、一线教师以及社区人员共同参与研讨伦理标准，这不仅使教师伦理规范具备了广泛的民意基础，而且提高了规范研制的效率。

（2）教师伦理规范重在对教师进行引导、支持和激励

1992 年，澳大利亚教育部在为未来学校的发展项目确定目标时就提出：把教师当作真正的专业者，能够决定他们自己的职业，并能自由地完成他们的专业技能和在课堂上作出必要的判断。① 一直以来，为促进教师专业发展，“‘支持和帮助’，而非‘考核和评估’，是澳大利亚各学校的核心理念”②。不管是研制国家层面的教师专业标准，还是制定地方性教师伦理规范，引导教师自律、指导教师实践、促进教师成长是其主要出发点。以《南澳大利亚州教学伦理准则》为例，其目标就包括：指导教师针对职业问题作出伦理决策，鼓舞、促进和增强公众对教师职业的信心。超越禁忌与约束，将伦理规范导

① 王保华：《教师教育的专业化与制度创新》，《国家高级教育行政学院学报》2001 年第 6 期。

② 田爱丽：《引领、规范和保障：澳大利亚教师职业道德建设考察与启示》，《比较教育研究》2013 年第 6 期。

向对教师的支持、帮助和鼓励，从而增强他们的道德自觉，形成自律意识，提高他们在教育情境中的道德决策与实践能力，助力教师提升专业发展水平。

（3）教师伦理规范层次结构清晰，内容界限明确

澳大利亚的教师伦理规范一般按照“核心价值—伦理原则—行为准则”这一逻辑进行建构。在提出3—6个核心价值的基础上，以专业关系为主线，针对教师应如何处理某一特定关系提出若干伦理原则，再进一步在每一原则之下提出若干行为准则。这种内容建构模式能够“进一步凝练教师专业共享的道德价值观，让教师道德规范愈发体现道德的意味，成为引导教师专业发展，解决专业道德实践问题的道德指南”①。澳大利亚的这一设计既有利于教师自主进行价值定位形成良好的伦理观念，又有助于教师厘清专业伦理的边界，使其更加道德地处理与学生、家长、同事等之间的关系。

教师伦理思想是随着教育事业的发展和人类道德的进步而逐步形成和完善起来的。一方面，教师伦理思想如同整个社会道德文化一样，具有历史继承性和民族独特性，我们要从发展中国特色现代教育事业的客观需要出发，学习和继承中华民族优秀的教师伦理思想传统，进行创造性继承和创新性转化；另一方面，教师伦理思想具有职业特殊性和人类共同性，我们要善于学习和借鉴世界各国一切有益的教师伦理思想和师德建设经验，坚持中西道德文化的文明互鉴，相互交流，创造与时俱进的新型教师伦理思想。

## 思考与练习

**【讨论思考】**

1. 国内外教育史上的教师伦理思想给我们哪些有益的启示？哪些思想值得我们今天创造性地继承和发展？

2. 我国历史上的教师地位既有过“天地君亲师”之尊贵，也有过“句读

① 王正平主编：《教育伦理学》，人民教育出版社2019年版，第497页。

之师”之惨淡，请谈谈你对当代教师地位的看法。

3. 师德规范是古今中外教师伦理研究的重要范畴，在你看来，“师德的边界”在哪里？教师又如何在“规范”与“自由”之间保持平衡？

**【案例分析】**

材料一

《论语·先进》中，孔子对待子路、曾皙、冉有、公西华四位不同性格和人生志向的学生，应对不同，态度不一，最后却赞同曾皙的人生理想。请你谈谈，从孔子的教学伦理中，我们可以获得怎样的启示？

材料二

古希腊教育家柏拉图认为，教师应从“善”的观念出发对学生进行监督和引导，促进学生服从严格的纪律。如果他们不服从，就使用威胁和殴打的手段。但捷克教育家夸美纽斯则主张，教师要像慈父一样爱护儿童，和善愉快地传授知识，“以便让儿童在没有殴打、没有号泣、没有暴力，没有厌恶的气氛中，总之，在和蔼可亲和愉快的气氛中喝下科学的饮料”。

你如何看待两位教育家不同的师德理念？另外，我们应当如何合理对待中外教育家的教师伦理思想？

**【拓展阅读】**

1. 王正平、郑百伟著：《教育伦理学——理论与实践》，上海教育出版社1998年版。

2. 王凯、[加] 伊丽莎白·坎普贝尔主编：《当代西方教师伦理研究新进展》，福建教育出版社2019年版，“全情境中的专业伦理：教师的挑战、张力和困境”。

3. [苏] B. H. 契尔那葛卓娃、И. И. 契尔那葛卓夫著，严缘华、盛宗范译：《教师道德》，华东师范大学出版社1982年版，第一章。

# 第三章　教师伦理道德原则

教师伦理道德原则通常指，教师在教育活动中正确处理各种利益关系所遵循的最根本、最重要的行为准则。它在每一个社会的教师伦理道德规范体系中居于主导地位，统率和支配着教师伦理规范和范畴，具有广泛的指导性和约束力，是整个教育伦理规范体系的核心和精髓。

## 第一节　立德树人原则

立德树人，在一定意义上又可称为教书育人，是教师伦理道德的根本原则，也是教师应当担负的神圣职责。教师能否在教育劳动实践中自觉做到立德树人，既是衡量其教育劳动社会价值的最重要尺度，也是衡量和评价教师职业道德是非善恶的根本标准。

**一、立德树人是教师的根本职责**

教育是推动人类文明进步的伟大事业，立德树人历来是中外优秀教育思想的精华和中外教育伦理思想的精髓。

中国教育史上蕴含丰富的立德树人思想。《说文解字》对“教育”一词的解释：“教，上所施下所效也”，“育，养子使作善也”。教育就是教师或家长把自己懂得的人生道理、掌握的文化知识和技能传授给青少年一代，并最终教下一代人成为善人。《礼记・文王世子》云：“师也者，教之以事而喻诸德者也。”《大学》谓：“大学之道，在明明德，在亲民，在止于至善。”唐代教育家韩愈在《师说》中指出，教师的责任在于传道、授业、解惑。他把“传道”即教导学生明白做人的道理放在首位，把它看作是教师职业活动的根本任务之一。这些都强调育德是成人的根本，是全社会教育的根基。毛泽东的老师杨昌济先生以教化青年、培养人才为己任，在教育实践中重视教书育人，培养人才，努力鼓励学生立志做有益于社会的正大光明的人，帮助他们树立“一种奋斗的和向上的人生观”①。千百年来，我国教师正是在立德树人这一伦理道德思想引导下，为社会的发展和民族的振兴造就了大批杰出人才。

在外国教育史上，许多杰出的教育家、思想家同样从教育工作的本质上强调，教育首先要重视培养学生的德性，教师应当立德树人。现代教育学理论的创始人赫尔巴特明确提出，道德在教育中是首要和最高的目标，道德教育必须贯穿在教育的始终。捷克著名教育家夸美纽斯在《组织完善的学校的要法》一文中说，教师“是太阳底下最光辉的职业”。与此同时，他要求教师充分了解自己职业的社会意义，充满自尊心和自信心，加强品德修养，成为“道德卓越的优秀人物”。教师的全部工作是为社会发展培养时代所需要的人。苏联著名教育家马卡连柯说：“做一个人类灵魂的工程师意味着什么呢？这意味着——培养人……培养新时代的人。”②

立德树人作为古今中外教育的核心内容，随着经济社会的发展与时代变迁，其重要价值逐渐获得人们的认同，并被赋予新的社会意义和丰富内涵。立德树人不仅是全部教育工作的价值基础，也是新时代发展中国特色社会主义教育事业应当遵循的最根本、最重要的伦理原则。

为什么要把立德树人作为教育伦理的一项根本原则？如我们所知，教育伦理原则是调节教育中各种利益关系，评价教师行为是非善恶的最基本、最重要的标准。从本质上说，把立德树人作为教育伦理的一项根本原则，是维护和保障社会教育活动各种正当利益的根本需要。

其一，学校重视立德树人，教师在教育和教学劳动中悉心培养每个青少年学生良好的美德和正确的世界观、人生观和价值观，塑造学生美好的心灵世界，有益于学生今后顺利走上工作岗位，建立良好的社会人际关系，过上幸福美满的生活。倘若学校教育不重视立德树人，只重视智育，对学生正确

① 湖南省博物馆历史部校编：《新民学会文献汇编》，湖南人民出版社 1980 年版，第 120 页。

② ［苏］马卡连柯著，陈世杰，邓步银等译：《马卡连柯全集》（第七卷），人民教育出版社 1959 年版，第 149 页。

价值观的确立、良好德性的培养十分不利，会损害学生个人及家长的根本利益。现代教育实践一再表明，学校培养出来的人才，德性常常能弥补其才能的不足，因为有德性的人今后可以根据工作需要自觉学习和发展自己的才能；而才能通常不能弥补德性的缺失，青少年时期如果没有在心灵栽下德性的种子，有害的品性和错误价值观一旦形成，成人以后再矫正便尤其困难。

其二，把立德树人作为教育伦理的一项根本原则，是维护和保障教师个人和教师集体利益的根本需要。无论是教师个人还是教师职业集体，都是通过培养符合社会、家长希望的理想人才而得到社会的良好评价和认可，从而获得自身正当利益。从幼儿园、小学、中学到大学，学校教育的每个环节、每位教师都重视立德树人，教书以德为先，培养出大批德才兼备的优秀人才，进而体现和提升教师个人和教师集体的崇高价值，使全社会更加尊师重教，教师的物质和精神生活条件自然能得到改善。反之，如果学校教育不重视立德树人，培养不出德智体美劳全面发展的合格人才，那么社会公众就会批评抱怨，甚至怀疑学校教育和教师劳动的社会价值，使教师正当利益受到损害。

其三，把立德树人作为教育伦理的一项根本原则，是维护和发展社会教育事业的根本需要。百年大计，教育为本；教育大计，教师为本。教师能否在教育和教学工作中践行立德树人的神圣职业职责，关系到学校教育能否培养出合格的人才，关系到国家和民族的未来。应该看到，把立德树人作为基础教育和高等教育工作的根本原则，具有重要的社会现实意义和长远的社会历史意义。

改革开放以来，我国在社会经济诸方面取得了巨大进步，但同时，在市场经济和西方以个人为中心的个人主义、拜金主义、利己主义、享乐主义等错误价值观念的冲击下，教育价值迷失和教师道德失范等现象也偶有发生。少数决策部门在制定教育政策上、在实际推崇的人才培养标准上急功近利，强调人才培养的工具性价值，专注于专业知识和技能的传授，在一定程度上忽视思想道德、品质和社会责任心的培养，造成一些学生有知识缺道德、有技能缺道德，甚至沦为“精致的利己主义者”。个别学校将教育工作当成赚钱的工具，放弃培养学生德智体美劳全面发展的培养目标，在学校教育管理和内部教师激励机制上，重智育轻德育，致使一部分教师为了在考评中“出成绩”，把立德树人、做学生的思想道德教育工作看作是可有可无的“软任务”，造成青少年学生道德水平低下。部分学生和家长以自己或子女上大学、上好大学、好专业、将来获得一份体面的工作为学习目的，只为个人的前途奋斗，缺乏对国家发展、民族振兴、社会文明的考量。社会、学校和家庭某些价值观念的偏差致使教师和家长忽视了立德树人的重要性，最终导致部分青少年学生不勤劳、无诚信、不勇敢、缺爱心、没孝心、赶时髦、比奢侈、自我中心意识强烈、社会责任感淡漠，有的甚至为满足个人目的不择手段，恶性竞争。

从发展中国特色社会主义教育事业的高度出发，在全体教师和教育工作者中大力倡导并要求共同遵守立德树人这一教师伦理道德的根本原则，努力培养德智体美劳全面发展的社会主义新人，是时代赋予教师义不容辞的神圣职责。

## 二、立德树人的基本含义和要求

“立德树人”在不同社会、不同时代具有不同的意义和内在规定性，它既有教育专业活动的道德共同性和继承性，又具有教育职业劳动的社会性和时代性。在建设中国特色社会主义的新时代，立德树人这一原则具有独特的价值诉求。

立德树人作为教师伦理道德的根本原则，它的基本含义与要求是：每位教师和全体教育工作者要自觉认识自己所从事的教育工作承担着立德树人的神圣社会职责；要明道、信道、立德、立言、立行，坚持教书和育人相统一、言传和身教相统一、潜心问道和关注社会相统一，以德立身、以德立学、以德施教；要在教育和教学劳动过程中全心全意把青少年学生培养成为德智体美劳全面发展的社会新人，使他们德性高尚、人格健全、知识丰富、技能全面、身心健康、善于创新，能够在现代社会中自觉成为真理、正义与美德的追求者，经济社会进步的建设者，和谐文明社会的促进者和美好生活的享受者。

立德树人伦理原则对教师提出了以下要求。

第一，教师要有高尚的道德品质，努力在教育和教学过程中培养学生良善的德行。爱因斯坦曾指出：“我们不要忘记，仅有知识和技术不可能使人类过上一种快乐而有尊严的生活”，“人类最重要的努力，莫过于在我们的行动中力求维护道德准则。我们的内心平衡甚至我们的生存本身全都有赖于此。只有按道德行事，才能赋予生活以美和尊严”。[①] 道德是一种善的信仰，它要求人们在追求自我利益的时候，考虑和照顾到社会与他人的利益；道德是一种价值尺度，它要求人们在行为活动中倾听理性的呼声；道德是一种时代精神，它要求人们以与时代发展契合的精神气质，奋发有为地开拓新生活。[②] 教师应率先垂范，有道德，有理想，自觉承担教书育人的社会责任，根据学生的思想特点探索立德树人的规律与艺术，实现教育善的最高目标。

第二，教师要有扎实的专业知识，努力培养学生掌握人文科学和现代科学知识及创新技能。教师要有渊博的知识才能传授给学生，“资之深，则取之左右逢其源”。教师的“德”不是空洞的，要在立德树人过程中落实到“育才”上；学生的“德”也不是空洞的，要在学习科学文化知识过程中落实到“成才”上。现代社会随着经济文化和科技事业的迅速发展，对人才的“德”和“才”的要求大大提高了。培养学生有德，是让学生具备为他人服务、为社会奉献的道德意识；培养学生有才，是让学生具备今后投入经济、科技、文化和社会建设事业的高超本领。当代世界各国，经济、科技、文化的竞争，归根到底是具有创新能力的优秀人才的竞争。为了培养学生具备现代发展所需要的各种专业知识和创新能力，教师需要以高度的立德树人责任感，在专业知识和技能上不断进取，终身学习，勇于创新。

第三，教师要有正确的思想价值理念，努力在教育和教学过程中培养学生健康向上的世界观、人生观、价值观。学校教育应以立德树人为根本，以理想信念教育为核心，以社会主义核心价值观为引领。当下，广大教师应围绕国家富强、民族振兴、人民幸福的伟大目标，将社会主义核心价值观融入践行到立德树人的全过程，培养学生正确的世界观、人生观、价值观和高尚的道德品质及社会美德。近年来，我国大力倡导社会主义核心价值观，即在国家层面，倡导富强、民主、文明、和谐；在社会层面，倡导自由、平等、公正、法治；在公民个人层面，倡导爱国、敬业、诚信、友善。社会主义核

---

① ［美］海伦·杜卡斯、巴纳希·霍尔曼编，高志凯译：《爱因斯坦谈人生》，世界知识出版社 1984 年版，第 83 页。

② 王正平、周中之著：《现代伦理学》，中国社会科学出版社 2001 年版，第 484 页。

心价值观凝练着人类全部道德文明的最高成果，把倡导和践行社会主义核心价值观融入到教师教书育人的全过程，是立德树人的关键。

第四，教师要有家国情怀和世界眼光，努力培养学生的爱国主义精神与国际主义胸怀，成为国家发展和人类文明进步的参与者和推动者。我国社会主义现代化建设的伟大事业需要一代又一代人为之努力奋斗。教师是为祖国和人类的未来而工作的人，教师培养出来的学生将决定祖国和人类的未来。学校教育培养出来的人才，要坚持为中国特色社会主义现代化建设服务；要有世界眼光和全球视野，自觉追求真理和人类进步事业；要适应世界经济竞争和科学技术发展的需要，迎接世界新的技术革命的挑战；要有德性、有知识、有才能、有格局，自觉做一个坚定而理性的爱国主义者，做一个建构人类命运共同体的高尚的国际主义者。

### 三、教师要增强立德树人的主体自觉性

教师是践行立德树人的主体，是培养德智体美劳全面发展的社会主义新人的关键。习近平指出："教师重要，就在于教师的工作是塑造灵魂、塑造生命、塑造人的工作。一个人遇到好老师是人生的幸运，一个学校拥有好老师是学校的光荣，一个民族源源不断涌现出一批又一批好老师则是民族的希望。国家繁荣、民族振兴、教育发展，需要我们大力培养造就一支师德高尚、业务精湛、结构合理、充满活力的高素质专业化教师队伍，需要涌现一大批好老师。"① 发展新时代中国特色社会主义教育事业，需要广大教师增强立德树人的主体责任心和道德自觉性。

第一，追求真理与正义，自觉承担立德树人的神圣社会责任。教师应当把追求真理与正义，追求真、善、美，并引导学生追求真、善、美，作为职业劳动的最高境界。第斯多惠指出："教师要言行一致，身体力行，不但要倾听真理，学习真理，而且更重要的是把自己内心拥护的真理和自己的实际生活、思想与意志紧密地联系起来，融为一体，这是教师的自我完善，做不到这一点，就不可能做一个有思想有抱负的真正的人。"② 真理是社会与自然发

---

① 习近平:《做党和人民满意的好老师——同北京师范大学师生代表座谈时的讲话》,《人民日报》2014 年 9 月 10 日第 2 版。

② ［德］第斯多惠著，袁一安译:《德国教师培养指南》，人民教育出版社 2001 年版，第 20 页。

展的客观规律，是指引人类社会发展的方向，人只有掌握了真理才能有正确的价值判断。知道并掌握了真理，才能在真的基础上追求善与美。陶行知说："先生不应该专教书，他的责任是教人做人；学生不应该专读书，他的责任是学习人生之道。"① 教师引导学生追求真理，学习为人之道，成为德才兼备的人是教育的首要目的。教师立德树人，积极引导广大学生确立善的人生价值理念，追求真理与正义，是社会文明进步的精神动力。

第二，认识教学的化育功能，自觉在教学过程中教书育人。教师立德树人工作不是空洞的、简单的、机械的道德说教，而应当把思想品德教育与日常教学工作结合起来。要充分认识教学中的化育功能，做到"经师"和"人师"合一，"教书"与"育人"统一，在教学中自觉承担教书育人的神圣职责。陶行知说："教师的职务，是'千教万教，教人求真'。学生的职务，是'千学万学，学做真人'。"② 通过学科教学潜移默化地对学生进行思想品德教育，是教师立德树人工作的主要内容。教学活动既是教师向学生传授知识的过程，又是向学生传授思想的过程。马修·桑格认为："教学这项工作有着深远的道德意义和影响。实际上，如果老师不能传达道德价值观或者无法对有益于人类的事作出评判，那么他们就无法在教育生涯里取得进步。"③ 在教学中实行德性教育，以通俗易懂的方式使学生接受教化于无形，形成正确的价值观，使教学永葆进步活力。

无论是基础教育还是高等教育，无论是教语文、历史、文学、外语、哲学、社会、法律、艺术，还是教数学、物理、化学、地理、生物、体育、计算机等，教师都可以生动活泼、形式多样地对学生进行世界观、人生观、价值观的教育。通过学科教学对学生进行思想品德教育，是学校贯彻立德树人原则的主要渠道。苏霍姆林斯基曾十分深刻地说过："共同的、智力的、道德的、审美的、社会和政治的兴趣把我们教师中的每一个人都跟学生结合在一起。课——是点燃求知欲和道德信条的火把的第一颗火星。"④ 学科育人可以

① 陶行知著：《行知书信集》，安徽人民出版社 1981 年版，第 109 页。
② 江苏省陶行知教育思想研究会等编：《陶行知文集》，江苏人民出版社 1981 年版，第 821 页。
③ ［美］马修·桑格等著，刘玉琼译：《师德教育培训手册》，中国青年出版社 2015 年版，第 11 页。
④ ［苏］苏霍姆林斯基著，杜殿坤编译：《给教师的建议》，教育科学出版社 1984 年版，第 290 页。

实现全科、全程、全员育人的目的，促进学生知识、德性、思想和能力的全面发展。

第三，学习教育学、心理学、伦理学知识，自觉按照科学规律培养学生良善的思想品德。教师应当学习教育学、心理学、伦理学等与立德树人工作密切相关的人文科学知识，以便掌握必要的专业知识和技能，培养学生的良善品德。教师对跨学科知识的融通与应用，有利于学生通过各学科的学习，形成正确的道德和价值判断，并付诸实践。教师对广泛哲学人文社会科学知识的学习融通，有利于挖掘学生德性培养的可能性。不同学科的知识，不同的教学方法，都是培养学生良善品德的有效路径。

第四，研究新时代青少年学生思想特点，自觉探索新时代立德树人的规律与艺术。学生思想品德的形成和发展遵循独特的客观规律，教师立德树人工作必须符合学生的思想、心理和生理特点，遵循教育规律，才能产生有益的效果。当今世界正处于经济、政治、文化、社会、科技急剧变化的新时代，这对教师的立德树人工作提出了更高的道德要求。教师应当从当代学生的思想实际出发，积极探索新时代立德树人的规律和艺术。教师应当深入了解学生的思想特点，根据每个阶段学生的思想特点、年龄特性、行为个性、思维方式，在教育和教学中遵循学生的成长发展规律，把握因材施教的教学规律与艺术。

此外，教师应当在组织和指导学生进行社会调查、科学实验等教学实践活动中及时发现学生思想道德的亮点与不足，立德树人的“及时雨”能收到育人于细微之中的教育效果。教师应当关心和指导学生的课余生活，寓教于乐，寓教于活动。教师要组织和引导学生开展丰富多彩的校内外文体活动和兴趣小组活动，让学生在与健康的小说、电影、戏剧、音乐、美术的亲密接触中，在参加各类有益的体育活动和社会公益活动中，受到良好思想道德情操的陶冶，形成健康向上的精神风貌。

**四、创建有利于教师立德树人的政策和环境**

立德树人既是教育职业活动追求的根本价值目标，也是评价教育行为善恶是非的基本标准。立德树人作为一项需要国家最高决策层面和全社会高度重视的系统工程，除了应当充分发挥教师的道德主体积极性外，还需要创建能够促进教师做好立德树人工作的教育政策和社会环境。

教育政策是政府进行社会教育资源配置的最重要手段，是社会教育利益在进行选择、分配以及实施等过程中应当遵循的行为准则、规范和行动，它涉及教育公共利益的分配和调节。以社会公共利益为核心的教育政策，包括一系列教育制度、教育政策、教育法规、教育条例、教育措施等。实行师德治理，把立德树人作为教育伦理的一项基本原则，一个根本性的手段是要将全社会对教师立德树人的基本道德要求，在各种社会教育公共政策中转变成看得见、摸得着、可感悟的教育制度、管理规范和措施，使立德树人的教育伦理价值理念通过“硬约束”的方式，具有道德上的合法性、教育制度上的合理性。①

体现一定教育价值理念的教育政策一旦被制定和实施，必然对教师道德观念和师德风气产生直接的影响。马克思曾深刻地指出：“正确理解的利益是整个道德的基础。”② 教育利益是教育伦理道德的基础，受合理的教育伦理价值观念指导的教育政策能够对教育职业活动过程中的国家、集体和个人的利益关系进行合理的分配和调节，成为可量化的善，助力教师成为积极的道德实践者，并能对教师道德水平提升起到普遍的激励和促进作用。反之，在不合理的教育伦理价值理念影响下产生的教育政策实际上是对社会教育利益的不合理分配和引导，可能会造成重视学生道德教育的老师吃亏、讲师德的老师吃亏，在一定程度上会挫伤广大教师讲师德、重视立德树人的积极性和进取心。应当看到，改革开放以来，部分教育行政管理部门制定的直接影响教师切身利益的职称晋升条例，常常把论文发表数量、科研项目、获奖情况当作“硬指标”，而把日常课程教学态度、是否真正关心和帮助学生思想道德进步等当作“软指标”，从而导致个别教师为了评职称而分心教学。显而易见，一些急功近利的教育管理政策严重偏离了合理的教育伦理价值理念，背离了立德树人是教育工作的根本任务，严重损害了社会的整体利益和长远利益。

为真正贯彻落实立德树人这一教育伦理的根本原则，推进我国师德建设，各级教育部门必须把培养学生德智体美劳全面发展作为目标，认真梳理和完

---

① 王正平：《澄清理念和改善政策是师德治理的根本维度》，《探索与争鸣》2014 年第 4 期。

② 《马克思恩格斯文集》（第一卷），人民出版社 2009 年版，第 333 页。

善各种教育政策和学校内部的各项管理制度，坚决修改和剔除不利于教师关心学生思想品德成长的教育政策，创建保障广大教师热心做好立德树人工作的各项教育管理制度。

立德树人是新时代我国全部教育工作的根本任务，我们应当为广大教师自觉履行立德树人这一根本伦理道德原则创造最有利的社会环境。2018 年 9 月 10 日，习近平同志在全国教育大会上的讲话中指出，长期以来，广大教师贯彻党的教育方针，教书育人，呕心沥血，默默奉献，为国家发展和民族振兴作出了重大贡献。教师是人类灵魂的工程师，是人类文明的传承者，承载着传播知识、传播思想、传播真理，塑造灵魂、塑造生命、塑造新人的时代重任。全党全社会要弘扬尊师重教的社会风尚，努力提高教师政治地位、社会地位、职业地位，让广大教师享有应有的社会声望，在教书育人岗位上为党和人民事业作出新的更大的贡献。习近平同志的讲话既高度强调教师立德树人的崇高社会责任，又高度重视提高教师的“三个地位”，抓住了当前我国大力推进师德师风建设，全面贯彻立德树人根本任务，发展教育现代化、建设教育强国的最重要、最核心的关键环节。提高教师政治地位，就是要提高教师在国家政治生活中的地位和作用；提高教师社会地位，就是要提高教师在社会实际阶层排列中的位置和声望，使教师行业成为人们羡慕的职业。我们要在全社会形成尊师重教的社会条件和道德氛围，不断提高教师的物质和精神生活条件，为教师立德树人工作创造有利的社会环境，为广大教师教书育人提供社会物质保障机制和源源不断的精神动力。

## 第二节 教育公正原则

公正是社会主义核心价值观的重要内容，教育公正是社会公正在教育领域的落实和体现。[①] 教育公正是教师伦理道德的一项基本原则。当下中国，追

① 王正平：《论教育公正》，《伦理学研究》2016 年第 6 期。

求教育公正、实现教育公正，既是推进教育事业健康发展的关键要素，又是广大民众对教育利益的基本价值诉求。因此，深刻而合理地理解教育公正，践行教育公正，对我们公平合理地调节教育活动中的利益关系，发展我国现代教育事业具有重要意义。

### 一、公正和教育公正的含义

“教育公正”的基本含义源于人们对“公正”的理解。“公正”又称“正义”，是中国传统伦理思想中的重要道德准则和个人品性，涉及伦理、政治、经济、教育、社会等广泛领域的重要原则和范畴。古往今来，中外不少思想家对“公正”作过阐释。程颐说：“好恶当理，便是公正。”朱熹在解释时说：“今人多连看‘公正’二字，其实公自是公，正自是正，这两个字相少不得。公是心里公，正是好恶得来当理。”又说，“公是个广大无私意，正是个无所偏主处”。然“惟公然后能正”，“公正”一言，“体用备矣”。[①] 就是说，“公正”要求人们做事出于公心，广大无私，行为公平，无偏袒。“公正”也是西方伦理思想中十分重视的道德原则和个人美德。亚里士多德认为，“公正是德性之首”。他指出：“公正不是德性的一部分，而是德性的整体。”[②] 亚里士多德表示，“公正”与利益分配中的比例有关。他说：“正义亦即成比例，而不正义则是与比例相抵触：一个人有了过多的利益，他的行为是不正义的；一个人拥有的利益太少，他受到了不正义的对待。”[③] 就是说，“公正”（或“正义”）是对利益的适中、恰当和合理分配。当代美国重要思想家罗尔斯在其代表作《正义论》中深刻地指出：“一个社会体系的正义，本质上依赖于如何分配基本的权利义务，依赖于在社会的不同阶层中存在着的经济机会和社会条件。”[④] 简言之，“公正”（或“正义”）意味着公平合理地分配权利、义务、利益、机会和条件。在当代我国，社会主义核心价值观大力倡导公正。

教育公正是社会公正在教育活动中的体现。所谓“教育公正”，既指国家

---

① 《朱子语类・卷二十六》。

② ［古希腊］亚里士多德著，邓安庆译：《尼各马可伦理学》，人民出版社 2010 年版，第 170 页。

③ ［美］汤姆・L. 彼彻姆著，雷克勤等译：《哲学的伦理学——道德哲学引论》，中国社会科学出版社 1990 年版，第 332 页。

④ ［美］罗尔斯著，何怀宏、何包钢、廖申白译：《正义论》，中国社会科学出版社 2009 年版，第 6 页。

或社会应当公平、合理地分配教育权利、教育义务、教育利益、教育机会和教育条件，又指教师和教育工作管理人员在教育、教学活动中应当用同样的原则和标准对待处境相同的人与事，做到恪守公心、秉持正义、人格平等、机会均衡、奖惩适宜、一视同仁。

教育公正作为教育伦理学的根本原则，要求尊重每一个人的教育权利，公正对待每一个人的教育权利。在教育实践中教育公正表现为诸种形式。从教育权利、教育资源、教育机会等教育利益调整的视角看，教育公正原则又可分为教育分配公正、教育补偿公正和教育奖惩公正。

教育分配公正是教育公正原则的根本道德要求和行为准则。教育分配公正的基本要义是国家或政府对不同自然禀赋、家庭出身、社会地位的人平等地、成比例地分配教育利益和教育责任。教育分配公正，首先意味着教育机会平等。我国是一个发展中国家，现阶段特别要在基础教育上保障人人享有受教育权利，争取人人可受到最良好的教育。同时，应当随着经济社会的发展，根据供给能力，在高等教育上逐步创造条件，使人人有接受教育的机会。实现教育分配公正，是人类的一种美好理想，它本质上属于社会历史范畴。对社会的全体成员实行教育资源和教育机会的公平分配，要经历一个循序渐进的历史过程。在当代中国，倡导在社会教育中实现教育分配公正，其本质意义在于，在我国经济、政治、文化和社会建设发展过程中坚持公平与效率统一。在社会能够提供越来越好的社会教育资源和机会的情况下，使广大民众和青少年一代接受更为平等、均衡、和谐的教育。

教育补偿公正，是教育公正原则的重要体现和要求，也是教育分配公正的必要补充和展开。教育补偿公正要求掌握社会公共资源分配权利的国家或政府，对那些按照某种分配制度或原则分得太少教育利益，或处在社会不利条件下的人们给予特殊的利益照顾或补偿。公正的本质是相同情况相同对待，不同情况不同对待，以达到利益分配的均衡、适宜和尽可能的公平。国家要为那些因社会政策造成的不公，或因个人贫困、天赋等原因处在不利条件下的人们提供教育资源、利益和机会的补偿，使那些最少受惠者得到平等的或有照顾的教育倾斜，使每个人都有机会通过教育发展个人的活力、劳动能力和社会所需要的人格素养，帮助人们重建生活的信心与希望。

教育奖惩公正，既是指政府应当公平合理地对学校集体、教师个人好的教育成果和行为的奖励或糟糕的教育效果和坏的行为的惩罚和处罚，又是指教师集体或教师个体应当公平合理地对学生优良的行为做出奖励或错误的行为进行惩罚和处罚。在教育活动中，用精神和物质的形式对学校、教师和学生的优秀教育和教学成果进行公开、公平、公正的奖励，能在一定程度上调动广大师生的积极性，有助于营造健康向上的道德氛围，激励师生奋发向上。同样，公平合理的批评、惩戒、处罚在教育职业活动中必不可少，以便师生分辨行为的善恶是非，促使他们彰善瘅恶，从善如流。

**二、教师恪守教育公正的基本道德要求**

教育制度公正和教育政策公正是实现教育公正的基本前提和保障，教师在教育和教学工作中公正地对待每个学生，是实现教育公正的关键因素。夸美纽斯指出："公正应该给一个人及其周围的人们带来利益。从童年起培养儿童的公正时，在对待他们的态度上也应该是公正的……公正以对每一个人表示尊敬、对他关怀和亲切为前提。"[①] 在教育职业活动中，教师代表整个社会的意志、智慧和良心来对待每个学生，即对成长中的青少年一代进行教育和培养。在日常教育和教学劳动中，教育公正原则不是抽象的，而是具体的，必须落实到每位教师能否平等地对待每个学生、公正地评价每个学生。

教师公正、平等、合理地对待和评价每个学生，是教育公正原则对教师职业道德的基本要求。它要求教师在教育和教学过程中、在评价学生的态度和行为上公正平等，正直无私，对待不同相貌、不同性别、不同智力、不同个性、不同出身、不同亲疏关系的学生，应一视同仁，平等相待，不偏袒，不偏私，关心每个学生，热爱每个学生，从每个学生的不同特点出发，全心全意地教育好每个学生。[②]

教师在教育和教学劳动中对待学生是否公正，是衡量教师职业道德素养水平的一把重要标尺。

其一，教师的教育和教学行为应当求善。公正的本质是要求人们求善。

---

① ［苏］娥·芙·杰普莉茨卡娅编讲，华东师范大学教育系教育史教研组翻译室译：《教育史讲义》，华东师范大学出版社 1958 年版，第 82 页。

② 王正平主编：《教育伦理学》，上海人民出版社 1988 年版，第 165 页。

“追求一切对我们真正有好处的东西，使之成为真正有好处的东西，使之成为我们整个美好生活中不可缺少的一部分。”[①] 教师在教育和教学劳动中自然有自身的价值追求，但不应当仅仅把学生当作实现自己目标的手段，而应当把学生和全社会的发展和进步当作自己职业劳动的崇高价值目标。

其二，教师的教育和教学行为应当避恶。教师在学生的心目中常常是正义和善良的化身，在年幼的孩子心目中更是如此。赞科夫指出：“请您不要忘记，孩子们受到不公平的待遇，特别是这种待遇来自一个亲近的人的时候，他的痛苦心情会在心灵里留下一个长久的痕迹。”[②] 苏霍姆林斯基也指出：“很难想象还有什么比由于不公正而产生的情感上的麻木更能摧残儿童心灵的了。”[③] 如果教师在教育和教学工作中说话随意，对待学生不公平，会给学生的心灵造成恶劣的影响。

其三，教师的教育和教学行为应当为学生利益、家长利益、集体利益和整个社会的公共利益服务。艾德勒指出，我们一切行动要“为社会的公共利益或福利服务。这是正义在贡献方面的行为准则”[④]。教师在教育和教学工作中的任何偏私、不公正都是对公共利益的背离；唯有怀揣公心、恪守公正，才能促进社会的公共利益，为民族的振兴和全人类的幸福生活作出贡献。

教育上的“公正”有其特定的要求。由于教育劳动的特点，教育伦理学意义上的教师“待生公正”，不仅包含着要求教师在教育学生、课堂教学、学业评价、荣誉奖惩等方面做到“外表公正”或“程序公正”，而且要求教师出于公心，在充分掌握学生个人情况和个性特点的基础上，注重教育工作中的“实质公正”，对那些心智发展缓慢、生活境遇困难、个性禀赋不同的学生，给予特殊的教育关心和引导，体现“差异原则”和“补偿公正”，以追求最大限度地发展每个学生的才能和品质。

### 三、教师践行教育公正的重要意义

“待生公正”作为对教师职业行为的一项重要道德要求，在教育活动中具

---

①④ ［美］艾德勒著，郗庆华、薛笙译：《六大观念》，生活·读书·新知三联书店 1991 年版，第 197、197 页。

② ［苏］赞科夫著，杜殿坤译：《和教师的谈话》，教育科学出版社 1980 年版，第 39 页。

③ ［苏］苏霍姆林斯基著，唐其慈等译：《把整个心灵献给孩子》，天津人民出版社 1981 年版，第 207 页。

有重要作用。

第一，教师待生公正，有利于创造健康向上的教育和教学活动氛围，调动每个学生的上进心。在日常教育工作中，教师能否在对待学生的态度上做到公正合理，直接影响到教育活动的精神背景。这种精神背景是健康的道德心理起主导作用，还是不健康的道德心理占上风，会直接调动或挫伤广大学生的学习积极性。苏霍姆林斯基指出："在对他们的教育中，教师的真正人道精神——公正、敏感、高度的道德修养和情感修养，起着决定性的作用。"① 许多教育事实表明，教师只有在教育劳动中恪守公正的道德立场，才能为教学劳动创造健康而良好的精神背景，才能使每个学生的德性、知识和能力得到最好的发展。

第二，教师待生公正，有利于学生尊敬和信赖教师。苏霍姆林斯基指出："公正——这是孩子们信赖教师的基础。但是不存在某种抽象的公正——超脱个性、脱离个人兴趣、喜好和激情的公正。"② 在教育和教学工作中，教师对待每个学生的方式完全可以并且应当有自己的个性、特点和风格，具有个人的魅力，但努力做到公正平等是一切行为的道德基石。教育实践表明，教育公正不仅是社会对教师行为态度的道德要求，也是广大学生对教师行为态度的道德要求。几乎所有的学生都期望教师能公正办事，主持公道。教师只有教育行为公正，才会赢得学生的信赖和尊重。教师行为不公正，会严重损害自己在学生心目中的威信。教师公正，学生才会"亲其师，信其道"。

第三，教师待生公正，有利于给学生的道德心灵以良好的影响。夸美纽斯说："从童年起培养儿童的公正时，在对待他们的态度上也应该是公正的。"③ 在年幼学生的心目中，每位教师都是社会上公正、无私、善良、正直等一切美好品性的生动体现。教育工作是人和人心灵上最微妙的相互接触。教师对待学生公正、平等、正直、无私，能给学生道德心灵的成长带来积极

① ［苏］苏霍姆林斯基著、赵玮等译：《和青年校长的谈话》，上海教育出版社 1983 年版，第 127 页。

② ［苏］苏霍姆林斯基著，唐其慈等译：《把整个心灵献给孩子》，天津人民出版社 1981 年版，第 117 页。

③ 引自［苏］娥·芙·杰普莉茨卡娅编讲，华东师范大学教育系教育史教研组翻译室译：《教育史讲义》，华东师范大学出版社 1958 年版，第 82 页。

影响，激励他们追求真、善、美，培养自己优秀的品质。反之，如果他们看到自己尊敬的教师，对待他们的教育行为不公正、有偏私，就会在他们的道德心灵上投下阴影。他们甚至会由此怀疑公正、正义这些美好的东西是否在生活中真实存在，影响他们对善行和美德的可贵追求。[①] 广大学生从自己教师的教育行为中真切地感受到公正的存在与美好，从而在幼小的心灵中播下追求公平正义的道德种子。

**四、教师落实教育公正的德性境界**

从教师伦理学的视角看，任何教育公正都要靠人去实现，最终需要在学校教育工作者（教师）的具体教育行为中体现出来。亚里士多德在《尼各马可伦理学》中指出："所有人通常都愿意把公正称为那种人们基于它才有能力公正地行动、做且愿意做公正之事的品质。同样，不公正也可理解为那种人们基于它才有能力做且愿意做不公正之事的品质。"[②] 品质或德性是人的行为的一种稳定的倾向。因此，把教育公正的道德理念、原则、规范凝练和提升为从事教育工作的人的职业品格，是教育公正的最高、最重要的道德形态。

公正是一个人德性或美德的总和，同样，教育公正是一个教育工作者（教师）德性或美德的总和。作为德性的工作，它在人的身上既表现为内心意愿的纯正，也表现为外在行为的公正。有公正美德的人能够以正直的德性善待他人。亚里士多德说："公正在德性中看来像是唯一的一个待人之善，因为它与他人有关，它做的是利他的事。"[③] 一个人拥有公正这一最好的品质就不仅是为自己，而且是为他人带来益处。正是在这个意义上，"这种公正不是德性的一部分，而是德性的整体"[④]。同样，教师只有具备公正的品质，才能真正为每个学生的利益着想，为发展全社会教育事业的利益服务。教育公正之所以是教师的首要美德，因为它根植于教师的内心，成为影响教师一切职业行为的基本价值导向。教师公正的德性是一种行为习惯，它根植于教师心中的那份美好意愿。亚里士多德把公正这种一般的美德称为"完全的德性"，因为"具有这种德性的人不仅能够自己展现这种德行，而且还能够对其他人施

---

① 王正平、郑百伟著：《教育伦理学——理论与实践》，上海教育出版社 1998 年版，第 201 页。

②③④ ［古希腊］亚里士多德著，邓安庆译：《尼各马可伦理学》，人民出版社 2010 年版，第 164、170、170 页。

以这种德行”。“完全的德性”旨在实现其他人的意义[①]。对教师而言，教育公正就是教师公正处事、善待学生、奉献教育、服务社会的“完全的德性”。

教育公正是教师的一种内在信念。教师公正的职业道德品质和正直合理的教育行为，是和个人高尚的道德追求联系在一起的。在当下中国的教育职业活动中，教师正面临着教育环境变革、价值观念多元、利益矛盾凸显的挑战，唯有重视自我道德修炼，始终保持教育公正的内在品质，才能在利益诱惑面前秉正持直、淡定从容、趋善避恶，从而达到崇高的职业道德境界。

## 第三节　教育仁爱原则

教育是关怀人、培养人、造就人的伟大事业。在教育活动中，教师能否倡导和遵守教育仁爱原则，是否有仁爱之心，与人们的教育利益和教育道德精神面貌息息相关。

### 一、仁爱和教育仁爱的含义

“仁爱”既是中华民族优秀传统道德文化的精髓，也是中国向世界道德文化贡献的具有普遍价值的伦理智慧。在《尚书》《诗经》《国语》《左传》等典籍中，多次出现“仁”字，其基本含义是“爱人”。如《国语·周语》中就有“爱人能仁”。但较早对仁爱思想有明确完整阐发的是孔子。“樊迟问仁。子曰：‘爱人。’”[②] 孔子把“忠恕”作为实行“爱人”的一种重要方法。正如曾子所说：“夫子之道，忠恕而已矣。”[③] 以“忠”“恕”二字践行“仁”之“爱人”。所谓“忠”，是指“己欲立而立人，己欲达而达人”[④]。所谓“恕”，是指“己所不欲，勿施于人”[⑤]，达到人与人之间相互理解、尊重、宽容和友爱的目的。作为孔子“仁”中心内容的“爱人”，具有推己及人的特点，其根本目

① 陈嘉映等译：《西方大观念》（第一卷），华夏出版社 2007 年版，第 676 页。

② ⑤ 《论语·颜渊》。

③ 《论语·里仁》。

④ 《论语·雍也》。

的是在教育过程中培养“智、仁、勇”相统一的理想人格。孟子把“仁义”作为最高道德原则。他明确提出：“仁者爱人，有礼者敬人。爱人者，人恒爱之；敬人者，人恒敬之。”① 爱人应当遵循仁义这个原则规范。“仁，人之安宅也；义，人之正路也。”② 墨子倡导“兼相爱，交相利”“爱人若爱其身”③，认为人与人之间的关系是对等互报的。他说：“夫爱人者，人必从而爱之；利人者，人必从而利之。”④ 汉代思想家董仲舒说：“仁而不智，则爱而不制也；智而不仁，则知而不为也。”⑤ 就是说，仁爱与仁义、智慧是密切相关的，具有非常丰富的思想道德内涵。宋代著名理学家张载更是把儒家的仁爱思想提升到“民胞物与”“厚德载物”的崇高道德境界。他说：“乾称父，坤称母；予兹藐焉，乃混然中处……民，吾同胞，物，吾与也。”⑥

在我国传统伦理思想中，“仁爱”作为一项重要道德原则，其基本含义包括：一是仁爱要从善良愿望出发，爱一切人，给他人以同情、尊重、宽容和关爱；二是仁爱中应有道德智慧，遵循一定的理智和规范，努力使付诸爱的实际行动产生利他、利人、利己、利社会的实际效果；三是真正的仁爱，不仅要推己及人，爱整个人类，还要推己及物，普爱宇宙万物。这为我们正确理解教育仁爱提供了丰厚的思想根据和基础。

在西方，包含有人道、慈善和仁慈等内容的仁爱思想，一直备受全社会的重视和思想家的推崇。《圣经》较早明确提出“爱人如己”“爱邻人如同你自己”的道德信条。基督教要人们“彼此相爱”，“有彼此相爱的心”。⑦ 这里所说的爱不仅具有人际仁爱的道德伦理意味，而且显露出神人之间和人人之间普遍泛爱的光辉。⑧ 英国著名伦理学家休谟认为，仁爱是对他人的温柔同情和对我们人类种族的慷慨关怀，是对与己无关的其他人的广博的胸怀和慈善的心肠。他说：“没有什么能比卓越程度的仁爱情感赋予任何一个人类被造物

---

① 《孟子·离娄下》。

② 《孟子·离娄上》。

③ 《墨子·兼爱上》。

④ 《墨子·兼爱中》。

⑤ 《春秋繁露·必仁且智》。

⑥ 《西铭》。

⑦ ［英］摩根著，方克仁译：《约翰福音》，上海三联书店 2012 年版，第 189 页。

⑧ 万俊人著：《寻求普世伦理》，北京大学出版社 2009 年版，第 43 页。

以更多的价值，仁爱情感的价值至少一部分来自其促进人类利益和造福人类社会的趋向。”① 他赞美了仁爱在人类的各种社会性德性中所具有的全部魅力，认为仁爱不仅是在情感上对他人的温柔关怀，同时包含了对他人和社会的实际利益的促进。美国现代伦理学家威廉·K. 弗兰克纳认为：“人们可以承认爱的戒律并非唯一的道德形式，但它却是一种单独的、充分的道德，事实上，是唯一充分的或最高形式的道德。”②

由此可见，西方思想家把“仁爱”概念作为一种重要的宗教或世俗的伦理精神，要求人们把爱人如己作为自己基本的道德信仰和行为准则，努力去爱一切人，对他人温柔同情、慷慨关怀、宽容博爱，用自己爱的言行去促进人类利益和造福社会。

那么，什么是教育仁爱呢？教育仁爱本质上是基于尊重人、关心人、爱护人的人道主义精神的社会仁爱道德在人类教育活动中的具体体现。教育仁爱作为一种高尚的教育伦理诉求，一方面要求国家和社会以普遍的仁爱精神，为每个教师和青少年学生提供完善的教育政策、物质条件和设施，关爱每个青少年学生的全面发展；另一方面要求学校的教师以仁义慈爱之心善待每个学生，既在教育和教学工作中真诚地同情学生、尊重学生、宽容学生、关爱学生，又重视在教育和教学工作中对学生施以充满教育理智的教育专业之爱，做到爱有目标、爱有分寸、爱有智慧、爱中有严、爱中有规、爱有方法、爱有艺术，遵从教育规律，从每个学生的特点出发，为学生一辈子的幸福生活着想，把学生培养成为社会发展真正需要的德智体美劳全面发展的人。同时，广义的教育仁爱，还包括教师和学生都要爱他人、爱人类、爱宇宙万物。

### 二、教育仁爱是教师伦理道德的一项重要原则

教育仁爱是一种源于教育责任，又超越自我利益的普遍大爱。它不仅是与教育相关的高尚道德情感、道德素养和道德品质，而且是所有教师应当遵守的一项重要教育伦理原则。那么，为什么要把教育仁爱作为教育伦理的一项重要原则呢？

---

① ［英］休谟著，曾晓平译：《道德原则研究》，商务印书馆 2017 年版，第 34 页。

② ［美］威廉·K. 弗兰克纳著，黄伟合等译：《善的求索——道德哲学导论》，辽宁人民出版社 1987 年版，第 125 页。

（一）教育仁爱是人道主义道德原则在教育中的具体体现

人道主义是关于人的本质、使命、地位、价值和个性等的思想和理论。从伦理学意义上看，人道主义的思想内涵大致包括三层含义：第一，人道主义思想在于肯定人的“自由”“平等”的权利和倡导“博爱”“公正”的义务；第二，人道主义思想在于肯定人的价值与尊严；第三，人道主义思想在于重视与促进人的自由自觉的全面发展。① 在现代社会中，教育仁爱原则是人道主义原则在教育中的具体体现。它表现为对每个教师和青少年学生的尊重、关心和爱护，一切教育和教学劳动的目的在于维护、发展和提高人的权利、价值和尊严，以促进教师和学生的全面发展。苏霍姆林斯基指出：“培养人道主义情感是确定道德修养的最重要的方面之一。没有对人的同情心，就不可能有仁爱精神。”② 教育仁爱精神就是教育中的人道精神。教育仁爱所体现的人道精神的要义之一，是激发师生爱自己和爱他人的道德情感。教育中的人道精神，正是通过教师热爱学生，学生敬爱老师这样具体的教育仁爱才能得以实现。

（二）教育仁爱是仁爱道德原则在教育中的生动体现

应当看到，在现实社会生活中，自保、自爱几乎是人的自然本性，而倡导爱人若己，同情、尊重、关爱他人的仁爱精神，恰恰是调解人与人之间利益矛盾冲突的重要道德机制。休谟在《道德原则研究》一书中专门强调，把“仁爱”作为全社会应当遵守的一项道德原则具有无可争辩的重要性。休谟指出：“证明仁爱或较温柔的感情是有价值的，它们不论出现在哪里都博得人类的赞许和善意，是一件多余的事情。”③ 他指出，“仁爱”如同“友善的”“性情善良的”“人道的”“仁慈的”“感激的”“友爱的”“慷慨的”“慈善的”等词语一样，“普遍地表达着人类本性所能达到的最高价值”。④ 休谟认为，人性中既包含由人的利己心决定的爱己之德，又包含由同情心引起的仁爱之德。仁爱与爱己作比较，更具有重要的道德价值。一般的仁爱之所以成为社会性的德性，构成个人价值的一部分，在很大程度上取决于其利他的倾向，即促

---

① 王正平、周中之著：《现代伦理学》，中国社会科学出版社 2001 年版，第 254 页。

② ［苏］苏霍姆林斯基著，赵玮等译：《帕夫雷什中学》，教育科学出版社 1983 年版，第 242 页。

③ ④ ［英］休谟著，曾晓平译：《道德原则研究》，商务印书馆 2017 年版，第 28、28 页。

进人类利益和造福人类社会的趋向，亦即对公共的有用性或“公共的效用”。[①] 休谟指出：“对公共利益的趋向，和对促进社会公平、和谐和秩序的趋向，总是通过影响我们本性结构中的仁爱原则而使我们站在社会性的德性一边。”[②] 应该看到，教育工作是人与人之间情感交流的重要过程。教师以友善的、人道的、仁慈的、友爱的、宽容的、慷慨的仁爱态度对待每个学生，便能普遍地表达教育伦理所能达到的最高价值。“对人类的爱是在爱具体的人时获得的。”[③] 教师所奉行的教育仁爱原则，是超越血缘亲情的普遍仁爱，是要用真诚的教育大爱之心，促进每个学生的健康成长，促进公共利益和造福人类社会。只有恪守教育仁爱原则，教育事业才能成为爱的事业，学校才能成为培育全社会仁爱精神的家园。

（三）教育仁爱是敬畏生命伦理原则对教育工作的基本道德诉求

教育仁爱，从根本上说是对教育中人的一切个体生命本真性的关怀、尊敬和热爱。敬畏生命、热爱生命是适用于包括全人类和整个生物圈在内的生命伦理的基本原则。法国哲学家阿尔贝特·史怀泽首先倡导的生命伦理的基本原则是，“必须像敬畏自己的生命意志一样敬畏所有的生命意志”。他明确提出：“善是保持生命、促进生命，使可发展的生命实现其最高的价值。恶则是毁灭生命、伤害生命，压制生命的发展。这是必然的、普遍的、绝对的伦理原理。”[④] 一方面，人类要敬畏和善待自我的生命，努力保持、促进和实现自我生命的最高价值；另一方面，人类要从只关爱自我生命，或与自己直接利益相关的生命，扩展到对他人的爱、人类的爱，甚至是对一切生命的爱，这是人类道德的一次升华和巨大进步。我们知道，教育仁爱要求我们在教育中担负起关心和善待教师自我生命，关爱和保护每个学生的生命和其他一切形式生命的责任。在体现敬畏生命伦理原则的教育仁爱原则看来，在教育领域中，一切关爱、保持、促进和发展教师自我生命和每个学生的生命健康的行为，是善的、好的、道德的；一切漠视、伤害、阻碍和毁灭教师自我生命和每个学生健康的行为是恶的、坏的、不道德的。体现敬畏生命伦理的教育

---

①② ［英］休谟著，曾晓平译：《道德原则研究》，商务印书馆 2017 年版，第 10、82 页。

③ ［德］弗洛姆著，孙依依译：《爱的艺术》，工人出版社 1986 年版，第 53 页。

④ ［法］阿尔贝特·史怀泽著，陈泽环译：《敬畏生命》，上海社会科学院出版社 1995 年版，第 9 页。

仁爱原则，既要求教师保持身心健康、关爱自我生命，又要求教师善待、尊重、关爱教育工作中所遇见的每个青少年学生，努力保护、教育和发展每个学生的生命，坚决杜绝虐待儿童、殴打学生、校园霸凌等伤害学生身心健康的不道德和违法行为的发生。

（四）教育仁爱是教育工作对教师提出的特定道德要求

教育科学规律和教育心理规律揭示，教育工作的特殊性和重要性在于，任何教育或教学过程，都是人与人之间心灵情感互相交流的过程。每个学生，不论年龄大小都是有思想、有情感、有理智的活生生的人，都渴望得到教师和周围人的尊重、关爱和肯定。只有教师博大宽厚的仁爱之心、真爱之情，才能打开学生求知向善的心灵之窗，帮助学生在丰富多样的教育和教学活动中健康成长。教师要有仁爱之心，这是教育科学规律和心理科学规律对教育工作者提出的特定的、基本的职业道德素质要求。

无数教育实践表明，热爱孩子、关爱学生是中外一切优秀教师和教育家的第一美德。苏霍姆林斯基在回答“什么是好教师”这个问题时说：“一个好教师意味着什么？首先，意味着他是这样一个人，他热爱孩子。”① 赞科夫说：“当教师必不可少的甚至几乎是最主要的品质，就是要热爱儿童。”② 伟大的人民教育家陶行知先生在总结创办晓庄学校的成功经验时指出：“晓庄是从爱里面产生出来的，没有爱便没有晓庄……有了爱便不得不去找路线，寻方法，造工具，使这爱可以流露出去完成他的使命。”③ 在一定意义上可以说，教育仁爱是开展一切教育和教学工作的道德基础。教师和所有的教育工作者只有恪守教育仁爱原则，才能履行好社会所赋予的教书育人的神圣职责。

应当看到，由于教育和教学工作本身的复杂性和艰巨性，一个具体的教师或教育工作者履行教育仁爱原则常常受到主客观因素的多种限制，因而是否能够践行教育仁爱，在多大程度上对多少学生表现教育仁爱，外界通常难以作出衡量和评价，它实质上依赖于每个教师内在的道德自觉和对高尚师德境界的自我追求。与其他教育伦理原则相比较，教育仁爱是一项具有一定自

---

① ［苏］苏霍姆林斯基著，赵玮等译：《帕夫雷什中学》，教育科学出版社 1983 年版，第 44 页。

② ［苏］赞科夫著，杜殿坤译：《和教师的谈话》，教育科学出版 1980 年版，第 29 页。

③ 方与严著：《大众教育家与大众诗人》，上海教育书店 1949 年版，第 10—11 页。

我超越性的道德要求。教师对学生的爱，是一种超越个人自然情感的神圣职业之爱，是一种比父母对子女的爱更伟大、更广泛、更高尚、更成熟的教育仁爱。在许多情况下教师的仁爱发乎内心，为外界所“不睹”“不闻”，具有“隐”和“微”的特点，难以用统一的标准和方式加以评价。但是，教师只有真正具备了教育仁爱精神，才能把教育和教学工作提高到“人类灵魂工程师”的崇高境界，人们才会把教育工作称为最富有人道精神的“太阳底下最光辉的职业”。

### 三、教育仁爱原则的具体内涵和要求

教育仁爱不是抽象的，而是具体的；不是单一的，而是丰富的；不是虚幻的，而是实在的。教育仁爱作为教育和教学实践中的一项重要道德原则，有特定的内涵和要求。教育仁爱原则要求人们努力做到：以高尚的仁爱之心善待每一位教师和学生，为了学生的健康成长和全面发展，尽心竭力，奉献爱心；以教育大爱精神，努力了解学生、理解学生、尊重学生、关爱学生、宽容学生、引导学生；以理智的教育专业爱心理念，对学生因材施教，严慈相济，严格要求；以仁厚的教育慈善信念，重视关爱那些天赋较弱、家境贫寒、学业后进、个人品质存在缺陷的特殊学生；以广博的普遍爱心，师生共同爱己、爱人、爱人类，关爱所有生命，珍爱宇宙万物。

#### （一）关心每个学生，了解每个学生

爱学生，首先要关心学生。弗洛姆指出：“爱的主动性还在这一事实中显明自己：它总是包含着一些基本因素，这些因素在爱的所有形式中都存在着。它们是关心、责任、尊重和认识。”① 如果教师爱一个学生，却不去经常关心他或她的成长和变化，那就不是真正的爱学生。教师要用善良之心关心每个学生，悉心了解每个学生的家庭背景、身心特点、学业状况、个人爱好及其变化。乌申斯基指出，如果教育学希望全面地去教育人，那么它就必须首先全面地去了解人。② 苏霍姆林斯基也指出：“尽可能深入地了解每个学生的精

---

① ［德］弗洛姆著，孙依依译：《爱的艺术》，工人出版社 1986 年版，第 26 页。

② ［俄］乌申斯基著，郑文樾译：《人是教育的对象》（上卷），人民教育出版社 2004 年版，序第 16 页。

神世界——这就是教师和校长的首条金科玉律。”① 只有了解学生、亲近学生，走进学生的内心世界，教师才能发现每个学生的个性特点和可爱之处，更好地理解学生，关爱学生，引导学生健康成长。

（二）尊重每个学生的人格、个性和自尊心

尊重学生是教师的重要德性，又是教育仁爱的内在要求。从根本上说，教师之所以应当尊重学生，就是教师要遵循康德所说的，“把他人同时当目的”这个基本德性要求，把学生的成长与发展，作为自己开展一切教育和教学活动的目的，而不仅仅把个人的利益和幸福作为唯一的价值目标。康德指出：“不论是谁在任何时候都不应把自己和他人仅仅当作工具，而应该永远看作自身就是目的。”② 教师对学生的仁爱，与对学生的尊重息息相关。尊重学生，是爱学生的一种显性道德义务。

第一，教师要尊重学生的人格。教育工作本质上是教师以自己的健全人格去影响和塑造学生的良好人格。蒙台梭利说：“儿童有着他自己的人格。他自身具有创造精神的美和尊严。这种美和尊严是永远不能磨灭的，所以，他的纯洁而又非常敏感的心灵需要我们最审慎的爱护。”③ 尊重学生的人格，可以分为三种情况。其一，尊重学生作为自然人、社会人的法律人格，即教师应当关心、呵护学生的身体健康和生命养成。在任何情况下，不能伤害学生的人身安全，更不能虐待学生。其二，尊重学生的心理人格，即教师应当关注和保护学生的心理健康，遵循青少年儿童心理成长的规律，引导学生心理人格的养成，锻炼学生拥有优秀的心理素养。在任何情况下，不能伤害学生的心理健康。其三，尊重学生的道德人格，即教师应当悉心保护学生，在任何情况下，不能无端地怀疑学生、斥责学生，否定学生道德品质进步的能力。

第二，教师要尊重学生的个性。每个学生都有自己与众不同的个性，如不同的体力、气质、性格、兴趣、智力、情感等，教育仁爱精神要求教师了解和尊重学生的个性特点，并根据学生的不同个性，将他们培养成为社会所需要的人才。离开了对具体的富有个性特点的学生的尊重，热爱学生只是一

---

① ［苏］苏霍姆林斯基著，赵玮等译：《帕夫雷什中学》，教育科学出版社 1983 版，第 34 页。

② ［德］康德著，苗力田译：《道德形而上学原理》，上海人民出版社 2005 年版，第 53 页。

③ 王承绪、赵祥麟编译：《西方现代教育论著选》，人民教育出版社 2001 年版，第 93 页。

句空话。[①] 赞科夫说："当教师把每一个学生都理解为他是一个具有个人特点的，具有自己的志向、自己的智慧和性格结构的人的时候，这样的理解才能有助于教师去热爱儿童和尊重儿童。"[②] 教师尊重学生的个性，应当努力做到以下三点。其一，把学生的个性看作是正当的、合理的，只有把学生的个性差异看作是天然合理的，才能在教育实践中容许它存在引导其个性向积极方向发展的可能性。其二，善于发现学生个性的长处，相信"天生我材必有用"，善于敏锐地察觉学生的天赋才能，不失时机地给予肯定和诱导。其三，为学生的个性发展尽可能地创造有利条件，在学校和课外活动中发挥和促进学生的自然禀赋，把他们培养成为社会有用之才。第斯多惠表示，应当考虑到儿童天性的差异，并且促进独特的发展。不能也不应使一切人都成为一模一样的人，并教以一模一样的东西。教师尊重学生的个性，促进学生个性的健全发展，正是教师仁爱的重要体现。

*第三，教育仁爱要求教师尊重学生的自尊心。*学生的自尊心，是"自我教育之母"，是一个人的荣誉感、健康的自爱心、不甘落后的上进心的源泉之一，是教育工作赖以展开的重要心理基础。苏霍姆林斯基说："人永远赖以自立的是他的智慧、良心、人的尊严。"[③] 尊重、爱护和培养学生正确的自尊心，既是教育仁爱内在的道德要求，又是教育规律的具体要求。教师的责任和技巧，就在于机智而敏锐地发现和保护学生求上进的自尊心，适时地加以引导，否则会给学生带来痛苦，并会压抑他们求知求善的上进心。如果学生的自尊心无辜地受到教师的伤害，必然会引起学生内心的愤怒和反抗，造成师生情感对立，使教学和教育利益受损。陶行知先生曾告诫说："你的教鞭下有瓦特，你的冷眼里有牛顿，你的讥笑里有爱迪生。"[④] 教师有仁爱之心，就应当尊重学生的自尊心，友善地评价和对待学生，反对轻率、武断、粗暴地对待学生。

（三）对学生严慈相济，促进全面发展

仁爱不是宠爱、溺爱或盲目之爱，而是爱中有严，严中有爱，严慈相济，

---

① 王正平著：《人民教师的道德修养》，人民教育出版社 1993 年版，第 140 页。

② ［苏］赞科夫著，杜殿坤译：《和教师的谈话》，教育科学出版社 1980 年版，第 31 页。

③ ［苏］苏霍姆林斯基著，张田衡等译：《给儿子的信》，教育科学出版社 1981 年版，第 4 页。

④ 江苏省陶行知教育思想研究会等编：《陶行知文集》，江苏人民出版社 1981 年版，第 496 页。

按照教育规律和社会要求培养学生全面发展的智慧之爱。孔子说："爱之，能勿劳乎？忠焉，能勿诲乎？"[①] 就是说，教师真的关爱学生，就要为学生的发展付出辛劳；教师钟爱学生，就应当向学生传授真知和真理。《礼记·学记》指出："凡学之道，严师为难。师严然后道尊，道尊然后民知敬学。"在教育和教学工作中，没有对学生的严格要求，教师对学生的爱就会变成有害的空话。赞科夫指出："教师对学生的爱应当同合理的严格要求相结合。"[②] 苏霍姆林斯基也指出："教育者最可贵的品质之一就是人性，对孩子们深沉的爱，兼有父母的亲昵温存和睿智的严厉与严格要求相结合的那种爱。"[③]

教师对学生严慈相济的智慧之爱，是教育专业之爱。其一，要按照教育方针和教学大纲的要求严格训练和教导每一个学生。教师对学生的严格要求，不是随意任性，而是严得有理。对于平时表现好、学业先进的学生，教师也有责任严格教导他们，在他们心中"播上智慧与德性的种子"[④]。其二，严格教育，要遵循教育规律，掌握教育分寸。教师对学生的严格要求，应在遵循教育规律，有益于学生全面发展的前提下，注意在教育方法、态度、措施和要求上做到合理、适度。要避免过分苛求、过犹不及，以致事与愿违。其三，要爱严统一，严慈相济，严中见爱，全面要求。严格要求不等于教师要冷漠无情，动辄训斥，任意苛求，而是始终以诚挚对待学生为前提，要让学生能理性地感受到，严格要求正是教师对自己命运和前途的关心，它有益于学生德智体美劳全面发展。

（四）以仁慈之爱，关爱处于不利状况的学生

教育仁爱不仅要求教师公正地关爱和对待每个学生，而且还要求教师以博大的仁慈之爱，特别注意关照和爱护那些个人天资禀赋较弱、家庭贫困、身体残疾、成绩落后、学业面临各种困难的学生。面对这些所谓的"困难生""后进生"，是厌弃、歧视、排斥，还是同情、关怀、帮助，正是衡量一个教

① 《论语·宪问》。

② ［苏］赞科夫著，杜殿坤译：《和教师的谈话》，教育科学出版社 1980 年版，第 30 页。

③ ［苏］苏霍姆林斯基著，唐其慈等译：《把整个心灵献给孩子》，天津人民出版社 1981 年版，第 10 页。

④ ［捷］夸美纽斯著，任钟印译：《大教学论·教学法解析》，人民教育出版社 2006 年版，第 54 页。

师是否具有教育仁爱精神的试金石。马卡连柯是爱生的楷模，他说："教师应该充满对每一个他要与之打交道的具体的学生的爱，尽管这个学生的品质已非常败坏，尽管他可能会给教师带来许多不愉快的事。"① 他在教育名著《教育诗》中呼吁："同志们，让我们接受这个定额——在教育工作中，百分之一不合格的都不能有"，"连一个被浪费了的生命都不准许有"。

（五）以生态大爱，珍爱地球生命共同体，保护自然环境

教育仁爱本身就含有启迪师生爱己、爱人、爱物的道德大义。我国传统仁爱思想，一贯倡导"天人合一"的宇宙生命统一论，强调"仁者以天地万物为一体"②，尊重一切生命价值，兼爱宇宙万物③。真正的仁爱，是厚德载物，民胞物与，"裁成天地之道，辅相天地之谊"④，"可以赞天地之化育，则可以与天地参矣"⑤。在人与自然冲突加剧、自然生态遭受严重破坏的今天，教师有责任以教育仁爱精神，带领学生从爱己、爱人走向爱物、爱生态环境，从一件件看得见摸得着的小事做起，珍惜和节约一切生态资源，保护动物、植物，珍爱生命万物，以生态伦理特有的生态大爱，建设美丽中国，保护地球自然生态家园。

**四、教育仁爱的重要价值和作用**

改革开放以来，我国现代化教育事业取得了长足进步。但是，在教育改革进程中，受市场经济中某些消极观念的影响，一些有益的伦理价值观念受到不同程度的冲击和淡化。目前我国教育现状的最大弊端之一，是少数学校和教育机构以利为先，过度竞争，道德冷漠，金钱至上，使得在教育领域这种最需要有爱心的地方缺少了爱心。教育仁爱精神的缺失，实际上已成为当前教育改革和教师队伍师德建设的一个瓶颈。因此，全社会应当充分认识教育仁爱的重要价值与作用。

第一，教育仁爱具有创造良好师生道德关系，促进立德树人的积极作用。

---

① ［苏］马卡连柯著，刘长松、杨慕之译：《论共产主义教育》，人民教育出版社 1954 年版，第 367 页。

② 《河南程氏遗书·卷二上》。

③ 王正平著：《环境哲学——环境伦理的跨学科研究》，上海教育出版社 2014 年版，第 47—58 页。

④ 《周易·象传》。

⑤ 《中庸》。

教师热爱学生是教育学生、塑造学生美好心灵的重要条件。渴望得到周围人特别是师长的爱护、关心和尊重，是青少年学生普遍的心理特征。教师在工作中，只有对学生抱有真挚的喜爱，诚挚的友善，平等的尊重，才能引起学生对教师的崇敬、信任和亲近，才能创造教育学生的感情基础。常言道："亲其师，信其道。"教师对学生的爱，是开启学生心灵之门的金钥匙。通情才能达理。教师对学生提出的要求、讲述的道理，都会经过学生情感的过滤或催化，变成促进教育过程或者阻碍教育过程的东西。当学生体察到教师对自己无微不至的关怀和谆谆教导是出于善意，为了自己好，他们就会尊敬老师，乐于听从并接受老师讲的道理，把老师的要求转化为自己的行动。相反，如果教师对学生态度冷漠，缺乏感情，就会使学生形成逆反心理。因此，教育学生，一定要以关心爱护学生为前提，通理先通心。① 爱是教育的道德基础。教师只有对学生怀揣仁爱之心，倾注爱的暖流，学生才会把老师看作知心朋友，乐于接受老师的教诲，使立德树人工作具备重要的情感氛围和精神条件。

第二，教育仁爱具有创造良好教学的心理机制，提高教学质量的直接促进作用。教育仁爱之所以重要，是因为教师爱生的高尚道德品质和情感具有特定教育工具的作用，它有益于在教学劳动中营造良好的"教"与"学"的心理氛围和机制，促进教学质量的提高。教育心理学研究表明，在教学过程中，师生之间的情感状态是和谐一致的还是对立冲突的，直接影响教学劳动的效果。人的情感与认知过程是紧密关联的，由教师爱心创造的良好师生关系是调动学生学习积极性的直接因素。著名的"皮格马利翁效应"充分说明了这一点。该实验中的教师因受到罗森塔尔教授的暗示，当教师在接触"最佳发展前途者"的儿童时，总会嘴角上浮起温和的微笑，容易发现这些学生的优点，一旦回答问题好，立即给予鼓励。学生在老师的信任中得到了暗示，感受到了爱的温暖，增进了自信心和上进心，获得了比其他同学更好的发展。每个人都有一种自己在他人看来是重要的心理倾向。无数教学实践表明，教师对学生的爱，是激励学生智力开发和求知欲的重要条件。如果教师对学生

① 王正平著：《人民教师的道德修养》，人民教育出版社 1993 年版，第 127—128 页。

态度冷漠，缺乏爱心，就会伤害学生自我价值认同，造成师生关系不佳，影响学生的学习情绪，不利于教学质量的提高。反之，如果老师对学生充满爱心，就会增强学生自我肯定的心理倾向，提高学生学习中的主体积极性。另外，教师爱生，容易受到学生的信任和爱戴，学生也会“爱屋及乌”，把对老师的爱转移到这位老师所教授的那门课上，达到事半功倍的效果。

第三，教育仁爱具有促进师生自爱与互爱，提高教师职业劳动幸福感与学生学习生活快乐度的重要作用。教育仁爱在师生关系上集中表现为教师与学生的“自爱”与“互爱”。弗洛姆指出：“人对自身完整性和唯一性的尊重、对自我的热爱和理解，与对另一个人的尊重、热爱和理解是不可分割的。爱自己和爱其他任何人不可分割地联系在一起。”① 教育仁爱精神内在地要求教师与学生首先做到“自爱”，即对自我的价值、人格、道德、利益和尊严有积极的肯定和维护。在此基础上，关爱和维护教育劳动共同体其他所有人的价值、人格、道德、利益和尊严，从“自爱”走向“爱人”，实现师生“互爱”。教育仁爱精神追求的道德价值目标，是使师生在互爱中成为爱克哈特所说的“一个爱自己、同样地也爱其他所有人的伟大而正义的人”②。应该看到，师生之间的爱不是单向的，而是双向流动的。教育仁爱既要求教师关爱学生，又引导学生敬爱老师。因为只有双向的互爱才是建设性的爱，可持续的爱。正如马克思所指出的：“如果你作为爱者用自己的生命表现没有使自己成为被爱者，那么你的爱就是无力的，而这种爱就是不幸的。”③ 当然，在师生互爱关系中，教师首先负有关爱学生的道德义务。教师对学生真诚的、理智的爱，会激发学生对教师纯真的、感恩的爱。爱与被爱是师生在教育和教学过程中感受到职业劳动幸福和学习生活快乐愉悦的精神源泉。教师对学生的爱，能激起学生愉悦的心情，促使他们更好地学习，使爱成为学生在学海中扬帆远航的动力；学生对老师的爱，能使教师感受到当教师特有的人情温暖和职业幸福，激励自己更加敬业，使爱成为教师职业生涯中辛勤耕耘、不断进取的内驱力。师生之间的爱与互爱，触动着人内心最柔软、最敏感、最重要的情

①② ［美］弗洛姆著，孙依依译：《爱的艺术》，工人出版社 1986 年版，第 53、56 页。

③ ［德］马克思著：《1844 年经济学哲学手稿》，人民出版社 1985 年版，第 108 页。

感中枢，创造着人间最美好的心灵感受和幸福愉悦。教育中的仁爱是教育天地中不可缺失的阳光、雨露和春风，哺育和滋养师生内心的美好、快乐和幸福。有了教育仁爱，学生的学习生活才有无限的愉悦和快乐；有了师生互爱，教师的职业生涯才有无限的欣喜和幸福。

第四，教育仁爱具有培养广大青少年学生爱心，推动全社会人际友善亲爱的促进作用。现代学校教育的本质，是教师以高尚的仁爱之心培养学生爱己、爱人、爱生命，引导青少年学生同情生命、尊重生命、关爱生命、善待生命，使个体生命和群体生命、人类生命和其他生命一起，得到最高形式的发展和完善。面对当前存在的金钱至上、唯利是图、人情冷漠、行为势利、仇恨心理加剧、人际关系紧张等不良道德现象，学校和家庭教育突出重视培养青少年学生的同情心、恻隐心、仁爱心和人道精神，具有特别重要的道德价值。

夸美纽斯说："信心、博爱和希望应当为实际应用而教。"① 苏霍姆林斯基在谈到青少年心灵美培养时指出："爱人吧！对人的爱是你的道德核心！应当这样生活，让你的道德核心健康、纯洁、强大无比！"② 仁爱和人道是一切社会道德的基础和核心。教师是未来国民精神的"父亲"，学校是培养青少年一代有仁爱之心的美好家园。应当看到，要让世界充满爱，创造社会人际友善的道德价值，学校和家庭首先要弘扬仁爱精神，培养学生和子女的同情心、仁爱心。教师和家长如能以身垂范，在学校和家庭生活中，从细微之处教育和培养青少年一代的爱心，有益于创造全社会有爱心、献爱心、讲友善、重互助、懂感恩的良好道德氛围，有益于从仁爱和人道精神出发，创造互助友爱、人际亲爱、美美与共、和谐共荣的理想社会。

---

① ［捷］夸美纽斯著，任钟印译：《大教学论·教学法解析》，人民教育出版社 2006 年版，第 204 页。

② ［苏］苏霍姆林斯基著，肖辉、晨楠译：《青少年心灵美的培养》，湖南教育出版社 1983 年版，第 40 页。

## 思考与练习

**【讨论思考】**

1. 什么是教师道德原则？它有哪些特点和作用？

2. 立德树人的基本含义和要求是什么？

3. 什么是教育公正？它的基本含义和要求是什么？教育公正有什么价值和作用？教育自由平等原则有什么伦理和教育意义？

4. 什么是教育仁爱？教师为什么要有教育仁爱精神？

**【案例分析】**

材料一

近日，某中学在教师中开展师德师风建设活动。大家对新时期教师应当承担立德树人的社会责任，加强对青少年学生的思想道德教育认识比较一致，但对究竟由谁来承担立德树人的工作产生了分歧。部分数理化、生物、地理、计算机学科的任课教师认为，自己的教学任务本身比较重，对学生的思想道德教育应该由思想政治课的教师和班主任来负责。但有一位政治课教师明确提出，对学生进行思想政治教育是每位任课教师的责任，如果专业课教师能在课程教学中潜移默化地对学生进行道德教育，效果会更佳。他还举了一个教育实例：有一名学生在上生物课时受到了老师的启发。那位生物课老师说："海参遇到污染和不良环境，难免要把毒素吸收到内脏里去。当海参知道自己中毒之后，全身就会剧烈地收缩，把中毒的内脏排出去，待游到适宜生存的良好环境时，再重新长出内脏，继续活下去。这对我们人类也是一个很好的启示。一个人有了缺点和错误或者是受了什么'流毒污染'，要像海参那样'排脏'，把坏的思想排出去，换成好的思想，不是又会成为一个健康的人吗？这也是人类的一种特殊功能，就看你是否发挥它的作用了。"这位学生听了生物老师的讲课，思想受到很大的震动。他想，难道我连海参都不如吗？他决心上进，在老师和同学们的帮助下，他真的进步了。

在你看来，立德树人，教师是否人人有责？

材料二

不久前，某小学五年级学生缪某某坠楼身亡的事件，牵动着广大师生的心。事情的经过是：教师布置作业，写一篇《三打白骨精》读后感。缪某某在作业里写道："不要被表面的样子、虚情假意、伪善的一面所迷惑"，"他们会使用各种各样的卑鄙手段和阴谋诡计，来达到自己不可告人的目的"。教师在这段话的边上打了红叉，批评不够正能量。其实缪某某的这篇作文充满许多鲜活的细节描述，表达了个人的独立思考，但这位教师缺乏对学生的理解和尊重，简单粗暴地对待学生。据报道，这位教师几天前还打过缪某某耳光，缪某某在遭到这位教师多次粗暴地对待的情况下一时想不通，选择了跳楼自杀。事情发生后，主流舆论认为这位教师严重缺乏对学生的爱心，没有仁爱之心，也有人为这位教师辩解说，教师这样批改学生的作文，是有规范可循的，没有什么严重过错。

你认为这位教师对造成学生的坠楼死亡悲剧有直接责任吗？应当怎样理解教师在教育教学活动中对学生有仁爱之心？

**【拓展阅读】**

1. 王正平主编：《教育伦理学》，人民教育出版社 2019 年版，第六、七、九章。

2. 王正平著：《人民教师的道德修养》，人民教育出版社 1993 年版，第十章。

3. ［意］亚米契斯著，夏丏尊译：《爱的教育》，人民教育出版社 2015 年版。

4. ［苏］苏霍姆林斯基著，唐其慈等译：《把整个心灵献给孩子》，天津人民出版社 1981 年版。

**【教学实践互动建议】**

1. 组织一次优秀教师谈师德体会的集体讨论，或组织一次小型师德调研活动。

2. 指导师范生或其他预备教师以“从小学到大学，有哪一位教师，因为什么原因，给你留下了深刻的印象?”为题，写一篇500字左右的学习体会文章，进行集体交流，或者投给师道网“学生发言”栏目。

3. 在职教师结合自己或者其他教师教书育人的实践，写一篇800字的体会文章，进行集体交流，或者投给师道网“教师声音”栏目。

# 第四章　教师伦理范畴

教师伦理范畴，既是思考、指引和构筑教师道德生活的特殊概念，也是教师伦理学不可或缺的组成部分。作为教师道德现象的本质概括，教师伦理范畴的体系随着人们认识的深化而愈加丰富；作为教师道德规范的基本要求，教师伦理范畴的内涵应随着时代的进步而不断发展。本章主要讨论教育幸福、教育职责、教育良心、教育诚信、教育分寸等教师伦理范畴。

## 第一节　教师伦理范畴概述

对于一个具有相对独立性的学科来说，范畴的提炼和研究具有奠基性的意义。教师伦理范畴把人们对于教育道德现象的本质方面的认识用特定的形式确定下来，以指导和影响教育实践和教师行为。没有教师伦理范畴，我们无法想象教师伦理学如何存在，也无法探讨教师作为教育主体的伦理道德问题。

### 一、教师伦理范畴的含义

范畴是人们在思维过程中用以把握事物本质属性和普遍联系的基本概念，是人类理性思维的逻辑形式。人们关于社会伦理道德现象的理性认识，诸如善恶、义务、良心、公正、诚信之类的伦理范畴让伦理学的判断、推理，乃至理论构建成为可能。教师伦理范畴作为专属的一类伦理范畴，既可以说是一般伦理范畴在教育领域中的移植和应用（从理论到实践），也可以说是教师道德现象在性质、范围和种类上被人们理性把握的结果（从实践到理论）。简言之，教师伦理范畴是教师道德生活中最本质、最普遍、最重要关系和要求的反映和概括，既体现一定社会对于教师及其教育行为的道德期望，也蕴含广大教师接受和认可的职业道德要求。

范畴是对客观事物的不同方面进行分类和归纳而得出的概念，呈现出范围或广度上的层次性。广义上的教师伦理范畴可以指称一切反映和概括教师道德现象的基本概念，既可以是表述教育道德原则和规范的基本概念，例如热爱教育、教书育人、教育公正；也可以是指称教师个体道德行为和道德品质的基本概念，例如良心、仁爱、诚信等。从这个意义上说，教师伦理学实际上是一个由不同层次的一系列反映教师道德现象的基本概念构成的范畴体系。从狭义上看，教师伦理范畴是概括和反映教师道德主要特征、体现一定社会教育价值导向、表达教师道德基本要求、对教师教育行为发生影响的基本概念，例如教育幸福、教育良心、教育诚信、教育分寸等。

### 二、教师伦理范畴的作用

教师伦理范畴作为反映和概括特定道德关系的概念，首先明确了教师伦理学的研究对象和研究领域，它们共同构成教师伦理学知识体系的“网上纽结”。从这个意义上说，教师伦理范畴作为描述性概念，并不向人们提出任何道德要求，它们只是属于教师伦理学研究所要涉及的范畴，或许称之为“教师伦理学范畴”更为确切。[①] 然而，在特定语境下，教师伦理范畴总是属于，并且被用于构建教育道德规范体系，因而是具有实质内涵、蕴含道德要求的规范性概念。通常情况下，从属特定文化传统或某种理论体系的教师伦理范畴，其蕴含的教育道德要求也是明确的。例如，“教育幸福”这个范畴表明教师在道德发展道路上应该期望什么，“教育职责”和“教育良心”意味着教师应该做什么，而“教育诚信”和“教育分寸”则表明教师应该怎么做。

教师伦理范畴作为规范性概念对构建教育道德规范体系、推动教师道德养成具有不可取代的作用。一方面，教师伦理范畴是确立教育道德原则和规范体系的前提条件。人们对于教育道德现象的理论思考，抑或针对教育实践中的道德缺失表达诉求，通常涉及基本教师伦理范畴的问题，如“什么是教

---

① 韩东屏：《道德准则、道德范畴、道德原则——论道德规范系统的层级结构》，《河南师范大学学报（哲学社会科学版）》2011 年第 3 期。

育职责”“这是关系教育良心的问题”等。另一方面，教师伦理范畴是教育道德规范体系发挥作用的必要条件。教育道德原则和规范要在教育实践活动中发挥作用，必须借助教师伦理范畴，转变为普遍的教育道德意识，并成为教师等主体牢固的教育道德信念。只有当教师伦理范畴在教师的内心形成明确的道德意识和道德信念，产生强烈的道德责任感，凝结为师德品质，才能促使人们按照一定的教育道德原则和规范，主动自觉地选择、调整和评价自己的行为。因此，教师伦理范畴是推动教育道德发展、实现外在道德要求转化为内在道德要求的基本因子。

## 第二节 教育幸福

人的一切活动的最终目的都可以说是为了追求幸福。恩格斯指出，“每个人都追求幸福”，是“颠扑不破的原则，是整个历史发展的结果，是无须加以论证的”。[1] 教师从事教育工作当然也是追求幸福。然而，人们对于幸福的理解历来千差万别、莫衷一是。教师能够期望怎样的幸福？应该如何处理追求幸福与培养师德之间的关系？思考和回答这些问题，离不开“教育幸福”这个重要的教师伦理范畴。

### 一、教育幸福的含义

教育幸福，从最宽泛的意义上说，既可以是教育者的幸福，也可以是受教育者的幸福；既可以是教育过程中的幸福，也可以是作为教育结果的幸福。作为一个教师伦理范畴，教育幸福特指教师的职业幸福，是教师通过从事教育活动所体验或实现的幸福。然而，教师工作既崇高又艰辛，物质生活条件有时还不尽如人意，较为清贫。他们能够在工作中体验或实现幸福吗？教育幸福真实存在吗？这需要我们对幸福这个伦理范畴有一个正确的认识和把握。

幸福令人向往，但也总是让人琢磨不透。显而易见，幸福不等于快乐。

① 《马克思恩格斯全集》（第四十二卷），人民出版社 1979 年版，第 373 页。

说一个从来不感到快乐的人是幸福的，固然不近情理；但说一个人感到快乐就是幸福的，也不尽合理。快乐总是稍纵即逝，但幸福却是对整个生活状况感到满意。如果把快乐作为人生的目的，一味追求感性欲求的满足，其结果往往是不幸福的。正如穆勒所说，人与动物一样都能感受到的“快乐”是说明不了人类的幸福概念的。不同的是，“人类具有的官能要高于动物的欲望，当这些官能一旦被人意识到之后，那么，只要这些官能没有得到满足，人就不会感到幸福”①。实际上，幸福不仅涉及我们选择满足什么样的欲望，而且涉及以什么样的方式去满足欲望。一个人的欲求如果总是能够轻易地得到满足，他最终会缺乏幸福感。幸福是创造中的享受，既是通过创造性劳动获得欲望满足而产生愉悦感，也是展现人的创造性潜能而获得成就感。从这个意义说，追求幸福需要从事一项工作，投身某种事业。英国哲学家罗素也认为：“从一种伟大的建设性事业的成功中获得的满足，是生活能够提供的最大快乐……在一项非常重要的工作中，一个人所获得的成就感是谁也剥夺不了的幸福，除非这项工作最终被证明是低劣的。”② 人不可能在无所事事中获得幸福，而选择从事教育工作正是这样一种能够给人带来幸福的建设性事业。

因此，教育幸福是教师基于对幸福的正确认识，通过创造性教育劳动确证人生价值、实现自我发展，从而产生一种自我愉悦、自我满足的生活状态。教育劳动是教育幸福的源泉，教育劳动的特殊性也使教育幸福呈现出自己的特点。第一，教育幸福具有精神性。教育是一项崇高的事业，教师是受人尊敬的职业。教师通过教育劳动所能获得的满足，既有物质生活方面的，也有精神生活方面的。用马斯洛的需求层次理论来解释，教育幸福主要体现为对于爱和归属感、尊重和自我实现这类高层次需要的满足。第二，教育幸福具有关系性。正如父母的幸福总是关联着子女，教师的幸福总是关联着学生。正是在这个意义上，孟子将“得天下英才而教育之”视为“君子三乐”之一。陶行知说：“教师的成功是创造出值得自己崇拜的人。先生之最大的快乐，是创造出值得崇拜的学生。”③ 第三，教育幸福具有过程性。教育劳动是面向未

---

① ［英］约翰·穆勒著，徐大建译：《功利主义》，上海人民出版社 2007 年版，第 8 页。

② ［英］罗素著，杨玉成等译：《罗素论幸福人生》，世界知识出版社 2007 年版，第 77 页。

③ 方明主编：《陶行知全集》（第四卷），四川教育出版社 2009 年版，第 3 页。

来的，不仅给人以希望，也充盈着希望，而“希望则意味着幸福”①。对于学生成长成才与自己教得更好的希望，能够化解暂时的艰难困苦，使未来向幸福开放。教育幸福存在于现在与未来的关联之中，是不断赋予未来以希望、不断实现希望的过程。

**二、教育幸福的价值**

幸福是所有行为和活动的目的，是最高的善，具有最高的价值。也就是说，幸福的价值是目的而非手段。对教师来说，教育幸福就是为了幸福本身而值得追求，具有个体人生的价值。同时，教育幸福作为在教育场景中生发的幸福，关系到学生的心灵成长和人生幸福，也承载着教育价值。

一方面，教育幸福是教师发展的内在动力，具有个体人生价值。一个人自愿选择成为一名教师，就是选择了以教育劳动创造和享受人生幸福。这个人总体上的幸福当然还取决于多种因素，如衣食无忧、家庭和睦、身心健康，但最为重要的是在传道、授业、解惑中感受精神的愉悦，实现生命的意义。追求教育幸福，就是认可“作为人的教师”的精神需要，宣示“作为教师的人”的生活理想。“我们不能仅仅向学生奉献心血、青春乃至毕生的年华，不能仅仅因学生的成长和成功而喜悦，我们还应该在教育学生的同时，提升自己的事业境界和人生品位；在学生成长和成功的同时，我们自己也应该不断成长并走向成功，从中体验到人生的快乐，为自己的生命喝彩。”② 为幸福而教，张扬了教师的主体性，使教师的人生发展和职业发展结合在一起，并且具有持久的内在动力。

另一方面，教育幸福是幸福教育的内在要求，具有重要的教育价值。教师追求教育幸福的过程，是引领学生求真、求善、求美的过程，归根结底是要帮助学生懂得什么是幸福、怎样追求人生幸福的过程。幸福的教师，才能使学生在教育过程中获得幸福，并且为学生日后的幸福奠定基础。因此，教师的教育幸福不仅以学生的幸福为前提，而且引导着学生的幸福追求。教育幸福是给予与奉献的幸福。在给予中，教师实现自身的生命价值；在奉献中，

---

① 杨国荣著：《伦理与存在——道德哲学研究》，上海人民出版社 2002 年版，第 267 页。

② 李镇西著：《与青春同行》，高等教育出版社 2005 年版，第 1 页。

教师体验到真正的幸福。对于学生来说，这种给予和奉献恰恰是身体力行的教育，是事关人生幸福的教育。英国科学家约翰·卢伯克说，师者当教诲人们领悟快乐之责任以及责任之快乐，如此，世界才会更美好，更光明。我们应尽可能为自己寻求快乐，只有自己快乐，才能真正地惠及他人。[①] 正确地理解快乐，认识到人生真正的快乐从来不是自私自利的快乐，我们就会明白教师追求教育幸福，不仅是其个体人生问题，而且是其教育职责之所系，是提升教育效益之路径。

当然，教师的教育幸福与社会幸福是不可分割的。对人类社会来说，没有对不幸福状态的批判与反抗，道德进步和社会发展就失去了目标和动力。从这个意义上说，教育幸福还具有道德价值和社会价值。

**三、教育幸福的追寻**

幸福既是客观的存在状态，也是主观的心理体验。教育幸福的实现既依赖于一定的物质条件和生活境遇，也与教师自身的价值选择相关联。“没有健康的价值需求与追求的人必定是远离幸福的人。”[②] 提升人生追求，在创造性的教育劳动中释放生命潜能，在为教育事业的奉献中实现人生意义和自我完善，做一个幸福或实现教育幸福的教师。

第一，树立正确的幸福观，在学生成长中获得幸福。没有正确的幸福观，就不可能成为一个幸福的人。卢梭说：“如果你还不知道幸福在什么地方就去追求幸福，那就会越追越远，就会走多少道路便遇多少危险。”[③] 那些把物质享受当作幸福的人，还有那些认为幸福就是让别人为自己服务的人，所获得的最多不过是“可怜的、有限的、自私的乐趣”，失去的却是感受深层次幸福的能力。对教师来说，幸福存在于对崇高事业的追求之中，存在于对人生完美的追求之中。它不能被赐予，不能被占有，但显然最容易被最懂得幸福的人所感受到。最懂得幸福的教师，必然是追求德性和人格高尚的奉献者，是无私地关爱和引导学生健康成长的引路人，因为“善良的人总比利己主义有

---

① ［英］约翰·卢伯克著，薄景山译：《人生的乐趣》，上海人民出版社 2008 年版，第 3 页。
② 赵汀阳著：《论可能生活》，中国人民大学出版社 2004 年版，第 152 页。
③ ［法］卢梭著，李平沤译：《爱弥儿》（下卷），商务印书馆 2007 年版，第 676 页。

更好的希望过最快乐的生活，他比利己主义有更大的获得幸福的能力”①。

第二，坚定教育信念，在师生交流中体验幸福。教育幸福事关教师为什么而活、为什么而教，需要教师将自己的生命意义与教育劳动联系起来。教育劳动总是意味着与学生的相遇相伴。因此，“教育犹如人类自古有之的一种舞蹈，教师和学生历来就是这场舞蹈中不可或缺的共舞舞伴”，这是一种“两全其美的舞蹈：年长者给年少者以经验，年少者给年长者以活力，他们一起翩跹起舞，共同塑造着休戚与共的人类社会”。② 教师只有相信教育是崇高的事业，以高度的热忱投入教育工作，才能自由地、有创造性地发挥自己的全部才能和力量，才能像孟子那样获得“得天下英才而教育之”的君子之乐；教师只有深刻认识到教育的意义，相信教育是改造世界、改变人生的力量，相信每一个学生的可塑性，才能竭尽全力使其教育劳动的过程和成果充满美好，才能保持积极乐观的心态，克服工作中的艰辛和倦怠。

第三，保持对知识的渴求，在传道、授业、解惑中感受幸福。孔子说过，“学而时习之，不亦说乎？”③ 对知识的渴求，是人的天性，是永不干涸的幸福源泉。教师作为知识的传递者，保持对知识的渴求，一生与学习知识、探索知识为伴，幸福也一定与之为伴。苏霍姆林斯基说：“如果你想让教师的劳动给教师带来乐趣，使天天上课不至于变成一种单调乏味的义务，那你就应当引导每一位教师走上从事一些研究的这条幸福的道路上来。”④ 学有所得，本身就是让人快乐的事情。对教师来说，不断学习，探索教育教学相关的各方面知识，有利于专业发展，提升教学能力。这就是说，学习使教师能教、乐教，使教师有教学之乐而无教学之苦。其中的奥妙，贺麟先生说得再清楚不过了。他说：“学有心得，如商之赢余，农之有收获，精神上感得一种充实、快愉、活泼、自由、发展。发抒心得乃是极自然舒畅的历程，如日之光，如春雨之润物，如清渠之溉稻。内充实自然表现于外，有心得自然愿意发抒给

---

① ［德］莫里茨·石里克著，孙美堂译：《伦理学问题》，华夏出版社 2001 年版，第 148 页。

② ［美］帕克·帕尔默著，方彤译：《教学勇气：漫步教师心灵（20 周年纪念版）》，华东师范大学出版社 2020 年版，第 65 页。

③ 《论语·学而》。

④ ［苏］苏霍姆林斯基著，杜殿坤编译：《给教师的建议》，教育科学出版社 1984 年版，第 494 页。

人。教既然是发抒心得，所以教的生活应是很快乐的生活。”[①] 从这个意义上说，终身学习不仅是教师职业道德规范的一项基本要求，也是教师实现教育幸福的有效路径。

## 第三节　教育职责

古罗马哲学家西塞罗认为，任何一种生活“都不可能没有其道德责任”，“因为生活中一切有德之事均由履行这种责任而出。而一切无德之事皆由忽视这种责任所致”。[②] 十年树木，百年树人。教育本质上是一项道德事业，需要教师有高度负责、自觉履责的思想意识。教育职责的认知、认同和践履，是教育伦理价值和教师道德规范得以实现的基本前提。

### 一、教育职责的含义

马克思指出：“作为确定的人，现实的人，你就有规定，就有使命，就有任务，至于你是否意识到这一点，那是无所谓的。”[③] 可见，作为一个社会化的人，作为在一定社会关系中生活的人，我们无一例外地承担着一定的义务或责任。这是不以我们意志为转移的道德事实，也是我们时时感受到的道德约束。通常来说，社会生活中的道德义务可以分为三种类型：第一类是“自然义务”，是人人应当做的，如不伤害他人，必要时帮助他人，同情他人；第二类是“职责义务”，是社会结构体系中特定角色应当做的，如一个社会期望一个职业劳动者应当履行的岗位责任；第三类是“分外行为”，是超出义务或责任之外的可选择的、具有崇高道德价值的行为，例如舍身救人的英雄行为。[④]

教师伦理学中的教育职责，从狭义上说，是一种职责义务，是在一定社

---

① 贺麟著：《文化与人生》，商务印书馆 1988 年版，第 226 页。

② ［古罗马］西塞罗著，徐奕春译：《西塞罗三论：老年·友谊·责任》，商务印书馆出版 1998 年版，第 91 页。

③ 《马克思恩格斯全集》（第三卷），人民出版社 1960 年版，第 329 页。

④ ［美］罗尔斯著，何怀宏、何包钢、廖申白译：《正义论》，中国社会科学出版社 1988 年版，第 111—117 页。

会制度安排之下教师这个职业角色所应承担和履行的义务，体现着社会基本道德要求和教育伦理共识。在这个意义上，教师的职责义务与其享有的权利是统一的。教师履行教育职责，应当被赋予一定的权利并享有应得的利益。我国《教师法》第七条和第八条分别规定教师的权利和义务。依据该法，教师必须履行的职责义务包括六个方面：（1）遵守宪法、法律和职业道德，为人师表；（2）贯彻国家的教育方针，遵守规章制度，执行学校的教学计划，履行教师聘约，完成教育教学工作任务；（3）对学生进行宪法所确定的基本原则的教育和爱国主义、民族团结的教育，法制教育以及思想品德、文化、科学技术教育，组织、带领学生开展有益的社会活动；（4）关心、爱护全体学生，尊重学生人格，促进学生在品德、智力、体质等方面全面发展；（5）制止有害学生的行为或者其他侵犯学生合法权益的行为，批评和抵制有害学生健康成长的现象；（6）不断提高思想政治觉悟和教育教学业务水平。这些义务既是强制性的法定义务，也是教师需要自觉履行的道德义务。

教师职业劳动的特殊性，尤其是为人师表的职责要求，不仅使教师履行职责义务更加凸显精神性、自觉性和意志性的要求，而且在范围上也常常超出职责义务。一方面，教师要引领学生成长，不只是作为一个普通人，而且要作为一个教师在公共生活和教育场景中以身示范地履行自然义务，比如信守诺言、遵守秩序；另一方面，尽管分外行为是可选择的，但一个见死不救的教师显然没有做到道德上的追求高尚、为人师表。因此，对教师来说，广义上的教育职责可以是为实现教育理想和教育目的而应当自觉承担和履行的义务，既包括职责义务，也包括自然义务和分外行为。

## 二、教育职责的作用

首先，教育职责反映了教育实践活动中客观存在的道德关系和道德要求。没有教育职责的明晰界定，教育活动必然充斥主观任意或相互推诿；没有教育职责的有效履行，教育关系便无从建立，教育目的也不可能实现。在现代多元社会中，只有政府、学校、家庭、教师以及社会其他部门，依据自身的角色和特点承担共同但有区别的教育职责，才能保证教育基本秩序的良性运转。因此，教师教育职责的认定和划分，是教育事业发展进入现代化和制度化轨道的必经过程，关乎社会的公平正义与有序运行。

其次，教育职责的认同和践履，是教师作为教育道德主体实现自我构建的必要环节，关乎和谐教育关系的建立。对教师来说，教育职责是其作为道德主体运用自身理性对外在伦理关系和行为必然性进行审慎考量，进而形成的道德自觉和道德自律。这既有利于教师规范自身行为，进行道德上的综合判断，也有利于教师协调教育教学工作中的利益冲突，创造积极健康的教育关系和教育环境。

最后，教育职责的自觉和担当，凸显了教师作为特殊职业主体的存在方式、作为专业教育者的价值追求，是教师自我实现、追求和配享教育幸福的唯一通途。深刻意识到自己承担什么样的教育责任，自觉履行这些责任，愿意并且敢于为自己的教育教学行为负责，不仅是教师克服自然愿望或主观偏好、以道德规范约束教育教学行为的过程，更是其认识教育劳动及其自由性和创造性、强化教育使命感和职业崇高感的过程。因此，有了教育职责的自觉和担当，才会有高尚的师德追求和美德操守，才会有全身心投入的道德热情和道德坚守。

## 三、教育职责的履行

教师作为专业化、职业化的教育者，身负责任重大且不可推卸。应当看到，承担教师职业角色所应承担的职责义务，是教师伦理的基本要求。教师履行教育职责，关键是“感到自己是该负责任的”[①]。主要涉及两个层面的责任意识。

第一个层面的责任意识来自于职业选择。一个人自主地选择做教师，就是选择了这个职业角色所担负的责任和担当。相比于其他职业劳动来说，教育劳动的特殊性要求教师更加自觉而严格地履行职责义务。这不仅需要教师提升对自身职责义务的认知水平，而且要提升献身教育事业的使命感。蔡元培曾说，衣食住行的改良，科学美术的创造，迷信偏见的破除，世界大同的推进，无一不有赖于知识能力的养成教育，因而人类所有职业中，教师是最负责、最有势力的。[②] 教师不仅要有自觉担当的使命感，而且要不断加强和提

① ［德］石里克著，张国珍、赵又春译：《伦理学问题》，商务印书馆 1997 年版，第 138 页。

② 高平叔编：《蔡元培教育论集》，湖南教育出版社 1987 年版，第 621 页。

高自身专业能力和师德水平，努力使自己能够担负起教师的教育职责。如果选择了做教师而又不履行职责，或者不安心从教，抑或不努力提升自我能力，那就不是称职的教师。正如叶圣陶先生所言："教师得先肯负责，才能谈到循循善诱，师生合作。教师不负责，有的因为对教学本无兴趣，当教师只是暂局，这种人只有严加淘汰一法。"①

第二个层面的责任意识来自于教育劳动中的行为选择。教师践履教育职责，最终是为了实现立德树人的教育目的，因而不能没有对行为后果的顾虑和担当。一个人的行动如果不是外在强制而是自主选择的，那么他就应当对自己的行为负责。用马克斯·韦伯的话来说，就是"必须顾及自己行为的可能后果"，而不是"仅仅盯住信念之火""不要让它熄灭"，从而使其行为"只能、也只应具有楷模的价值"。② 出于教育职责的行为当然也是如此。这就是说，教育职责意味着教育工作者不能仅按照自己的信念、意图和主观愿望行事，不能没有对于教育行为之可能后果的审慎和预见。劳动自由和劳动创造性作为教育职业的重要特性，决定了教育教学活动中的可选择性，进而决定了不可逃避的教育责任。"教师应当意识到和感受到每一个孩子的命运都由他负责，学校正在培养的人的理智、健康和幸福，都取决于他的精神素养和他思想的完美性。"③ 可见，教育职责既包括教育主体基于职业理想信念而自觉担当起职责义务，也包括教育主体对其教育行为之可能后果的应有担当。

## 第四节 教育良心

人们常说，教师的工作是一种"良心活儿"。教育良心作为教师伦理的一

① 中央教育科学研究所编：《叶圣陶语文教育论集》，教育科学出版社 1980 年版，第 54 页。

② ［德］马克斯·韦伯著，冯克利译：《学术与政治》，生活·读书·新知三联书店 1998 年版，第 107—108 页。

③ ［苏］苏霍姆林斯基著，唐其慈等译：《把整个心灵献给孩子》，天津人民出版社 1981 年版，第 208 页。

个主要范畴，是教师道德觉悟和道德自律最集中的表现形式，是教师职业道德的灵魂。雨果说："良心的觉醒是灵魂的伟大。"教育良心不仅是教师个体自觉履行职业道德要求、积极开展教育工作最重要的内在因素，而且也是教育事业持续发展的潜在动力和内在机制。实施好的教育，教师既要掌握专业的知识和技能，又要有护养扬善抑恶的纯洁灵魂的意识和态度。

## 一、教育良心的含义

"良心"（conscience）是一个古老且极为重要的伦理范畴，指的是人类特有的一种道德心理现象。说一个人"有良心"，就相当于说他是一个有道德的人，对自己应当做什么、不应当做什么具有自觉意识和自觉行动的人。古希腊罗马时期的哲学家把良心视为居于人心、防止人做坏事的"神"。中国古代的大儒则认为，良心是与生俱来、不学而能的"善心"。但在马克思主义伦理学看来，良心并不神秘，也不是不可捉摸的，它是"社会的客观道德义务，经过道德规范从他律向自律的转化过程，而在道德主体的内心深处，以自律准则（内心的道德法则）的形式积淀下来的人的道德自制能力"①。社会生活不同领域中针对特定特殊群体而提出的道德义务，也意味着特殊形态的"良心"。对教师来说，社会对其提出的道德期望和道德要求，从他律的外在规范转化为自律的内在法则，也就会形成一种评价和调节教育实践活动的道德心理机制，亦即教育良心。

因此，教育良心是指教师在教育实践活动中对社会提出的一系列职业道德要求的自觉意识、自觉履行职责的使命感和责任感，以及评价和调控自身职业行为的道德自制能力。与一般意义上的良心一样，教育良心不是单纯的理性认识抑或非理性的情感、直觉、信念，而是各种因素的综合统一体。一方面，教育良心是教师对于其在教育实践中应当做什么、不应当做什么的理性认知，反映了教师与学生、教师集体和社会教育事业的道德关系。没有客观的教师职业道德原则和规范，教育良心就是无中生有；没有对于教师职业道德原则和规范的理性认识，教育良心就无从评价和调控。另一方面，教育良心还表现为一种道德直觉、道德信念和道德情感。它是敦促教师依照教育

① 罗国杰主编：《伦理学》，人民出版社 1989 年版，第 207 页。

道德行事的内心命令和精神力量，要求教师的行为不仅合乎教育道德，而且要出于教育道德；任何情况下教师都要尽职尽责、竭尽全力。当一个教师听从良心的指引而遵从教育道德原则和规范时，他就会获得一种欣慰、自豪和愉快的感受；反之，则会产生不安、自责、愧疚和悔恨的消极心理。

**二、教育良心的作用**

教育劳动所具有的个体性、自主性，以及这种劳动在时间、强度、目标等方面的无边界和无限度，要求高度的自觉意识和情感体认，从而决定了教育良心对于教育职业和教育事业的极度重要性。教育良心作为教师道德规范自律的最高实现形式，事关教育道德的命运和教育事业的成败。没有教育良心，就没有教师道德；没有教育良心，也就无所谓教师的道德人格。

良心是道德实践永不离席的观众，是指责或赞成人类行为的内在声音。对于教师个体的教育实践活动来说，教育良心以一种内隐的方式发挥着使人无从遁形的调控作用，是一种全过程和全方位的省察者和回应者。教育工作开始之前，教育良心发挥着“预审”的作用。它促使教师自问其选择的行为是否合适、是否出于教育良心，从而保证教师基于善良的动机开展教育工作。在实际的教育过程中，教育良心发挥着“监察”的作用。它随时督促教师履行职责，及时纠正情感反应或行为方式上的偏私，从而做到“莫见乎隐、莫显乎微”。在教育活动之后，教育良心又发挥着“审判”的作用。它似乎在教师内心设置一个道德法庭，使其一言一行接受教育良心的鉴定，并以或正面或负面的情感体验奖善罚恶。从总体上说，教育良心是教师道德人格的建构者与守护神。

对教师道德和教育事业的发展来说，教育良心既是坚实有力的底线支撑，也是追求更高境界的重要动因。教育良心是个体化的心理现象，但其反映的是社会所提出的客观的道德义务，因而也是包尔生所谓的一种“世袭智慧”①。一方面，与通常意义上的良心一样，教育良心是最基本、最起码的教育道德义务的反映。它敦促广大教师遵守底线的道德律令，共同维护教师的道德形象和教育利益。另一方面，教育良心较之一般社会群体良心具有更高程度的

① ［德］包尔生著，何怀宏、廖申白译：《伦理学体系》，中国社会科学出版社 1988 年版，第 312 页。

自觉性和自律性，因而蕴含着向善向上的不竭动力。它激励教师依循更高的道德目标和价值追求，恪尽职守，自觉工作，推动教育事业不断发展。

### 三、教育良心的养成

教育良心不是先天的情感或理性，亦非自然本能。它可以在一定社会条件下基于教育实践活动而自发生成，但更需要从社会支持和个体修养两个层面加以自觉培养。就前一个层面来说，教育良心是一定社会生活及其整体道德环境、教育价值观念等客观因素共同催生的一种职业道德心理机制。一个社会如果教育价值观念导向明确，人人恪尽职守且道德水平较高，保证教师不仅在物质上有保障，而且在精神和心理上获得尊重，那么，教育良心的涵养便有了丰厚的土壤和有利的环境。教育良心不仅受到社会环境的影响，而且直接受到其工作环境以及教师群体的影响。加强教师队伍建设，营造良好的师德师风建设氛围，也是促进教育良心养成的重要路径。

作为教育义务的内化形式，教育良心的内容是客观的、社会化的，但其表现形式和作用机制却是主观的、个性化的。因此，教育良心更是教师个体在教育实践基础上主动修为、主动养成的结果。为了使教育良心在内心深处生长、发展和完善，教师应当在知、情、意三个方面进行自我修养。教师既要深刻认识身处的道德关系以及肩负的教育责任和使命，体悟教育良心存在的必要性和必然性；也要解决个体感性偏好与教育道德要求的矛盾，依靠尚志、笃学、积善、存养、克治的修养功夫，不断提升自身的道德水平和精神境界。

## 第五节　教育诚信

诚信，自古以来被视为做人做事的根本，是中国传统文化中备受推崇和倡扬的道德品质。“无信人之言，人实不信。”① 教育作为一种言传身教的人际

① 《诗经·郑风·扬之水》。

交往活动，如果不以真诚之心投入，那么其存在与发展将是难以想象的。教育诚信，不仅是教育自身功能实现的必然要求，也是社会对教育行业的迫切期望。倡导教育诚信，构建教育诚信体系，关系到教育行业的道德风尚，关系到广大教育工作者乃至教育系统的道德信誉。

**一、教育诚信的含义**

诚信的内涵包括两个方面："诚"就是有真心、真言、真行，不自欺，也不欺人；"信"就是信守诺言，讲信誉，重信用。孔子有言："人而无信，不知其可也。"① 诚于中，必信于外。这两个方面互为因果、互为表里，既构成一种自古以来就被提倡的美德，又被用于表述现代社会交往，尤其是市场经济活动应当遵循的基本道德规范。作为道德品质和道德要求，诚信既可以针对个人，也可以用于一个机构、一个行业、一个社会、一个国家。所谓教育诚信，简言之，就是教育行业的诚实守信，亦即教育行政部门、各级各类学校和教育工作者在教育教学各方面、全过程中真实可靠、言行一致、表里如一，以及由此而呈现出来的敬业乐教、忠于职守、求真向善的道德风貌和行业信誉。

诚信的道德内涵随着时代的发展而发生变化。从这个角度来说，教育诚信既是教育工作者对传统德性诚信的承继，也是现代制度诚信在教育领域的体现。中国传统文化极力弘扬的"诚"不仅是一种与天道密切联系的真诚无妄、身心合一的德性，而且是一种诚敬严肃的精神状态。"诚"是个体道德修养应当努力追寻的内在德性和道德境界，"信"是通过这种道德修养而获得的人格信任。传统意义上指向个人品性的因"诚"而"信"，是广大教师应有的道德追求，但在现代社会有一定的局限性。现代社会中的教育不是教师的私人行为，其道德性也不能单纯依靠教师个人的道德修养和道德人格来予以保障。因此，教育诚信不只是教师个人的诚信，也是教育系统的诚信；不只是教育主体的主观愿望和个人追求，也是一种客观要求和社会约束；不只是"传统社会那种经验感受性、熟人传递性累积出来"的"私信"，更应当是

① 《论语·为政》。

“现代社会专业化和普遍化的‘公信’”①，是需要依靠教育行政部门、各级各类学校忠实履职的公共行为来构建并体现的制度诚信。

## 二、教育诚信的价值

诚信作为中华民族的传统美德之一，既是社会主义核心价值观体现于个人行为层面的价值准则之一，也是当今中国发展市场经济、构建和谐社会的基础道德。教育行业既要坚守核心价值，防范市场经济条件下因利失信的风险；又要响应社会期望，培育和提升各行各业的诚信。因此，教育诚信不仅是维系教育自身健康发展的内在要求，而且对推进社会诚信建设也具有特殊的意义。

从教育自身的内在要求来说，教育诚信是教育者的执教之本，是一切教育活动的道德基础。教育作为一种以育人为目的的人际交往活动，既内在地蕴含着诚信的道德追求，又必然地要求以诚信为道德前提。洛克说：“你愿意他向你开诚布公，向你请教吗？你便应必须首先这样对待他，用你自己的言谈举止去获得他的信赖。”② 对教育者来说，没有诚实守信的态度和行为，就没有受教育者的信任和信赖。对受教育者来说，没有诚信的教育不是真正的教育，也不可能引导他们求真向善。言过其实、言而无信、弄虚作假的教育，是缺失道德性的教育，是“反教育”的。蔡元培 1912 年题写“诚实”作为上海美专的校训，潘序伦于 1937 年创办的会计专科学校以“立信”为名。可见，诚信是任何时候、任何类型的教育都应当坚守的价值标准，它既是教育的手段，也是教育的目的。人民教育家陶行知始终倡导“千教万教教人求真，千学万学学做真人”，以对国家教育事业的赤子情怀和卓越贡献，践行了“捧着一颗心来，不带半根草去”的庄严承诺。其人其事，是教育诚信之内涵与意义最生动、最充分的诠释。

就其社会意义来说，教育诚信是诚信教育的奠基石，是社会诚信的辐射源。当前，转型中的中国社会在诸多方面不同程度地存在诚信缺失的现象。加强诚信教育，培养诚信公民，塑造“以诚实守信为荣，以见利忘义为耻”

---

① 王淑芹：《社会诚信建设的现代转型——由传统德性诚信到现代制度诚信》，《哲学动态》2015 年第 12 期。

② ［英］洛克著，杨汉麟译：《教育漫话》，人民教育出版社 2005 年版，第 91 页。

的社会风尚，是当代中国经济社会发展进程中亟待解决的重大课题。教育是立德树人、倡导诚信的基础工程，教育诚信是社会诚信的一面镜子。教育者一次微不足道的失信，可能会长久地损害学生心灵深处追求诚信的道德情感和道德愿望。教育行政中一次有意无意的背信，可能导致整个社会诚信基石出现病变。“凡是教别人的人所应具备的一系列品质，也是学校教师应当具备的。”[①] 诚信教育最需要教师以身作则，言传身教。教师守诚，学生信之；教育守诚，天下信之。教师失去诚信，校园失去诚信，对未来一代人的诚信教育就无从谈起，社会诚信的建设也不可能真正有效。

**三、教育诚信的建设**

教育诚信既是广大教师应当追寻的教育美德，也是教育机构与教育行政部门应当维护和提升的教育美德。这就是说，要激励人心和创造条件，使教育者始终遵守诚实守信的行为准则，积极维护和调整教育活动中的各种利益关系；始终秉持真实无欺的态度，真心实意地尊重和维护受教育者的权益；始终不忘立德树人的“初心”，踏踏实实地承担和履行教育责任。教育活动是系统性的社会活动。系统推进教育诚信建设，不仅需要道德教育和道德修养，更需要社会约束和制度安排；不仅需要教师个人和集体的道德努力，更需要各方面、各环节协力推进构建教育诚信体系。

*第一，加强教育行政诚信建设。*孔子有言：“为政以德，譬如北辰，居其所而众星共之。”[②] 教育行政部门是国家教育政策以及相关法律法规付诸实施的组织者和指导者，其行政行为对社会各方面尤其是教育系统内部发挥着引导、调控、示范作用，既是教育诚信的维护者和推动者，也是教育诚信的践履者和示范者。维护和提升教育行政诚信，不仅是教育制度诚信建设的重心，而且是构建教育诚信体系的关键一环。推动国家建立道德和法律约束机制，为加强教育诚信建设提供良好的社会环境，教育行政部门责无旁贷。更为重要的是，教育行政部门自身要讲诚信，杜绝朝令夕改，保持教育政策法规的权威性、稳定性和一贯性；要反对形式主义，贯彻既定教育政策法规时做到

① ［苏］赞科夫著，杜殿坤译：《和教师的谈话》，教育科学出版社 1980 年版，第 22 页。

② 《论语·为政》。

公开、公平、有效。

第二，加强学校组织诚信建设。学校是进行系统教育的组织机构，在构建教育诚信体系中发挥着双重作用。一方面，学校应当是孕育和生长教育诚信的场所。对于教职员工来说，学校有责任加强管理和监督，建立诚信评价和奖惩制度，使诚实守信落实到教育教学管理和教学实践的各个环节，不暗箱操作，不欺上瞒下。另一方面，对于受教育者乃至整个社会来说，学校应当是塑造和散播教育诚信的堡垒。杜威说："道德教育集中在把学校作为一种社会生活的方式这个概念上，最好的和最深刻的道德训练，恰恰是人们在工作和思想的统一中跟别人发生适当的关系而得来的。"① 因此，学校要树立诚实守信的组织形象，取信于学生和社会，这样才能在潜移默化中实现立德树人，才能在全社会推动形成"以诚实守信为荣"的道德风尚。

第三，加强教师个人诚信建设。教师是教育诚信最直接的守护者和代言人。一个教师有一次不讲信用，直接影响的是这个教师的人格形象，间接影响的则是一所学校的道德信誉和整个教师集体的道德形象。诚信是教育工作者的必备品质。"教师们一方面应当是学识很高的人，另一方面应当是无上诚实的人。因为诚实的性格，甚至可以说，高尚廉洁的性格，不仅使孩子们敬仰，并且还熏染孩子们，这种性格能够在孩子们的毕生生活中烙上极深刻的印象。"② 每一位教师都应当把诚信当作师德的基本要求，更要把自己当作诚信的表率和使者，把践行诚信当作构建教育诚信大厦的砖石。这需要教师加强自身道德修养，虔诚对待教育事业，真诚对待学生，自觉抗拒各方面的干扰和诱惑，在教学、科研和服务社会的各项工作中恪尽职守，始终做到言必信，行必果。

---

① ［美］杜威著，赵祥麟、王承绪编译：《杜威教育论著选》，华东师范大学出版社 1981 年版，第 5 页。

② ［苏］加里宁著，陈桂生译：《在欢迎荣受勋章的乡村学校教师晚会上的讲演》，载陈桂生、赵志伟主编：《现代教师读本·教育卷》，广西教育出版社 2006 年版，第 315 页。

## 第六节　教育威信

教育是一种有目的、有组织、有计划的社会性活动。对这样的活动来说，权威的存在以及由此产生的对权威的崇敬和信赖，是一种内在必然性的要求。德国哲学家雅斯贝尔斯说，对于来自内在精神力量的真正权威的信仰是教育的唯一来源和教育的实质。[①] 教育威信作为一个重要的教师伦理范畴，既是教育过程中师生之间道德关系的反映，也是教育道德意义上的应然要求。

### 一、教育威信的含义

威信是指个人或者组织在他人心目中和社会舆论中所形成的威望和信誉。树立威信，意味着引起或维系一种心理上积极的反应态度，亦即使自己受到较为广泛的认可、尊敬和信赖，从而拥有对于他人的影响力、号召力和约束力。教育威信是教育教学活动中客观存在或者应当发生的道德心理效应，体现出教育者与社会公众，尤其是与教育对象之间的特定关系。从广义上来说，教育威信的主体既可以是教育的管理组织者，也可以是教育的实施者；既可以是教师群体，也可以是教师个人。从狭义上来说，教育威信是教师作为群体或个人在其职业活动中建立起来的威望和信誉，是学生、家长和同事对其自觉产生的认可、尊敬和信赖。它既是教育教学过程中师生交往互动的结果，也是教师教育工作水平和取得成就的重要标志之一。

威信是“威”与“信”的有机统一，它的权威性来源于它“不求任何论证”“不可怀疑”的尊严、力量和价值。[②] 苏霍姆林斯基说：“教育领域中最细致，又最缺乏研究的一个问题，是人对人的权威问题，是年长者对年轻者的权威问题。”在他看来，教育权威是教师所拥有的“最要紧、最普遍、包罗一

① ［德］雅斯贝尔斯著，邹进译：《什么是教育》，生活·读书·新知三联书店 1991 版，第 80 页。

② ［苏］马卡连柯著，吴式颖等编：《马卡连柯教育文集》（下卷），人民教育出版社 1985 年版，第 139 页。

切、同时又是最锐利和不安全”的教育手段。① 汉娜·阿伦特认为，在儿童的培养和教育领域中，权威在其最宽泛的意义上既是一种“自然必然性”，也是一种“政治必要性”。这是因为，儿童一方面唯有仰靠父母或其他成人的看护才能成长，另一方面有赖于成人将其引进对于他们来说是陌生的文明世界。②因此，对教师来说，重要的问题不在于教育权威是否有必要存在，而是如何予以正确的理解和运用。从其作为教育手段的正当性和有效性来说，教育权威应当转化抑或体现为教育威信。表现在教育实际中，要求教师不是以教师的权力、强制和惩罚使学生低首慑服、避而远之，而是要以学识、智慧和人格使学生心悦诚服，从而使自身成为一种影响和改变学生思想行为的感召力量。

**二、教育威信的作用**

第一，教育威信是一种具有强大凝聚力和感召力的教育力量，在教育教学活动中发挥着无可替代的作用。没有教育威信，就缺少了有效进行教育教学工作的必要条件，师生之间就不能形成正确的教育伦理关系。这表明，教育威信首先是教师立德树人、开展工作的道德前提。教育威信的树立和维护，意味着教师的可敬和可信，意味着学生能够“尊其师”“听其言”“信其道”。只有这样，师生之间才能建立起合乎道德的良性互动关系，教育教学的过程才能顺利进行，教育影响才能在学生身上永远地留下痕迹。

第二，教育威信的高低，直接影响教育劳动的效果。教育的过程不仅是一个传道、授业、解惑的理智过程，更是一个塑造心灵的情感过程。一个教师越是享有威信，就越易于唤起学生积极的情感体验。如果教师本人及其所教课程受到学生的喜爱，那么他讲授的知识在学生那里便具有不可怀疑的真实性和科学性，他的言行举止也会为学生所模仿，因而无论是传授知识还是进行思想品德教育，都能取得事半功倍的效果。一个知识水平或道德修养受到怀疑而不具有威信的教师，即便句句真理，也会让学生产生轻蔑的态度和抵触的情绪，其教育教学的努力只会事倍功半，甚至徒劳无益。

---

① ［苏］苏霍姆林斯基著，周蕖、王义高等译：《给教师的一百条建议》，天津人民出版社 1981 年版，第 249 页。

② ［美］汉娜·阿伦特著，王寅丽、张立立译：《过去与未来之间》，译林出版社 2011 年版，第 87 页。

第三，教育威信的维护和提升，是教师自我进取、自我完善的精神动力。一个优秀的教师，必然会关心自己在学生的心目中是否具有威信，并且懂得不断提升自身威信。教育威信是教师个体在学生和教师集体中道德地位的指示器，也是教师群体在社会舆论中道德形象的指示器。同事的欣赏和褒扬、学生的爱戴和信任、社会的认可和尊重，是教师进行教育劳动的精神力量，它能转化为教师不断上进尤其是加强职业道德素养的内驱力。一方面，教师追求教育威信的提升，他必须道德高尚，必须是德才兼备、即言即行，被公认为是有学问的人；另一方面，一个教师如果由于各种原因导致威信下降，也可以从学生和教师集体对自己的评价中反省自己、促进自己、激励自己。①

**三、教育威信的获取**

教育教学活动以教育威信为前提和基础，教师道德建设也应当以提升教育威信为路径和目标。苏霍姆林斯基曾指出，教育过程中存在两种危险的倾向："或者采取无原则的迎合、迁就、放任自流的态度（这种做法最终导致漠不关心），或者以简单粗暴和滥用权力来取代威信。"② 这实际上也提醒教师要在正确理解的基础上，以恰当的方式获取教育威信。

一方面，教育威信是教师在其职业活动中建立起来的，同时又是其职业活动所必需的影响力，因而教师被赋予的职业身份，以及与这种身份相关的教育权力、社会地位、文化观念构成了教育威信得以形成的现实基础和客观条件。也就是说，国家和社会对教育事业和教师的重视和关怀、各级教育行政机关对教师的态度、整个社会对于教师劳动的尊重程度以及教师的物质待遇等，都直接或间接地影响教育威信的形成。树立教育威信，要赋予教师相应的教育权力，要为提升教师的政治、经济地位提供良好的社会条件，要营造尊师重教的社会风气。

另一方面，教育威信从根本上说取决于教师自身的优秀素质以及对于教育事业的贡献。教师被赋予的教育权力和社会地位，并不必然保证其能获得学生的尊敬和信赖。教育威信既不可以外在强加，也不能随意剥夺。正如马

---

① 王正平主编：《教育伦理学》，上海人民出版社 1988 年版，第 173 页。

② ［苏］苏霍姆林斯基著，肖勇译：《教育的艺术》，湖南教育出版社 1983 年版，第 33 页。

卡连柯反复强调的，“威信是要自己来创造的，要利用生活中的任何机会来树立威信”，“威信只能由责任感产生出来，一个人应当对自己的工作负责，如果能负起责任，这就是他的威信”。① 每一位以高度责任感投身教育事业的教师，都应当热爱学生，同时以身作则、公正严明地要求学生，以崇高的思想境界和良好的道德品行获得学生的爱戴，以扎实的专业知识和深厚的文化修养赢得学生的信赖，以高超的教育技能和卓越的教育成效受到学生的认可。这样培育出来的教育威信，才是真实的、持久的和富有教育力量的。

## 第七节　教育分寸

无论做什么事情，都要把握一个“度”。所谓“过犹不及”，就是说事情做得过度与做得不够，同样不能令人满意。做好一件事，必须掌握尺度，讲究分寸。教育是一种尤其需要讲究分寸的实践活动。无论是教育的目标和要求，还是教育的方法和时机，都要做到恰如其分。教育分寸，体现了教育的艺术和智慧，是教育道德的实现形式。

### 一、教育分寸的含义

“分寸”，本是一个度量单位，引申开来，意为说话或做事的适当限度，既不肆意妄为、不讲界限，也不循规蹈矩、死守教条。讲分寸，意味着一种创造、一种探索，一种既有独特之处又恰到好处的行为选择。教师在其教育教学过程中，总是面对着教育行为的自由选择。教育劳动的这种特殊性，不仅使教育分寸显得必要，而且使教育分寸成为可能。苏联教育家契尔那葛卓娃等人认为，教育分寸是教师在其教育实践活动中创造性地实现教育道德的一种形式。“‘分寸’是一种道德行为，包括对行为的全部客观后果及其主观理解的预见；包括对人要有仁爱、同情和关心的要求；包括了在任何情况下

① ［苏］马卡连柯著，刘长松、杨慕之译：《论共产主义教育》，人民教育出版社 1954 年版，第 385—386、310 页。

都能建立良好关系的方法。”[①] 因此，教育分寸是教育教学过程中方法、态度、语言、行为的适度和恰到好处，是教育行为选择中最恰当地顾及环境条件和教育后果的特定行为方式。

教育分寸，不单是一种追求教育效果的手段或技巧，更是体现伦理智慧和教育责任的道德要求。讲究教育分寸，就是寻求教育教学活动中“度”的把握，做到合乎时宜、恰如其分、恰到好处。这种追求不偏不倚、无过无不及、不走极端的内在品性和行为方式，在中国儒家传统文化看来是极其高明的实践智慧，在西方伦理思想史上被认为是美德的内在规定。孔子说：“中庸之为德也，其在矣乎！民鲜久矣。”[②] 亚里士多德认为，“过度和不及都属于恶，中道才是德性”[③]。在此意义上，掌握教育分寸的教师，注重教育道德规范在特定教育场景中的全面理解和灵活运用。合宜的赏识，适度的批评，在适当的时间，基于适当的理由，对适当的对象，以适当的程度和方式进行合乎时宜的教育，体现出教育者的优秀品质和道德境界。

**二、教育分寸的意义**

从教育教学活动产生起，教育分寸就构成教育道德中一个不可分割的部分，在理论与实践中起着至关重要的作用。当今中国，在全球化与信息化进程不断发展的背景下，教育环境和教育对象愈加复杂，教育任务和教育手段愈加多元，教育分寸在调节矛盾、优化教育过程中的教育意义和道德意义也愈加凸显。

从理论上来说，教育分寸是基于教育伦理认知、确保教师道德得以实现的一种实践诠释。教育道德原则和教育道德规范的要求落实于教育行动，不可避免地包含着行动者对现实的许多方面作道德上的理解。在大多数场合下，教师的实际道德行为总是具有教育分寸的形式。一个把教育理论和教师道德规范背得滚瓜烂熟，能在其教育教学中丝毫不差予以遵循的教师，也并不见

---

① ［苏］B. H. 契尔那葛卓娃、И. И. 契尔那葛卓夫著，严缘华、盛宗范译：《教师道德》，华东师范大学出版社 1982 版，第 203 页。

② 《论语·雍也》。

③ ［古希腊］亚里士多德著，苗力田编：《亚里士多德选集·伦理学卷》，中国人民大学出版社 1999 年版，第 39—40 页。

得是一名优秀的教师。这是因为，教育分寸是一种特殊的道德创造，需要教师灵活地、创造性地把握。①

在教育教学实践中，教育分寸有助于构建和谐的教育伦理关系，促成教育目的和教学目标的实现。教育教学过程中孕育或存在着复杂多变的矛盾关系，不是简单地遵守道德传统和范例，或者依循道德原则和规范就可以解决的。掌握教育分寸，就是教师要发挥作为主导和主要方面的能动性，既有原则性，又有灵活性，能够预见教育效果或者预先为效果创造条件，积极探求以最妥当的方式方法去解决教育教学过程中产生的矛盾，依靠独创性和个性化的教育行为促使教育教学关系更加和谐，更加有利于教育任务的完成。“合乎教育分寸地对待学生，意味着善于解决教育过程中所产生的矛盾，同时又不引起新的不希望产生的矛盾，不引起教师与学生之间相互疏远和隔膜。”②大量的教育实践表明，教师仅仅遵守一般的教师道德要求是不够的，必须以高度的教育工作责任心去探索和掌握教育分寸，使自己具备更高层次的道德心理品质和教育艺术，以更好的方式来实现教师道德要求。

**三、教育分寸的把握**

教育分寸作为发挥教师道德职能的一种形式，不是一次恰到好处的教育行为选择，而是善于选择、善于创造的优秀品质和伦理智慧。把握教育分寸不仅需要教育伦理学、社会学、教育学和心理学方面的知识，更需要长期的道德修养和不懈的实践探索。具体地说，应当从以下三方面着手。

*第一，真诚地关爱学生，善于敏锐地认知教育行为的道德意义。*教师掌握教育分寸的本质，是教师不仅把实现自身价值作为教育工作的目的，而且把恰当地认识和把握教育规律，以培养学生全面发展作为教育劳动的最高目的。第斯多惠指出：“名副其实的好教师追求的是符合自然发展规律的和谐教育，他们循循善诱激发和发展学生的内在潜力，不要给学生的学习层层加码；他们要实施进化的和有机的全面教育，而不要实施机械的和片面的教育！”③

---

① 王正平、朱丹：《教育伦理学视域中的教育分寸》，《伦理学研究》2015 年第 6 期。

② ［苏］B. H. 契尔那葛卓娃、И. И. 契尔那葛卓夫著，严缘华、盛宗范译：《教师道德》，华东师范大学出版社 1982 版，第 208 页。

③ ［德］第斯多惠著，袁一安译：《德国教师培养指南》，人民教育出版社 2001 年版，第 150 页。

关爱学生的全面发展，是教师探索教育分寸的精神动力。陶行知也曾表示，有了爱便不得不去找路线，寻方法，造工具，使这爱可以流露出去完成他的使命。一个真正懂得把握教育分寸的教师，常常是把整个心灵献给孩子的人，是品德高尚的人。

第二，增强情绪的自我调控能力，培养良好的道德心理品质。“如果教师的情绪容易冲动的话，这就会在他与学生建立业务性的接触中造成困难，并随之引起对分寸感的损害，特别在教师的抑制过程减弱的情况下更是如此。相反，情绪的开朗和宁静、稳健对分寸都非常有益。”① 的确，人有喜怒哀乐，也会宣泄情绪。对教师来说，恰当地表达情绪，如面对学生犯错时恰当地表现“怒气”，不仅无可厚非，反而有助于教育效果的实现。但是，烦躁、冲动、偏执、愤怒等不良情绪如果不加控制，往往会造成丧失教育分寸的行为，从而背离教育道德，甚至对教育产生灾难性的后果。苏霍姆林斯基说，教师要“做火热的感情与冷静的理智融为一体的大河，而不可匆忙地、贸然地作出决定。这是教育艺术永不干涸的源泉之一”②。自我克制和冷静处事的能力，是在任何情况下观察和判断情势，并迅速做出有分寸行为的前提条件。

第三，尽可能全面地掌握与教育和教学工作直接有关的“情报”，增强对自己教育工作的预见性。教师不仅要有“为学生好”的行为动机，而且要善于估计情势，关注自己行为的结果，达到“真的使学生好”的成效。为此，教师在选择自己教育行为前，不可主观臆断，偏听偏信；要对获得的多方面“情报”进行认真分析、核实和调查研究。尤其重要的是，要充分考虑到教育对象的个性特点。如果教师提出的要求对学生来说根本无法做到，或者有损学生的知识进步和身心健康，那就失去了教育分寸。把握教育分寸，就是要把教育当作一项精细的工作来做，严格把握教育要求、教育方式、教育方法的科学性、可行性、适宜性和有效性。

---

① ［苏］В. Н. 契尔那葛卓娃、И. И. 契尔那葛卓夫著，严缘华、盛宗范译：《教师道德》，华东师范大学出版社 1982 版，第 214 页。

② ［苏］苏霍姆林斯基著，周蕖等译：《给教师的一百条建议》，天津人民出版社 1981 年版，第 250 页。

## 思考与练习

**【讨论思考】**

1. 什么是教育幸福？教师应当如何追求教育幸福？

2. 什么是教育职责和教育良心？教育职责和教育良心的作用是什么？

3. 什么是教育诚信？为什么教师要讲教育诚信？

4. 什么是教育威信？教师应当如何树立自己的教育威信？

5. 什么是教育分寸？如何理解教育分寸的教育意义和道德意义？

**【案例分析】**

材料一

2019 年 9 月 29 日上午 10 时，中华人民共和国国家勋章和国家荣誉称号颁授仪式在人民大会堂隆重举行。此次的获得者中，有一位从中学课堂里成长起来的“人民教育家”于漪，作为基础教育界的唯一代表获此殊荣。

1951 年，于漪从复旦大学毕业走上教师岗位，迄今从未离开过基础教育的讲台。她的一生都在三尺讲台坚守，胸怀江河世界，渡人无数，桃李万千；她坚持教文育人，主讲了 2 000 节省市级以上公开课，写下数百万字教育著述，将各种“不可能”变为可能；她从语文教学改革起步，推动全国语文课程教学综合改革，获得了来自政府和业界的多种荣誉。

从 20 世纪 80 年代开始，她先后培养了三代特级教师，共“带教”100 多名全国各地的青年教师，涌现出一批知名的教学能手。于漪很感慨又十分欣慰：“真的很累很累，但我觉得能把自己有限的经验，在别人身上开花结果，这就是一种幸福。”在新教师培训中，于漪多次引用英国小说《月亮与六便士》来阐明观点：首先心中要有月亮，也就是理想信念，去真正敬畏专业、尊重孩子，还要有学识，如此才能看透“六个便士”，看透物质的诱惑。“满地都是便士，作为教师，必须抬头看见月亮。”要想走进学生的内心，还必须

“一辈子学做教师”。于漪告诉青年教师，最重要的是在实践中不断攀登，这种攀登不只是教育技巧，更是人生态度、情感世界。(《“人民教育家”于漪：一辈子做教师，一辈子学做教师》，《新民周刊》2019 年第 39 期)

你认为于漪作为教师是幸福的吗？根据于漪的经历和看法，青年教师应当如何追求教育幸福？

材料二

2017 年 9 月 15 日上午，黑龙江省齐齐哈尔市某中学副校长张某某在维持课间教学楼走廊秩序时，纠正学生于某某在走廊大声喧哗的行为，于某某未予理会回到教室。张某某来到该生所在教室门口让其出来。随后两人发生语言冲突，并导致激烈对骂。张某某多次爆粗口，并称“我这个老师不当了，也不惯着你”，男生也爆粗口回骂。当日下午，对骂视频在网络上传播，引发争论。有的网友为这位副校长叫好，认为她敢管别人不敢管的事情，但也有网友认为张姓副校长没有尊重学生的人格，辱骂学生不应该出现在教师身上。事发后，张某某被免职，并从学校调离。(《齐齐哈尔女副校长与学生课堂对骂，被免职》，《新晚报》2017 年 9 月 25 日)

你如何看待张某某与学生对骂的行为？对教师来说，如何把握教育分寸，避免发生类似的事件？

**【拓展阅读】**

1. 檀传宝著：《教师伦理学专题——教育伦理范畴研究》，北京师范大学出版社 2010 年版，“教师伦理学与师德范畴论”“教师幸福论”。

2. 王正平、郑百伟著：《教育伦理学——理论与实践》，上海教育出版社 1998 年版，第九章。

3. [英] 罗素著，刘勃译：《幸福之路》，华夏出版社 2016 年版，第十四章。

4. [苏] 苏霍姆林斯基著，杜殿坤编译：《给教师的建议》，教育科学出版社 1984 年版，“教师，要爱护儿童对你的信任”“谈谈教师的教育素养”。

5. [苏] B. H. 契尔那葛卓娃、И. И. 契尔那葛卓夫著，严缘华、盛宗范译：《教师道德》，华东师范大学出版社1982年版，第四章。

**【教学实践互动建议】**

请同学们开展一项关于幸福观的调查，并在此基础上分析和解释追求教育幸福的可能性。

# 第五章　师生关系中的伦理道德

雅斯贝尔斯认为，教育是“人对人的主体间灵肉交流活动（尤其是老一代对年轻一代），包括知识内容的传授、生命内涵的领悟、意志行为的规范，并通过文化传递功能，将文化遗产交给年轻一代，使他们自由地生成，启迪其自由的天性”①。师生关系是教育教学中的核心关系，教育的本质就是通过师生间的心灵互动，实现个体丰富和文化传承。教学活动的产生主要是在教师和学生的相互关系中体现的。可以说，如果没有和谐的师生关系，那么教学很难取得良好的效果。因此，研究师生关系中的伦理问题就显得尤为必要。

## 第一节　师生关系的特点和道德调节

师生关系是教师和学生之间建立的认知、情感、行为等方面的联系。在一切教育理论与实践中，师生关系是最重要和最关键的，它直接影响教育的效果。全面认识和把握新时代师生关系的特点，积极培育适应时代发展要求的师生关系，已成为当下教育教学实现高质量发展的迫切需要。

### 一、师生关系的特点及其矛盾冲突产生的原因分析

师生关系是学校人际关系的主体，是教育教学过程中最基本的人际关系。随着社会的发展和教育教学改革的不断深入，现代教育理念以及现代社会的制度化发展，使得现代师生关系更趋民主、平等。较之传统师生关系，现代

---

① ［德］雅斯贝尔斯著，邹进译：《什么是教育》，生活·读书·新知三联书店 1991 年版，第 3 页。

师生关系的发生方式和功能均发生了一定的变化。

（一）师生关系的类型

1. 教学相长：交互型师生关系

教师与学生作为相互联系又相互区别的双方，共处于教育教学过程的统一体中，他们之间相互作用、相互影响、相互促进，共同推进教育教学活动的发展，同时不断推进教师与学生关系的完善与进步。在教学实践中，随着教育教学的改革与进步，课堂教学结构多样性的呈现，师生关系必然出现新的转变。教师由传统的知识传授者转变为学生发展的开发者、合作者和促进者，师生融入自然探究情境之中，教学相长，交往互动。

2. 合作共享：协作型师生关系

在社会交往过程中，人与人之间通过进行各种协作性活动，形成信息交流分享的通道。在这些信息通道基础上，人们根据各自能力进行信息的聚合与分享，并进一步对信息进行管理和过滤。师生关系是双向的，教师与学生同样也在协作的社会关系中创造和建构知识体系。在师生关系发现、建立和优化的过程中，这种带有参与、分享、倾听、对话特征的知识构建被引入学生的学习经验，学生与教师成了教育教学过程中的开发者与合作者。良好的师生关系，会使教师在劳动过程中充满成就感和快乐感，有助于教师产生新的劳动态度，把劳动看作是一种追求和乐趣。相反，不良的师生关系会影响教师的劳动效果，师生之间容易产生冲突，从而不利于发挥出良好的教育效果。

3. 共同发展：平等型师生关系

在课堂教学中，虽然教师与学生的角色不同，但双方在人格地位上是平等的。只有教师与学生相互尊重、信任，彼此借鉴、包容，才能形成教学相长的良好局面。学生是学习的主人，教师是为学生服务的，每一个学习个体也能根据自身的学习需求进行“及时式”“定制式”学习。因此，学生被赋予更多获取知识、应用知识和创造知识的机会。同时，教师通过及时了解学生的感受和看法，客观评估教学效果，为教育教学的改善提供支持。教师与学生在教育教学过程中共同分享彼此的思想、观点和智慧，获得更为丰富的知识、信息，从而实现教学相长和共同发展的目的。

### （二）师生关系中矛盾冲突产生的原因分析

#### 1. 教育地位不平等

中国传统的“师道尊严”“天地君亲师”等教育等级理念，强调教师的绝对权威，师生交往以命令和服从为主要方式。在传统的封闭社会，教师是知识的绝对占有者和传播者，知识权威转化为人格权威，导致教师和学生关系上的不平等。而当今社会，伴随民主意识和权利意识的觉醒，知识的普及、信息技术的发展，学生获取知识的渠道和方式更为丰富和便捷。此时，教师不再扮演知识权威的角色，师生关系也不仅仅是传授知识和接受知识的关系，教师更重要的工作是引导学生如何学习，帮助他们提升获取、甄别信息的能力。传统师生等级关系的认知和现代师生民主关系间的冲突，必然带来师生关系的矛盾。

#### 2. 教育目标异化

我国《教育法》规定：“教育必须为社会主义现代化建设服务、为人民服务，必须与生产劳动和社会实践相结合，培养德智体美劳全面发展的社会主义建设者和接班人”，明确指出了我国教育目的是促进人的全面发展。但现实社会中，社会上一些人往往以升学率评价学校，一些学校以分数高低评价教师业绩，一些家长以成绩进退评价孩子优劣。当分数和排名成为教育的目标，对学生个性本身的关注则会减弱。教育就其本质而言是为人的，其最终目的在于人自身，使人获得更加全面的发展，从而培养一个完整的人。

#### 3. 师生利益矛盾和价值观冲突

改革开放以来，我国经济社会和教育文化事业取得了巨大成就，整个社会发生着复杂而深刻的变化。在教育职业活动中，教师和学生的利益本质上是相辅相成的。但由于受到市场经济和教育竞争格局的影响，师生的思想道德观念以及价值取向，因社会转型的影响而发生巨大变化，呈现出多元化、个性化、矛盾化的特点。少数教师和学生（包括家长）受拜金主义、利己主义、享乐主义等不良风气的影响，个人利益至上，国家和社会教育整体利益观念淡薄，违背基本道德原则，只追求自我价值的实现，必然造成师生道德关系的冷漠、对立和冲突。

## 二、用道德机制调节师生关系的重要作用

和谐的师生关系不仅是师生共同发展的基础，也是学校增强凝聚力、向心力的基本保障。师生之间天然的道德关系是教育活动的必要条件，本身就具有道德意义。良好的师生关系应以公德关系为基础，以职业道德关系为着力点，以良好的师生关系为目标。

1. 道德示范的作用

良好师生关系的建立对学生有道德示范作用，可使学生在教育教学过程中获得直观的道德经验。相比于纯粹的道德说教，道德示范更易为学生接受，也更具说服力，使学生在潜移默化中感受良好师生关系对自身的影响。斯宾塞曾说："野蛮产生野蛮，仁爱产生仁爱，这就是真理，待儿童没有同情，他们就变得没有同情，而以应有的友情对待他们，就是一个培养他们友情的手段。"① 要使受教育者形成尊重和仁爱的品质，教育者首先要表现出尊重、仁爱和友善的美好品质。只有关心和尊重受教育者，才能体现教育的爱的力量，才能使他们的德行和智慧获得良好发展。

2. 塑造人性的作用

教育是人的教育，是为人的教育。教育的本质就在于造就理想的人和人性，教育的道德价值在于引导学生完满人性的建构与发展，完满人性的生成有赖于教育。教育的主要目的之一就是培育人性。道德机制调节以人性善作为道德预设和价值追求，要努力培养和提升受教育者的善良人性。人性化教育是培养青少年健康人格的摇篮，是个体社会化的过程。"人所特有的道德理性承载着人类的价值追求和文明理想，引导人性随着社会生活发展不断完善升华。"② 立德树人的教育必须以培养学生善良人性为旨归。可是，我们现在的教育，往往比较重视工具理性，忽视以人性完善为目标的价值理性。科学的教育观，越来越把人的健康、人性塑造、人格完善、人的素质发展看成是教育进步的标志。现代化教育事业不仅是社会经济发展的需要，也是学生成人的需要。因此，面对当今社会涌现出的道德问题，教育更应该注重培养学

---

① ［英］斯宾塞著，胡毅、王承绪译：《斯宾塞教育论著选》，人民教育出版社 1997 年版，第 124 页。
② 王正平：《人性与道德的伦理之思》，《上海师范大学学报（哲学社会科学版）》2021 年第 1 期。

生的良好人性和健康人格。

3. 健全人格的作用

教育的本质意味着一棵树摇动另一棵树，一朵云推动另一朵云，一个灵魂唤醒另一个灵魂。学生是具有独立人格和尊严的个体，尊重每一位学生的精神和人格独立，是教师应当具备的伦理态度和行为，是教师良好道德修养的体现，同时也是一种民主平等的教育道德观念。马克思主张把人当成“现实的人”来看待，要求“绝对承认人格原则”，反对一切蔑视人、只把人看作某种“力量”“手段”的做法。因此，教师尊重学生的人格尊严是教育活动中教育者最基本的态度。师生之间的相互交融、相互尊重、相互激励，使师生交往体现为真正意义上的人际关系，使师生关系在一定层面上摆脱了既定的“教师”和“学生”身份的束缚，通过这种交往和交流，师生之间可以建立起友好、谅解、亲近、依恋的关系，从而形成有利的教育环境与氛围。

**三、教师处理师生关系应当遵守的道德规范和要求**

健康和谐的师生关系不仅能激发学生的学习动力，提高教育质量，而且有利于培养学生良好的思想道德品质与适应社会发展需求的创新能力。当前我国社会处于转型时期，经济结构、文化观念、价值取向等都发生了深刻的变化，而这些都在潜移默化中影响了师生关系。因此，教师的道德规范与道德行为尤为重要与关键。教师只有以学生为本，遵守师德规范，才能正确处理与学生的关系，促使师生关系健康和谐发展。

1. 热爱学生，有教无类

热爱学生，是建立良好师生关系的基本要求，也是教育学生的感情基础。教师对学生的爱应当是崇高而无私的。从教育事业利益和学生的切身利益去考虑，教师对学生的爱应该是广博而平等的，是面向全体学生、无关学生差异的。教师只有真挚地热爱每一位学生，才能充分调动他们奋发向上的积极性。热爱学生也是做好教育教学工作的重要条件。列宁说：“没有人的情感，就从来没有，也不可能有人对真理的追求。”① 教育是一项复杂而细致的工作，需要教师有对学生和职业的热爱。只有这样，教师才可能为学生的健康成长

① 《列宁全集》（第二十卷），人民出版社 1958 年版，第 255 页。

贡献自己的精力和智慧，呕心沥血地帮助学生成长。

热爱学生既是一种道德情感，也是一种道德责任。这就要求教师做到以下几点。首先，关心学生的思想道德。学生阶段是其世界观、人生观和价值观形成的重要时期，这就要求教师积极引导学生养成健康向上的心态，以实际行动做学生前行的引路人。其次，关心学生的学习。注意学生学习过程中出现的问题，帮助学生克服学习障碍，教会学生寻找适合自身的有效学习方法，充分调动学生的学习积极性，不断增强学生学习的责任心和紧迫感。最后，关心学生的生活。学生处于成长发育敏感阶段，教师需要为学生创造健康活泼的学习环境和氛围，当学生生活出现问题或困难时，应予以亲切的安慰和尽可能的帮助。

2. 尊重学生，因材施教

尊重学生，是对教师的道德要求。教师只有尊重学生，才能为学生所尊重，这是构建和谐师生关系的关键路径。一方面要尊重学生的人格，通过倾听与交流，了解学生的所思所想，不用高姿态、语言暴力摧残学生的情感与自信；另一方面要尊重学生的个性，在传授知识的同时，注重对学生良好性格、处事能力的培养，正确引导学生，挖掘学生的潜能，从而促进学生的全面发展。

尊重学生的人格，就是肯定学生做人的资质、尊严和价值。这就要求教师做到以下几点。首先，对学生平等友好。师生交往过程中，师生之间没有人格上的尊卑贵贱之分。爱因斯坦指出："我以为对学校来说，最坏的事，是主要靠恐吓、暴力和人为的权威来进行工作。这种做法摧残学生的健康的感情、诚实和自信。"① 教师无论何时都应该平等对待学生，体罚、训斥、讽刺等均是对学生人格的侮辱，必须坚决反对。其次，充分信任学生。信任具有特殊的引导功能，学生往往在教师的信任与期待中，体验到人的尊严，从而激发自己不断进取，努力学习。因此，信任是催人向上的力量，是培养学生的一种有效手段。最后，自我克制。师生交往过程中，教师往往由于不能自

① ［美］爱因斯坦著，许良英、赵中立、张宣三编译：《爱因斯坦文集》（第三卷），商务印书馆 1979 年版，第 144 页。

我克制，以致在暴躁情绪下与学生发生言语甚至肢体冲突。需要指明的是，任何时刻教师都要控制自己的情绪，努力将困扰与烦恼置于教育教学活动之外，不可将生活中的负面情绪带到师生交往过程中去。

3. 严格要求，为人师表

常言道："严是爱，松是害。"从严执教是教师道德规范的重要要求，严于律己，才能严以律人。严格教育学生，无时无刻不渗透在课程教学、作业批改、教学实践等环节中。严格要求学生，意味着要求学生达到比现有水平更高的标准，或是取得更大的进步与成绩。同时，教师要把握好执教分寸，注意方法与态度，不可伤害学生的身体健康和心理健康。唯有宽严相济，才能被学生理解和接受。

严格要求学生需要教师具有高度的责任心和使命感。这就要求教师做到以下几点。首先，要适度地、有分寸地从严执教。要求目标既要高于学生现有能力，又要使学生通过努力能够达到既定目标。同时，要顺应学生的心理发展，防止激起学生逆反心理。其次，要符合教育规律与要求。严格要求学生的同时，要遵循教育教学的规律，教师不能只顾满足个人意愿，而对学生提出偏颇的教条。一切要求都应该设定一个合理的、力所能及的限度。严格要求学生并不意味着苛责学生，更不是对学生个性和人格的压抑。最后，应在学生现有能力的基础上严格要求。教师严格要求学生是出于对学生的爱护，适当的要求在教育教学过程中也是合理可行的，不应让学生认为教师的严格要求是强人所难。教师在严格要求学生的同时，不仅要向学生提出正确的要求，而且要能使学生正确认识要求，并在内心形成认同。

## 第二节 热爱学生是教师开展教育工作的重要条件

开展教育工作不是一种没有情感的说教，更不是把某个道理从一个人的脑子里装进另一个人的脑子里的机械过程。教育过程伴随师生的情感交流，教师对学生的爱，必然使教师趋向于学生，缩短他们之间的心理距离。一名教师如果只爱他的事业，他将会是一名好教师；一名教师如果只像父母那样爱孩子，他是一个比那种虽读过万卷书但既不爱事业也不爱孩子的教师更好一些的教师；而如果教师把对事业和学生的爱兼备于一身，他就会是一个完美的教师。可见，爱是教育的起点和核心，没有对学生的爱，就没有教育。热爱学生，是师德规范中的一项重要原则和要求，也是教师成功开展教育工作的关键一环。做好培养和教学工作，需要教师做到爱岗敬业。从爱岗上讲，教师应热爱教育领域的事业；从敬业上讲，教师应对教育心怀敬畏感；从乐业上讲，教师应从心底认同自身所从事的教育工作，并从中感受到乐趣；从创业上讲，教师应在传承前人教育方式方法的基础上不断进行改革创新。

**一、热爱学生、关心学生是教育学生、培养学生心灵美的重要精神力量**

师爱是教师道德规范中的核心，师爱是师魂，是教育教学的根基，是做好教育工作的精神力量。教师热爱学生，才能打开学生的心扉，学生方能吐露心声，教育才有可能获得成功。一个对学生缺乏爱的教师，他收获的将是零。每一个受教育者优秀与否，很重要的一个因素就在于教师能否找到开启学生心灵大门的钥匙。教育学生不是演戏，不能表里不一，教师只有由衷地热爱教育，认为教育是一项崇高的事业，才能用真心去热爱、关心每一个学生，这样学生才能在受教育的过程中受到教师潜移默化的影响。

教师个人的示范，对于青年人的心灵，是任何东西都不能代替的最有用的阳光。① 教育者职业不只是爱岗敬业的一部分，它本身具有独立的价值，是将教师自身的人生价值与为教育事业奉献的人生信念紧密关联在一起的。为了保障学生的健康发展和理想教育目标的实现，教师必须建立和谐稳定的集体关系。才者，德之资也；德者，才之帅也。有才无德，必将会对社会造成危害，德性是才学的统筹，亦能引导才学。我国古代思想家首先提倡在实践中实现自己的心灵、道德、人性，把“立德、立功、立言”定义为人生“三不朽”，人的心灵和德行修养的重要性不言而喻，其次才是做事做学问，激励人们积德行善、建功立业，形成高尚进取、积极健康的人生理念。在校园中，

① ［苏］娥·芙·杰普莉茨卡娅编讲，华东师范大学教育系教育史教研组翻译室译：《教育史讲义》，华东师范大学出版社 1958 年版，第 375 页。

学生作为被教育对象，他们正处于认知和探索的阶段，虽然学生文化知识方面的积累在持续增加，认知能力和文化素质也在不断提升，但是学生处于各种角色转换的关键期，对事物的看法和理解往往缺少理性的思考，他们渴望得到身边人，尤其是教师和长辈的爱护、指导和交流。所以，在这一过程中，教师扮演了不可忽视的角色，有着引路人、精神的指导者、心灵的咨询师、灵魂的工程师等称号。只有聚焦学生心灵，教师才能引导学生心灵，对学生的成长给予足够的关爱。当学生体察到教师的关怀是出于善意和爱护后，就容易接受教师在知识或者德行方面的传授和教导。若教师对学生表现出冷漠、不易亲近等态度，学生就容易产生逆反的行为导向和心理倾向。因此，教师对学生施以教育的前提是先学会热爱学生，以心通心，这样才能给予学生正确的指引，激发学生美好的精神动力和思想活力。

许多教育实践表明，如果教育者对受教育者没有实施爱的教育，那么，受教育者就不能从教育者那里获得爱，即便教育目标和教育方法是正确的，教育的结果也无法达到我们的期望值。教育者应该充分认识到，爱是联结教育者和受教育者心灵的纽带，是教育者对受教育者进行成功教育的基础。

**二、关爱学生、深入了解学生是开展教学工作，提升教学质量的重要条件**

在教育工作中，教师对学生的态度有十分重要的作用。苏霍姆林斯基认为："学校里的学习不是毫无热情地把知识从一个头脑里装进另一个头脑里，而是师生之间每时每刻都在进行心灵的接触。只有教师关心学生的人的尊严感，才能使学生通过学习而受到教育。教育的核心，就其本质来说，就在于让学生始终体验到自己的尊严感：我是一个勤奋的脑力劳动者，是祖国的好公民，是父母的好儿女，是一个有着高尚的志趣、激情和不断取得进步的完美的人。"① 关爱学生是每一位教师必备的基本品德。教师的关爱就像一盏明灯，照亮学生前进的道路，指引学生前进的方向。关爱、了解学生不仅是一种态度，更是一种教学方法。教师不仅要在学习上关心学生，还要在情感、生活上对学生加以引导和教育，把自己的关心爱护倾注到每一个学生身上，

---

① 《湖南教育》编辑部编：《苏霍姆林斯基思想概述》，湖南教育出版社 1983 年版，第 183 页。

发现每一个学生的长处，鼓励、关爱学生，课堂上与学生多交流，课外也与学生多沟通。课外是学生的第二课堂，教师应多参与学生的学习生活，成为学生的朋友，并对学生施以人文关怀。这样，教师才可能听到学生的意见和反馈，才可能了解学生真正的诉求，以便及时调整教育教学的方式，从而更好地实现教育目的，达到教育目标。

此外，关爱学生应该严格要求学生，做到严中有爱、严中有度，使学生对教育者敬而爱之、近之，而不是敬而远之。学生的成长是一个非常漫长的动态过程，在这个过程中，教师不能以一时成绩来定义学生的优与差，切忌“一棍子打死”。无论面对怎样艰苦的教学条件、多么复杂的学生群体，无论是授业解惑还是启迪心灵，“好老师”如同手执画笔，为学生成长倾心描绘美好图景，为师德师风作出最生动、最深刻的诠释。

正如赞科夫所言，只有当教师认识到学生是一个具有个人特点的、具有自己志向、自己智慧和性格的人的时候，才有助于教师关爱和尊重学生。关爱学生就要全面了解学生，热爱所有学生，尊重学生的人格，平等公正对待每个学生。上海市闵行区启音学校是一所对听障儿童实施九年义务教育的特殊教育学校，这里每个班级的学生数量不超过 10 个，多数孩子没接受过学前教育，有的甚至入学时候已经 15 岁了。老师颜燕萍和她的同事们上课必须“手舞足蹈”“表情夸张”。要让孩子们上课“开口”，就需要更多的课外“磨合”，打开他们的心扉，让他们自信、向上。一个七八岁入学的小女孩，初到学校时，眼神总是躲闪的。九年时间里，颜燕萍和她的同事们不断发掘小女孩的闪光点，让她从开始时的不跟外人接触，一步步地变成了舞蹈、主持等文艺活动的“活跃分子”。通过努力，她考上了南京市聋人学校。初中毕业典礼上，她跑到颜燕萍跟前说：颜老师，我和您约定，等我考上大学，第一时间就告诉您！这样的约定，让老师的所有付出都化作幸福的源泉。对待这些特殊孩子，特教老师更要有“再难也要迈过去”的责任信念。用爱“调色”，让身体有缺陷的学生也能感受到人生的美好。做这样的园丁，颜燕萍和她的同伴们乐此不疲。一位教师若担负教育教学工作，那他们就有责任，并且有义务去热爱教育事业、关心学生成长，具备影响学生心灵的能力，把真理的阳光照耀进学生的心灵，在学生的精神世界播下爱的种子。教育工作者应诚恳地接纳每一个学生，根据学生自身的品质特性，结合社会需求将他们培育成为有理想、有本领、有担当的时代新人。

**三、倡导教育仁爱、鼓励师生互爱是构建良好师生关系的道德基础**

新时代的课程改革突破了传统的教育教学模式，强调以学生为本，建立引导与自主学习的教与学的关系，使学生比以往更加渴望教师的爱心。现代教育之所以呼唤仁爱思想，是由于人们看到了师爱对教育工作不可缺少的功效。一方面，师爱会引起一系列连锁反应。热爱学生的教师，会得到学生的敬爱，学生敬爱教师就会爱听他教授的功课，这就是亲其师，信其道。学生在得到教师的爱护后，会在学习和生活中发挥更大的潜力。另一方面，师爱形成教与学的积极、和谐气氛，为增强教学效果创造了良好的氛围，也为构建良好的师生关系奠定了坚实基础。学生被教师的情绪感染，会随之愉快、主动、热情，从而形成一种良性的教学情绪。

教育是“仁而爱人”的事业，“仁爱”是教育的关键，体现了教育的真谛。以仁爱为核心的儒家思想是开展教育工作的重要文化资源，孔子、孟子等著名思想家、教育家都非常重视“仁爱”，把“仁爱”视为中华民族优秀传统文化的精髓，并认为这是教师必须具备的一个品性，对当今教育工作有极其重要的影响。《孟子·离娄下》中言：“君子以仁存心，以礼存心。仁者爱人，有礼者敬人。爱人者，人恒爱之；敬人者，人恒敬之。”学校是学生的另外一个大家庭，教师是学生的长辈，不但要传授学生以知识和经验，更要教授学生做人的道理，以自身的品行、言谈举止来影响学生。

新时代的学校应建设以教育仁爱为核心的校园文化，积极营造团结友爱、师生互爱的和谐共生共融的局面。因此，教师不仅应当在学识上追求进步，还要在人格修养和行为品德上以身作则。首先，教师坚定“以仁育爱”的教学理念，用仁爱之心对待学生，帮助学生形成爱自己、爱他人、爱自然、爱祖国的情怀，让求学求知的过程成为情意并举与精神丰盈的美好体验。其次，培养学生仁爱品行，让学生从日常身边小事中体悟“仁爱”思想精髓，将“仁爱”真正内化于心。

简言之，仁爱是教师的一项重要道德修养，是教师立德树人的鲜明体现，是教育事业走向成功的重要因素。教师作为人类灵魂的工程师，需要有一颗仁爱之心，以心换心，站在学生角度，以公平的态度对待每一名学生，转化育人方式，形成和谐互助的师生关系。人与人之间的相互理解，是形成共识的基础。教师从仁爱出发，对学生进行教育，管要讲原则，严而有爱。教师有爱心，学生才能更加爱老师，师生间的感情才能不断加深。这样，教师才能发挥情感教育的作用。教育之路能走多远，关键就在于教师对学生之爱有多深。三尺讲台决定民族之命运，只有爱才能够使三尺讲台成为绽放师生梦想的舞台。

## 第三节　尊重学生，全面培养学生

尊重是处理人与人、人与社会、人与自然关系的一种态度和方式，在教育活动及整个社会生活中起着重要作用。尊重学生，既是对教师的道德要求和基本的职业规范，又是对学生的一种善意的肯定态度。它一方面表现为对学生达到一定的价值标准给予充分的承认和肯定，另一方面表现为对学生的意愿、要求、意见等给予充分的重视和关注。尊重学生是教师正确处理与学生之间的关系，建立民主、平等和亲密的社会主义师生关系的重要方面。

### 一、尊重学生的人格和自尊心

#### （一）尊重学生的人格

教师与学生之间不是高位与低位、凌驾与臣服的关系，而是相互尊重的关系。尊重同时蕴含着尊重自己和尊重别人的意味。尊重学生最基本的要求是尊重学生的人格。尊重学生的人格，就是肯定、敬重他们做人的资格、尊严、价值和品格等。孔子的伦理学说以“仁”为核心，孟子提出“仁者爱人”的主张，教师“爱生”的前提建立在尊重学生的基础上，这也是教师应该恪守的师德信条之一。墨子提出“兼相爱，交相利”[①]。他认为教育的目的就是要实现相互关爱、相互受益，从相互尊重出发才能使之得以实现。在教育活

① 《墨子·兼爱下》。

动中，教师与学生在道德人格和法律人格上是完全平等的，应当相互尊重。康德提出：每一个人都有一种受到其同伴尊重的正当要求，同时，他反过来也必须尊重其他的每一个人。人性本身是一种尊严；因为人不能被任何人（无论其他人还是他自己）仅仅作为一个手段，任何时候都必须同时也被当作一个目的。[①] 尊重应当基于每一个人都拥有平等的人性、人格和尊严。尤其是处在教育活动主体地位的教师负有主动尊重学生人格的义务。

1. 对学生友好平等，避免无理粗暴压制

霍布斯提出："高度评价一个人就是尊重。"[②] 教师对待学生也理应如此，这是教师道德素养的具体表现之一。我国《中小学教师职业道德规范》中明确规定：教师应关心爱护全体学生，尊重学生人格，平等公正对待学生，对学生严慈相济，做学生良师益友，保护学生安全，关心学生健康，维护学生权益，不讽刺、挖苦、歧视学生，不体罚或变相体罚学生。在社会主义社会，师生之间没有人格上的尊卑贵贱之分，学生具有完整独立的人格，教师应该平等对待学生，而不是以高高在上的态度、家长式的作风对学生专断蛮横、发号施令。不尊重学生人格的行为历来受到人们的唾弃，为一切进步的思想家、教育家所不齿。我国近代思想家梁启超曾猛烈批判过当时教育中的体罚，他说："今之教者，毁齿执业，鞭笞觵挞，或破头颅，或溃血肉，饥不得食，寒不得息。"[③] 他坚决反对对学生施以体罚，认为体罚不仅危害学生的身体健康，造成其精神上和肉体上的痛苦以及心理上的压力，而且还会使学生的自尊心逐渐丧失。恐吓、暴力等教育方式会导致师生关系的紧张甚至对立，不利于学生形成积极向上、勤奋学习的思想品质，也会损害教师的道德地位和人格魅力。早在新中国成立初期，我国无产阶级教育家徐特立针对小学教师体罚学生的问题，提出对教师要进行教育。他说："应当在小学教师中培养对儿童的责任感，以关心国家利益的精神教育儿童，发挥人民教师的优良品

---

① Kant. Mary J. Gregor, ed. *Practicalphilosophy*. Cambridge: Cambridge University Press, 1996, p. 579.

② ［英］霍布斯著，黎思复、黎廷弼译：《利维坦》，商务印书馆 1985 年版，第 64 页。

③ 梁启超著：《变法通义》，华夏出版社 2002 年版，第 106 页。

质。”[①] 中国特色社会主义的道德与法律，更不容许教师体罚和侮辱学生。青少年是国家的希望和民族的未来，教师负有爱护和培养他们的责任，而没有损害和侮辱他们人格的权利。

2. 相信学生

信任是一种特殊形式的尊重，是师生之间交往的基石，它既显于以教师为主导的教学活动之中，又隐于以学生为主体的学习活动之中，对师生关系尤其是教师管理工作有着重要影响。信任是催人向上的精神力量，是培养学生的一种有效手段。教师对待学生的方式，也会潜移默化地影响他今后的为人处事方式，言传身教对学生的影响往往是润物细无声的。正如美国心理学家罗森塔尔和雅各布森在智力测验中所发现的那样，教师对学生心理潜移默化的影响，使学生取得教师原来所期望的进步现象。心理学研究表明，学生对自己的了解往往首先是从教师那里得到的。在生活中教师对于他们的看法和态度就像镜子一样折射着他们的形象。如果他们感受到教师对自己的信任和期待，他们就会建立起应有的自尊，使自己有热情为做得更好而不断努力。相反，如果教师认为他们能力低下，他们从这面镜子中看到的只有令人沮丧的形象，从而认为自己的能力天然不如别人，努力也无济于事，不能树立应有的自信和确立应有的自尊，最终走向消极的自我沉沦。

3. 善于自我克制

自制，是教师重要的职业道德品质素养之一。[②] 教师善于自制，保持冷静、沉着的情绪，耐心、和蔼地教育学生，是顺利开展教育工作的必要条件。教师只有善于控制自己的情绪和行为，才能做好教育工作。马卡连柯把教师的自我抑制能力看作教师职业品质修养的重要内容，他认为，不能够控制自己情绪的教师，不可能成为好教师。教师更不能迁怒于学生，不能把个人生活中不愉快、恼怒的心情带进学校、带进课堂。在课堂教学之中，教师应更好地调节自身情绪和激情，带动学生进入最佳学习状态，并在学习和生活中充分尊重学生，避免使学生对教师和学习产生抗拒心理。同时注意在不同的

① 中央教育科学研究所编：《徐特立教育文集》，人民教育出版社 1986 年版，第 244 页。

② 王正平著：《人民教师的道德修养》，人民教育出版社 1993 年版，第 236 页。

情境之下，教师应当采取不同的方式进行情绪调节，从而实现有效的课堂教学。

（二）尊重学生的自尊心

道德是人类的一种精神需求，正是道德的自律性质决定了尊重是这种精神需要的核心。尊重是道德学习的基础。有了“尊重”这个基础，受教育者就有了道德学习的动力，才能进行道德自主建构。① 学生有着强烈的伦理追求和敏感的道德体验，他们热切希望在课堂上能得到教师的肯定，教师在教学活动中应当积极回应学生的期待，在教学过程中和学生进行智慧与情感、人格与意志的激荡共振。学生的自尊心是追求真善美的内在动力和源泉，是促使他们积极向上的内在影响因素之一。自尊心包含着进取心这种宝贵的品质，使学生产生不甘心落伍、不满足现状的积极动力，以及充满着对美好明天的向往。卢梭指出：“只有自己实现自己意志的人才不需要借用他人之手来实现自己的意志，由此可见这所有一切财富中最为可贵的不是权威，而是自由。”② 这表明，自由其实是按照自己的积极意志行事，学生自尊心的缺乏和丧失，会使他们失去积极向上的自主意志，在这种情况下，教师的任何教育方法和热情都会失去效果。因此，教师在日常教育和教学工作中，应当从教育事业和学生角度考虑，尊重和信任学生，认真负责地评价学生的行为，和善平等地对待学生，反对轻率武断、粗暴待人。陶行知先生曾告诫说：“你的教鞭下有瓦特，你的冷眼里有牛顿，你的讥笑中有爱迪生。”③ 教师随意怀疑学生，挫伤学生的自尊心，是一种不道德的行为，学生自尊心的削弱，会直接造成其进取心的削弱。苏霍姆林斯基指出：“人们将永远赖以自立的是他的智慧、良心、人的尊严。”④ 为了教育事业的整体利益和学生的长远发展，教师应当尊重学生的人格、个性和自尊心。

**二、尊重学生的个性，培养学生良好个性**

学生的个性是指学生的独特性，包括两个方面：一是学生的特点、差异

① 冉乃彦：《尊重——鉴别两种道德教育的核心因素》，《教育科学研究》2005 年第 10 期。

② ［法］卢梭著，李平沤译：《爱弥儿》（上），商务印书馆 2007 年版，第 80 页。

③ 江苏省陶行知教育思想研究会等编：《陶行知文集》，江苏人民出版社 1981 年版，第 496 页。

④ ［苏］苏霍姆林斯基著，张田衡译：《给儿子的信》，教育科学出版社 1981 年版，第 4 页。

性，其中包括学生的优缺点；二是学生的独立性，如学生在认识、情感、意志和行为上的自主性。尊重学生的个性也包括两个方面：一是在教育活动中尊重学生个性；二是容许、照顾和发展学生的特长、志趣、爱好和独立性。教师对学生的热爱和尊重是具体的，离开了具体的学生，热爱和尊重只能是一句空话。苏联教育家赞科夫说："当教师把每一个学生都理解为他是一个具有个人特点的，具有自己的志向、自己的智慧和性格结构的人的时候，这样的理解才能有助于教师去热爱儿童和尊重儿童。"① 学生正处在一生中活力与潜力等多方面都需要发展的重要时期，是否具有开发学生生命潜力的教师是关键。从微观角度看，教师要激起学生的生命活力，首先要做的就是培养学生健康和丰富的个性，善于发现学生的长处，使其焕发出学习的热情，产生克服困难的勇气和获得努力奋斗的力量。从宏观角度看，教师应根据学生的个性施以针对性的教育，把他们培养成祖国所需要的人才。

（一）尊重学生的个性，培养学生良好个性，是社会主义事业在教师道德中的体现

社会主义建设事业需要多种多样的人才，这就要求教师重视学生的多样性、独特性。正如德国著名教育家第斯多惠所说："应当考虑到儿童天性的差异，并且促进独特的发展。不能也不应使一切人都成为一模一样的人，并教以一模一样的东西。"② 社会主义教师职业道德要求我们从学生的个性、特点出发，按照党的教育方针，进行针对性的教育。教师不能"一刀切"，划定一个统一标准，若是如此，就会形成"学生处在工业生产的流水线中，以统一的要求、标准、内容、教育方式和方法，进行着批量生产，塑造着统一规格的人才，把原本独特的生命，加工得一模一样，成为一个个'合格产品'"③ 的现象。教育实践表明，教师了解和尊重学生的个性，有益于培养和发展学生的创造力，促进他们德智体美劳全面发展，最终有益于整个教育事业的发展。

---

① ［苏］赞科夫著，杜殿坤译：《和教师的谈话》，教育科学出版社 1980 年版，第 31 页。

② 张焕庭主编：《西方资产阶级教育论著选》，人民教育出版社 1979 年版，第 377 页。

③ 冯建军：《论个性化教育的理念》，《教育科学》2004 年第 2 期。

（二）尊重学生的个性，培养学生良好个性，是教育规律的要求

“个性”指个体在生理素质和心理特征的基础上，在社会实践活动中，通过一定社会环境、家庭和学校教育等因素的影响，“在身心、才智、德行和技能等方面所形成的比较稳固而持久的独特特征的总和”①。每个学生由于各自生理、心理和生长环境的不同，其正在形成和发展中的个性都是独特的：有天性活泼的，有沉默斯文的；有聪明机智的，有反应迟缓的；有意志坚强的，有秉性柔弱的；有爱好人文科学的，有喜爱自然科学的；等等。教师只有了解和尊重他们的个性，才能按照社会的需要完善和发展他们的个性。只有承认学生的独特性和差异性，基于其个性实际采取策略，才能达到全面提高学生素质的目标。“教育面对人的生命，就是要承认和尊重生命的独特性，为生命独特性的实现创造条件。教育就是要在一个个体独特生命的基础上去促进他们的成长、发展和完善，而不是去遏止、压抑和抹杀这种个性和独特性。让教育为个体而存在，创设适合个体独特生命的个性化教育，是教育对待生命的最基本的态度。”②

美国著名作家和教育家爱默生曾精辟地指出：教育成功的秘密在于尊重学生。那么，怎样才能尊重和发展学生的个性呢？首先，教师必须把学生的个性看作是正当的，只有把学生的个性看成是健康的、合理的，才能在实践中重视、容许其存在，并引导其向积极的方向发展。其次，了解学生的特长，顺应学生的天性。教育活动的各种安排，要充分考虑每一个学生的个体状况。再次，为了培养和发展学生的个性，教师的责任在于为有特长的学生提供展示自己的舞台，使学生在学习过程中表现自己，充分发展才能。最后，教师不可事无巨细地包办学生的一切，而应指导学生自己管理自己，自己教育自己，培养学生独立分析问题、解决问题的能力。

---

① 崔瑞锋、钞秋玲：《个性化教育：内涵及辨析》，《现代教育科学》2006 年第 7 期。

② 冯建军：《论个性化教育的理念》，《教育科学》2004 年第 2 期。

## 第四节　严慈相济，公正对待学生

### 一、严格教育是关爱学生的重要体现

（一）严格教育与关爱学生是辩证统一的

首先，严格教育是关爱学生的重要体现。教师爱学生，不是姑息迁就和放任自流，而是一种父母般的温暖，睿智的严厉与严格要求相结合的爱。教师履行教书育人的职责，对学生传道、授业、解惑，只有严格教育，才能促进学生更好地学习和成长，牢固掌握基础的理论知识，形成正确的价值观念，是关爱学生的重要体现。如果教师对学生不管不顾、放任自流，姑息学生的错误，忽视学生的缺点，就不能及时地纠正学生的不良思想和行为，会对学生学习和成长起到消极影响，这就违背了关爱学生的初心。

其次，关爱学生是严格教育的基础和前提。在教育实践中，教师与学生在态度和情感方面相互作用、相互影响，教师只有热爱学生、关心学生，才能够和学生建立良好的人际关系，而良好的师生关系对学生有道德示范作用，可以使学生获得直观的道德经验，它比纯粹的道德说教更有说服力，容易为学生所接受，对学生起到潜移默化的作用。① 关爱学生，建立良好的师生关系，增强师生交往的融洽度，建立美好和谐的联系纽带，实现知识与情感的互动和交流，从而使学生产生对教师的内心认同，以便理解和接受教师提出的严格要求，并转化为积极的行动，促进教师的教和学生的学。因此，教师应坚持严格要求与关爱学生相统一，促进学生健康成长。

（二）严格教育的道德要求

*1. 严格教育要以关心和热爱学生为出发点*

严格教育不是一味地约束和管制学生，教师严格要求学生是出于真诚关心学生，不是为了管学生而管学生，也不是为了完成任务或者为了使学生顺

---

① 王正平主编：《教育伦理学》，上海人民出版社 1988 年版，第 94 页。

从自己。真正的“严”不是“凶”，而是和“爱”相结合的“严”，由于“爱”而产生的“严”。① 严格教育不是对学生冷漠无情，动辄训斥，而是始终以关心和热爱学生为出发点。教师应满怀教育的赤诚之心，关心热爱学生，了解学生的个性，了解学生的成长背景和成长经历，把握学生的发展规律，思考促进学生个性发展的方式，并在此基础上对学生提出严格要求。教师只有真心实意地热爱学生，关心学生的前途和命运，他对学生的每一次严格要求，才会被学生理解、接受、认同，并最终对学生产生有益的影响。

2. 严格教育要符合教育规律、教育目的的客观要求

严格教育要符合教育规律、教育目的的客观要求，而不是教师任意提出的清规戒律。一切要求都应该是合理的、力所能及的，而不是多余的、有害于学生和教育事业的。“严格要求学生并不等于惩罚，不是对学生个性的压抑。”② 教师对学生进行严格教育时，应始终坚持科学性原则，始终以促进学生全面发展的教育目的为指导，了解学生，把握学生的成长规律，教育方法的选择应始终符合教育规律。教师提出的教学要求应当是科学的、恰当的，符合学生认知特点和发展规律，能促进学生的全面发展和健康成长。教师在对学生进行严格教育时，应始终与党和国家的教育方针政策相符合，遵守法律和道德要求，不得讽刺、挖苦、歧视学生，不得利用体罚或变相体罚等方式强迫学生服从教师提出的要求。教师要尊重学生的人格，维护学生的身心健康，以平等的方式和学生进行交流，使学生真正从内心认同教师的教育观念和严格要求，内化于心，外化于行，从而促进学生全面发展和健康成长。

3. 严格教育要把握适度原则

教师对学生进行严格教育时，提出的教学要求和采用的教学方式应是适度的、有分寸的。教学要求既不能过高，脱离教学实际和学生认知水平，使学生难以接受和达成，也不能过低，达不到促进学生提高的作用，无法使学生的认知和情感得到提升。教师在提出严格要求时应该充分了解学生的实际情况，了解学生的成长背景和成长经历，把握学生的发展规律，思考促进学生个性发展的方式。同时，教师在对学生进行严格教育时，应把握教育分寸，

---

①② 王正平主编：《教育伦理学》，上海人民出版社1988年版，第98、99页。

在教学实践中注意教育方法、态度、措施上的适度，从学生的实际情况出发选择适当的方式方法，增强学生接受的意愿，不片面追求教学成绩而给学生提出过度的训练要求，施加过多的课业压力，影响学生的正常休息、实践交往和全面发展，教师应该以教育目的和学生实际为中心，把握教育要求和教育方式的适度性和分寸，促进学生不断提升自身的认知水平和价值观念，促进自身成长和进步。

4. 严格教育要一视同仁

教师在对学生进行严格教育时，要贯彻公平公正的原则，对学生一视同仁，无论他们成绩好坏、家庭背景如何，抑或是个性的差异，教师都应秉持教育的初心，以关心和热爱学生为出发点，履行教育职责。对待成绩好、表现好的学生，不能因为他们表现好就放松关注，迁就纵容他们的缺点和错误，那样对他们的成长和进步只会造成不利影响。对待成绩差、表现不好的学生，不能认为他们无法提高，而片面放低要求，冷漠消极地对待他们，那样会损伤学生的自尊心和自信心，减弱学生不断进步的主观性和自主性，不利于学生的健康成长和进步。教师应当始终对他们充满期待和希望，不断更新自己的教育理念和教育方式，寻找适合他们的教育手段，善于发现他们的优点和闪光点，给予更多的关注和关心，督促他们达成教学要求，陪伴他们不断成长。因此，教师应一视同仁，平等地对待每一个学生，促进学生的共同进步。

## 二、公正对待和评价每个学生

### （一）认识教育公正的意义

教育公正，从广义上说，是指每个人、每个阶层都有公平接受教育的权利和机会。从狭义上说，是指教师在教育实践活动中为人正直，处理各种关系符合公认的道德准则。教师在对学生进行教育时，应公正对待和评价每个学生，坚持教育公正。教育公正是教师职业道德的内在要求，要求教师在教育实践中抛开个体性的主观偏好和心理倾向，以正确的态度无私地对待每个学生，使每个学生在公正的教育环境中获得全面自由的发展，践行“有教无类”的教育伦理观。[①]

---

① 钱焕琦主编：《教师职业道德》，华东师范大学出版社 2016 年版，第 92 页。

教育劳动的对象是青少年学生，他们正处在道德心理形成和发展的关键时期，具有很大的可塑性，因而他们往往是从教师在教育劳动中表现出来的道德意识和道德行为中吸取是非善恶观念的。教师的道德面貌对青少年学生道德品质的形成和发展起着重要的教育和影响作用。① 可见，教育公正作为一种重要的教师道德，在教育活动中具有重要的意义。

首先，坚持教育公正，有利于教育活动的正常开展。教师履行教育公正，积极创设健康的教学活动精神背景，既有助于营造良好和谐的教育氛围，提高学生的学习积极性和主动性，也有利于形成良好的教风和学风。在这种教育氛围中，学生能够平等地获得成长进步的机会，获得公平的对待，从而形成平衡健康的心理，继而从内心真正认同教师的教学要求和教学方式，更好地与教师开展合作交往，不断提高学习成长的自主性，努力完成教育要求，实现个人的全面发展。

其次，坚持教育公正，有利于塑造学生健康的人格。教育实践证明，教育公正不仅是社会对教师行为态度的道德要求，也是广大学生对教师行为态度的道德要求。在公平公正的教育氛围中，学生有平等成长进步的机会，教师的公正会使学生从公正、友好、人道的人际关系中受到感染和教育，模仿自己学习的榜样，并在教师的影响下，逐步培养公正的品格，对社会、对他人采取公正、友好、人道的态度，进而养成健康的人格，更好地参与社会实践。②

（二）教育公正的贯彻

1. 树立公正和平等观念，对所有学生一视同仁

教师在教育实践中，应始终以学生为中心，坚持一切为了学生，为了一切学生。教育活动的出发点和落脚点都应是促进全体学生发展，而不是一部分学生的发展。教师在教育活动中，应该牢固树立公平和平等观念，以平等的目光看待学生，以公平的态度对待学生，给学生公平发展的机会，使学生自由地参与教学活动，自由竞争，展示自身个性，丰富自身认知，塑造健康

① 王正平著：《人民教师的道德修养》，人民教育出版社 1993 年版，第 66 页。
② 钱焕琦主编：《教师职业道德》，华东师范大学出版社 2016 年版，第 92 页。

个性。

首先，教师要以公正的态度对待和评价学生。教师应树立正确的性别观念，树立性别平等意识的前提是要打破性别刻板印象，摆脱传统观念中对于女生和男生的社会期待——认为女生就应该具备某些特质而男生就该具备另一些特质，并且加强性别平等教育。要把性别平等的观念教给学生，并在实际教学活动中践行这种观念。要给男生女生以同等的参与教学实践的机会，以公平的评价标准体系对他们的表现作出评价和反馈，帮助他们发现自身的优势，正视自身的不足，从而实现不断进步。

其次，教师要以公正的态度对待和评价尖子生与后进生。在实际的教学实践中，有时会发生教师不能以公正的态度对待尖子生和后进生的情况，对尖子生偏爱、包容，对后进生忽视、责难，从而导致一系列不良道德教育后果的发生。教师这种不公正的态度和行为，会导致尖子生盲目自信，过高地评价自己，对一些问题和不足不以为意，助长其骄傲自满的情绪，无法以正确的态度修正不足；也会导致后进生失意黯然，失去学习兴趣和进步的希望，贬低自己，消极对待学习和活动，变得自卑和逃避。教师应始终公正地对待和评价所有学生，发现每一个学生身上的闪光点，也提醒每一个学生的不足和问题，帮助学生扬长补短，获得进步。真诚帮助暂时处于后进状态的学生努力进步，是教师高尚职业德性的表现之一。教师这种公正的态度也会感染学生，增强教师的信服力，从而保证教学活动能够顺利进行。

最后，教师要以公正的态度对待和评价家庭背景不一的学生。教师应始终以无私真诚的心对待所有学生，避免因考虑自身利益而对家庭背景不同的学生在态度上逐渐分化，不应过分照顾家庭背景好的学生，对他们过度迁就，而对家庭背景一般的学生态度冷漠，消极对待。教师不应当爱富嫌贫，趋炎附势。能否对处于经济、社会条件弱势和困境状态中的学生给予同情、关怀和帮助，是衡量教师职业道德和良心的重要尺度。教师应加强职业道德素养，公正对待一切学生，给学生以同等的学习和进步机会，让学生在教师的关心下健康成长。

2. 在教育实践中秉持公道、赏罚分明

秉持公道、赏罚分明是教师在教育实践中处理各种矛盾的过程中应该坚持的原则。教师在处理与学生利益息息相关的事务时，应该秉持公正，办事公道，培养学生公正的道德观念。在教育活动中，为了鼓励先进，树立正气，鞭策后进，抑制歪风，赏罚分明十分重要。[①] 教师在对学生进行奖励与惩罚时，既应有一定的标准，也应注意分寸。教师所采取的奖励和惩罚手段应与学生的成绩和错误性质相符，做到合情合理，使学生容易接受，并作出积极的行为反馈，从而强化奖励与惩罚的功能，促进学生发展。

3. 综合考虑学生的实际差异，因材施教

实现教育的实质公正，关键在于因材施教，要根据每个学生的天赋和能力来进行教育，使学生达到自己的最佳状态。教育公正要求教师树立公平和平等的观念，对所有学生一视同仁，但是这并不意味着教师必须对所有学生提出一样的要求，采用一样的教学方法和手段，而是要在促进学生发展的教育目标下，考虑学生实际情况，了解学生独特的成长背景和成长经历，把握学生的个性差异，探讨促进学生个性发展的方式。教师要坚持教育的实质公正，注重因材施教，根据每个学生的个性、能力、优势进行教育和教学，使每个学生最大限度地发挥其潜能，真正促进学生的健康成长和全面发展，使每个学生在认知和态度观念等方面都能获得提升。

## 第五节 教师与学生交往中的性道德

教育劳动中的性道德问题，是由成长中的青少年学生的生理、心理特点以及教师与学生关系的性道德现状提出的一个教师伦理道德课题。伴随物质生活水平的提高，经济生活和精神生活也呈现多元化发展趋势，性早熟，性意识和性行为较以往都明显提前。教师自身的性道德观念和行为是否高尚，

① 钱焕琦主编：《教师职业道德》，华东师范大学出版社 2016 年版，第 99 页。

直接关系到学生的身心健康。

## 一、教师职业活动中性道德问题的提出

### （一）科学性教育的缺失，导致青少年性态度多样性呈现

性教育是有关性的教育，它包括生理、心理、社会等多个层面。性教育不是读一本书、听一次讲座或看一次宣传片就能完成的，它是涉及家庭、学校和社会的一项系统教育工程，也是伴随教育对象年龄的发展变化再社会化的过程，是一个综合性的教育过程。调查数据显示，我国性教育在2000年以来得到较多关注，在2009—2011年性教育的内容受到社会的广泛关注①，但性教育效果依然不尽如人意，原因是性教育脱离了当前社会青少年的需要。②受中国传统文化等因素的影响，我国青少年的性教育问题一直较为敏感，谈性色变，茫然无措，是目前家长和教师在对青少年学生进行性教育时遇到的普遍问题。

青春期性心理健康包含性认知、性价值观、性适应等三个部分③，我国目前的性教育大多是针对性认知方面的教育，从性生理、性健康角度对青少年进行教育，而忽视对青少年学生的性困惑、性态度的引导，没有从根本上解决青少年学生在性教育实践过程中的挑战与选择，难以增强其实现有效健康的性适应。据相关调查显示，目前一些青少年学生已经不再把性看成是“禁区”。受西方思潮和网络性信息影响，部分青少年学生对性幻想、网恋、同性恋等缺乏正确认识，导致心理压力过重而影响身心健康。

### （二）教师与学生交往中的伦理界限不明确

国家教育主管部门关于教师性道德的规定提出，高校和中小学教师不得与学生发生任何不正当关系，严禁任何形式的猥亵、性骚扰行为。但是，我国教育领域现有的关于违反师德的处罚意见并没有详细规定违规行为的界限，更未明确具体处罚措施。对于师生关系中所谓的“正当”和“不正当”并未作清晰的伦理界定。正是由于社会舆论中的模糊认知和判断偏差，导致教师

---

① 刘敬云、韦小满：《近十年我国中小学健康教育研究热点及趋势（2009—2019）——基于Citespace软件文献计量可视化分析》，《教育导刊》2020年第9期。

② 王曦影、王怡然：《新世纪中国青少年性教育研究回顾与展望》，《青年研究》2012年第2期。

③ 骆一、郑涌：《青春期性心理健康教育初步研究》，《心理科学》2006年第3期。

性道德失范事件大多以“冷处理”收场。

近年来，性侵害儿童犯罪的处罚情况一直备受社会关注。2020 年 10 月 13 日，刑法修正案（十一）草案二审稿提请第十三届全国人大常委会进行二次审议。草案二审稿加强了对未成年人的刑法保护，对奸淫幼女、猥亵儿童，以及特殊职责人员性侵害未成年人的犯罪行为的量刑条件作出了进一步的修改完善。该修正案已于 2020 年 12 月 26 日经第十三届全国人大常委会表决通过。教师不与学生发生恋情，不对学生实施性骚扰，不与学生发生暧昧关系，成为教育工作者的专业道德规范和行业伦理共识。

（三）社会因素对教师与学生交往中的性道德影响

性道德是道德的重要组成部分，是用来调整人类个体的性行为，调节两性之间关系，以是非、善恶、美丑为主要评价标准，体现包含在社会舆论、传统习俗和人们的内心信念中的性行为原则和规范的总合。[①] 随着社会转型和经济的发展，社会价值和社会规范呈现出复杂多样的态势，人们两性思想的自主性、多变性和差异性不断增强，性道德观念发生了巨大的变化，新媒体和自媒体的广泛应用，“性意味”的娱乐化和商品化，挑战着传统社会伦理道德的作用方式与范围。

在个人主义和消费主义的影响下，一些青少年学生的性道德价值观会表现出自由化、功利化的倾向。在多元文化交织的背景下，青少年学生对于爱情、婚姻和性的态度及价值选择也呈现出不同的特点。学生会表现出对师长的爱慕之情，性成熟过程中的某些迷恋或许会在一两年内逐渐消失，心理学家称这样的现象为“童年时的恋爱”或“牛犊恋”。但是，也有部分青少年学生深陷其中不能自拔。这些现象应该引起教师自身和学校的足够重视，以免失德失范现象发生。

## 二、教师与学生交往中的性道德要求

青少年学生处于人生成长的关键时期。他们独立自主的人格意识尚未完全形成，在处理师生关系方面，正确的性道德观发挥着基础和引导作用。教师在教育方法上，不能只对青少年学生进行孤立的性教育，而是要结合青少

① 董珊、王进鑫主编：《大学生性健康教程》，四川科学技术出版社 2008 年版，第 263 页。

年学生生活和学习的多种境遇来培养其独立自主、审慎判断的行为能力。

（一）教师应自觉承担对青少年学生进行性教育的责任和义务

青少年学生性生理、性心理方面的日趋成熟与性知识、性道德的缺乏，常常是一个很大的矛盾。青少年学生在校期间，能否正确处理两性关系问题，主要取决于他们的伦理道德观念能在多大程度上科学合理地约束和调节生理本能的需求。对学生进行性知识和性道德教育，帮助学生树立正确的性道德观念，是教师的重要责任和义务。①

2016 年 10 月，我国颁布的《健康中国 2030 规划纲要》提出，以青少年、育龄妇女和流动人群为重点，开展性道德、性健康和性安全宣传教育和干预，加强对性传播高危人群的综合干预，减少意外妊娠和性相关疾病的传播。目前，国际上教育发达国家倡导全面的性教育，包括成长、人际关系、个人素质、性行为、性健康、性社会文化六个方面的内容。② 当前，我国性教育的内容一般包括两个方面：一是性的知识教育，提供给青少年关于性的科学解释以及有关方面的知识；二是性的道德教育，目的在于培养青少年在外界的性刺激和自身性冲动之间的自我调节能力和自制能力，促进青少年正常发育和健康成长。通过教育活动，正确引导青少年以正确态度对待异性及性问题，自觉抵制低俗色情文化的影响，做到自尊、自重、自爱、尊重他人、尊重异性，以健全的人格、良好的心态、严肃的态度、恰当的方式面对性问题，从而在生理上、心理上同步进入成熟期。

性教育应避免枯燥的知识讲解和空洞的说教，需要结合青少年不同时期的主体感受和体悟采用灵活的教学方法和策略。把学生自身发育变化的过程作为性心理学习探究的对象，结合案例进行性保健、性安全、性法律、性美学等方面的教育，特别是结合社会热点问题和性安全案件，如性病传播、情感纠葛、性侵犯罪等案例，使学生能够正确面对自身的性问题，迈好青春步伐，为终身幸福奠定坚实的基础。

---

① 王正平、郑百伟著：《教育伦理学——理论与实践》，上海教育出版社 1998 年版，第 131 页。

② 邓明昱：《全面的性教育——全方位、全年龄的性教育》，《中国性科学》2014 年第 7 期。

（二）培养健康高尚的性道德品行，庄重适度、有分寸地对待异性和同性学生

和谐、融洽的师生关系是教师搞好教育和教学工作的重要保证。师生之间纯洁无瑕的友谊和情感，是促进师生双方努力上进的精神力量。教师肩负着崇高的教育职责，对所有的学生应做到一视同仁，不偏爱、不歧视。在与异性和同性学生的交往中，应当品格端正，庄重适度，不失分寸。教师的衣着应美观得体，言谈举止切忌庸俗低下、轻薄无礼。这既是对学生人格的尊重，也是对自我人格的尊重。在处理师生关系方面，教师基于自己的身份、权威及地位，在建立师生亲密关系的同时，应规范、适度地对待学生，注意把握分寸，特别是与异性学生个别交往中，在行动上要有礼、有度，不逾矩、不越轨，保持教师的职业操守，体现教师高尚的道德形象。

（三）教师不应与学生建立恋爱关系

关于“师生恋”，由教育部发布并从 2021 年 9 月 1 日起施行的《未成年人学校保护规定》，明文规定学校应当采取必要措施预防并制止教职工“与学生发生恋爱关系、性关系”。为了保护未成年人的健康成长，无论是在伦理道德观念上，还是教师职业行为操守上，都应当明确禁止教师与 18 周岁以下的青少年学生谈恋爱。无论学生是否自愿，明令禁止和杜绝教师与未成年学生发生性关系。

青少年学生对教师产生爱慕之情是正常现象。心理学研究发现，在“疏远异性→积极接近异性→恋爱”这一性意识发展的必经历程中，不少青少年在第一、第二两阶段间，会经历一个向往年长异性的阶段，有人称之为“英雄崇拜”。处于此阶段的青少年，往往把对方偶像化，对其产生强烈的精神依恋。青少年接触最多的年长者中，除了家庭成员外便是教师，教师的关心与教导，使其极易成为正处于青春期学生的爱恋对象。面对青少年的“恋师情节”，教师要积极进行认知调节和道德自制，从保护青少年角度出发，面对学生出于某种目的或者是没有目的的示爱，要洁身自好，保持足够的成熟与理性，有效调节行为，把握分寸尺度，与学生交往近疏得宜，以合理的姿态对待学生。

关于“师生恋”是否应当一律禁止，国内外有着不同的道德争论。这涉

及较为复杂的人权与自由。我国现有的《婚姻法》和《民法典》没有明确禁止教师与成年学生之间的婚姻与恋爱。迄今为止，教育部已颁布的教师职业道德规范和禁忌，也没有明确规定教师与成年学生不能谈恋爱。但是，从近年来我国的教育实践看，教师与学生建立恋爱关系往往产生诸多道德和教育弊端，社会舆论呼吁教育行政部门明令禁止“师生恋”，有的地方和学校在师德师风建设中还进行了禁止“师生恋”的相关尝试。一些教育发达国家，如美国、英国、日本的几所著名大学也都颁布规定，“教师和学生不能谈恋爱”，“禁止教师与学生发展恋爱关系及发生性接触”。①

教育是一个特殊的职业领域，学生还处在紧张的学习阶段，思想意识有待成熟，一旦陷入热恋，容易精力分散，难于自制，影响学业。教师在教育教学中有特殊的地位和权力，如果允许师生恋，爱上自己的一个学生，会造成教学注意力、教育评价和资源分配的不公平。如果感情外露，公开往来，会在学生集体中产生不良的心理影响。因此，教师应当理智地、审慎地对待师生之间的微妙情感。教师不宜与在校学生恋爱。即使是来自学生的主动追求和爱情表白，教师也要冷静小心谨慎地对待，不能以此推卸自己的道德责任。教师道德不允许教师为了满足自己的感情需要，利用教师的职务“优势”和自己的特殊教育权力，违反学生的意愿，强制与学生建立恋爱关系，严重损害学生利益和教育事业利益。

（四）坚决杜绝教师性道德失范行为，努力建构平等友爱、互重美好的新时代师生关系

目前，我国绝大多数学校教师在与学生的交往中，道德高洁，品行端正，为人正直，表现出高尚的性道德。但是，我们也要看到，在当前的教育职业活动中，确实存在极少数的教师违背性道德行为，严重损害青少年学生的权益，严重损害教育事业利益和教师崇高的道德形象。因此，2019 年教育部颁布的《新时代高校教师职业行为十项准则》《新时代中小学教师职业行为十项准则》《新时代幼儿园教师职业行为十项准则》，明确把“不得与学生发生任

① 《牛津大学考虑颁布新规：禁止教师与学生发展恋爱关系及发生性接触》，https://www.sohu.com/a/439544891_612784。

何不正当关系，严禁任何形式的猥亵、性骚扰行为”作为教师职业道德禁止行为；明令高校教师“不得对学生实施性骚扰或与学生发生不正当关系”，中小学教师“不得对学生实施性骚扰或者与学生发生不正当关系”，幼儿园教师“不得歧视、侮辱幼儿，严禁猥亵、虐待、伤害幼儿”。这些是为了保护青少年学生身心健康、每位教师都应当自觉遵守的最基本的教师职业性道德要求。

值得高度重视的是，由于教育教学工作和师生交往方式的多样性和复杂性，师生个体的性道德文化观念和心理特质存在差异性，鉴别教师思想和行为的真善美与假恶丑并非易事。在师德师风建设中，评价教师言行是否违背性道德，需要高度的道德智慧、审慎和责任心；应当坚持实事求是，以事实为依据，严格区分教师行为是非善恶的伦理边界；不能风声鹤唳，搞主观猜想，动辄对教师扣上“性骚扰”的帽子，在真假难辨时任意作道德上的有罪推理。更不能有意无意地鼓励学生性道德意识过于敏感，或者听任新媒体的网络暴力，随意对教师进行舆情绑架。任何对教师性道德评价上的官僚主义、教条主义、形式主义行为，都会使教师和学生的道德尊严受到损伤，使师生互相疏离、互相防范、互不信任，造成师生道德关系的危机。

教师与学生之间纯洁美好的友爱，是促进教师与学生努力上进不可取代的重要精神力量。每一位教师应当在高尚师德的激励下，努力创建与异性学生和同性学生之间的相互友爱。亚里士多德指出：“在最大的公正中似乎存在着友爱的东西。这不仅是必要的而且是高尚的”①，“善的友爱是完美的”②。他还说，“只有相互之间的善意才是友爱”③，“善良人之间的友谊是最高贵的”④。科学合理的教师伦理中的性道德，应当促进而不是阻碍师生之间的平等、互重、善良的友情。师生之间纯洁美好的友爱，是天底下最崇高、最纯洁、最博大、最深沉的爱。这种大爱是心灵的阳光，能激励学生在求知成人的路途上克服困难，向前迈进；能激励教师在漫长的教育生涯里筚路蓝缕，扬帆远航。

---

①②③④ ［古希腊］亚里士多德著，苗力田译：《尼各马科伦理学》，中国社会科学出版社 1990 年版，第 163、165、165、173 页。

## 思考与练习

**【讨论思考】**

1. 为什么热爱学生是开展教育工作的重要条件?

2. 尊重学生有哪些基本的道德要求?

3. 为什么教师应当严慈相济，公正地对待每个学生?

**【案例分析】**

材料一

一天，某工读学校教师苏老师从学校教育大楼二楼经过时，忽然看到一名女生正要跳楼。苏老师一个箭步冲上去拉住她，但是她的上半身已经越出了栏杆，加上用力挣扎，造成苏老师也出现重心外移的险情。但苏老师临危不惧，一面大声呼喊“救人”，一面死死抓住女生不放。待人们赶来，女生得救了，而苏老师却坠下楼，倒在地上，满脸淤血，昏迷过去。检查发现，苏老师左侧三根肋骨骨折，骨盆及肩骨断裂。在医院抢救时，他说的第一句话是:“那位女生怎么样了?”清醒后想的第一件事是“她为什么要跳楼呢?”他要求去见这位女生的教师，弄清该女生跳楼的原因，做好思想工作。当被救的女生去看望苏老师时，哭得很厉害，悔恨地说:“我怎么才能弥补自己的罪过呢?”苏老师深情地说:“我不要求你弥补什么罪过，只想看到你的进步。”苏老师躺在病榻上和她谈人生，谈理想，循循善诱地对她进行引导。“精诚所至，金石为开。”苏老师以自己对学生无私、宽厚的爱和诲人不倦的精神，不仅挽救了这名女生的生命，还打开了她心灵的窗户，使她感动了，醒悟了，后来取得了较快的进步。

请结合本案例，谈谈教师的“爱”在教育和教学工作中有哪些重要作用。

材料二

2020年7月9日，陕西省某中学一位班主任课堂上掌掴一名初二男生，致其鼻子、口腔出血，脸部肿胀。涉事老师表示，事情的起因是这名学生当时睡在凳子上，让他出去他不听，让他站起来他也不动，还回嘴。而被打的学生说，自己当时就是弯下身子系鞋带，被老师误以为是在睡觉，就让他出去，他认为自己没有错，老师让他出去没有道理。孩子家长告诉记者，事发后他们和学校进行了沟通，学校表示将会处理此事，但一直没有进展，直到事发9天之后，7月18日，校方及涉事老师才表示要登门致歉。涉事老师在和家长的聊天记录中表示：该学生课堂上不听管教，让站不站起来，让出去不出去，反而和老师发生正面冲突，两年了她把娃管成了仇人，你说多心碎！还称孩子为“没良心的娃”，说自己从教20年从未被学生气哭，直指这是“教育的悲哀”。而家长认为老师体罚过重，孩子脸和眼睛都肿了，鼻子青了，脖子也被抓伤。(《老师掌掴男生致其口鼻出血，曾被评为师德优秀教师》，《新快报》2020年7月29日)

结合这一案例，讨论教师如何尊重学生的人格，尊重和发展学生个性有哪些具体要求。

材料三

某中学高二学生李某，平时成绩处于中下游，期中考试第一次考入班级前三名。有些学生怀疑她用手机作弊，还有些学生声称在考试前看见她偷偷摸摸潜入办公室偷取试卷。班主任刘老师知道这一情况后立即找班委到办公室了解情况，从班委口中得知她初中因为作弊被发现，在全校通报批评。刘老师认为这次也极有可能是作弊提高的班级名次，于是班会上当众质问李某，让她作出解释和检讨。课后李某觉得委屈极了，在回家的途中路过一条河随即跳了下去，幸好路人及时发现才救了回来，避免了一场悲剧的发生。

试分析刘老师这种处理方式是否尊重和保护学生人格，并说明理由。

**【拓展阅读】**

1. 王正平著：《人民教师的道德修养》，人民教育出版社1993年版，第四章。

2. ［苏］苏霍姆林斯基著，唐其慈等译：《把整个心灵献给孩子》，天津人民出版社 1981 年版。

3. ［意］亚米契斯著，夏丏尊译：《爱的教育》，人民教育出版社 2015 年版。

4. 于漪著：《教育的姿态》，山西教育出版社 2015 年版，“让生命之花绽放”“椎心的忧思、竭诚的期望”。

**【教学实践互动建议】**

1. 组织一次学生或在职教师集体讨论，邀请优秀教师谈师德体会或开展小型师德调研活动。

2. 师范生或其他预备教师写一篇 300—500 字的体会文章，在职教师写一篇 500—800 字的体会文章，开展交流互动。

# 第六章　教师集体关系中的伦理道德

教育是人类社会特有的复杂的社会活动，其目的是以马克思主义思想为指导，追求人的全面发展与个性发展的统一。任何一位教师都不可能依靠一己之力实现五育并举、促进学生全面发展的教育目标，而必须借助集体的力量，通过与同事之间的协同合作才能完成立德树人的根本任务。教师集体是教师为完成共同的任务目标而构建起来的分工合作、优势互补的教育教学团队。这样的集体要遵从既定的伦理要求，打破孤立与封闭取向，按照一定的合作机制进行集个人发展与集体建设目标为一体的教学合作与教育研讨活动。

## 第一节　教师集体关系的特点和道德调节

教师集体是由具有不同价值取向的教师个体组成的，由于教师在相对封闭的教学环境中形成的教育“惯习”，导致每位教师都有独特的教育观念和教学行为取向，有些观念和行为对集体目标的达成具有正面的促进作用，而有的则会起阻碍作用。因此，在集体的组织和管理过程中，教育领导者需要明确教师集体中人际关系的基本特点，因势利导，调节集体与个人的伦理关系，促进教师个体潜能的发挥与团队价值的实现。

### 一、教师集体关系的特点和矛盾冲突产生的原因

任何集体关系都是以个体为基础建构起来的，由于教师个体的利益、教育观念及教学风格的差异，导致教师集体的人际关系具有不同于一般集体的特殊性。

（一）教师集体人际关系的特点

教师集体合作对教师个人的专业发展具有积极促进作用，教师可以在集体生活中找到专业归属，提升个人的教学价值感。教师个体也会基于发展的需要和伦理的要求，维护合作、和谐的集体关系。然而，由于考核制度的存在，教师集体中也存在以个人优胜为目的的竞争关系。

1. 以个体发展为基础的合作取向

教师劳动具有明显的独立性、个体性。教育劳动的脑力性质，决定了教师劳动的个体形式。教育劳动的大部分工作是依靠教师个体独立完成的。[①] 对教师而言，课堂是一个相对独立的工作空间，是教师展示自我智慧、能力和才华的场域，教师的教学质量直接影响学生的学习效果。在过去很长一段时间内，教师被看作是原子式的存在，似乎每一位教师的工作效果只取决于个人的能力和努力，其他教师的努力与配合都被忽视，甚至被抹杀。但随着基础教育课程改革的发起与推进，学生德智体美劳全面发展与教师个人知识、能力有限之间供需不足的矛盾越来越突出，教师不能单靠自己个人劳动促进学生全面发展，而要与其他学科教师协作，组建教学集体。在集体组织内，教师们只有相互尊重、相互学习、相互帮助、相互配合，形成教育合力，才能促进学生全面发展。教育工作需要全体教师的共同努力，教育工作者一定要学会并善于与人合作。个体离开集体是微不足道的，也很难有所作为。因此，教师集体是以解决教师个体教学问题为目的，借助集体的力量促进个体发展的合作组织，教师集体中的人际关系表现出明显的合作取向。

2. 以人格尊重为表征的和谐氛围

教师在学校场域内的聚合与共存，往往比一般集体表现出更加和谐的人际关系。这是由教师的职业道德要求所决定的。教师往往被看作是知识分子的代表，是社会主流价值观的代言人，在集体生活中尤其需要约束自我、尊重他人，而这种建于人格尊重基础上的心理基调会成为教师之间友好关系的黏合剂。教师之间会形成志同道合的融洽感和惺惺相惜的亲切感，甚至会因此而形成基于情感联结的非正式组织。另外，教师集体是为了解决教师教学

---

① 王正平主编：《教育伦理学》，人民教育出版社 2019 年版，第 24 页。

中相对一致的教学或科研问题而结成的。在教师集体中，不同的教师基于自身独特的生命体验、价值诉求对教学或科研持有不同的立场与想法，他们在教研室中进行不断地碰撞、消解与融合，最终达成教学共识或科研共识。在此过程中，每个教师借助集体的智慧不断地调整、修正与扩充自己的理解与认知，唤起对集体的强烈归属感与向心力，生发出集体成员之间的亲密、友好关系。

3. 以个人优胜为目的的竞争心理

尽管集体的教学生活是教师专业发展的常态，学校也为促进教师的集体备课和教育研讨构建了各级各类的教研集体，但是，秉性不同、风格迥异的教师集体永远不可能像马克思所说的 19 世纪中叶的法国农民那样，“由一些同名数简单相加形成的，就像一袋马铃薯是由袋中的一个个马铃薯汇集而成的那样”①。教师即便认同集体合作对个人发展的促进作用，也难以做到以牺牲个人教学风格和教学个性来达成集体观念的一致。由于观念差异和竞争意识的存在，教师集体中的人际关系会面临专业上的独立与合作以及个人优胜与集体发展的价值排序。在事关个人利益的问题上，教师难免会表现出个人主义倾向，希望在集体生活中保持个人的优势地位，从而在各种活动中保持潜在的对立和竞争意识。

（二）教师集体人际关系矛盾的原因

在教师集体中，教师之间为了共同目标而构建了彼此尊重与合作共赢的人际关系，但是，教师毕竟是作为不同利益和个性心理的主体而存在的，在集体关系中也存在对立和竞争的一面，交往与合作中会产生各种各样的矛盾冲突。

1. 不同价值观引发的矛盾冲突

中国正处在由传统社会向现代社会转型的过程中，人们的文化心理与价值观也面临着调适和转变。此时，有些传统的文化观念已经落后于时代的发展，新的价值规范尚未建立，加上外来文化和多元价值的冲击，人们在各种各样的价值抉择面前很容易迷失自我。学校不只是孤立的社会存在，它深深

---

① 《马克思恩格斯文集》（第二卷），人民出版社 2009 年版，第 566—567 页。

地嵌入广阔的社会网络之中。[①] 在市场经济原则和各种价值观的冲击下，教师在行动选择上经常面临非此即彼的矛盾，尤其在功利主义、个人主义等价值观念的冲击下，少数教师以牺牲集体利益来满足私人欲望。教师集体中各种各样价值选择并存，导致教师在行动方向及行为取舍上也很难彼此认同，表现出潜在的或显性的矛盾冲突。

2. 劳动分工引发的矛盾冲突

教师个体为了实现相对一致的教育目标而加入各种各样的集体组织，但任何集体劳动的成果都必然以个体劳动分工为基础。有分工就会有相应的任务目标和考核标准。当前的学校管理体制大多是从教师个体所教学科的角度进行教育评价，而教师也由于学科认同和视野的限制形成学科偏好与偏见。所以，当教师集体需要各个学科的教师协同配合共同促进学生发展或完成其他任务指标的时候，不同学科或同一学科有竞争关系的教师之间就会在完成任务的过程中发生冲突，一些教师仅仅从个体利益出发而不是从学生全面发展的角度出发去“抢占”教学时间和教学资源，集体教学的理想目标将难以实现，同时也会影响教师之间的情感关系和合作氛围。

3. 利益竞争引发的矛盾冲突

劳动分工以及随后的考核评价与学校的奖惩制度紧密相连。目前，大多数学校的管理制度是通过荣誉称号以及物质奖励的形式来激励先进。于是，在追求自身利益最大化的目标驱动下，争优争先成了很多教师努力工作的动机。当教师抱着超越他人的观念处理人际关系，尤其是当学校通过职称评聘、年终考核、评选先进、晋升工资、外出进修等方式作为激发教师上进的“奖品”，而“奖品”供应不足与教师利益需求之间产生矛盾时，教师与教师之间的利益冲突就会出现，原本是友好的教师关系变成竞争关系，以往友好互助的关系在物质利益和竞争面前不堪一击，因为每个教师当下的物质待遇与长远的专业发展都不是以互相帮助为条件，而是以相互之间的成绩比较为依据的。[②] 这就使得平时熟悉的同事和朋友变成“战场”上的陌生人，教师被生活

---

① 徐继存：《学校课程建设的辩证逻辑》，《教育研究》2018 年第 12 期。

② 高德胜：《竞争的德性及其在教育中的扩张》，《华东师范大学学报（教育科学版）》2016 年第 1 期。

所迫卷入一场利益角逐的“战斗”中，甚至出现为了获胜而敌视、贬低、诋毁其他教师的现象。适度、有节制的竞争关系有助于调动教师的积极性和主动性，但当竞争被过度使用和强化，就容易使教师变成为物质利益所裹挟的人、被制度与标准所驱动的人，迷失纯良本性与道德自我，造成教师之间剑拔弩张的敌对心理。

4. 个体差异引发的矛盾冲突

世界上没有完全相同的两片树叶，自然也没有完全相同的两位教师。然而，教育工作尤其需要尊重教师主体地位，激励教师发挥个性优势。有着完全不同思维方式、学科立场、性格特点和经验背景的教师可以优势互补地开展教育活动，提高教学成效，但也会基于不同的立场与观点，对教育教学及其他活动持有大相径庭甚至针锋相对的意见。教师的个体差异既是一种丰富的教学资源，也蕴含着随时生发矛盾、产生冲突的可能。在学校里，年轻教师与年长教师在新观念、新思想和新媒体等的接受程度与使用率上存在差异，年轻教师比年长教师更容易跟随时代的潮流，也能非常灵活地学会使用新媒体教学，而年长教师在思想观念和技术手段的更新上比较缓慢，导致他们在教学理念、教学方式方法方面有不同意见，彼此很容易在日常教学上意见不合，发生分歧。除了年轻教师与年长教师之间容易发生冲突之外，不同风格的教师之间思想和行动也容易产生矛盾，民主型教师更喜欢活泼的课堂，学生可以在课堂上自由表达自己的想法，而专制型教师更喜欢严谨、安静的教学环境，会要求学生保持沉默，认真听讲，两者的教学喜好不同，造成教学管理和课堂氛围上的差异。总之，教师之间的个体差异孕育了他们相对独特的教学认知和行为方式，也使得他们在思想观念和行为选择上出现分歧与矛盾。

## 二、建设和谐教师集体关系的意义

和谐稳定的教师集体能够产生巨大的凝聚力，对教师个人的发展、教师团队的形成和教育目标的实现都具有重要意义。

### （一）有助于促进教师个体发展

马卡连柯指出：“教师集体的统一是最有决定性的一件事情。就是最年轻、最没有经验的教师，如果在统一的、精诚团结的集体里，有很好的有才能的领导者来领导，那么跟任何一个与教师集体分道扬镳的有经验的、有才能的教师比起来，也要做出更多的事情来。”① 因为，教师个体的力量毕竟是有限的，“个人不论他能力多强，总受到自身有限机体、有限生命的限制；即使在个人精力最旺盛的时期，他所能感知的范围、思考的领域和运用的工具，无论在广度、深度和精度上也都是有限的”②。而当教师由原来孤立的个体联合起来组建成和谐的教师集体的时候，在进行深度合作、观点交流的过程中，就能够激发出更多的新思想和新创见。这些新的可能是教师集体智慧的结晶，它不是个别教师的思想，也不是教师个人意见的集合，而是多个持有不同观点的教师在自由表达、理性商讨、批判对话的基础上形成的共识。在集体协商的过程中，有些教师的想法被否定，有些教师的建议被质疑，有些教师的意见被有限度地认同。但无论是被否定、被质疑还是被有限度地认同，教师个体都应该以集体为参照对个人观点进行批判性反思与创造性调整，在反观、反省中，改变思维定式，破除传统惯习，修正和扩充教师的教育观念和教学认识，实现自我超越。这种平等和谐、团结奋进的教师集体不仅可以促进教师的专业成长，帮助教师实现可持续发展，同时也使教师收获情感上的支持和鼓励，增强教师的集体归属感。

（二）有助于形成教师共同体

马克思和恩格斯认为：“只有在共同体中，个人才能获得全面发展其才能的手段，也就是说，只有在共同体中才可能有个人自由。”③ 教师集体建设的理想愿景就是成长为志同道合的专业共同体。教师共同体是在学校的支持和鼓励下，教师基于共同的目标和兴趣自愿组织的、在合作对话与分享性活动中促进教师专业成长的教师团体。一直以来，“教师集体”“教师群体”与“教师共同体”概念被人们交叉、不加区别地使用，人们经常将“教师集体”和“教师群体”等同于“教师共同体”，很少有人明确地将它们区别开来。正如斯坦福大学教授格罗斯·潘在《走向教师共同体》的报告中提到：“学者们都

① ［苏］马卡连柯著，刘长松等译：《马卡连柯全集》（第五卷），人民教育出版社 1956 年版，第 294 页。

② 欧阳康著：《社会认识论导论》，中国社会科学出版社 1990 年版，第 177 页。

③ 《马克思恩格斯选集》（第一卷），人民出版社 2012 年版，第 199 页。

试图建立一种标准来区别‘教师群体’和‘教师共同体’，然而遗憾的是这个问题一直没有得到解决。”① 学者已经意识到“教师共同体”成员之间共享信念、人际和谐程度、合作密切度以及依赖关系等各方面都是一般集体和群体难以企及的，但这并不意味着“教师集体”和“教师群体”与“教师共同体”之间并无任何瓜葛。和谐的教师集体人际关系有助于建立教师共同体，它是建立教师共同体的基础。只有消除教师之间的不当竞争、嫉妒、不满、敌视等消极态度，达到合作分工、和谐共进、彼此信赖的人际关系，才有可能使教师敞开心扉地与他人交流，开诚布公地交换意见。如果教师之间关系紧张、矛盾尖锐，那么每个教师都会在集体活动中有所顾忌，在研讨活动中有所保留，不能充分地各抒己见，从而严重影响集体活动的效率和效果。此外，也正是因为有共同体的专业支持，每个教师才可能在专业发展上获得助力，在共同体交往中认识到自我的价值与合作的力量，从而进一步增强集体合作与发展的动机与动力。

（三）有助于实现教育目标

我国基础教育的目标是把青少年培养成为德智体美劳全面发展的社会主义建设者和接班人，这既描绘了学生未来发展的理想蓝图，也明确了教师需要承担的重大责任与使命。当然，这里所说的教师责任与使命并不是仅凭单个教师就能完成的，而是整个教师集体在沟通交流、协调配合、共同努力的基础上合作完成的。学生的全面发展并非单个学有专长的教师能够独立承担的，而必须在教师发挥专业优势的基础上组建协同配合的集体，依靠集体的力量才能实现。而且，当前我国基础教育领域在明确学生核心素养结构的基础上指明了各个学科的核心素养，只有在学生各科核心素养共同发展的基础上，适应终身发展和社会发展需要的必备品格和关键能力才能形成。建立和谐的教师集体能够使各有所长的教师组合起来，为学生核心素养的发展夯实学科基础和基本能力，促进全面发展目标的达成。此外，学生的集体主义意识的养成也依靠教师集体的示范作用。教师是学生天然的榜样，“教师个人的

---

① Grossman, et al. Toward a Theory of Teacher Community, *Teachers College Record*, 2001, (103), pp. 942-1012.

范例，对于青年人的心灵，是任何东西都不能代替的最有用的阳光”[①]。和谐的教师集体关系对学生会起“身教”的作用。青少年期是学生世界观、人生观和价值观未定型的时期，而他们又具有“向师性”和模仿性强的特点，教师的言谈举止、仪表风范都会潜移默化地影响学生道德品质的形成，直接影响学生对真、善、美的价值追求。如果教师集体关系友好、和谐，教师之间相互学习、相互帮助，那么，学生在教师和谐集体的感染下，也会形成一种热爱集体的思想意识。但如果教师之间相互冲突、对立，教师之间剑拔弩张，那将不利于其所在班级的学生之间友好关系的建立。因此，为了保障学生的健康发展和理想教育目标的实现，教师之间必须建立和谐稳定的集体关系。

**三、处理教师集体关系应当遵循的道德规范**

教师集体关系中既有和谐互助的表现，也有矛盾冲突的存在，教师个体及学校管理者需要通过各种手段调节教师集体关系，激发教师集体动力。在处理教师集体关系时应当遵循一定的道德原则。

（一）关心集体

教师集体是个人发展的支持力量，没有集体的发展，教师个人的发展就不可能充分实现。因此，在教育教学生活中，教师必须关心集体的生存和发展，当个人利益与集体利益发生冲突的时候，教师应该从大局出发，以集体利益为重。在日常生活中爱护集体荣誉、遵守集体秩序，并能够积极借助集体智慧，解决个人教学生活中所不能解决的问题。良好的教师集体是教师的支持力量和智慧源泉，对教师的专业发展和教育价值的实现具有不可替代的意义。由此，关心集体发展、维护集体利益就成为处理教师集体关系中必须遵循的伦理规范。

（二）尊重同事

教师集体是一个民主平等的集体，教师人格上的自由和平等是教师主动参与、民主协商、形成集体智慧的前提和基础。在教师集体中，有新手教师，也有资深教师；有高级教师，也有初级教师；有语文、数学、英语等学科教

---

① ［苏］娥·芙·杰普莉茨卡娅编讲，华东师范大学教育系教育史教研组翻译室译：《教育史讲义》，华东师范大学出版社 1958 年版，第 375 页。

师，也有体育、音乐、美术等学科教师。不管属于什么类别和属性，每个教师在集体中都有平等的话语权，每个教师的见解和观点都应该得到其他教师的认真倾听和尊重。教师之间和谐的人际关系以彼此尊重为基础，这种尊重不因教师职称、荣誉和地位的差异而发生改变，这是教师集体开展教育合作的基本前提。教师之间只有放下学科偏见和个人成见，彼此尊重、坦诚相待地开展专业交流和互助合作，才能真正形成教育合力，并在教育教学过程中发挥超越个体的教育力量。

（三）团结协作

团结协作既是教师承担立德树人根本任务的需要，也是教师应该追求的一种美德。在现代社会教育分工日益明确而各项工作又互相依存的前提下，教师集体越来越成为个人生存和发展的基本条件，教师个体只有融入集体生活并借助集体智慧，才能获得支持和发展。而且，无论教师个体的能力多么出色，其工作也只能是整个教育系统运行中的一个细小的环节，其对学生的教育影响需要依靠其他教师的配合才能彰显。学校教育只能是教师集体的事业，需要发挥集体优势，注重整体效益，这就要求全体教师目标一致，团结协作，共同前进，形成对学生发展的综合作用。

（四）合理竞争

尽管教师集体具有相对一致的价值目标，但并不意味着集体成员是毫无分歧、没有差别的均一化存在。如前所述，教师的个性差别和利益纷争导致了教师之间的矛盾冲突，在发生利益冲突的时候就容易形成对立和竞争关系。在集体关系中，合理的竞争有利于激发教师个体的潜能，使教师集体保持生机和活力；而不当的竞争则会挫伤教师个体的积极性，损害教师集体成员之间互相信任和尊重的感情基础，使教师心生怨恨而背离集体。因此，在处理教师集体关系的过程中，首先，教师应立足于自己的特长和优点，按照公正、公平、诚实、守信的原则开展合理的竞争，避免因不当竞争伤害了同事间的感情。为此，教师在竞争中要确保所使用的竞争手段是符合道德要求的；其次，妥善处理好教师集体中竞争和协作的关系，竞争不是完全脱离集体的个人英雄主义的彰显，而是将个人优势与集体发展相结合的表现；最后，教师要在竞争中形成开拓进取、敢于创新的集体精神。

## 第二节 关心集体利益，尊重每位教师

团结合作的教师集体对教育活动的开展、教育目标的达成和教师个体的发展都具有重要意义。作为教师集体的一员，教师在任何时间、任何地点都应该关心和维护集体利益，尊重集体中每位教师的劳动成果和合法权益。

### 一、依靠教师集体，维护集体利益

水滴避免干涸的唯一办法就是融入大海，教师可持续发展的重要途径就是融入集体。集体可以为个人的发展提供有效支持，而教师个人也要主动融入集体、依靠集体，在各种场合维护集体利益。

（一）依靠教师集体，维护集体利益的必要性

教育改革呼唤教师集体的建设，教师集体的发展能为教育改革注入新的活力。和谐的教师集体在推动学校教育事业发展的同时，也为教师专业发展提供了新的路径与可能。在教师集体中，各个成员之间情感上互相支持，思想上互相激荡，不仅可以帮助教师解决单靠自身经验和智慧无法克服的教学难题，还可以携手完成学校的教学与科研任务。同时，教师在真诚、开放、自由的环境中互相支持、共同成长，也有利于增强教师的专业归属感和集体荣誉感。建设和谐的教师集体，不仅是当今时代教育改革发展的要求，也是教师个人获得快速发展的最佳选择。

然而，和谐的教师集体不是既定的存在，而是生成的，是多种因素影响下个体利益协调的结果。对教师而言，和谐的教师集体是一种生动而重要的体验，它不是一群人无目的地聚合而成，而是需要教师在集体意识和精神的引导下有意识地建构。教师需要自觉维护集体利益，珍视与呵护集体荣誉。如果以牺牲集体利益为代价来满足个人私欲，教师集体的合作关系就会因为利益相争而破裂，教师集体的存在最终会形同虚设。在这种情况下，教师集体表面上人数众多，实则是一盘散沙，甚至是相互冲突、彼此敌视的矛盾体，如此则难以促进教师个体的专业发展，更不利于培养学生的综合素养，自然

也难以推动学校教育事业的进步。因此，教师在依靠集体的同时，也要自觉维护集体利益，当教师个人利益同集体利益发生矛盾的时候，坚持集体利益高于个人利益的原则，在必要时，为集体利益作出牺牲和让步。

（二）如何依靠教师集体，维护集体利益

明确集体价值，维护集体利益理应成为教师行为的自觉要求。马克思认为，“道德的基础是人类精神的自律”①。教师要做到维护集体利益，首先在思想上要正确认识集体的意义与价值，意识到教师集体是社会主义集体的一种实践样态，是社会主义核心价值观在教师群体中的贯彻与落实，只有在教师集体中坚持集体利益的至上性，当教师处在社会大集体中时，才能自觉维护社会的利益。另外，教师还需要清楚教师集体并非对教师个人利益的压制和剥夺，相反，它是教师实现自身利益的机制，依靠教师集体是实现教师专业发展的重要途径。只有在集体中，教师个人利益才能得到最大化满足。当认识到集体对社会发展、对个人发展的重要价值时，有道德追求的教师会自觉维护和发展教师集体，并将维护教师集体利益作为自身行为的基本准则。

教师集体与教师个体的发展是相互支持、相互渗透的，如果没有教师集体的支持和保障，那么教师个体的发展也将事倍功半。因此，我们在强调教师集体责任的同时，也要明确集体对个人发展的支持和促进作用，维护集体中的个人利益和发展前景是教师集体的职责所在。教师集体要满足教师个体的利益，创造条件促进教师个体的发展。如果教师集体无法为教师个体提供必要支持，就会容易失去教师个体的信任与维护，最终使教师集体名存实亡。这是因为个人利益是个人行动的原动力。“人们为之奋斗的一切，都同他们的利益有关。”②当教师集体重视、维护教师个体利益，为教师发展创造优良条件时，个体就会认可集体，愿意主动融入集体，维护集体的和谐。但如果教师个体利益未得到应有的尊重、维护与满足，很容易出现破坏集体团结、分裂集体、损害集体利益的行为。因此，教师集体在要求教师个体积极建设和谐集体的同时，也要维护教师个体利益，坚决抵制无原则地剥夺教师个体利益的行为，将保护教师个体利益贯彻在集体发展的始终。

---

①② 《马克思恩格斯全集》（第一卷），人民出版社 1995 年版，第 119、187 页。

## 二、关心每位教师，充分发挥个人才能

由于教师具有知识分子的社会性格，在日常工作和生活中渴望得到集体的关怀和他人的赏识，因此，教师集体应该从人文关怀的角度出发，创造一种兼容并包的文化氛围，关心每位教师，使人人都能畅所欲言，人人各尽其才。

（一）关心每位教师，充分发挥个人才能的必要性

关心每位教师，使每位教师充分发挥个人才能是建构和发展教师集体的应有之义，也是体现教师集体自身伦理性的必然之举。构建和谐的教师集体成为当下实现学校育人目标、提升学校教学水平的重要管理方式，彰显出教师集体的实践价值与效能。但是教师集体价值的实现和提升，离不开每位教师才能的充分发挥。首先，教师个体的发展是教师集体发展的现实起点。教师集体的发展是教师个体发展产生的共振和聚合效果，离开了个体才能的充分发挥，教师集体的发展就无从谈起。其次，教师个体发展是教师集体发展的基本实现形式。教师集体的发展并不是与教师个人才能的发挥相脱离的抽象概念，而是教师个体专业能力与教学水平提升的具体表现。每位教师各尽其才、协同发展成就了和谐、高效的教师集体。无论教师集体的组成形式多么多元化，交往内容具有多大差异性，推动集体发展的任务都要依靠每位教师的智慧与德性。如果仅仅看到教师集体的价值而忽视教师个体的主观能动性，会导致教师集体的发展缺少内在动力。

获得集体关心并充分发挥其才能，也是每位教师在承担集体责任与义务的同时所应享受的权益。作为普通劳动者的一员，教师在教育劳动中也有特定的利益诉求，也试图通过个人的教育劳动改善物质和精神生活条件，发展自己多方面的才能。① 集体的关心与帮助能加速教师个人才能的发展与发挥。在教育集体中，教师之间不仅共享知识和经验，还给予彼此更多的情感支持。尤其是在当前深化教育改革的背景之下，不论是初任教师还是有经验的教师，都需要更多的专业和情感支持。从教师集体中获得关心和帮助，借助集体智慧解决专业难题，是促使教师个人才能充分发展、满足教师个人利益的重要

① 王正平主编：《教育伦理学》，人民教育出版社 2019 年版，第 21 页。

条件，也是彰显集体智慧和人文关怀的重要契机。

（二）关心每位教师，充分发挥个人才能的具体要求

首先，认真倾听教师的心声和诉求。这是教师集体、教育管理者与教师个人形成关心、友好关系的基础。关心是调节社会中人与人之间关系的基本原则，也是调节教师与教师、教师与教育管理者人际关系的重要手段。教育管理者要从人本主义的角度，对教师情绪和情感进行移情式理解，全面了解每位教师在实际工作和日常生活中的现实困难和需求。同时，教育管理者要设身处地为教师着想，把每位教师的问题和诉求当作自己的问题和诉求来思考，寻找解决办法。教师集体和教育管理者可以通过观察、正式访问或非正式的面对面交谈等各种方式来获取、了解和掌握教师的身心健康、理想愿望和价值观、专业知识和技能以及思想情感等方面存在的问题，通过管理手段和集体智慧帮助教师解决这些问题，促进教师个人才能的充分发挥。教育管理者必须意识到，关心教师，创造机会充分发挥教师才能不是对教师的施舍和怜悯，而是教师应有的权益，只要教师的个人权益与集体利益之间没有根本矛盾，教师的正当诉求就应该得到尊重与回应。

其次，赋予教师专业发展的自主权。只有当一种职业的从业者具有文化自觉和主体意识，并拥有工作权限范围内的自主权的时候，这种职业的专业性才能得到彰显。而管理人员的过度控制会限制专业人员的工作权限并导致系统非理性发展。从教育活动本身来说，尤其要避免科层体制对专业权力的压制，应该给教师专业发展留出相应的制度空间。各级各类教育管理人员应该明确在教育的现实发展中他们所扮演的角色，应该懂得他们的作用和职能不是使教师和教学制度化和刻板化，而是要以服务性和保障性的策略促进教师的专业发展。行政权力与专业权力具有不同的运作机制。教师虽然在科层体制中处于行政权力的末端，但在教育教学上却拥有不可让渡的专业权力，教师的专业决策权和专业发展权都是教育管理者应该予以尊重的。因为教育是促进人性与精神发展的事业，教师和学生都不是机器，对教育教学的管理不能按照科学管理的原则进行机械的规约和效率的核算。管理者也应该明确，对教师赋权并不会带来管理上的混乱。由于教师所拥有的专业智能与专业精神，他们倾向于把拥有的权力转化为责任，既有对专业发展的责任，也有对

学生、学校乃至社会的责任。因此，行政权力向专业权力的适当让渡是保证教师主动、健康发展的条件。一些教育发达国家已经明确强调“教师授权”(empowerment of teachers) 的教育改革方向，“努力使教师减少来自科层制的压力，而使之更多地为满足他们的委托人的需求负责”①。在我国教育改革中，教师专业自主权的建设已经引起了理论研究者的高度重视，但专业自主权的落实却任重而道远，需要各级教育管理者作出思想上的转变与行动上的努力。

**三、教师要相互尊重，学习先进，提携新人**

教师集体建设的成效也有赖于教师互相尊重的良好氛围。在优秀的教师集体中，教师之间能互相尊重，认同和学习他人之所长，包容和理解他人之不足，并尽其所能地帮助同事，提携新人。

(一) 教师相互尊重的道德意义

首先，相互尊重是教育伦理的一项重要原则，也是人性尊严在教育领域中的体现和要求。康德明确指出，每一个人都必须承担尊重他人人性的义务，因为“他们的本性表明自身自在地就是目的，是种不可被当作手段使用的东西”②。人的多样性造就了人的目的多样性，而绝大多数人都把自己视为最高目的，不愿意沦为他人意志的附庸和手段。因此，每个人在实现自身目的的同时也必须把他人当作目的性主体，使每个人都得到体现尊严的主体待遇。康德还把人的尊严推向了道德规范的最高位置。他指出：“目的王国中的一切，或者有价值，或者有尊严。一个有价值的东西能被其他东西所代替，这是等价；与此相反，超越一切价值之上，没有等价物可代替，才是尊严。”③人的尊严是至上的，是无价的，而且每个人所享受的自尊与尊重既无质的差异，也无量的差别。这既是人之本性要求，也是法律赋予人的普遍权利。当教师的教学行为或教学成果符合教学规范，能够促进学生发展时，教师行为就理应得到社会和他人的尊重。当教师的教学行为得到他人尤其是同行的尊重和认可时，教师便能感受到自身劳动的价值与意义，从而以更加饱满的热

---

① Geoff Whitty: *Marketization, the State, and the Re-Formation of the Teachering Profession. Education: Culture, Economy, and Society*. Oxford University Press. 1997. p. 299.

②③ [德] 康德著，苗力田译：《道德形而上学原理》，上海人民出版社 2012 年版，第 36、41 页。

情和更加坚定的信念投入到教育教学工作中。

其次，不同的学科具有不同的性质和特点，在学生核心素养培养中都有不可替代的价值，由此注定了各科教师在教师集体中应该互相尊重、共同发展。教师之间需要互相尊重，尊重对方的人格，尊重对方的教育劳动成果，不能囿于自己的学科偏见而贬低其他学科的价值，损害其他学科教师在学生心中的形象。

最后，由于现代社会知识更新速度加快，加上学生身心发展具有明显的时代特征，使得教师不可能一劳永逸地掌握教育教学所需要的所有知识和技能，教师专业发展的道路是永无止境的，而教师个体的认知又是有限的，这就导致教师个体必须从集体中汲取智慧，学习优秀教师的先进思想，当然也要提携和帮助新人。一个人的成长可能是孤独而无助的，一群人志同道合才能走得更远。

（二）教师相互尊重的伦理要求

在教师集体中，处理好具有个性差异、学科差异、年龄差异的各类教师之间关系，形成尊重、友好互助的教师集体，是对教育管理者和教师个体的重要考验。

在教师发展阶段和专业水平具有明显层级特征的集体中，要营造学习先进、提携新人的良好氛围。通常，优秀的教师拥有先进的教育理念、高超的教学水平、敏锐的科研眼光以及较强的创新能力，这些优秀的品质是教师集体的宝贵财富，也是教师个体前进的榜样和动力。在集体活动中，优秀教师的思维方式、创新取向和敬业态度能够为其他教师提供行动的参照标准，有利于打破其他教师单向度思考方式、思想观点和行为路径。需要注意的是，向优秀教师学习并不等于简单的模仿和照搬，而是在借鉴其教育观念和教学方法的同时，综合考虑自身特点、教学对象以及教学内容等多方面因素，结合课堂教学情境进行个性化建构。这既是一个观察—反思—领会—创新的过程，也是个人教学风格形塑的过程。优秀教师在参与集体活动中，也面临着协同教学和引领他人的责任，他们需要在集体活动中敞开心扉，真心地帮助他人，尤其需要提携年轻教师，在传帮带的过程中对年轻教师的教学观念和教学能力进行培养。

## 第三节　重视团结协作，开展有益竞争

团结协作的教师集体是学校发展的根本动力和宝贵财富。如果全体教师能够目标一致、齐心协力、共同前进，就会形成一股势不可挡的力量。反之，则会产生组织内耗，进而影响各项教育工作的推进。由此可见，在教育劳动中，教师之间的团结协作至关重要。尽管教师集体成员之间不存在根本利益上的冲突，各成员之间的价值目标也基本一致，但并不意味着教师在利益的获取上没有差别。事实上，由于各种因素的制约，教师的利益实现存在很大的个体差异，这也在某种程度上导致了教师之间的相互竞争。教育管理者要以适当的方式调节教师之间的利益之争，鼓励在公开、公正、正当、合理的基础上有限度地开展竞争，在竞争的基础上开展合作，营造教师集体内部团结协作、有序竞争的良好氛围。

### 一、团结协作是教师提高教育教学效果的关键

立德树人是新时代人民教师的根本任务。作为促进学生全面发展的教育主体，教师承担着培育学生核心素养、提升学生思维品质和创新能力的任务。教师之间的关系既是一种内部分工、各司其职的关系，又是一种团结协作、并肩作战的关系，保持教师之间的团结协作不仅有利于教师道德水平和专业能力的增长，而且有利于学校教育教学效果的提升。

#### （一）教师团结协作的教育意义

教师的劳动直接作用于学生的发展，而学生发展本身就是一个复杂的和渐进的过程，在此过程中，教师个体无论具有多么高超的专业技能，秉持怎样的敬业奉献精神，都不可能独自承担起促进学生发展的全部责任。教育教学是学校和教师集体共同完成的事业，只有教师团结一致，相互协作，形成集体的智慧和教育的合力，才能产生良好的教育效果，进而培养出德智体美劳全面发展的社会主义建设者和接班人。就教师群体而言，学校中的所有教师都处在一个相同的教育环境下，面对同样的受教育者，为实现相同的教育目标而工作，

共同的教育要素决定了集体中的教师必然会遇到相似的教育问题。在此情况下，教师群体中的共同学习与研讨就有了更大的意义和价值。同事间的相互合作与学习，有利于扬长避短和共同提高，最终促进教师集体的专业成长。同事之间的相互了解，有利于促进教师之间的密切交往，增进教师之间的情谊。友好互助、团结奋进的教师集体必然能够围绕教育问题的解决和教学质量的提升进行各种合作研究，以集体的智慧解决问题，提升教育教学质量。

（二）教师团结协作应遵循的道德要求

教师的团结协作在教育教学中起着举足轻重的作用，要想创造团结协作的集体氛围，教育领导者应该通过特定的手段来引导教师开展交往合作，使教师在与集体、与他人、与自我的相处中都能遵循特定的道德要求。

1. 维护集体，忠于职守

教师集体是由分工明确、协同配合的个体组成的。良好集体的形成，离不开每位教师的齐心努力。只有每位教师出色地完成自己的本职工作，才能带来集体组织的健康发展。因此，教育管理者要营造团结协作的集体氛围，就要引导每位教师从集体利益出发、忠于职守，做好本职工作。只有每位教师都做到维护集体、关心集体，用真情和行动去凝聚这个集体，集体的发展才是高效的、可持续的。

2. 严以律己，以诚待人

社会性生存的个人倾向于用不同的标准去评判自身与他人，对自己要求很低而对他人要求甚高。这既是人性使然，也是所有集体建设中都必须解决的问题。教师作为学生道德品质的引领者尤其需要严以律己、宽以待人。教师在学生面前要严格要求自己，为学生做出表率；在教师群体和社会生活中也要严格要求自己，时时处处为人师表。教师要以宽容的态度，多为他人着想，能够站在他人的立场上考虑问题；与其他教师交往要做到诚实守信，以诚立身，以诚感人者，人亦以诚而应。这样，团结协作的集体氛围便可以形成。

3. 相互帮助，共同提高

为了提高教育和教学工作质量，教师应该做到密切配合，互相帮助，取长补短，共同提高，构建良好的道德共同体。在当今社会知识和教育观念更新速度加快的情况下，尤其要避免孤立和封闭的教学心理。教师只有在同事的支持和帮助下，借助集体的力量，才能获得专业水平的进一步提升，继而在集体的成功中实现个人的价值。

**二、遵守教育规律和道德要求，鼓励教师有益竞争**

在现代社会组织中生存的个体之间既有合作的需求，也有竞争的需要，故而处理好竞争与合作的关系是教师集体建设面临的重要课题。现代教师在团结一切力量促进自身发展的同时也必须培养竞争意识，教学、科研的压力及各种荣誉与奖励的评比在集体范围内营造了竞争发展的生存场域。具有较高精神追求的教师是不甘落后的，他们势必努力上进，积极争取，希望能够取得超越同事的业绩以及相应的奖励。合理的竞争是个体进步和学校发展的动力源泉，但是竞争如果缺乏规则，背离合作精神，就会事与愿违。因此，加强教师竞争管理是十分重要的，不仅要创建一个良好的竞争氛围，而且要遵循教育规律和道德要求。

（一）教师竞争应遵循教育规律

随着社会主义市场经济体制的不断完善，它所包含的竞争和优胜劣汰价值法则也影响着教育领域，在团结协作基础上开展有益竞争的价值观也逐渐为人们所接受。另外，改革开放以来，我国教育事业取得了长足发展，主要原因就在于学校之间和学校内部教师之间在团结协作基础上的有益竞争，这在促进教师个体专业水平提升的基础上带动了教师集体和学校教育质量的进步。随着国际竞争的加剧，时代对教师的要求会越来越高，这也是教育事业发展的趋势，教师之间只有在团结协作基础上开展有益竞争，才能提高整体的教育水平。因此，社会要进步，教育要发展，就必须遵循教育发展规律，确立行之有效的竞争机制去激励教师奋发向上。在支持教师竞争的过程中，要遵循教师专业发展的阶段特征和基本规则，按照教师发展的动力和驱动机制来营造有益的竞争环境。

（二）教师竞争应遵守道德要求

在教师集体中引入适当的竞争机制是必要的，公平而合理的竞争会激发教师专业发展的强大动力。但是，个体间的竞争必须保持在适度的范围内，且要遵循个人、集体和社会利益相一致的原则，防止少数教师为了实现个人利益而损害学生、集体和社会的共同利益。过度的竞争会破坏教师团结和教师集体凝聚力，而不道德的竞争会从根本上影响教师集体风气，最终降低教师队伍的整体素质水平。因此，教育管理者要适当控制教师竞争的范围和水平，引导广大教师以合乎道德要求的手段参与竞争。

教师竞争要适度，对竞争中分寸感的把握是一个极富教育智慧的问题。教师的竞争行为和竞争要求应当恰当、适度。一旦超过了合理的限度，教师凡事都要争先，事事都要压制他人，就容易破坏与同事之间的友好关系，招致他人的敌视和怨恨，破坏集体的团结氛围。所以，在成绩和荣誉面前，教师个体要有准确的自我判断，有所为有所不为，量力而行，在个人最近发展区内寻找适合自己的教育任务和竞争目标。同时，教师间的竞争要遵守公平公正的伦理原则，教师个体应该凭借自己的真实努力和成绩参与竞争，抵制竞争中的弄虚作假和投机取巧，尤其要避免用不正当的手段拉拢同事和上级，排挤和打击对手。

## 第四节　正确处理教育领导者与普通教师的关系

教师的劳动需要协调各种复杂的人际关系。在教育教学中，教师需要处理与学生的关系、与教师群体的关系、与学生家长的关系、与教育领导者的关系等。其中，教育领导者与普通教师的关系是一对非常重要的关系，双方只有真诚相待，相互支持，才能形成合力，共同推动学校教育的改进和教育质量的提升。

### 一、用道德机制调节教育领导者与普通教师的人际关系

从组织管理的视角来看，教师劳动的过程就是将教育领导者作出的教育决策付诸实施的过程。在这个过程中，由于教育领导者与普通教师所扮演的角色不同，处理问题的出发点不同，很容易导致两者之间出现像其他群体内部一样的各种冲突。教育组织中的人际冲突是交往双方由于目标、利益、资源、地位等方面的差异而导致的对立状态，出现遏制或阻挠对方以实现自身

目的的行为。由于教育领导者和普通教师之间在根本目标和长远利益上是一致的，因此他们之间的冲突是可以调和的。这就决定了用道德机制调节教育领导者与普通教师之间的人际关系是必要且可能的。

教育领导者与普通教师的冲突属于共同价值目标引领下，对过程性因素的不同处理引发的矛盾。这样的矛盾只能反映教师和领导在思考问题的方式和解决问题的路径方面存有不同，是由于思考问题的出发点不同而导致的。教育领导者一般从全局出发，综合考虑学校范围内整体改革与发展，而教师通常从个体或群体出发来考虑问题。教育领导者的思维方式是综合的，但是容易忽视基层细节乃至教师个体感受，而教师个体的思维方式是具体而微的，且缺乏一种整体视角。二者的思维方式是互补的，在对问题的看法和处理意见上是可以互相借鉴的。因此，在调节二者间矛盾冲突和关系时，必须坚持沟通、理解、尊重、信任等道德要求。在冲突过程中，双方可以明确、直接地表达自身的价值理念和利益诉求，在沟通中学会换位思考，多站在对方的立场上考虑问题。这样才能形成一种系统而全面的教育思维方式和教育改革思路，教育领导者和教师也才会形成相互理解、相互信任的组织氛围，从而团结一致朝着集体的共同目标和学校的发展目标努力。

## 二、教育领导者处理与普通教师关系时应遵守的行为准则

教育领导者和普通教师之间的关系是学校各种关系的伦理基础。从一定意义上讲，这种伦理关系决定了学校的教学关系和教育质量的高低。因此，理解和把握二者的关系，既是建立健全学校人际关系和管理机制的重要基础，也是建设良好学校文化和人际心理的前提。

### （一）教育领导者与普通教师人际关系解读

要正确地处理教育领导者与教师之间的关系，首先必须对二者的关系有一个科学合理的认识。对二者关系的正确解读是实现彼此沟通和理解的思想基础。

#### 1. 教育领导者与教师之间是一种民主、平等的人际关系

长期以来，由于受“学而优则仕”等传统观念的影响，少数教师一旦被选拔为教育工作的领导者，就很容易滋生权威观念和等级观念，把自己与普通教师的关系看作是上级与下级的关系。一旦出现这种心理，在工作关系的

处理上，领导者就容易出现独断专权、对教师发号施令的倾向，把普通教师看作是自己工作的对象和达成目的的手段，要求教师对其言听计从。在这样的工作关系中，教师最基本的人格尊严得不到尊重，就容易对教育领导者产生敌视心理和抵制行为。为了构建良好的教育领导者与普通教师的人际关系，教育领导者在要求教师尊重其人格的同时，也必须尊重教师的人格。这既是人道主义的基本要求，也是建立良好人际关系的关键。教育领导者要把教师视为具有个体价值和社会价值的主体，而不能只把教师视为达成学校目标或个人利益的手段乃至机器。民主、平等是现代学校关系的基础，离开了这一点，新型的学校关系也就无从谈起。教育领导者在建立民主、平等新型学校关系过程中起主导作用。为此，教育领导者应当树立正确的世界观、人生观、价值观，用现代教育思想武装自己的头脑。教育领导者还应建立健全现代教育教学观念，培育正确的教师观。教育领导者应把教师看作是具有独立意识和自主能力、具有自我教育与主动发展能力的专业人员，把他们当作教育教学工作的主体来对待。教育领导者应该广泛听取教师的意见和建议，培育民主团结的学校文化氛围。教育领导者要抑制自我中心意识，主动关心和接近教师。在教学工作中，鼓励教师大胆进行教学改革，敢于表达自我认识；在学校管理工作中，当意见有分歧时，应真心诚意地与教师代表商量解决，虚心接受批评建议，切忌官僚主义、以权压人或强行命令。

2. 教育领导者与教师之间是一种相互信赖的友好关系

教育工作需要多边合作，只有合作默契，才可能有较高的工作效率，而合作的必要条件之一是教育领导者主动与教师建立一种相互信赖的友好关系。教育本身就是一种信任，这种信任既包括教师对教育领导者的尊重和信任，也包括教育领导者对教师的信任和期待。教育领导者是教师工作的直接负责人，其对教师的信任和肯定是教师工作的动力源泉之一，能够极大地激发教师的工作积极性，教师对领导的信任则是建立在其人格魅力、工作能力和道德品质的综合判断的基础上。教育领导者不仅要有较强的教育奉献精神和敬业精神，而且要有调动各种资源促进教师和学校发展的领导能力。具有高超专业能力的领导者能够开诚布公地与教师交流，设身处地地为教师着想。只有具有远见卓识而又平易近人的领导者才能获得教师集体和个人的认同，也只有教师信任教育领导者，才会主动接近领导，并且在工作问题上群策群力，真心实意地为学校发展建言献策。大量实践表明，对朋友关系的双向期待和信任机制能大大缩短教师与教育领导者之间的心理距离，从正向期望的角度增强教学工作和组织管理工作的效率和效果。

3. 教育领导者与教师之间是一种服务与被服务的关系

在学校教育工作中，很多人对教育领导者的角色存在误解，认为领导者是管理者，而教师是被管理者，认为管理者就是学校教育活动的主导者，被管理者是管理者所提出方案和计划的执行者。应当看到，学校教育是一种以促进人的发展为目标的专业活动，专业的事情需要专业人员来从事和执行，而教师是从事教育教学活动的专业人员，在专业活动领域拥有专业判断权和自主选择权。教育领导者是统筹资源、促进学校教育发展的人员，他们在教育教学活动上更多是提供组织、规划和教育服务。教育领导者的组织行为和服务水平是教师教学计划能否顺利执行的关键影响因素，而教师教学计划能否顺利执行，又决定着学校教育质量的高低。为了树立良好的形象，实现自己的人生价值，每一位教育领导者都希望取得高质量、高效率的领导效果。从这个意义上讲，教育领导者只有把教师视为服务对象，并全心全意地为教师服务，才能有高效率的教学效果，才能最终实现自己的人生价值。树立为教师服务的意识，也是现代教育对教育领导者提出的又一项基本要求。

（二）教育领导者处理与普通教师关系的行为准则

教育领导者只有摆正自己的工作定位，合理认识并正确处理自己与普通教师的关系，才能得到教师的认同，进而为学校管理工作奠定良好的群众基础。

1. 正确认识自身角色与工作性质

教育领导者应该对自己的领导角色有正确的认识。如前所述，教育领导者是为学校组织规划和教师专业发展服务的，学校教育工作之所以需要领导者，是因为学校工作方案和教育计划的制订与实施必须委托专门人员来组织和管理，而计划实施的主体还是广大教师。因此，广大教师的协同配合既是学校教育目标能否实现的关键，也是检验教育领导者管理能力的重要指标。领导者的组织与管理成效是建立在教师教育教学协同的基础上的，领导者权利是广大教师专业权利的让渡。因此，教育领导者应该谨慎科学地行使手中的权力，只有这样才能不辜负教师的这种授权。

教育领导者还应该对自己的工作性质有正确的认识。教育领导者的工作主要是制定和实施合乎现代教育伦理价值理念的一系列规章制度，规章制度的合理性直接决定教育领导者的工作成效。这就要求教育领导者首先要有建章立制的管理意识，广泛听取普通教师的意见，集思广益，使各种规章制度获得更多的共识；其次要有制度合理性的判断能力，能够对制度实施的预期效果进行理论预演和专业判断，进而评判制度的合理性与可行性；最后要时刻关注规章制度的运行情况和反馈信息，及时作出必要调整，使各种规章制度得以完善。

2. 尊重和支持教师

教育领导者对教师的尊重包括对其专业判断基础上的价值选择的尊重和对教师个性的尊重。作为教育领导者，首先要尊重教师的价值选择的权利。由于教师的知识层次比较高，对时代发展和社会问题具有敏锐的感悟，对一些问题的认识比较深刻，有自己独到的见解和价值选择。一般说来，由于其高深的专业知识和道德水平，教师的价值选择与社会的主流价值表现出较高的契合性，教师能够引领青少年和普通民众按照社会主义核心价值观去规划人生目标，实现理想生活。这样高尚的价值选择理应得到教育领导者的支持和鼓励，同时要为教师的价值选择和价值实现创造条件，提供制度和资源保障。当然，由于教师个体差异的存在，一些教师由于自身认知和道德判断水平的限制，也会表现出有悖于社会道德要求的言行，这就需要教育领导者发挥影响力，在尊重教师人格尊严的前提下进行思想沟通和心理疏导工作，帮助其改进不恰当的思想观念，提升其价值选择的合理性。

其次，教育领导者要尊重教师的个性，促进其专业发展。教育的生机与活力就在于促进学生的健康发展，而要培养学生的个性特长，教师首先要有个性特长。教师在保持个性基础上的专业成长是学校发展的动力源泉。著名教育家乌申斯基曾经指出，只有个性才能作用于个性的形成和发展，只有性格才能养成性格。教师的个性是教育智慧和教学能力提升的基础，因为教师的专业发展不是对优秀教师的机械模仿，而是在学习他人经验基础上的自我反思和自我改造。每个教师都有自己的教学优势和特色，这种个性化发展为教师集体中的团结合作和优势互补奠定了基础。因此，作为教育领导者，应该在充分尊重教师个性，支持和引导教师个性化发展的同时，基于教师的个性特长进行教师集体和学校组织的发展规划。

3．公平、公正地进行利益分配

由于教育资源、教育利益和教师发展需求之间的不平衡，决定了教师之间在资源获取和利益分配上必然存在矛盾，而且“人们为之奋斗的一切，都同他们的利益有关”①，这也就导致了教师之间在利益获取上会存有矛盾冲突和相互竞争。作为利益主体的教师，他们在竞争中的获利情况直接影响着他们的生活质量和水平，而教育领导者的管理能力和领导智慧，直接决定着每位教师在利益获取上的优劣得失。因此，教育领导者必须从学校组织运行的角度出发，公平、公正地处理教师之间的利益关系，保障所有教师在利益分配中的正当权利。教育领导者不仅要在利益的分配上做到不偏不倚，而且需要具有实现公正能力和公正分配利益的教育智慧，这也是形成良好教师集体的必要条件。

**三、普通教师处理与教育领导者关系时应遵守的行为准则**

教育教学活动的顺利开展离不开教育领导者的支持与配合，所有教师都面临着如何与领导相处的现实问题。教育领导者既是教师集体中的一员，也是对集体进行全面规划和组织管理的人员。教师只有处理好与领导者的关系，才能为自身和集体的发展争取更多的资源和条件。

1．维护领导权威

德国哲学家马克斯·韦伯将权威分为传统型权威、感召型权威和法理型权威三种类型。传统型权威因为符合常规和传统的合理性而得到他人的认同，感召型权威是由领袖人物的超凡魅力、超强能力产生的权威，而法理型权威是依赖法律和制度身份迫使他人服从的权力。由于教育管理工作的复杂性和多面性，教育领导者的权威理应是上述三种权威的综合，教师个体既要认同领导者的传统权威和专业能力，也要尊重领导者的制度身份。只有尊重领导，

① 《马克思恩格斯全集》（第一卷），人民出版社 1995 年版，第 187 页。

维护领导的权威和尊严，才能增强集体凝聚力，保持政令畅通，保证学校管理和教育教学工作的高效。

2. 支持领导工作

教育活动是有目的、有计划、有组织的活动，教育领导者在整个过程中承担着组织管理职能。领导者的决定通常是建立在集体利益的基础上的，领导意志是集体意志的体现，领导行为是确保各项工作得以正常运行的必要措施。教师作为学校立德树人根本任务的承担者，必须从心里认同和服从教育领导者的管理。众所周知，教育工作中会面临很多实际困难，而个人的能力都是有限的，现实生活中不存在无所不能之人，教育领导者也和常人一样，具有自身的局限性，很多工作没有取得预期的效果并不全是他们的原因。因此，教师也应当善于理解教育领导者的实际困难，支持领导的安排和决策，创造性地完成领导分配的工作任务，把教育领导者的设想付诸实施。当然，服从也不是对领导的无原则顺从，而是一种道德自觉和自律，顾全大局，做好分内之事，并帮助领导者改进学校工作，提升管理效率。对教育教学中存在的问题，教师也要作出理性的分析和判断，在与领导者意见相左或发生冲突时，从集体利益出发，以合理的方式与领导者沟通，帮助领导者改进工作，消除双方矛盾。

3. 遵守规章制度

教育工作中的各种规章制度是教育伦理道德价值的现实表达。一切合理的教育规章制度是实现教育工作价值目标的根本保证。教育领导者在很大程度上是通过制定和推行规章制度的方式来开展学校管理工作的，广大教师对规章制度的认同也是支持领导工作的重要表现。合理制度的建立能够有效地制约乃至消除教育教学活动中的非理性行为，无论是对教师的专业发展还是对学校教育教学水平的提升都具有重大意义。教师要具有遵章守制的自觉意识，要在遵守制度的基础上超越制度，将自身的专业发展和道德水平从制度规约提升到自主发展的水平。

## 思考与练习

**【讨论思考】**

1. 教师集体人际关系具有怎样的特点？
2. 教师集体关系中为什么会产生人际矛盾？
3. 应该如何建设和谐的教师集体关系？
4. 教师应该如何依靠集体，维护集体利益？
5. 教育领导者应该如何处理与普通教师的关系？

**【案例分析】**

材料一

周五下午，张校长接到上级通知，下周一有领导来校检查学校的教学科研工作。为迎接检查，张校长通知全体教师周六到校加班，准备相关材料。周六恰好是王老师女儿的生日，而且王老师已经提前答应要陪女儿到动物园游玩。当王老师接到通知时，心里很不痛快，在办公室当着全体教师的面发牢骚，恰好这时张校长经过办公室门口，听到了王老师的埋怨。

如果你是张校长或者王老师，你会怎样处理此事？

材料二

5月，高三学生进入紧张的复习冲刺阶段，学生需要足够的自主支配时间来梳理、消化三年来学习的知识。因此，学校研究决定：在高考复习的最后一个多月里，任何老师都不得占用自习课来讲课。这样的要求坚持两周后，教数学的李老师耐不住了，她的责任心极强，凡自习课几乎都用来讲解习题或辅导学生作业，已养成了抢占时间的习惯。而教该班英语的杨老师事业心也很强，也有抢占时间的习惯。她们常常同抢一节自习课，起初还能互相谦让，可多次撞车后，不但不谦让，反而争执起来，矛盾爆发了。

你认为李老师和杨老师的做法合理吗？为什么？

材料三

李老师在学校里是一位比较优秀的教师，教学成绩年年排在同科年级的第一名，每年的业绩考核都是优秀，每年都能领到奖金并且外出旅游。但是他说：“我的成绩是令人羡慕的，但是我却一点儿也高兴不起来。在平时的工作中，我感觉得到同事对我是敬而远之，同事之间关系疏远，几乎看不到老师凑在一起讨论问题的场面。很多教师因为担心成绩落后，整天忧心忡忡，心理压力很大，有的甚至采取不正当的竞争手段来拉高成绩。没有竞争就没有进步，但是过于强化竞争，而忽视了对教师的人文关怀，这也是我们所不愿看到的。”

你认为李老师与教师集体之间的道德关系应该怎样处理？

材料四

教研组组长准备推行新的教学方式，新入组的杨老师觉得这种方法不适合本班级学生。在集体备课时，杨老师向教研组组长提出了自己的意见，希望能够先选择一个班试点，然后总结经验再全面推行。组长认为杨老师刚来不了解情况，否决了她的意见。杨老师感到组长不尊重同事，作风武断，不够民主，在执行工作时难免有情绪，连学生都感觉到教研组组长和杨老师之间的关系比较微妙。教研组组长觉得杨老师有“单干风”，不能和组里同事团结协作，让教务主任帮忙做做思想工作。

你认为这个案例中凸显了教师集体中的哪些伦理道德问题？应当怎样合理解决？

**【拓展阅读】**

1. 王正平主编：《教育伦理学》，人民教育出版社 2019 年版，第十三章。

2. 钱焕琦主编：《教师职业道德》，华东师范大学出版社 2015 年版，第六章。

3. ［英］保罗·霍普著，沈毅译：《个人主义时代之共同体重建》，浙江大学出版社 2010 年版，第五章。

4. ［法］阿兰·图海纳著，狄玉明、李平沤译：《我们能否共同生存：既彼此平等又互有差异》，商务印书馆 2003 年版，第八章。

**【教学实践互动建议】**

请一位有经验的优秀教师举行座谈：教师之间产生了矛盾怎么办？应该如何处理教师集体中的各种道德关系？

# 第七章　教师教学劳动中的伦理道德

教学在整个教育体系中居于中心地位，发挥着核心作用，它既是教育的主体部分，又是教育的基本途径（或形式）。[①] 对教师来说，教学是日常的一项基本工作，是教师日复一日持续从事的主要专业活动（教育劳动）。长期以来，人们对教学活动的伦理属性作了多方面的理论探讨，同时，国家代表社会全体成员的公共意志，明确提出了系统的、有针对性的教学伦理规范。只有深入理解教学伦理属性，自觉学习、有效掌握和积极践行教学伦理规范，才能真正在教学劳动中立德树人，促进学生全面发展。

## 第一节　关于教学伦理属性的基本认识

教学既是科学，又是艺术。在教育界，关于教学是科学还是艺术的问题，曾经有过长期的争论。在反复争论之后，基本达成如下共识：教学既是科学，又是艺术。随着教育伦理学研究的兴起，人们日益关注教学与道德的关联性，继而提出了教学的伦理属性问题。综合来看，关于教学伦理属性的探讨，主要形成了两种不同的观点，即教学德性论和教学冲突论，它们分别强调了教学伦理关系的理想性和现实性。基于这两种观点的进一步综合，可以把教学的伦理属性界定为对文明生活的追求和实践。

### 一、教学是一种特殊的道德生活

教学和伦理道德具有多方面的联系。一方面，伦理道德观是教学内容的

---

① 王策三著：《教学论稿》，人民教育出版社 2005 年版，第 95 页。

重要组成部分。我国中小学的“道德与法治”课程中内含大量伦理道德方面的知识和规范。在语文、历史、外语等人文教育课程中，大量涉及爱国、仁爱、公正、诚信等伦理道德议题，即使物理、化学、生物、计算机等科学教育课程，也关联和渗透着特定的伦理道德问题，如科学教育中的社会性议题就与伦理道德密不可分。另一方面，教学活动是一种现实的道德生活，存在特殊的伦理道德关系，具有独特的伦理道德价值，且受伦理道德规范的约束。简言之，教学具有伦理属性，这是显而易见的事实。基于教学伦理研究的学术探索，人们对教学的伦理属性有了日益明确的认识。教学伦理研究兴起于20世纪80年代，经过几十年的研究积累，学术界日益形成了一个基本认识：教学是一种特殊的道德生活。这是从伦理道德视角对教学属性作出的重要判断。这一命题的具体内涵，可以从如下几个方面把握。

*第一，教学是促进个人发展和传承社会文化的活动，具有鲜明的公益性。*教学是立德树人的事业，促进青少年儿童身心全面发展是教学的核心价值取向。换言之，教学的目的就是努力提升个人的知识技能水平，发展智力，完善人格，增强体质。美国学者休・索科特指出：“教学不是一场游戏……（而）是为了个人和公民的利益，这是一个道德目标。”① 在我国绝大多数家庭中，孩子的健康成长和学业成就无疑是家长最大的心愿，是他们美好生活的核心追求，而教学作为直接促进孩子健康成长和学业成功的主要教育活动，可谓关涉千家万户的切身利益。同时，我们还应该看到，立德树人的教学活动本身承载着传承社会文化和促进各行各业发展的社会职能。早在先秦时期，我国最早的教育学著作《学记》就明确提出了“建国君民，教学为先；化民成俗，其必由学”的思想，充分肯定了学校教学在国家发展和文化传承方面的基础性作用。在中华文明几千年的发展历程中，学校教学一直发挥着为国育才、传承文化、教化万民的强大功能。当前，中华民族的伟大复兴进入战略决胜期，学校教学更应有自觉的社会使命感，努力发挥自身独特的社会功能，为中华民族的伟大复兴作出应有贡献。

---

① 王凯、［加］伊丽莎白・坎普贝尔主编：《当代西方教师伦理研究新进展》，福建教育出版社 2019 年版，第 6 页。

第二，教学概念具有独特的道德内涵。有研究发现，教学概念既具有区分善恶的评价功能，也承载着劝人学习的道义，体现出尊重学习者理智的思想，内含对社会性理智行为的承诺。因此，教学不同于讲述、训练、灌输、条件反射等行为，“教学本身就是一个道德概念”①。在教育学界，大多数人并不完全把教学看作一个道德概念，但也不会否认教学概念中蕴含独特的道德意义。尤其在工具理性盛行的背景下，从伦理道德的维度来充分理解和审视教学概念，具有重大意义，有助于教师认识到教学不仅是技术活动，更是道德良心活动。

第三，教学活动是一种真实的道德生活。教学工作是一种高度专业化的活动，不仅要合乎科学，追求质量效益，而且要合乎道德，追求文明向善，努力体现真善美的统一。教学工作的方方面面，如教学活动的设计、实施和评价，内容选择，课堂管理，师生互动等，都涉及伦理道德的考量和规范。教学活动始终遵循一系列明确的伦理规范，如教学内容要符合社会主流价值观，传播真善美，批判假恶丑；师生互动要循循善诱、尊重学生；课堂管理要奖惩分明、严慈相济；教学评价要客观公正、促进发展等。对一些没有明文规定的教学问题，也需要运用伦理学知识，从动机、手段和效果等不同侧面开展道德评估，确保解决问题的方法是合乎道德的。教师在教学中的一言一行是一种自然真实的道德示范，是一门独特的“潜在课程”，潜移默化地影响着学生的思想和行为。我国自古以来就强调言传身教，要求教师为人师表，这体现出对教学伦理道德维度的直觉洞察。进入 21 世纪以来，教学伦理研究积累了大量研究案例，有力证实了教学是一种复杂而真实的道德生活，进而提出了“道德地教”的主张。所谓“道德地教”，就是“教学方式符合什么是善或正确的观念，也就是说，以一种认为有道德价值的方式行事”②。合乎道德地教学，正在成为学校教学的新信念。

综上所述，教学和伦理道德是密不可分的，它是一种特殊的道德生活。教学具有鲜明的伦理属性，这是认识教学工作要坚持的一个基本观点；合乎

---

① 王凯：《教学是一个道德概念——相似性概念比较的视角》，《全球教育展望》2009 年第 3 期。

② 王凯、[加] 伊丽莎白·坎普贝尔主编：《当代西方教师伦理研究新进展》，福建教育出版社 2019 年版，第 67 页。

道德地开展教学工作，是处理教学事务应该自觉遵循的基本原则。

## 二、教学工作中存在大量伦理矛盾

教学作为一种特殊的道德生活，还表现为教学工作充满了各种各样的伦理矛盾。所谓教学伦理矛盾，就是各种利益诉求和规则约束的相互斗争状态。如为了考出好成绩而牺牲学生休息时间，为了迎合评委喜好而选用低效的教学方法，为了维护自身权威而严惩违反课堂纪律的学生等。在这些事情的背后，可以看到不同的利益主体，如学生（家长）、教师和学校；可以看到不同主体的利益追求，如学业成就、荣誉地位、经济实惠；也可以发现不同的规则，如效能（功利）原则、公正原则、人道原则。当教师无法兼顾各种利益主体的价值诉求或难以遵循各种规则而必须有所取舍的时候，就产生了真实的教学伦理矛盾。在现实生活中，力求十全十美地满足各种利益诉求，几乎是不可能的事情。因此，教师必须习惯于与教学伦理矛盾共处，同时努力做到合理取舍。

第一，教学伦理矛盾源自人们不同的利益诉求。教学活动关联着广泛的社会利益，如整体的国民素质和人才质量，学校的声誉、生源和资源，教师的声誉、收入和职位，学生的身心发展与升学机会，家庭的经济负担和未来前景等。不同利益主体均期待自身利益能够最大化，在多数情况下，当各种利益不能同时兼顾时，教学伦理矛盾就会产生。如学校为了提升影响力而搞激进的教学改革，增加了教师工作负担，影响了学生的学业成绩，这就产生了学校利益与师生利益之间的矛盾冲突；在教学活动中重点关注升学有望的学生而漠视升学无望的学生，这种常见的教学歧视现象，其矛盾根源是不同学生个体的利益竞争。简言之，教学活动牵连着复杂多样的利益，在大多数情况下，各方利益很难完全满足，总会或多或少地存在利益冲突。

第二，处理教学利益冲突的规则体系本身存在矛盾冲突。自古以来，伦理道德领域是充满争议和分歧的，在许多问题的认识和处理上，经常陷入“道德悖论”或“公说公有理，婆说婆有理”的局面。换言之，人类社会存在多种多样的道德观念、伦理规则和伦理学说，基于不同道德观念和伦理规则评判同一活动，常常会得出截然不同的结论，处理教学利益冲突的规范体系自然也不例外。美国学者斯特赖克等人在《教学伦理》一书中，介绍了常用于解决教学伦理问题的两种不同逻辑——效果论和非效果论。其中，效果论强调利益最大化原则，而非效果论坚持尊重人的核心立场。[①] 国内有学者研究发现，教学伦理规范可以区分为底线型教学伦理和卓越型教学伦理两大序列。其中，底线型教学伦理又可划分为义务型教学伦理（非效果论——引者注）和功利型教学伦理（效果论——引者注），而卓越型教学伦理的常见形态是德性教学伦理。这样，德性教学伦理、义务型教学伦理和功利型教学伦理就构成了处理教学利益冲突的三大价值序列。在具体规范层面，义务型教学伦理强调教学公正、教学民主、教学忠诚，功利型教学伦理重视教学效能，德性教学伦理倡导教学良心、教学真诚和教学宽容（原则）。[②] 不同价值序列的教学伦理规范提供了处理教学利益冲突的不同思路，但同时又会引起新的教学伦理冲突。如公平与效率的矛盾冲突、民主与效能的矛盾冲突、公正与宽容的矛盾冲突、忠诚与良心的矛盾冲突等。

第三，两难问题是教学伦理矛盾的典型表现。在教学工作中，虽然有不同的利益诉求和规范约束，但有时许多利益是可以兼顾的，许多规则是可以兼容的。例如，学生学业进步对学生、家长、教师和学校来说都是好事情。不过，有时又会出现严重的利益与规则冲突，如两难问题。所谓两难问题，就是很难找到明确出路的疑难问题。例如，在证据不足的情况下惩罚肇事者；学生主动向教师坦承考试作弊，又请求教师为他保密等。两难问题的基本特点是：存在明显分歧的两种选择，而且每种选择都是有缺陷的。两难问题是教学伦理矛盾冲突的典型形态。在《教学伦理》一书中，围绕学校教学中的惩罚、平等对待学生、文化多样性、精神自由和教学专业化等主题，呈现了大量生动的教学伦理方面的两难问题案例。如何有效化解两难问题，是每个教师无法回避的严重挑战。对此，肯尼思·A. 斯特赖克和乔纳斯·F. 索尔蒂斯明确主张：反对从相对主义和主观主义的立场看待教学伦理问题，应对教学伦理问题进行严肃的伦理审辩和慎重决策。国内有研究者更明确提出了解决教学伦理矛盾的一般性流程：第一步先感知伦理情境，找准关键事件；

① ［美］肯尼思·A. 斯特赖克、乔纳斯·F. 索尔蒂斯著，洪成文等译：《教学伦理》，教育科学出版社 2007 年版，第 15—22 页。

② 任海宾：《教学伦理冲突类型与解决过程研究》，《课程·教材·教法》2014 年第 7 期。

第二步定位伦理问题，确定关键目标；第三步根据问题性质，选取适当伦理原则；第四步基于伦理原则分析伦理问题，作出伦理判断；第五步设计假设性行动方案，评估相关权益和结果；第六步作出伦理决定；第七步实施决策并不断修正。[①] 这为我们合理化解教学伦理两难问题提供了很有启发性的分析框架。

第四，教学功利化问题是当前需要面对的一个重大教学伦理挑战。在日常生活中，我们常将"功利"视为贬义词，当看到某人做事只顾个人和眼前利益时，就会情不自禁地说"这人真功利"，并投以鄙夷的目光。在伦理学中，"功利"作为学术概念来使用，是功利论的核心术语。功利论主张善就是全体成员的利益最大化，即让最大多数人获得最大的幸福快乐。就此而论，教学具有功利性是合乎逻辑的，让所有学生在当下和未来幸福快乐地生活本是教学的内在价值追求。

但是，若功利性浸染整个教学系统，僭越并取代教学的其他属性而成为唯一属性时，那么教学功利性就会发生质变而蜕变为教学功利化问题。如有研究者指出，"现实中……功利性已经侵入教学的整个系统和每个环节，甚至已然成了教学据以存在的根据"[②]，这就值得警惕和反思了。教学功利化表现在教学动机上，主要是以分数、成绩、升学、业绩等外显的短期利益取代学生身心全面发展的价值追求；表现在教学活动中，就是采用不道德、不科学的手段追求个人或学校利益最大化，如歧视、忽视成绩差的学生，只教书不育人等；表现在教学结果的评价上，就是只看可比可测的外在指标而忽视内隐特征，只看成绩不看人，只看眼前不看长远。教学功利化现象危害很多，使教学迷失方向和担当，严重影响学生健康和可持续发展。因此，必须正确理解和严肃处理功利考量和道义坚守的关系，避免走向教学功利化的误区。

总之，教学活动充斥着各种各样的伦理矛盾冲突，尤其是在当今社会，教学功利化使得教学伦理冲突更加尖锐，需要教师具有高度的道德敏感性。

---

① 任海宾：《教学伦理冲突类型与解决过程研究》，《课程·教材·教法》2014 年第 7 期。

② 朱文辉、靳玉乐：《教学功利化剖析与出路探讨》，《中国教育学刊》2015 年第 12 期。

## 第二节　教学工作的伦理规范

教学伦理规范是在国家大政方针指引下，基于教学伦理矛盾运动的客观规律和历史进程，运用伦理学思想方法，总结教学实践的经验教训而提炼概括出来的规范教学观念和行为的基本原则或工作要求。在先秦时期，我国就在教学实践基础上提出了一些教学伦理主张，如诲人不倦、有教无类、无私奉献等。随着时代发展，人们对教学伦理问题的认识和实践不断变化、丰富和完善，逐渐形成了具有中国特色的教学伦理思想，如文道统一、教书育人、言传身教等等。

进入 21 世纪以来，我国教师职业道德建设工作到达了一个新高度，制定了一系列教师职业道德规范。其中，对教师的教学工作，更是具体从专业修养、价值追求、工作态度和工作方法等各方面提出了明确细致的要求。下面依次对这些规范作些介绍和分析。

### 一、深入钻研业务，不断更新知识

严谨治学是对教师业务素养的基本要求，“是关系到能否教育好学生，培养好人才的大问题，是衡量教师职业道德水准高低的一个基本尺度”[①]，因而在“在教育劳动中，教师必须遵守‘严谨治学、搞好教学’的道德规范”[②]。其中，严谨即严肃、严格、谨慎，治学则指向教师的学习和科研工作，这条原则要求教师在探求知识和传授知识的过程中做到严谨细致，在不断提升自身能力的同时，向学生展现对待学问积极而坦荡的态度。

教师要有扎实学识，这是世界各国对教师的共同要求，是有效开展教学活动的基本前提，也是教师专业发展的核心追求。在古代，孔子就明确提出了“学而不厌”的要求，更是身体力行，为后世树立了光辉典范；韩愈认为

① 程敬恭主编：《新编高等学校教师职业道德修养》，山西人民出版社 2014 年版，第 92 页。
② 王正平主编：《教育伦理学》，上海人民出版社 1988 年版，第 111 页。

教师肩负传道、授业、解惑的职责，作为教师必须“术业有专攻”。可以说，自古以来，我国就一直把学问精深作为教师素养的核心要求，强调学高为师，世人也普遍推崇学富五车的学问大家而鄙视滥竽充数的南郭先生。在现代社会，教育界对教师的知识结构作了深入的专业探讨，强调教师需要具备三个方面的知识：一般文化知识、学科专业知识、教育学心理学知识。这对教师提出了更高的知识素养标准，只有严谨治学，不断完善知识结构，深入钻研业务知识，不断更新专业知识，才能成为合格教师，真正胜任新时代的教学工作。具体来说，严谨治学可分解为三方面的要求。

首先，教师要认真学习教育学知识，做一个真正懂教育教学的人。在日常生活中，人人似乎都觉得自己很懂教育，不学教育学似乎也可以做好教育教学工作。其实，这是基于生活经验的肤浅之见。教育可谓是人类最复杂深奥的艺术之一，入门起点不高，但真正精通很难。因此，我们要对教育工作和教育学问心存敬畏之心，认真学习和钻研教育学。教师需要具备的教育学知识涉及面非常广，如教育的基本原理和历史发展，学校教育的构成与运作，教育教学活动的原则与方法，学生身心发展的规律与特点等。因此，要摒弃那种空洞无用的成见，秉持科学严谨的态度，深入理解和探讨教育规律，认真考察学生特点和行为表现，做一个真正懂教育学的好教师。举例来说，因材施教是人人赞同的教学原则，但何为因材施教？在教育学和心理学研究中，有大量的研究成果可以解释这一主张。加德纳提出的多元智能理论，可以专业地解释和测量学生心智的优势领域；斯滕伯格提出的成功智力理论，可以很好地理解三类人才的不同智力特长；我国心理学家朱智贤、林崇德等长期研究的思维品质及其发展问题，可以帮助我们理解不同人的思维特性，把思维敏捷、思维精准、思路开阔、思路独特这些我们习以为常的经验描述转化为对学生思维品质的专业判断：敏捷性、精确性、开放性、创造性和批判性。教学论关于分层教学、补偿教学、个性化教学的探索，提供了可行的因材施教的教学策略。教学是一项关乎学生未来成长的事业，其中的每一个细节都可能对学生产生深远的影响，这就要求教师应深入研究教学活动及其背后的逻辑，不可仅凭感觉行事，更不能一知半解就登上讲台。所有教学设计和安排，既要知其然，更要知其所以然，以一丝不苟的科学严谨态度来理解和对待教学工作。

其次，从日常学习的角度上看，教师应树立终身学习的观念，努力优化自己的知识结构，为教学奠定坚实的基础。俗话说，“要给学生一杯水，自己就要有一桶水”。现在人们又把这句广为流传的话改为“教师要有自来水”。现在学校教学总体来说以分科课程为主，其常态是某教师任教某学科，即教师通常是一个学科的任教者。要教好这个学科，就需要深入钻研这个学科，努力精通这个学科，甚至成为这个学科的专家。这样，教学才能融会贯通。如一个语文教师需要学习语言学、文字学、中国文学、外国文学、文章学（写作学）、文艺理论和文学评论等众多学科，使自己具有扎实的语言知识和宽广的文学积淀。在上中小学时，我们很佩服唐诗宋词张口就来的教师，这不是临阵磨枪的有意表演，而是长期持之以恒学养积淀的自然流露。在当代，课程综合化、跨学科课程已经成为趋势，这对教师的专业知识素养提出了更高的要求，除了精通主攻学科之外，还要兼修钻研多学科领域的专业知识，这样才能胜任综合理科、综合文科、体艺综合等宽口径课程的教学任务。当前，在小学教育阶段，全科教师不再是陌生的概念，而要胜任小学各科教学（多科教学），就需要钻研与小学各门课程相关联的专门学问，这对教师来说无疑是巨大挑战。可以说，面对教育事业改革发展的新形势，每位教师都将面临知识储备不足的尴尬局面，这就需要教师坚持终身学习的理念，不断优化自身知识结构。在当今，人类已经进入高度信息化时代，智能时代也已到来，学生可以通过多种渠道获得丰富的资源，教师的知识权威被逐渐削弱，如果不及时进行自我更新，扩充自身知识，很难在学生面前树立威信，甚至无法顺畅地与学生开展对话。因此，教师在掌握扎实专业知识的基础上，需要广泛涉猎其他相关的社会科学和自然科学知识，努力了解科学技术的前沿信息，把握社会发展的最新动态，及时更新和重组自身的知识结构，尽可能充实自己的精神世界，从而真正成为与时俱进的好老师。

最后，教学科研是教师钻研业务知识的独特方式，是教师更新知识的有效路径，也是严谨治学的时代要求。在人们的日常观念中，教学是一种重复性劳动，没有创造性可言，这是对教学活动的一种误解和曲解。相反，好的教学是充满创造性的，没有一成不变的固定程序，更不存在一招通吃的绝活，它是一项需要不断求索的事业。教学论界有句名言："教学有法，教无定法，贵在得法。"这是非常生动得当的概括。教学的奥秘在于得法，即探寻对特定教师和学生而言最合适的教学设计、教学实施和教学评价。教学科研的真谛就是教师始终保持探索的心态，不断琢磨教学改进之道。在 20 世纪 60 年代，国际上明确提出了"教师是研究者"的命题。改革开放以来，我国中小学教师的教学科研以星星之火而成燎原之势，科研兴校已经成为学校教育的共识。所以，新时代的教师必然是一个热心钻研教学问题的人，"研究者"正在成为教师角色要求的新内涵。这里所说的教学研究是实质意义上的研究，即对教学工作中的真实问题，以严谨求实的态度去设计方案、积极行动、收集证据、反思改进，最终达到解决问题的目的。教学研究可以是关于学科内容的深入挖掘，如语文老师去研究李白、杜甫；也可以是关于如何教学的改进探索，如整体提高学生学业水平的理论与实践探讨。实践表明，教学科研是教师知识水平和教学水平提高的有效途径。有研究者指出："教育科学研究能够提高教师的教育科研意识，改变教师的角色"，"使教学工作的模式由'经验型'转向'科研型'，使教师角色的模式由'教书型'转向'专家型'与'学者型'。"① 教师的教学科研，应该具有教学指向性，即最终是为教学服务的，是促进教学的；否则，就会分散精力，干扰教学。

总之，严谨治学是教师必须遵循的基本教学伦理规范，它要求教师既要有学问，更要懂教学，尤其对新时代教师而言，严谨治学更是他们安身立命之本。因此，教师需要以严谨求实的态度，坚持终身学习，积极探索教学问题，不断充实和更新自身知识结构，真正成为知识渊博、学养精深的好教师。

**二、坚持教书育人，恪守教学公正**

教学是学校育人的主阵地，承载着促进学生身心全面发展的核心任务，因而必须坚持教书育人的价值立场。在现代社会，集体教学是学校教学的基本形态，教学资源的分配和教学管理活动，必须遵循教学公正原则。简言之，教书育人、教学公正是教师在教学工作中处理各种事务和矛盾关系应该坚守的基本价值立场，是"道德地教"的核心要求。

---

① 黄连平：《谈师风建设与时俱进》，《教育与职业》2005 年第 15 期。

### （一）坚持教书育人的价值立场

“教书育人”可以说是对教师职能最为一般化的概括，“能否自觉地做到教书育人，是衡量教师道德水准高低的重要标志”[①]。教书，简而言之就是教师向学生传授知识技能的过程，育人则指教师通过教学、管理以及自身行为促进学生身心成长的过程。教学论研究指出，教学是一种特殊的认识活动，是把人类优秀的精神文化成果转化为学生个人知识结构和精神养料的过程，是在传授系统科学文化知识和基本技能的基础上提升学生德智体美劳各方面素养的过程。因此，正确处理教学与发展的关系，充分发挥教学促进学生发展的综合功能，是教学理论和实践探索的重大主题，也是教学的道义责任。教书育人就是人们对道义责任的理性概括。苏霍姆林斯基指出：“任何学科的教学，都要对学生进行道德教育。教师不仅要向抱有求知欲的学生传授自然科学知识，而且要向他们讲解产生这些知识的精神因素。学校开设的各门课程既要用知识充实学生的头脑，也要点燃他们的心。”[②] 教师遵循教书育人的教学伦理规范，主要体现在两个方面：一是正确体认教书育人的价值理念，二是在教学实践中践行教书育人原则。

教师应正确体认教书育人的价值理念。每个教师都知道教书育人这个命题，但具体理解有深浅正误之分。何谓教书育人？教书育人作为教学伦理的核心规范，主要规范教师从事教学工作的价值定向问题，即为何而教学的问题。具体来说，就是为谁培养人、培养什么人的问题。这是决定教学大是大非的价值方向问题，是教师任何时候都应该清楚明白的问题。现代教育的发展历程和当代实践表明，为国育人和全面发展乃是现代教学的核心价值诉求，自觉坚持这一基本的价值立场，是教师的神圣使命。

为国育人是由现代教育的基本性质决定的，体现了学校教学的社会责任。我国很早就已经提出了“建国君民，教学为先”“化民成俗，其必由学”的思想主张，强调学校教育在国家发展中肩负培育人才和教化民众的独特职能。从世界范围看，把教育发展和国家利益联系起来，是人类进入现代社会之后

---

① 王正平主编：《教育伦理学》，上海人民出版社 1988 年版，第 79 页。

② ［苏］苏霍姆林斯基著，世敏、寒薇译：《爱情的教育》，教育科学出版社 1985 年版，第 142 页。

的事情。现代国家具有民族国家的特征，赋予了学校教育培养现代国民的社会职责，所以，人们常把现代学校教育称为国民教育。国民教育的基本特点是国家办学，为国育人。我国现代学校教育同样是国民教育，肩负着培养现代中国人的历史责任。当前，我国正处在全面推进中华民族伟大复兴的重要时期，学校教育肩负培养能够担当民族复兴大任的一代新人的神圣使命，小小课堂奠基民族未来。因此，作为新时代的人民教师，要自觉把握为国育人的大方向，通过自身的教学活动，传播社会主义核心价值观，培育学生的爱国主义情操，增进学生的中华民族文化认同，努力把学生培养成为堂堂正正的中国人。

全面发展是关于学生身心发展的性质定位和质量规格，是中华人民共和国成立以来一直明确坚持的教育宗旨，体现了为国育人和个人发展的有机统一。关于全面发展的具体表述，在不同时期略有差异，如有时提三育（德智体），有时提四育（德智体美），有时提五育（德智体美劳），但基本精神一脉相承。新版《教育法》确定为五育。综合有关教育政策规定和理论研究成果，全面发展的基本内涵可以理解为：立德为本，能力为重，知识主线，身心健康，和谐发展。

教师不仅要正确体认教书育人的价值理念，而且要在教学实践中主动践行，遵照教书育人的伦理原则改进自己的教学工作。确保教学内容和教学方式合乎伦理，是践行教书育人原则的一个重要表现。在内容选取方面，不能仅以功利追求为旨归，而应立足于学生的长远发展。少数学校奉行不考的内容就不教，这就有悖于教书育人原则。教师言行要合乎社会主义核心价值观，自觉抵制错误的价值观念。比如，有些教师公然向学生宣扬上学就是为了赚大钱，这是极端肤浅的价值观；当学生为小偷娴熟的偷窃技术惊叹不已，认为这也是靠实力谋生时，有的教师默不作声，不敢给予评论与引导，放弃了正确价值引领的职责。在教学方式选择方面，也要有道德敏感性，力求道德地教。少数教师为了提升教学效率，将学生看作静待灌输的容器，无视学生的主体性，照本宣科，重复训练。这些都是不可取的。

教师要善于挖掘教学过程中的教育资源，在知识传授的基础上，使学生的思想品质和道德情操获得一定的发展，这是践行教书育人原则需要特别关注的。“知识即美德”是苏格拉底提出的关键命题，这句话包含着两层含义：一是知识是智慧的源泉，其中就蕴含着美德；二是知识的获得有助于美德的提升。对教师而言，应当将知识的丰富内涵，尤其是价值层面的意蕴呈现出来，并善于捕捉知识传授过程中可以对学生施加道德影响的契机，将“育德”作为“教书”的自觉追求。德国教育家赫尔巴特早在200多年前提出了“教育性教学”的观点，表示既不存在“无教学的教育”，也不存在“无教育的教学”，强调了教学的育德功能。如何在知识技能教学中润物细无声地陶冶学生品德情操，是实践教书育人原则的一大挑战，需要与时俱进地不懈探索。其中，教师严于律己，以自身行为表现感化学生，是得到广泛认同的有效途径。教师作为文化传承的长者，在学生心中具有较高的地位，也常常成为学生模仿的对象，教师的道德示范比单纯的道德说教更具说服力，更能发挥育人价值。“学生从一位道德品质优秀的教师身上，吸取的道德经验是负责、热爱、尊重、同情、诚实、守信、友好、平等；而从一位道德品质低劣的教师身上，学生吸取的道德经验是冷漠、势利、散漫、虚伪、自私等。”① 教师永远也不要低估自身行为对学生的影响力，要时刻以“学为人师，行为世范”的准则要求自己，通过自身教书育人的真诚表现，实现教书育人的价值追求。

（二）恪守教学公正的价值原则

公正即公平、公道、正义，是自古以来人类社会所追求的重要价值目标。伦理学研究认为，公正主要涉及社会制度的设计与运作，是社会资源分配和社会管理的核心原则乃至首要价值。例如，我国高考制度是国家人才选拔的基础性制度设计，虽然还存在一些不足，但总体是比较公正合理的，因而得到了社会各界的广泛认同。教学公正是公正原则在教学领域的具体应用，是处理教学管理、教学评价等相关矛盾的重要原则。现代教学主要采用集体教学的组织形式来运行，教师同时对众多学生进行教学，便出现了如何分配教学资源、如何执行课堂纪律、如何对待每个学生的特殊需要、如何评价每个学生的行为和进步等问题。教师使用什么尺子来衡量这些问题？为此，就提出了教学公正原则。教师作为教学管理和评价的重要主体行使职责，需要恪

① 李天凤主编：《教师职业道德》，高等教育出版社2015年版，第191页。

守教学公正原则。

教学公正是指教师在教学工作中能够遵循民主原则，按照合法程序行事，对所有学生一视同仁，不以个人好恶和私利作为对待和评判学生的标准。“教育公正，是一种重要的教师道德要求，也是教师必须具备的品质素养”①，而教学公正是教育公正在课堂教学这一微观场域的具体显现，是促进学生成长和师生关系优化的关键。教学公正原则的基本要求是教师对任何学生不抱偏见、不歧视对待，一视同仁地对待全体学生。具体来说，就是教师要明确学生在人格上是平等的，保证不同性别、种族、学业水平和家庭背景的学生都能获得同等的尊重、信任和关爱。不可否认，在现实教学过程中，人往往是有认识偏见和情感偏向的，教师恪守教学公正原则，关键是要努力克服自身的自然局限从而达到专业自觉。学生对教师为人处世是否公正有天然的敏感性，如果教师不能摒弃个人偏见，歧视或偏爱某些学生，不仅会挫伤学生的学习积极性，更会对其心灵造成难以逆转的伤害。卢梭就曾尖锐地指出：“诸位老师，你们别那么虚伪了，你们为人要公正和善良，要把你们的榜样刻画在你们的学生的记忆里，使它们深入到他们的心。”② 因此，一视同仁，公正处事，是教师应时刻铭记的行为准则。

除了一视同仁，教学公正更深层的要求是给每个学生提供同等的、适切的机会，促进人人成长和进步。这是因材施教意义上的教学公正，是实质正义。教学是一种非常复杂的活动，虽然教师对学生的爱不应有差别，但爱的方式却可以有所不同，这是实现教学实质公正的必然要求。对于两个学业水平不同、理解能力有差异的学生来说，给予同等程度的指导和同样的教学资源，看似平等对待，实际意义并不相同。真正的教学公正并不在于形式相同，而在于内容适切，这正是分层教学合乎道德的逻辑依据。教师针对学生的特点因材施教，关注课堂提问与作业设计的层次性，同等地对待学生，给予所有学生同等的机会，使所有学生成人成才，这是更深层次的教学公正。

此外，教学公正还要求对一些特殊情况给予合理的特殊处置。奖惩分明

---

① 王正平主编：《教育伦理学》，上海人民出版社 1988 年版，第 165 页。

② ［法］卢梭著，李平沤译：《爱弥儿》（上卷），商务印书馆 2007 年版，第 113 页。

是教学公正的具体体现之一，但教育惩罚并不只是为了惩罚学生的过失，更有对学生的警示作用，是为了其长远发展。因此，对于学生的一些无心之过，教师可以给予适当谅解，惩罚学生之后，还要对其进行适时劝慰。另外，对弱势群体，比如贫困家庭学生、学习困难学生等，有必要给予特殊关注和额外帮助。例如，许多学校鼓励教师对学习困难的学生给予个别辅导，正是这一特例规则的积极运用。正如罗尔斯在《正义论》中提出的差异补偿原则一样，特例规则的运用是有限定的，只有当不平等适合于最少受惠者的最大利益，且对所有人开放时才能被允许。如果教师为了某些学生能够考上更好的学校而泄露考试信息或者授予本不属于他的荣誉就不属于差异补偿的范畴，而是以利益最大化之名行教育不公正之事。可见，对特例规则的运用，教师要谨慎考量，不能任性胡为。

**三、把握教学自由，勇于教学创新**

践行教书育人使命，要求教师在教学工作中充分发挥主体性，运用自己的聪明才智不断优化教学，提高质量和效能。为此，就衍生出了教学自由和勇于创新这两条教学伦理规范。

（一）理性把握教学自由

教学自由既是教学专业性的内在要求，也是践行教书育人使命的重要条件，主要包含“教什么”和“如何教”的自由。具体表现为教师在不违反社会要求和教育规律的基础上，在教学目标、课程设置、教学方法、教学评价的内容与方式上具有一定的自主选择权，并可以依据自己的专业判断对与教学无关或不利于教学的工作及事务予以拒绝。[①] 一方面，由于教学活动的复杂性，决定了教师无法提前预估各种可能情况，并作出完整而严密的规划。为了保证教师在面对突发情况时能够利用自己的专业知识和经验加以灵活处置，需要教师具备一定的独立自主性，拥有教学自由的权利。只有这样，教师才能在教学活动中充分发挥自身的创造力，激发学生动机，引起学生兴趣，真正做好教书育人工作。另一方面，责任与自由是一致的，教师履行一定的教学责任离不开一定的教学自由，真正的自由不仅不会导致散漫，反而会激发

① 郑信军、吴琼琼：《论教师的教学伦理敏感性及其发展》，《教育研究》2013 年第 4 期。

教师的工作动力，促使教师采用适宜方式履行职责。

教师拥有教学自由的权利是绝对的，但教学自由本身却是有条件的。真正的自由必然都有一定的规约性。首先，教学自由是基于理性的自由。教学自由地发挥不是随意的，而要建基于对教学规律的深刻理解之上。教学艺术作为教师孜孜以求的自由境界，也是“强调教师在具体、真实、复杂的教学情境中对客观规律的一种灵活性把握和创造性使用”①。教师的教学行为不能无视客观规律而随心所欲。例如，小学生初学写作，句段篇是循序渐进的，掌握好句子和段落的写作，是写好一篇文章的基础。教师可以采用各种各样的方法来解决小学生的句子和段落写作问题，这是教学自由；但违背这种逻辑的写作教学，就不是教学自由，而是不负责任的行为。其次，教师“教”的自由应以不侵犯学生“学”的自由为边界，在教师的自由与学生的自由发生矛盾的情况下，教师的自由必须受到限制。② 在教学中，学生的学习离不开教师的指导，教师有制定教学目标、组织教学活动、进行教学评价的权利，但教师不能以此为借口去妨碍学生学习的自由。教师不能因为要完全按照自己的教学计划完成授课，就剥夺学生发问和质疑的权利，也不能为了维护教学秩序，就滥用手中的惩戒权。教师必须明确，“教”的自由和“学”的自由并非此消彼长的排斥关系，而是共存共生的相容关系。学生的积极性和主动性是教学目标达成的必要条件。由此可见，若想实现教学自由，除了要强化教师的教学自主权、给予教师更多自我发挥的空间外，教师自身也要不断学习和反思，提升自己的教学能力。只有这样，教师才能真正摆脱“代言人”的尴尬身份，摒弃“标准化”的教学，真正根据教学需要和学生情况设计和实施教学活动，合理发挥创造性，更好地体现出自身价值。

（二）勇于教学创新

勇于教学创新是基于教学劳动的创造性和教育改革创新的时代要求而提出的教学伦理规范。“与社会其他职业劳动相比较，教育劳动最富于创造性，

---

① 汪明、张睦楚：《教学是立于科学达于艺术之伦理性活动》，《湖南师范大学教育科学学报》2015年第5期。

② 周建平著：《追寻教学道德——当代中国教学道德价值问题研究》，教育科学出版社2006年版，第105页。

教育劳动是一种创造性的劳动。”①《中小学教师职业道德规范（2008 年修订）》明确要求教师要“潜心钻研业务，勇于探索创新，不断提高专业素养和教育教学水平”。教学是一项充满变化的教育活动，教师不能止步于循规蹈矩，而需要有创新的勇气和洞见。在改革开放的长期实践中，我国总结经验教训，归纳提炼出了守正创新的基本原则，具有重要的方法论意义。教学工作是守正与创新的统一体。一方面，在长期实践基础上，形成了一系列行之有效的教书育人理论和方法，需要教师自觉坚守，继承发展；另一方面，随着时代发展，教学任务日益复杂，不断面临新挑战和新机遇，这就需要教师有开拓创新的勇气，把守正与创新结合起来，更好地完成教书育人的使命。在当今时代，培养学生创造力已经成为学校教育的重要追求，教育改革发展进入了深水区，迫切需要教师探索创新，努力寻求破解教育难题的新机制。由此看来，勇于探索并非锦上添花，而是教师理应肩负的时代责任。

教师要有教学创新的动力和追求，力所能及地开展教学创新探索。教学活动中勇于探索创新的表现是多种多样的，距离教师也并不遥远，既可以是对新理论、新知识的创制，也可以是依据先进教学观念对实践作适当革新，还可以是对自身独特教学风格的不断摸索。虽然开创教学的新理论、发现教学的新知识是困难的，甚至可以说只有少数的教育研究者才能做到，不过对教学实践进行一定的革新却并不困难。例如，教育实验可以分为宏观、中观和微观三个层次，“微观教育实验的实验因子就是教师采用的教学方法和教学手段”②，这是每位教师都可以接触到的，教师可以依据一定的教育理论对自己的教学经验进行修正，从中提取需要解决的问题，建立必要的假说，开展小范围的教学实验或行动研究。虽然不是每位教师都能成为教学名家，但都可以尝试形成自己的教学风格，通过观摩名师的教学提取其特点，并结合自身优势和学生特点，对现有的经典教学模式进行变革，初步形成自己的风格，并在实践与研讨中不断完善自己的教学风格。目前一些学校开展打造“教师品牌”的活动，就是想要激发教师的探索欲，在为教师创设“专属名片”的

① 王正平主编：《教育伦理学》，上海人民出版社 1988 版，第 119 页。

② 朱德全、宋乃庆、彭智勇编：《基础教育实验研究》，西南师范大学出版社 2001 年版，第 5 页。

同时，营造一种积极向上的学习和研究氛围。由此可见，探索与创新并非高不可攀，这不是对教师能力的一种苛求，只要教师有改革创新的意识和意志，自觉进行教学反思和尝试，力求为学生提供更为鲜活优质的教学服务，那么他就已经行走在了教学创新的大道上。

教师教学创新要严肃认真，脚踏实地，可以大胆假设构思，但实践行动要实事求是，小心谨慎。创新不是哗众取宠，也不是刻意标新立异，而是为了优化教学活动，更好地实现教书育人。因此，教师需要有问题意识、质量意识和责任感。教学创新应遵循教学实验的有益原则和无害原则，努力通过教学创新为学生带来福祉，并规避可能的伤害。教学创新还要遵循科研的诚信原则，尊重他人知识产权，避免造假、夸大和误导大众等学术不端行为。

**四、努力敬业爱岗，提高教学艺术**

敬业爱岗是各行各业共同的职业道德规范，体现在教师的教学劳动中就是认真施教，提高教学艺术。教学的使命和目标是神圣而宏大的，但每天的具体教学是平凡琐碎的，认真教好每一堂课，精心处理好每个教学环节，就是实实在在的敬业爱岗。在当今时代，社会上有比较浮躁的现象，特别需要脚踏实地的工匠精神，需要认真施教，不断提高教学艺术。在现实生活中，很多教师可能一辈子没有轰轰烈烈的举动，但他们所上的每一堂课，都饱含热情，尽心尽力，这种平凡中透露出来的认真和努力，真切地演绎了教育者的伟大情怀。

关于施教，我们常说因材施教，这主要是从科学层面对教师教学提出的方法策略要求；认真施教则是从师德层面对教师教学态度和行为提出的规范。“教师的劳动态度，关系到教育过程能否顺利进行，影响到教育的效果和培养目标的实现”①，因此，教师的教学态度、教学动机问题是重要的教学伦理问题。《中小学教师职业道德规范（2008 年修订）》第二条明确提出，教师要“认真备课上课，认真批改作业，认真辅导学生”。为何如此强调、重视“认真”？这一方面是由于“世界上怕就怕‘认真’二字”，我们做事，尤其是攻

① 王正平主编：《教育伦理学》，上海人民出版社 1988 版，第 111 页。

坚克难时需要认真，但更多的还在于教师的教书育人工作“是一种问心的事业”①。

教育工作是一种职业，教师可以将此视为自己的谋生手段，并按照外在职业规范来做这件事；但教育工作更是一种事业，教师要将其视为毕生追求的目标，并尽心尽力做好。教师的教书育人工作虽然也有考评监督，如学校的教学督导，学生的期中、期末考试，尤其是升学考试，但日常大多时候教师的工作还是处于自由状态的，教师具有相应的教学自由，怎么教是自己决定的。教学工作具有较强的个体性、情境性，而学生的发展具有一定的滞后性，教学效果难以及时有效地全面显露、反馈出来，学校和行政部门很难及时、周全地督查教师的工作状态。教师施教认真与否主要靠自觉，而教师施教认真与否对学生健康而持续发展的影响也是不同的。以备课为例，有的教师根据本班学情并结合所教内容认真备课；有的教师可能没有认真分析学情和梳理教学重难点，便直接把同事的教案或自己往年的教案拿过来用；更有甚者，有的教师直接用网络上下载的课件来上课。除非细致检查，否则很难发现这些教师备课情况的差异。长此以往，教师业务水平会参差不齐，学生学业发展也会大相径庭。所以，人们强调教学是一个道德良心活动，要求教师基于做人的道义和良知认真工作，尽心尽力，只有这样才能问心无愧。

教学既是道德良心活动，也是精细的艺术活动，需要教师不断提高教学艺术。教学艺术是教师教学能力的集中体现，是教师灵活运用教学原理和教学技术创造性地设计、实施和改进教学水平，是教学能力发展的高级阶段。教师的教学能力是在教学实践中不断磨炼出来的，一般会经历一个从基本胜任到熟练运用再到自由艺术的上升过程。教学艺术是教师专业发展的重要目标，需要长期不懈地为之努力。从教学伦理角度看，这既是对教师工作能力提出的道德要求，又体现了对教师自身发展的关切。教学既是教师奉献社会的形式，又是自我发展的形式，而教学艺术是把二者统一起来的连接点。

提高教学艺术的具体要求主要有两个方面：一方面，在思想上，教师要有追求自我完善的精神，树立精益求精的观念。这和前面探讨的严谨治学的

① 王永红、王本陆：《用心做教师》，《教育科学研究》2016年第3期。

精神是一脉相承的。教师工作可能是平凡的，但要有追求卓越的工作精神。另一方面，在行为选择上，要积极努力，加强学习、实践、交流和反思，不断积累、优化和提炼教学经验，从而有效提高教学能力和教学质量。教学艺术的提升是一个长期而漫长的过程，需要教师克服各种不利因素的影响，以坚定的意志，持之以恒地行动。

概而言之，从教学伦理角度看，教学是一种文明生活。教学内含道德追求，存在复杂的伦理矛盾冲突，受到诸多伦理规范的约束。作为教师，需要理解、掌握和遵循教学伦理规范，努力担当教书育人使命，恪守教学公正理念，勇于探索，守正创新，真正做一个业务精湛、敬业爱岗的好教师。此外，在线教学和教学智能化趋势对传统教学方式提出了新挑战，教师应当与时俱进，自觉遵守在线教学和教学智能化提出的新的教学伦理规范和要求。

## 第三节　在线与智能化教学的伦理挑战及其应对

近年来，随着跨媒体、虚拟现实、大数据等智能技术在教学活动中运用的拓展与深化，出现了新的教学形态和方式。人工智能的创新性应用，冲击并改变了整个教育系统生态和教育秩序，主要体现在教育文化、教育中的人伦关系、教育结构和教育价值等诸多方面。显然对这种改变的关注，已不限于如何代替教师有针对性地指导学生学习的技术范畴，还可能影响师生生命体验、人性交融的情感与价值领域。可以说，相关的伦理议题已成为决定智能化教学未来走向的重要因素。

### 一、智能化教学及其特点

当前，计算机、多媒体及网络技术大大丰富了教学媒介和手段。基于大数据、云计算、物联网等智能技术的教育“新势力”已悄然“进场”，在线教育平台、教学机器人、专家知识系统等已得到了广泛应用。在新型冠状病毒肺炎疫情暴发和流行期间，在线教育成为不少国家开展教育活动的主要形式。在全球化背景下，技术迭代所引发的竞争更加激烈，即便教育领域也难以置身事外。近年来各国政府纷纷出台政策以推动人工智能技术在教育中的应用，国务院于2017年7月印发《新一代人工智能发展规划》，提出“利用智能技术加快推动人才培养模式、教学方法改革，构建包含智能学习、交互式学习的新型教育体系……开发立体综合教学场、基于大数据智能的在线学习教育平台”。2019年5月，习近平在致“国际人工智能与教育大会”的贺信中也指出：“积极推动人工智能和教育深度融合，促进教育变革创新，充分发挥人工智能优势，加快发展伴随每个人一生的教育、平等面向每个人的教育、适合每个人的教育、更加开放灵活的教育。”① 可以说，教学的智能化既是近年来教学创新的主要特征，也是教学变革的重要趋势。

智能技术的机理在于模拟人类的逻辑思维，其功能则是代替人类从事某类活动，解决某种问题。目前应用于教学的智能技术主要是以下两类：一是智能导学系统（intelligent tutoring system，ITS），代替教师对学生进行个别化指导，如北京师范大学余胜泉教授等人开发的“AI好老师”、美国麻省理工学院的Tega教育机器人等，此类系统一般分为专家知识、学生模型、导学三大模块；二是适应性学习支持系统（adaptive learning support system，ALSS），能够依据课程内容为学生定制适应性的学习路径及资源，比如松鼠AI自适应学习系统，这一过程一般经过用户建模、学习资源配置和学习路径推荐三个阶段。②

智能技术在教育中的应用之所以如此引人瞩目，是因为它“正带来教学环境、教学法和学科知识表示的全方位变革”③。其对于教学的积极意义表现在以下几个方面。一是推动差异教学，促进个性学习开展。智能技术通过收集学生的个人及学习行为信息，运用一定的算法规则进行大数据分析，可推测出每个学生的学习需求、学习偏好以及学习风格，据此从海量的相关知识资源库中为学生“私人定制”特定的学习内容，并向其精准推送。在这种情

① 习近平向国际人工智能与教育大会致贺信，http://www.xinhuanet.com/2019-05/16/c_1124502154.htm。

② 吴河江、涂艳国、谭轹纱：《人工智能时代的教育风险及其规避》，《现代教育技术》2020年第4期。

③ 邓国民、李云春、朱永海：《“人工智能+教育”驱动下的教师知识结构重构——论融入伦理的AIPCEK框架及其发展模式》，《远程教育杂志》2021年第1期。

况下，每个学生所接触的，是适合他的学习内容，显然对提高其知识掌握效率有积极意义。二是丰富教学过程，增强学生学习体验。虚拟现实（VR）、增强现实（AR）及跨媒体等智能技术的应用，使得课堂环境立体化、多维化，能够在教学活动中强化学生感官的全面与深度介入和思维操作的融合，有利于生成性目标和表达性目标的实现。三是代替教师工作，简化教学流程。智能教学系统能够自动完成出题、批改作业、诊断学生学习问题等教学任务，并且能够帮助教师整理资料、备课、简化教学准备和总结等工作流程。① 这就促使教师在一定程度上从烦琐、机械的教学工作中解脱出来，有更多时间做更复杂、更具创造性的事情。四是改善课堂管理，提高教学效率。将人脸识别技术、镜像技术等应用于课堂教学，可及时识别、收集、分析学生的学习注意力、思维活跃程度、学习行为变化等情况，并反馈给教师，教师据此可适时适当作出课堂管理行为，促使学生更好地投入教学过程。

## 二、教学中运用智能技术的伦理风险

教师和学生在智能化教学过程中的改变是多方面的，涉及认知、情感和行为。我们在享受技术赋能教育带来各种“红利”的同时，也要具有忧患意识，做到未雨绸缪，谨防陷入“技术陷阱”而使教育受到损害。从伦理角度分析，智能技术在教学中的应用会面临以下风险。

### （一）引发新的教育不公

技术必须借助于一定的仪器设备才能发挥作用，一般而言，越复杂高效的技术，就越需要精密高端的设备，这就使得经济条件成为能否有效开展智能化教学的重要因素。我国目前地区间社会经济发展差异较大，居民家庭收入差异也较大，这就导致智能教学系统无法在所有学校和所有家庭得到同等配置。2020 年上半年，在新冠肺炎疫情期间我国为做到停课不停学，在全国范围内开展线上教学。由于网络信号和电脑设备等原因令少数学生难以获得完全和稳定的教学服务。受技术设备的“准入门槛”所限，一部分学生无法得到同等教育资源，这势必引发新的教育不公。“教育工作中的技术运用，应该以促进平等、降低壁垒而非拉大差距、挤压弱势为出发点，不能‘不知不

① 于英姿、胡凡刚：《隐忧与消解：智能技术之于教育的伦理省思》，《远程教育杂志》2020 年第 3 期。

觉地’对学习者的受教育权、成长发展权形成侵犯、剥夺。”①

（二）泄露个人隐私

智能教学系统要实现对个别学生学习资源和路径的精准推送，就必须先对该生的学习需求、学习偏好与学习风格作出准确分析和判断，这就需要收集该生的个人信息，包括生理特征、学籍档案、思维风格、认知能力、学习基础以及学习习惯等。这些信息被收集并贮存于联网计算机、实体服务器甚至云端服务器中，一旦管理不善，或者受到黑客入侵，学生的个人信息就可能外泄，从而使得他们的隐私受到侵害。与此同时，智能系统为与教师相协调更好作出教学决策、建构虚拟教学环境，需要收集教师的工作风格、教学行为等信息，致使教师的隐私也被置于泄露的风险之中。

（三）侵蚀师生伦理关系

智能化教学之下，教师的一些工作将被智能系统或机器人所取代，比如对学生进行个别辅导、出题、批阅作业、进行学习诊断和评价等，教学关系由传统的人与人之间的师生关系演变为教师—智能机器—学生关系。在一些教学交往场合，学生面对的是机器，而不是活生生的教师。与教师现实交往的减少，势必弱化学生关于道德性、情感性和精神性的体验。著名教育学家顾明远教授认为：“教育的本质可以概括为：提高生命的质量和提升生命的价值。”② 人的生命性，不仅仅体现在其知识水平和认识能力上面，情感、道德、信仰、性格等都是构成完整生命的重要组成部分。传统上伴随教学过程，教师在和学生的直接交往中，通过言传身教，能感染学生的向善之心，培育他们的良善之情，引导他们的扬善之行，但是这种基于爱和关怀的伦理关系，由于智能技术的介入而受到侵蚀。

（四）混淆教育责任

教学具有重要的道德之维，其内涵就在于，教师掌握着教学的主导权，这就意味着，教师应当承担相应的道德责任。很多国家明确颁布教师专业伦理规范，其实就是对教师定规矩、明责任。但是当智能技术取代教师行使教

---

① 杨斌：《重器与众器：在线教育中的伦理思考》，《中国大学教学》2020 年第 11 期。

② 顾明远：《再论教育本质和教育价值观——纪念改革开放 40 周年》，《教育研究》2018 年第 5 期。

学主导权后，一旦发生“事故”，损害了学生的尊严、人格或心智发展，该由谁承担责任？如在识别、收集信息转换成数据时出现失真甚至完全错误，在制定算法规则时由于对某类学生群体的无意偏见而导致对该类群体作出不当的教学诊断与评价。如果这种情况发生，该问责教师、学校、算法编写人员，还是定制、提供系统的厂家和商家？

（五）消解教学主体

传统上，师生伦理关系源于教师与学生两者都作为主体的教学关系。良好的师生伦理关系，是他们各自作为主体在言语和行为的互动过程中形成的。这种关系促使他们在道德情感的体验中深化自身对主体性角色的理解，从而在教学工作和学习活动中发挥主体作用，提升师生教学关系的层次。然而，在智能化教学之下，教师和学生可能会不知不觉地将这种主体权利让渡给智能机器。智能技术的迅捷性和准确性，让教学变得简洁高效，容易使教师对机器产生依赖感，甚至丧失自身在专业能力方面的自信，导致自己专业敏感性和主观能动性的退化。学生在智能系统根据算法规则专门投其所好进行教学“投喂”之下，容易产生思维和行为的惰性，失去学习的积极性和自主权。在此情形下，“师生交往看似是人与人的交往，实则是数据与数据、算法与算法之间的交往，消弭了师生交往的生命之维”①。显然，智能技术对师生主体性的冲击，不利于师生伦理关系的维系。

## 三、应对在线和智能化教学伦理风险的策略

重视智能技术在教学中的应用，是目前教学改革的重点，也是教育发展的重要趋势。我们应当看到，不论是在线教学还是智能化教学，都是当代一种强大的教学工具或力量，对它的善用还是恶用完全取决于人的伦理道德价值取向。爱因斯坦指出：“科学是一种强有力的工具。怎样用它，究竟是给人类带来幸福还是带来灾难，全取决于人自己，而不取决于工具。”② 以现代计算机信息与网络技术为支撑的在线教学和智能化教学，实际上是把人类教育

① 刘磊、刘瑞：《人工智能时代的教师角色转变：困境与突围——基于海德格尔技术哲学视角》，《开放教育研究》2020 年第 3 期。

② ［美］爱因斯坦著，许良英、赵中立、张宜三编译：《爱因斯坦文集》（第三卷），商务印书馆 1979 年版，第 56 页。

和教学推向一个必须由自己选择未来的“十字路口”，广大教师必须借助教学伦理道德理性的力量，依靠教育伦理自觉精神来趋利避害，造福于教学和学生。我们要正视智能化教学带来的伦理挑战，及早提出、落实并完善应对之策，真正做到把智能技术友好地深度融合于教学之中，使其能最大限度地为教育赋能。

（一）明确在线和智能化教学的技术条件和限度，恪守教学的基本伦理精神

教育是出于人、为了人、完善人的社会实践活动，教育的本质在于对人的生命价值的维护、彰显和提升。作为教育基本形式的教学，“是个多维存在，不光具有科学性、艺术性，还具有伦理性，且伦理性之于教学具有首要性，教学是立于科学达于艺术之伦理性活动”①。应当看到，在线教学和智能化教学是传统教学方式的拓展和创新。由教学中的利益关系所决定的伦理关系，以及人类千百年来所积累起来的教学道德规范和伦理智慧，如立德树人、教育公正、热爱学生、严谨治学、教学创新、教学民主等，依然起着基本的价值导向作用。新技术教学的运用不仅要合乎科学技术规律，还要遵守伦理道德规范。我们不仅要在技术上考虑是否“能用”，还要在伦理价值导向上考虑是否“该用”，以及“该怎样用”。在线和智能化教学为代表的新技术教学确实“增进了学习机会，丰富了学习体验”②，但智能技术作为一种外部力量改变教学的原有形态和方式，应以不损害教学的基本伦理精神为限。我们应当站在有利于教学和学生发展的高度，打造传统教学方式和新技术教学方式优势互补的新型教学方式，让新技术真正成为教师教学和学生学习的好帮手。应当明确智能技术的运用条件，划定其应用范围和限度，使其为教育“赋能”和“增值”。

（二）教师坚守主体角色，履行道德责任

智能技术能从事一些教学事务，并且具有准确性、高效性等特点。教师需要知道，智能技术针对并试图解决的是学生的知识学习问题，但认知水平

---

① 汪明、张睦楚：《批判与期盼：关于教学活动性质的理性思考与深层追问》，《湖北社会科学》2015 年第 10 期。

② 王本陆：《让技术真正成为师生的好帮手》，《教育发展研究》2016 年第 4 期。

和能力的发展不是学生发展的全部。作为“未完成的人”，学生的道德、审美、情感、社会交往态度与能力等都有待成长，在这些方面，智能技术是无法替代教师的作用的。即便是与认知发展有关的人格因素，比如好奇心、探究欲、意志力等，智能技术能施加的影响也非常有限。此外，教育是追求“善”的事业，培养学生成为行善而利他、因善而幸福的人，这也是教育的重要目的。智能技术本身并无善恶之分，关键取决于行使主体权利的人如何运用它。我们现在看到的一些智能化教学之下学生受到伤害的事例，是人对技术的错误使用导致的。因此，教师不应为自己在教学的某些事务上不如智能系统而丧失自信心和主观能动性，反而更应该坚守自己作为教育者的主体角色，不向智能系统让渡自己的主体权利，明确师生间的伦理关系才是教学关系的本质，真正担负起对学生的道德责任。

（三）建立智能技术应用于教学的伦理规范

从操作层面讲，为智能技术在教学中的应用制定一套伦理规范，是制约其被过度和不当使用，引导其发挥积极作用的可行之道。2019 年 5 月，联合国教科文组织在首届“国际人工智能与教育大会”上通过的《北京共识——人工智能与教育》中指出：“采纳合乎伦理、注重隐私和通过设计确保安全等原则的重要性……制定全面的数据保护法规以及监管框架，保证对学习者的数据进行合乎伦理、非歧视、公平、透明和可审核的使用。”[①] 因此，国家和地方相关管理机构应尽快着手制定相应的伦理规范，一方面应将智能技术应用所涉及的一揽子伦理问题都纳入这一规范体系中，尤其是教学领域；另一方面应充分听取利益相关者，包括教师、学生、学校管理者、教育专家及智能技术专家的意见建议，在取得广泛共识的基础上制定出相关伦理规范。

（四）教育学生正确处理与人工智能的关系

教学智能技术的作用对象是学生，其伦理风险也主要体现在学生身上。儿童青少年对新事物具有天然的敏感性和易接受性，况且人工智能所建构的知识呈现界面和虚拟教学场景对他们更具吸引力。智能化教学在无形中会形

---

① 《联合国教科文组织正式发布国际人工智能与教育大会成果文件〈北京共识——人工智能与教育〉》，http://www.moe.gov.cn/jyb_xwfb/gzdt_gzdt/s5987/201908/W020190828311234679343.pdf。

成学生与智能系统（机器）这一新型关系，是沉迷于机器，丧失自己的独立性和自主权，还是能保持清醒的头脑，将智能机器作为促进自身学习的伙伴和助手，需要学生进行正确分辨和理性处理。目前已出现 AIQ（artificial intelligence quotient），即“人工智能商数”这一概念。AIQ 既包括利用智能技术的能力，也包括与智能机器沟通协调、彼此友好相处的能力。对教育者来说，在合理、正当地运用智能技术的同时，还应帮助、引导学生处理好他们与人工智能的关系，使智能技术真正造福于学生的发展。

## 思考与练习

**【讨论思考】**

1. 怎样理解“教学是一种文明生活”“教学是一种特殊的道德生活”？

2. 教学工作有哪些基本的伦理规范和具体要求？

3. 在线教学与智能化教学对教学伦理提出了哪些新的挑战和教学伦理要求？

**【案例分析】**

材料一

崔老师是一位高中语文特级教师，她的微笑和好脾气全校闻名。她的学生是这样描述她的：印象中很少见她发脾气。上课的时候，有同学睡觉，她不会直接去点醒那位同学，而是在小组讨论的时候，走过去把他摇醒，问他为什么睡觉，然后她继续上课，那个同学可能就不会趴在桌上接着睡了。收作业的时候，有些老师没收齐作业就会很生气，但是崔老师不会。如果早上没有收齐作业，她就会在第二天语文早读的时候拿着一本作业在教室里面逛一会儿，一边走一边说，谁没交作业的交给我。一圈儿下来，剩下的作业就都收走了。最后大家都会养成习惯，按时自觉地交作业。有时候，对没交作业的同学，崔老师会私下里递给他（她）一张纸条，上面写着“不交作业是可耻的”。然后那位同学就会感觉挺惭愧，很快补交作业给她。她这种方式我们都觉得挺逗的。总之，崔老师从来没在我们面前发过脾气。崔老师的笑，不会有冷嘲热讽的意思，她笑得很亲切、很舒服。如果你做错事情的话，这种微笑会让你不由自主地找她坦白、道歉。（黄华、王永红著：《崔琪：用语文锤炼学生的思维品质》，教育科学出版社 2012 年版，第 104—105 页）

请谈一谈为什么崔老师的微笑能让学生主动承认错误，改掉坏习惯？

材料二

佛赛老师是一位高中化学老师。周一上午，他正在指导学生做实验，突然，有人叫他去办公室接一个紧急电话。他考虑到这是一个没有危险的实验，药品柜也锁好，就告诉学生自己去接一个紧急电话，让同学们继续实验。过了一会儿，化学实验室传来轰隆一声爆炸声，佛赛老师赶紧飞奔回实验室。一进实验室，满屋都是烟雾，他赶紧查看，幸好没有学生受伤。而且，还有学生脸上露出十分搞笑的表情。有个捣蛋鬼在一个坚固的金属垃圾筐里引爆了一个爆炸物，因而并没有造成人员伤亡。佛赛老师发现上了锁的化学药品柜被打开了，因此断定有人有钥匙或是设法撬开了柜子。他意识到问题的严重性，制造爆炸的人很可能对自己行为的后果一无所知。一旦出了大错，这个捣蛋鬼很可能炸掉半个学校。而且，一旦误拿了药品，也会出现致命的问题。因此，他决定立刻查找是谁干的，但结果令人失望，根本找不出肇事者。因为没有学生承认错误，也没有人提供线索证据，他决定惩罚整个班级。他还宣布，只要找到肇事者，就会取消对整个班级的惩罚。周二早上，佛赛老师办公桌上出现了一张匿名纸条，指控伊莱克斯是爆炸的肇事者。经过仔细推敲，佛赛老师觉得这个线索的可信度较高。面对匿名指控，令人意外的是，伊莱克斯断然否认了，这令佛赛老师左右为难。他有一些证据，但缺乏关键的直接证据确认伊莱克斯就是肇事者。尽管如此，他还是决定要惩罚伊莱克斯。周三上课的时候，佛赛老师向全班宣布，伊莱克斯应该为实验室爆炸事件负责，具体的惩罚是：留堂一年，化学成绩为零。同时，取消对全班同学的惩罚。佛赛老师认为，惩罚伊莱克斯是小事，关键是让学生明白安全的重要性，杀一儆百，以后就再也不会有学生敢擅自去拿化学药品或恶作剧地搞爆炸了。（[美] 肯尼思·A. 斯特赖克、乔纳斯·F. 索尔蒂斯著，洪成文等译：《教学伦理》，教育科学出版社 2007 年版，第 27—29 页）

这是一个关于惩罚的教学两难问题。假设你是佛赛老师，将如何处理这次实验课上的爆炸事件？此外，请论证你的处理方式具有何种道德合理性。

**【拓展阅读】**

1. [美] 肯尼思·A. 斯特赖克、乔纳斯·F. 索尔蒂斯著，洪成文等译：《教学伦理》，教育科学出版社 2007 年版。

2. 王凯、[加] 伊丽莎白·坎普贝尔主编：《当代西方教师伦理研究新进展》，福建教育出版社 2019 年版。

3. 戴双翔、王本陆主编：《教师职业道德养成——做一个温暖的师德实践者》，北京师范大学出版社 2015 年版。

**【教学实践互动建议】**

1. “我终生难忘的课堂”演讲会：以教学伦理矛盾冲突或教学伦理规范为视角，选择他人或自己的课堂教学/学习故事（正面或反面故事均可），每人作 5 分钟左右的演讲。

2. 制作课堂教学伦理规范自检卡：结合教学伦理规范和实践问题，请学生分小组细化课堂教学伦理规范，归纳总结出自成体系的细则，并制作用于自我检查对照的小卡片。

# 第八章　教师科学研究中的伦理道德

教师的教学和科学研究是相互促进的。无论在中小学还是在高校，越来越多的教师趋向于将教学和科学研究有机结合起来，用科学研究促进教学，用教学助推科学研究，努力成为教学与科学研究齐头并进的教育专业工作者。教师在做好教学和育人工作的同时，从事力所能及的科学研究工作，已经成为现代教师职业的应然要求。虽然高校和中小学教师从事科学研究工作的目标和要求有所不同，但全体教师都应当在从事科学研究活动的过程中遵循基本的伦理道德规范，通过自己良好的科学研究道德和科学诚信，进一步彰显师德，成为学生的现实榜样。[①]

## 第一节　科学研究伦理规范的历史演变

科学研究涉及的是知识创新的问题，是非常神圣的事情。因此，科学道德和科学诚信，早已受到人们的重视。我国进入21世纪以后越来越重视科学研究伦理规范的建设，教育部、国家科学技术委员会、中国科学院等先后出台各种学术规范，要求各级各类学校教师在从事科学研究活动时熟知并严格遵守这些规范。在国际上，科学研究伦理规范甚至在科学研究职业化之前就已经受到了重视，并且形成了一系列国际科学界普遍遵守的规范。

### 一、我国科学研究伦理规范的历史沿革

我国人文社会科学学者在20世纪80年代开始提出学术规范的问题。[②] 真

---

① 王正平主编：《教育伦理学》，人民教育出版社2019年版，第348—371页。

② 叶继元等编著：《学术规范通论》，华东师范大学出版社2005年版，第5页。

正由公共部门明确制定具有约束性质的学术规范，是21世纪初才出现的。世纪之交，学术不端事件时有曝光，引起人们对教师科学研究伦理规范建设问题的高度关注。在科学诚信和科研道德问题日益突出的背景下，国家和地方有关部门开始对科研伦理道德规范进行规制，并逐渐将科研诚信和科研道德从师德中独立出来。科研诚信和科研道德合起来称为“学术规范”。

1. 第一阶段（2000年以前）：从师德层面重视学术规范

2000年以前，学术规范被当作师德的内容之一纳入整个精神文明建设体系。在学术规范的管理体制方面，没有单独制定科学研究伦理。许多高校有精神文明建设委员会，并下设师德委员会，主要管理学校内部的师德、师风、教风等，但没有明确地管理学术道德问题。有的高校即使设立了学术道德委员会，也多半置于学校人事部门之下，学术规范的问题实际上是归口管理部门不明确，管理者对独立管理的必要性缺乏足够的认知。进入21世纪以后，这种情况开始有所改变，越来越多的高校和科研机构开始设立由科研管理机构为主导的科学伦理与学术道德委员会或者类似的非常设机构。可见，科学研究伦理规范开始逐渐走向独立，成为单独的道德生活领域。学术道德跟师德并列的趋势逐渐显露出来。在社会转型过程中，学术活动中的不正之风和道德失范问题引起社会舆论的极大关注。在这样的情况下，人们逐步认识到，科学研究伦理规范是身负立德树人重任的教师必须遵守的基本职业道德规范。

2. 第二阶段（2000—2018年）：对学术规范加以系统治理

由于我国社会急剧转型，市场经济的冲击极大地影响到人的价值观，跟假冒伪劣商品相“呼应”的是各种学术造假现象日益严重。20世纪末各种学术不端事件不断出现，引起人们对学术规范问题的高度关注。在这样的背景下，出现了一些民间学术打假人士和学术打假网站。如“新语丝”以揭露各种学术不端行为著称，“学术批评网”主要进行学术批评，“好汉网”注重倡导学术规范建设。学术不端现象的发生和社会学术打假的呼声，引起政府有关部门对学术规范建设的重视。国家和地方有关部门开始对学术规范问题加以系统化治理。

2002年2月27日，教育部发布《关于加强学术道德建设的若干意见》，明确提出要充分认识端正学术风气、加强学术道德建设的必要性和紧迫性，并就端正学术风气、加强学术道德建设的基本要求作出明确指导。该意见强调：广大教师和教育工作者要增强献身科教、服务社会的历史使命感和社会责任感；坚持实事求是的科学精神和严谨的治学态度；树立法制观念，保护知识产权，尊重他人劳动和权益；认真履行职责，维护学术评价的客观公正；为人师表，言传身教，加强对青年学生进行学术道德教育。该意见还就如何采取切实措施端正学术风气，加强学术道德建设，提出了完善体制和机制建设的若干意见。

2003年5月7日，科学技术部、教育部、中国科学院、中国工程院、国家自然科学基金委员会联合印发了《关于改进科学技术评价工作的决定》。该决定明确提出，要加强科学道德建设，营造良好的创新文化，坚决反对任何形式的学术不端行为。该决定强调：将创新文化的重要要素引入到评价体系之中，加强科学道德建设，倡导热爱科学、淡泊名利的良好文化风尚。要鼓励勇于创新、宽容失败、敢为人先的拼搏精神。弘扬“百花齐放、百家争鸣”的方针，提倡开展平等的学术批评与学术争论，保障不同学术观点的公开发表和充分讨论。推动不同学科领域、不同学术思想、不同学派间的交流与合作，营造有利于科技发展的良好文化环境。

2004年8月16日，教育部印发了新中国成立以来的第一部《高等学校哲学社会科学研究学术规范（试行）》。据此，学术规范包括学术基本规范、学术引文规范、学术成果规范、学术评价规范、学术批评规范等五个方面。在此基础上，有学者将学术规范细分为学术研究基本规范、学术研究程序规范、学术研究方法规范、学术论著撰写规范、学术引文规范、学术署名及著作方式标注规范、学术评价规范、学术批评规范等诸多具体的规范。①

2006年5月10日，教育部印发了《关于树立社会主义荣辱观进一步加强学术道德建设的意见》。该意见提出，要进一步充分认识加强学术道德建设的重要性和紧迫性；加强自律，维护学者和学术尊严；建章立制，为加强学术道德建设提供制度保障；加强领导，把学术道德建设落到实处；各级教育部门、高等学校、教育科研机构要把学术道德建设作为事关全局的大事来抓；

① 叶继元等编著：《学术规范通论》，华东师范大学出版社2005年版，第6页。

要把学术道德建设摆在更加突出的位置，建立加强学术道德建设的组织机构，有效动员各方面力量，协调相关部门，建立健全工作机制，形成良好的政策导向，全面推进教育系统学风、教风、校风建设。这是教育部门第一次明确要在各高等学校和教育科研机构建立专门的学术道德组织机构。

2006年5月，教育部社会科学委员会学风建设委员会（以下简称“教育部学风委”）正式成立。教育部学风委成立后，立即组织起草了《高校人文社会科学学术规范指南》《高等学校哲学社会科学研究学术规范》等文件。这些文件对加强学风建设发挥了积极的作用。教育部学风委还积极开展学风建设调查研究，分别对部属高校学风建设情况、西方发达国家学术道德规范情况进行了调研。教育部学风委还组织开展了学风建设典型人物的评选活动，征集了学风建设典型人物优秀事迹，目的是要加大对高校学风建设典型人物的宣传力度，弘扬优良学风。①

2006年7月，教育部召开了全国高校哲学社会科学科研工作会议，会上印发了《教育部关于大力提高高等学校哲学社会科学研究质量的意见》。该意见强调，要采取有力措施大力提高高等学校哲学社会科学研究质量，加大学风建设力度，严格遵守学术规范，不断提高学术道德水平，逐步形成高等学校哲学社会科学条件保障体系。

2007年，教育部设立了关于“高校人文社会科学学术规范研究”专项课题，由教育部学风委副主任、著名语言文字学家王宁教授牵头组成课题组。课题组历时两年，多次深入高校开展专题调研，反复听取专家学者和研究生的意见和建议。课题成果《高校人文社会科学学术规范指南》于2009年7月由高等教育出版社出版发行。该指南共有八节，在学术伦理层面，着重说明了人文社会科学学术研究者应具有的基本价值观和职业操守；在技术规范层面，着重介绍了人文社会科学学术研究的基本程序、技术标准和规则；在纪律和法律层面，着重阐释了与人文社会科学学术研究有关的规章制度和法律条文，并针对现实情况说明了违法和违规行为将会产生的严重后果与不良

① 吴树青：《在高等学校学风建设座谈会上的发言》，http://www.gov.cn/gzdt/2009-03/15/content_1260002.htm。

影响。①

2007 年 3 月 23 日，中国科协印发了《科技工作者科学道德规范（试行）》。该规范不仅提出了 13 条科研人员必须遵守的学术道德规范，而且明确了 8 条“学术不端行为”，对学术不端行为的监督也作了规制。

2009 年，教育部在社会科学委员会学风建设委员会基础上成立了教育部学风建设协调小组，下设社科类学风建设办公室和科技类学风建设办公室。此后，全国高校相继建立学风建设组织机构，重视发挥学校学术委员会、学风建设委员会在学术研究、学风建设中的主导作用，制定相关制度和实施细则，逐步形成领导有力、责任明确、协调配合、监督到位的学风建设工作体制。②

2012 年 4 月 10 日，中国科协科技期刊发布科学道德规范联合声明，对学术不端零容忍。声明明确表示，要注重科学道德建设，弘扬创新精神；开展学术诚信教育，规范学术行为；加强编审队伍建设，恪守职业道德；明确署名责任权利，严格遵循职业规范。③

2016 年 4 月 5 日，教育部颁布《高等学校预防与处理学术不端行为办法》，进一步规制高等学校及其教学科研人员、管理人员和学生，在科学研究及相关活动中发生的违反公认的学术准则、违背学术诚信的行为。该办法明确提出，高等学校是学术不端行为预防与处理的主体，因此高等学校应当建设集教育、预防、监督、惩治于一体的学术诚信体系，建立由主要负责人领导的学风建设工作机制，明确职责分工；依据本办法完善本校学术不端行为预防与处理的规则与程序。

2017 年 7 月，中国科协第九届常务委员会第四次会议审议通过《科技工作者道德行为自律规范》。该规范强调：广大科技工作者要严于自律，坚持自觉担当科技报国使命、自觉恪尽创新争先职责、自觉履行造福人民义务、自

---

① 《教育部学风建设委员会推出学术规范指南》，《中国教育报》2009 年 7 月 7 日第 1 版。

② 《立足创新　提高质量　继往开来——高校哲学社会科学繁荣计划“十一五”成就巡礼》，《光明日报》2011 年 2 月 28 日第 10 版。

③ 《中国科协科技期刊发布科学道德规范联合声明　对学术不端零容忍》，http://www.gov.cn/jrzg/2012-04/10/content_2110210.htm。

觉遵守科学道德规范的高线，坚守反对科研数据成果造假、反对抄袭剽窃科研成果、反对委托代写代发论文、反对庸俗化学术评价的底线，肩负起推动创新驱动发展、建设世界科技强国的历史重任，争做践行社会主义核心价值观的楷模、弘扬中华民族传统美德的典范。学术规范首次明确提出坚守“四个反对”的学术道德底线概念。

3. 第三阶段（2018 年以后）：学术规范被纳入新时代教师职业行为准则

2018 年底，教育部颁布实施了《新时代高校教师职业行为十项准则》《新时代中小学教师职业行为十项准则》《新时代幼儿园教师职业行为十项准则》。与此同时，三个对应的教师违反职业道德行为处理办法也先后出台。这些规范性文件明确将学术规范纳入教师职业行为准则，并对违反规范的处理程序和惩罚措施作了明文规定。例如，《新时代高校教师职业行为十项准则》第七条规定：“遵守学术规范。严谨治学，力戒浮躁，潜心问道，勇于探索，坚守学术良知，反对学术不端；不得抄袭剽窃、篡改侵吞他人学术成果，或滥用学术资源和学术影响。”中小学和幼儿园教师的行为准则虽然没有明确的学术规范条文，但都要求教师必须做到“诚实守信”“自觉抵制不良风气”，其中包含有注重科学诚信和研究伦理的内涵。配合准则出台，教育部还制定了《教育部关于高校教师师德失范行为处理的指导意见》，对 2014 年印发的《中小学教师违反职业道德行为处理办法》进行修订，制定了《幼儿园教师违反职业道德行为处理办法》，建立起违规惩处和责任追究机制。要求各地各校根据准则，结合实际制定教师职业行为负面清单和实施办法。

从以上简短的历史回顾可以看出，我国教师学术规范建设坚持的是政府主导、多主体共同参与的治理模式。从“善治”理念来看，这既是符合现代特征的社会治理模式，也是最有效的模式。教育行政部门和科技管理部门、科协等社团、高等学校和科研机构等各有自己独特的优势，在政府主导下，各方力量可以有效发挥，加上教师和科研人员的自律，我国在科学研究伦理的规制方面成效显著。进入 21 世纪以来，各方一直在持续努力，特别是 21 世纪的前 10 年，规制办法不断被制定并得到有效应用。

## 二、国外科学研究伦理规范的历史发展

西方国家明确提出学术规范概念的时间要比我国早。有学者认为，1942

年出版的默顿的《论科学与民主》一书最早提出科学的四大规范：普遍性、共有性、无私利性以及合理的怀疑性。① 不过，西方国家普遍重视学术规范问题主要是在 20 世纪 70 年代以后。

1. 第一阶段（以《纽伦堡法典》为标志）：关注人体实验的伦理问题

据记载，西方大概在 18 世纪初开始有人体实验。有的科学家为了检验实验效果，不惜在自己身上做细菌和其他相关的实验；也有的科学家在他人不知情的情况下，对实验对象做人体实验。在早期，人们并没有注意到人体实验可能引发的伦理问题，如美国最早于 1906 年颁布的《纯净食品和药品法》（*Pure Food and Drug Act*）居然完全没有涉及人体实验食品的问题。② 二战期间，人体实验越来越多，人们逐渐开始关注人体实验中的人道问题。

1946 年国际军事法庭的决议《纽伦堡法典》（*The Nuremberg Code*）中明确规定，研究者在人体身上做实验必须让被试知晓并征得被试同意。这一法律的出台主要是针对纳粹集中营中进行的反人类人体实验而提出的。当时有许多科学研究违背伦理精神，如故意隐瞒实验的危险性或实验可能带来的致命性威胁。二战结束后，在德国纽伦堡组织了国际军事法庭审判纳粹战犯。《纽伦堡法典》是 1946 年审判纳粹战犯的纽伦堡军事法庭决议的一部分，它牵涉到人体实验的十点声明，其基本原则有二项，一是必须有利于社会，二是应该符合伦理道德和法律观点，因而又称为《纽伦堡十项道德准则》。它明确提出，人体实验必须遵循一定的伦理准则。③

《纽伦堡法典》的精神对西方科技伦理规范的发展影响巨大。首先，《纽伦堡法典》关于人体实验的伦理原则很快被推广到所有和人类自身相关的研究中。如采用个别访谈、小组式集体访谈、个案研究、观察等研究方法进行研究的时候，必须保护被试的隐私、征得被试本人或监护人同意、价值中立

① 叶继元等编著：《学术规范通论》，华东师范大学出版社 2005 年版，第 4 页。

② European Commission. *Ethics in Social Science and Humanities*, https://ec.europa.eu/research/participants/data/ref/h2020/other/hi/h2020_ethics-soc-science-humanities_en.pdf.

③ 张鸿铸、何兆雄、迟连庄主编：《中外医德规范通览》，天津古籍出版社 2000 年版，第 1048—1049 页。

等诸多研究规范，相继成为研究者的共识。[①] 二战后西方许多科研机构和大学还先后成立研究伦理审查小组（Research Ethics Review Board，简称RERB)，负责对所有的科研项目进行伦理道德方面的审查。在注重科学研究本身合伦理性的同时，科学家个人的学术道德问题也开始受到关注。1957 年，美国社会学家 R. K. 默顿在就任美国社会科学协会主席时的演讲中就曾批判过科研不端的早期表现形式——伪造、剽窃等欺骗行为。[②]

2. 第二阶段（以《赫尔辛基宣言》为标志)：广泛注重医学研究伦理

1964 年 6 月，第 18 届世界医学大会在芬兰赫尔辛基召开。会议发表了著名的《赫尔辛基宣言（人体医学研究的伦理准则)》(简称《赫尔辛基宣言》)，用以指导医生及其他参与者进行人体医学研究，包括对人体本身和相关数据或资料的研究。《赫尔辛基宣言》规定，只有在符合病人的利益时，医生才可提供可能对病人的生理和心理产生不利影响的医疗措施；研究者必须知道所在国关于人体研究方面的伦理、法律和法规的要求，并且要符合国际的要求；任何国家的伦理、法律和法规都不允许减少或取消该宣言中对受试者所规定的保护。

3. 第三阶段（20 世纪 70 年代起)：建立国际性的学术规范

自 20 世纪 70 年代起，学术不端（academic misconduct 或 scientific misconduct）问题开始在西方引起关注。美国在大力推进当代科学技术研究的同时，开始重视科研伦理道德建设。2007 年 9 月 16—19 日，美国科研道德建设办公室与欧洲科学基金会（ESF）联合在葡萄牙的里斯本召开了一次以“科研诚信：培育负责任的科学研究”为主题的世界性会议，标志着美国正积极寻求一种综合全面的方案来保证负责任的科学研究行为，希望能够通过学术与政府的联合、国家与国家的协作，应对科研不端行为国际化的趋势。[③]

美国自然科学基金会认为，学术不端最常见的形式是编造数据、篡改数据和抄袭剽窃三种，并对各种学术不端行为有非常明确的定义和应对策略。

---

① European Commission. *Ethics in Social Science and Humanities*，https://ec.europa.eu/research/participants/data/ref/h2020/other/hi/h2020_ethics-soc-science-humanities_en.pdf.

②③ 王正平：《美国科研伦理的核心价值、行为规范与实践》，《上海师范大学学报（哲学社会科学版)》2015 年第 5 期。

欧洲早在 1974 年就设立欧洲科学基金会（The European Science Foundation，ESF），面向来自欧洲 30 个国家的 78 个会员单位开放。1994 年又成立了有 40 个国家的 53 个科学院参加的全欧科学院学会（All European Academies，ALLEA）。1999 年，德伦斯（Drenth）提出三种不同的学术不端行为：学术造假、学术欺诈和抄袭剽窃。1998—2000 年，欧美许多国家针对科学诚信普遍开展了规制，先后出版了《爱沙尼亚科学宝典》(*Code of Science in Estonia*)、《建设良好的波兰学术风气》(*Good Manners in Science in Poland*)、《荷兰科学诚信参考手册》(*Memorandum on Scientific Integrity in the Netherlands*)、《拉脱维亚科学家伦理守则》(*Scientists's Code of Ethics in Latvia*）以及美国国家科学院（National Academy of Sciences，United States，NAS）编辑出版的《如何当好一个科学家》(*On Being a Scientist*）等许多学术规范性文本，对科学研究伦理规范加以系统的规制。①

2000 年欧洲科学基金会发布《改良科学研究和学术实践》(*Good Scientific Practice in Research and Scholarship*)，要求科学家信守科学诚信。欧洲科学基金会在 2007 年与美国公共卫生部科学诚信办公室联合举办了第一届世界科学诚信大会（the First World Conference on Research Integrity）。2010 年，第二届世界科学诚信大会的与会代表共同见证了《欧洲研究诚信守则》(*The European Code of Conduct for Research Integrity*）的发布。这一守则一经发布，便成为欧洲所有国家都须共同遵守的学术规范。②

而今，在欧美几乎所有的科研机构、大学、基金会都有科学伦理与学术道德委员会，专门负责审查有关的伦理与道德问题，并对科学家个人的学术不诚信进行独立调查并提出相关处理建议。在许多基金的申请过程中，科学研究本身的伦理合法性往往会被作为第一关加以审查。一旦研究项目违反了《纽伦堡法典》或《赫尔辛基宣言》精神，立即就会被拒绝资助。科学伦理与

① All European Academies，*Memorandum on Scientific Integrity*，http://www. allea. org/wp-content/uploads/2016/02/Memorandum_Scientific_Integrity.pdf.

② All European Academies，*The European Code of Conduct for Research Integrity*，https://www. allea. org/wp-content/uploads/2017/05/ALLEA-European-Code-of-Conduct-for-Research-Integrity-2017.pdf.

学术道德委员会还要审查科学家的科学诚信状况，严防各种学术不端行为，对学术不端行为采取零容忍态度。韩国、日本等国家，还将科研不诚信提到法治高度，对情节严重的科学不端行为者实行入刑制度，具有很强的威慑力。

## 第二节 科学研究规范

无论教师业余还是专业性地参与科学研究活动，都必须遵守一些基本的伦理道德规范，包括最基本的科学人格规范、科学创新规范、科学评价规范、社会服务规范、学术文化规范以及科学研究中需要遵守的其他规范等。这些规范是教育“善”的基本要求和具体体现。

### 一、科学人格规范

科学研究活动是一种特殊的人类活动，它以创新为核心元素。作为科学研究活动的参与者，需要具有完善而高尚的人格。教师在一定意义上是职业科学家，只有拥有理想的科学家人格，才能更好地立德树人、为人师表。

其一，科学研究参与者必须有突出的科学精神。主要包括：践行科学精神，尊重科学结论；尊重科学规律，避免主观臆断；以科学调查为基础，遇到科学问题不轻易下结论，用科学探求的思维方式认真思考；保持价值中立，以客观的态度去从事相应的科学研究和知识探求活动。

其二，科学研究参与者必须有端正的科学品性。主要包括：敢于和善于坚持真理，不人云亦云；坚持学术独立，敢于抵制各种损害科学事业的行为；模范遵守社会公德，不断提高个人情操；在与他人有科学争议之际，敢于在科学研究基础上表达自己的专业观点；敢于承认错误和纠正错误，并对自己的错误采取力所能及的补救措施。

其三，科学研究参与者必须对科学价值及其社会功能有清晰的认知。主要包括：科学研究应当尊重人的生命，维护人类尊严和全人类普遍价值观；不参与并竭力阻止任何有损全人类普遍价值、尊严和生命的科学成果的应用和意图；热爱科学事业和所从事的职业，并积极为之作贡献。

其四，科学研究参与者必须有强烈的科学公正意识。主要包括：公正对待各种不同的观点、理论、学派、流派、个人和团体，主动维护各种社会公平和正义，敢于揭露和反对科学探求和知识获取过程中的不公正现象。

其五，科学研究参与者必须恪守科学公平原则。主要包括：不用个人或集体权威、权势压制不同观点和理论，以及坚持这些观点和理论的个人和团体；在科学面前人人平等，不试图获得并且反对科学面前的任何特权和例外；公平参与各种科学竞争；维护科学公平，在科学探求和知识获取领域反对任何形式的歧视、排挤和报复。

其六，科学研究参与者必须有科学诚信意识。主要包括：在各种科学研究和知识探求过程中（例如在各种基金资助申请获得批准之后），应当信守所作的所有口头或书面承诺；填写表格、报表、申请书、简历、自我评价等，应当诚实，做到完全真实、可靠。

简言之，教师参与科学研究活动，应该以科学家的高尚品格严格要求自己，努力用科学人格去感染人、感化人。

**二、科学创新规范**

科学研究在本质上是一种创新活动，尤其是要追求人类知识的创新。教师不能只做知识的“二传手”，把已有知识简单地传递给学生是远远不够的，教师必须为知识创新作出应有贡献，要以教育创新的方式方法去传授知识，把学生引导到知识创新的道路上去。可见，教师的教育劳动在本质上也是创造性劳动。既然教师的教育劳动在整体上是创造性的劳动，那么教师的科学研究活动更是要追求创新。在这种情况下，教师必须跟所有科学家一样，要遵守最基本的科学创新规范。

其一，教师在科学研究中必须遵循科学原创的原则。教师应当为人类知识增长提供原创性作品，提交的论文、学术专著、文艺创作、工艺设计、新闻稿件、行动计划以及其他各种作品，应当是本人独立思考和亲自劳动的结果；不以任何方式将自己的作品赠送、有偿或无偿转让给他人；当他人请求或承诺将其作品赠送、有偿或无偿转让给接受者时，接受者应当明确拒绝；教师要敢于揭露违背科学原创原则的任何行为；不应以虚假的作品（例如假论文、假设计、假比赛等）充当创新性作品。

其二，教师在科学研究中必须保证各种科学数据材料的真实可靠。任何国家的学术规范都明令禁止数据造假，包括捏造数据、篡改数据等。除非研究或者作品的性质所要求，否则应当尽量使用直接获得的数据和经验材料。除非法律有明文规定，否则应当以适当的方式（例如通过描述实验过程）说明直接数据和经验材料的获取方法和分析方法。

其三，教师在科学研究中要避免一稿多投、重复发表等影响创新性的不良行为。如果研究者的作品已经公开发表（如，出版的专著），需要全部或部分地再次发表（如，改写成论文）时，也同样要用引文或注释的形式予以说明。在集体合作中，参与者也要有创新贡献，要积极投入自己的原创性思考，不应当将自己已经发表过的作品当作集体合作的新作品。

其四，教师在科学研究中必须用引文、注释等方式表现出对他人创新的尊重。创新规范不仅是要求要有新东西贡献出来，而且要尊重他人的创新。因此，无论直接还是间接引用他人观点（包括公开和未公开发表的印刷品、电子品和私下讨论与交流），都要用引文形式加以说明。引文应尽量采用原始文献和第一手资料。凡转引文献资料，应如实说明，尽量不使用未经亲自阅读过的文献。在引用时，无论直接还是间接引用均须尊重作者原意，不可断章取义。引文应当尽量使用转述，使用原话（包括原文中的概念）作为引文的，应加引号。当连续直接文字引用达到 20 个汉字及以上的（或外国语文字两行及以上的），引文应当独立分段，作为明显的引文标志。按照西方的知识版权规定，同一研究性作品（原创研究性论文或专著）中直接或间接引用他人之同一作品达到 10 次及以上的，应当以适当方式通知被引用作品的作者或发表者。

其五，教师在科学研究中必须了解注释和标注的基本规范要求。不仅所有引文都应当加以明确注释，而且所有注释必须详尽（包括作者、发表者、被引用作品名称、发表时间和具体页码等信息），便于读者在需要时亲自核对。所有注释使用的文献和资料应当具有真实性，不能伪注、伪造或擅改文献，还要避免用参考文献代替注释①。

---

① 用参考文献代替注释在过去是允许的，一般不会被认定为学术不端。但是，现在的学术规范明确提出不用参考文献代替注释。

其六，教师在教学中要进行创新教育。教师有义务监督学生提交的作业遵守引文规范。为发挥示范作用，教师引用他人观点用于课堂教学时，应注明来源，符合引文规范。教师分发给学生的非教师本人创作的各种资料、课堂上引用其他学生提交的作业、思想和观点，均应当说明出处。当然，教师还应该教育学生尊重教师的创新劳动，如学生引用教师口头或书面指导的观点时，应当以适当形式注明。

此外，为了尊重和体现创新，合作作品的署名位次必须体现署名者对该作品的实际贡献。对无法体现作者贡献的多人署名，要加以特别说明，避免挂空名的不端行为。

**三、科学评价规范**

在科学活动以及各种职业活动中，教师经常会参与各种评价活动，也会经常接受各种评价。为此，必须遵循各种评价规范。评价规范的核心是公平竞争和价值中立。所以，许多国家都会有相应的规范。

其一，必须公平参与竞争。如在职称评定、专业和学位授予权申报、科研项目评审、各种奖励评价中，被评价者填写的申请资料应当符合规范，公平参与。

其二，必须避免采取影响评价公平性的行动。如评价结果公布之前，被评价者不应当同评价者以直接或间接的方式交流、讨论有关评价的任何事宜；评价者不应当以任何方式接受被评价者的现金、礼品及其他物质或非物质性的赠予。

其三，必须学会做符合道德规范的评价者。如评价、推荐他人（或自我评价），应当认真阅读有关资料或仔细聆听口头汇报，公正、客观、全面、具体地进行评价，不应当将是否跟自己的观点一致作为衡量标准或主观任意地评价被评价者。在没有管理部门同意的情况下，评价者不应当以任何方式向任何机构和个人泄露跟评价有关的任何信息。评价意见应措辞严谨、准确，使用“国内领先”“国际领先”“世界先进水平”“填补重大空白”“重大突破”等评价词语时，应当列举相关证据。

其四，必须坚持价值中立的评价原则。如果被评价者和评价者之间有师生、亲戚等特殊关系的，评价人应主动回避。评价意见应当直接反馈给有关主管部门，不应当以直接或间接的方式反馈给被评价者。评价者在评价过程中对有疑问的成果和申报材料应当通过适当渠道进行核实。到有直接或间接行政隶属关系的下级单位进行视察、考察、调研、评估、作报告、检查工作等，不应当收受该单位或有关个人的佣金、报酬、礼品以及其他任何物质性或非物质性的好处。

**四、社会服务规范**

参与社会服务是教师的基本义务，现代大学更是将服务社会当作一种重要的职能。需要说明的是，提供社会服务也要遵循相应的规范，不能简单地把社会服务当作“捞外快”、获得额外报酬的事情，而要将其看成是为社会贡献智力、引领社会发展的重要机遇。

其一，教师必须用严谨务实的态度对待各种决策咨询活动。参与决策咨询应当具有相应的专业知识背景和能力，对不具备资质的决策咨询邀请应当主动拒绝。参与决策咨询时，如果个人观点和参与者集体观点不同，应当以适当方式保留个人观点。决策咨询意见应当客观、准确、全面地反映通过科学考察所得出的各种结论。决策咨询的参与者对有关后果应当主动承担道义上和法律上的责任。

其二，教师要依法依规担任社会兼职，不参与法律法规禁止的兼职活动。聘请各种挂名性或起实质性作用的顾问、咨询专家、名誉头衔、兼职职务/职位等时，应当考察出任者的资历合格程度、时间分配可能性、履行职责的现实可能性。按照现代学术规范的要求，一般应该在一定范围内定期考核和公布出任者的实际活动参与情况。教师在接受各种挂名性或实质性起作用的顾问、咨询专家、名誉头衔、兼职职务/职位等时，应当如实将已担任的兼职情况告知聘请者。在所接受的任何兼职中都应当切实按有关承诺发挥实际作用，否则应当辞去该兼职。面对不符合规范或程序的聘请和出任行为，应当予以抵制和揭露。

其三，教师要合理发挥各种公众导向作用。主要包括：对自己的意见可能产生的公众导向作用有一定的预见和预测，并敢于承担责任；发表影响公众观点和行为的言论必须尊重科学和事实，避免个人的主观推断；在必须发表个人主观看法时，应当予以特别提示；因主观或客观原因导致公众意见被误导时，应当以适当方式主动向公众澄清和道歉；在公众被误导而可以重新引导公众观点和行为的情况下，应当重新进行符合科学要求的公众导向；如果被要求进行明显违背科学理想或其他规范的公众舆论导向，应当明确予以拒绝。

其四，教师需要用科学的态度对待科学普及活动。教师有义务积极地普及有益的科学知识；主动抵制各种伪科学、迷信、没有科学依据的言论和行为；以口头或者书面的形式传播科学知识、科学观念必须准确，符合科学结论本身的主旨。

其五，教师应该积极发挥各种行为示范作用。教师要努力成为整个社会的人格典范，尤其要在尊重科学、按科学办事中起模范带头作用；拒绝进入赌博、色情等场所，严格自律；担任各种义务性或非义务性、名义性或实质性的兼职或名誉职务/职位时，应当符合相关职责要求，并名副其实地担任相应角色。

**五、学术文化规范**

教师在参与各种科学研究活动时会形成学术共同体，在共同体内部会产生各种学术文化。为了维护学界的健康氛围，必须遵从必要的学术文化规范。

其一，必须学会科学质疑。在各种学术场合，对他人的观点、结论、理论、数据、方法提出疑问时，应当以明显的质疑语词和礼貌用语等恰当的方式来表达；指控他人抄袭、剽窃时，应当列举文字雷同或核心观点相似等方面的确凿证据；遇到他人质疑、批评和指控时，应当及时、恰当地给予回应。

其二，必须善于开展学术批评。应当坚持“百花齐放、百家争鸣”的原则，学术批评对事不对人。学术讨论中要以理服人，摆事实，讲道理，不应当进行谩骂、人身攻击、扣帽子。学术批评应当以帮助被批评者提高科学知识探求水平为目的，不应当夹杂个人成见、门户观念，更不能打击报复。学术批评者应当彻底领悟被批评者的原意和上下文关系，不应当断章取义或望文生义。

其三，必须主动进行学术奉献。许多学术活动属于公共事务，需要共同体成员一起参与和奉献。如会议参与者应当为相关学术会议的顺利组织和进行作力所能及的贡献；出席学术会议应当按照组织者的要求提交会议论文或准备发言稿、按时注册或报到和积极参加会议的各种活动；宣读会议论文（包括各种口头和书面发言）应该遵守组织者或主持人规定的时间限制，预留适当的提问时间，同与会者进行开放式讨论；聆听会议报告和他人发言，应当积极参与提问和讨论；会议组织者应当在会议内容和活动安排方面充分体现会议的主题和宗旨；会议组织者应当公开、公平、公正地对待每个会议申请者；担任会议主持人、讨论人、发言人、联系人等，应当提前做好充分准备，认真履行相应的职责。

**六、其他规范**

科学研究必须符合人类的伦理原则。之前提到的《纽伦堡法典》和《赫尔辛基宣言》，都是对全世界科学伦理有巨大影响的学术规范文本。教师在科学研究中应该了解并遵守科学的伦理精神。

其一，进行各种人体试验应当符合伦理精神。人体试验应当在被试验者或其监护人知晓的情况下进行；应当在有相当把握的基础上再进行人体试验，有效防范各种人体风险；进行人体试验之前应当获得专家组的科学论证，防止科学家个人的"独断专行"；进行人体试验时，应当充分考虑和明确告知试验对人体的各种可能危害和后果；要坚决禁止对种族生存有威胁的人体试验。

其二，要关心动物苦难。从事跟动物相关的科学研究或其他活动（包括动物展示、动物表演、动物比赛等），应当尊重动物的生命和价值；以动物作为研究对象或实验对象，应当尽力减轻动物苦难；动物试验只能以动物个体为对象，不应当以动物种群为试验对象；所进行的动物试验不应当危害动物种群的生存和繁衍；通过科学研究扩大动物种群数量的时候，应当充分考虑该种群跟其他种群之间的生态关系。

其三，应当注重科学研究中的隐私保护。研究者有义务保护被研究者的隐私。不管被研究者是个人、群体还是组织（单位），对其进行调查、观察、访谈时，应当以被研究者自愿参与为准则，尽力获得被研究者的书面同意；不管被研究者是个人、群体还是组织（单位），如未得到被研究者的同意，在研究结果发表和公布的时候，不应当使用被研究者的真实姓名；因非故意的主观原因或其他客观原因导致被研究者隐私部分或全部被泄露的时候，研究者应当主动采取一切可能的补救措施；如果被研究者放弃自愿参与科学研究

（先同意后撤销同意），研究者应当尊重其新的选择。

## 第三节　学术发表的伦理规范

教师通过科学劳动不断探索，最终形成一定的研究成果，而研究成果只有公开发表才能得到同行的检验和认可。教师不仅要在科学研究活动本身的过程中遵守基本的伦理道德规范，而且在公开发表科研成果时也要遵循基本的伦理道德规范。

### 一、学术发表的伦理使命：促进知识创新

从国际的视角看，学术发表的本质必须从知识论视角去理解。学术发表是私人性的个体知识向公共知识转化的关键环节。没有学术发表这个中介环节，知识将始终停留在私人性的个体知识范围，属于个人观点、私人见解。只有发表了，这种私人性的个体知识才能得到传播，继而表征为可理解的样式以便获得认可。只有被认可了，最后才能成为公共知识，逐渐被接受、传播和学习。在这种情况下，不符合学术规范的发表显然会阻碍人类知识增长。按照现代知识论的观点，知识是多元的。如果学术发表不符合学术规范，某些具备真理性的知识创新的发表就可能被耽误，从而减少其被接受和传播的可能性；不具备真理性的知识被误发表，会影响知识创新的质量。

学术发表中最基本的伦理原则是要贯彻平等价值观，可以简称为平等发表。它指的是在决定是否发表学术成果的时候，必须对所有成果一视同仁地使用衡量尺度——知识创新性。它要求去除作者的头衔、名气、权威等任何和知识创新性无关的因素。平等发表并不是要发表所有的来稿，也不是发表者不能选择发表什么内容和特色，而是要发表标准统一化、客观化。既然学术发表是知识增长的关键环节，那么学术发表的标准就是成果的知识创新性。只有具有知识创新性的学术成果才能构成真知识。所以，知识创新性标准实际上也就是真知识标准。

在知识创新过程中，每个研究者都会产生各种想法和思路，携带不同的

知识基因。即使是问题和研究方法完全相同或相似，不同的研究者也会有不同的理论建构，从而形成不同的知识个体，故而在具体的知识创新过程中，知识的多样性是必然的。所以，学术发表有一个基本的普遍规则，那就是必须尊重多样性。任何研究者都不应该把自己的理论或观点看成是唯一的。知识多样性的形成是基于每个知识创新者具有平等的知识生产权利而必然产生的人类知识现象。当多样化的私人性知识被发表的时候，我们很难知道哪个理论或观点最终被视为真理。只有平等地发表出来，不同知识个体才会形成竞争关系，被其他创新者所验证，最终被逐渐认可为真理性的知识，从而走向公共知识的传播大道。显然，在知识创新的每个环节都应该有平等价值观的贯彻。从平等创新到平等发表，再到知识个体的平等竞争，最后到公共知识的认可和被平等传播，这是一个知识生产的平等链条（图 8-1）。每个环节都不能违背平等价值观，否则就会破坏知识生产的健康发展。

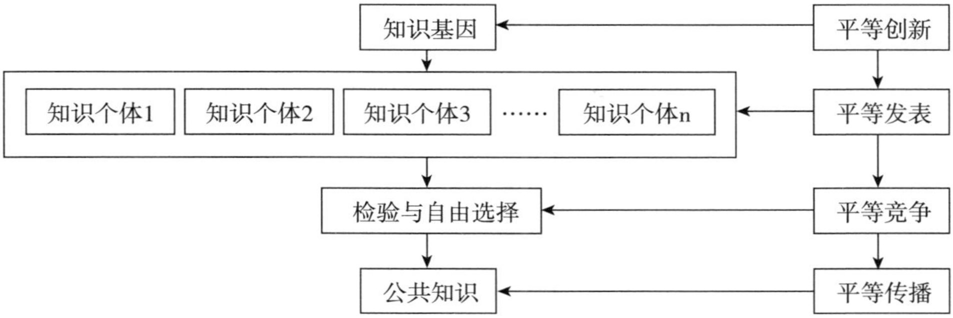


**图 8-1 知识生产的平等链条**

由此看来，让真知识得到平等发表，是人类知识生产的必然要求。所以，一个良善的学术制度必须满足人类知识生产的平等发表要求。这不单单是一个言论自由的问题，而更多的是知识论问题，也是一个伦理问题。

知识创新是最高级的人类智力活动，任何不利于知识创新的选项都不具有伦理正当性。当一个制度或一个行为没有伦理正当性的时候，必须阻止其发挥作用。当学术发表违背了平等价值观的时候，必须革新和变革现有的学术发表制度。从劳动幸福视角看，让所有创造性劳动的价值得到应有尊重，也是社会应有的义务。[1] 学术发表中贯彻的平等价值观，体现了对所有知识创新劳动的一视同仁，也体现了对真理的平等态度，对知识的敬畏，对劳动的尊重。学术发表所牵涉的研究成果是创造性劳动的产物，是值得被同等地敬畏和尊重的。当然，我们这里指的是真正有创新、促进人类知识发展的那种脑力劳动作品。所有具有创新性的学术成果都凝聚了劳动价值，应该得到应有的尊重。缺乏创新性、简单重复的科学创作劳动尽管也应该得到应有的尊重，但不具有跟创造性劳动同等发表的权利。也就是说，所有真知都有平等的发表权，而所有伪劣作品都应该被拒绝发表。这就是知识论视角的平等发表。

学术发表在某种意义上涉及发表自由，但发表自由不同于言论自由，言论自由属于表达自由。严格地说，学术发表是没有真正言论自由的，因为学术发表必须忠实地报告研究成果，必须按照真理的要求去表述。因此，学术发表中坚持平等价值观，是以诚实的创造性劳动为前提的，并不是说任何低水平的、无知识创新意义的成果都应该得到发表。不能用言论自由（包括出版和发表自由）为借口，发表那些不能产生知识创新价值的学术成果。

与学术成果获得平等发表权的相关议题是平等创新。学术自由的重要表现，就是每个人都可以按照科学研究的规范、程序和要求去参与创新，从事符合科学规范的知识创新活动。创新不是少数人的特权，不能通过学术资源的控制把学术创新权限制在小范围内。所有学者都享有平等创新的权利。贯彻创新的平等价值观，需要通过公正的科研项目资助程序得以保障。只有保证有科学研究能力的学者平等地参与到科学研究活动之中，才会有多样化的知识个体产生，形成发表需求，继而出现被公认的公共知识。知识创新的平等权保障是知识增长链条的前提和先决条件。只有管理好各种研发基金（研发经费），给不同研究者提供平等的参与机会，才能体现平等创新。当平等创新所产生的大量知识得到平等发表时，“百花齐放、百家争鸣”的局面便有机会出现，不同的知识个体经受平等的检验和选择，最后产生学界公认的真知识，并进入人类知识海洋，得到平等的传播。可见，学术发表中践行平等价

---

① 何云峰：《尊重劳动是当代青年必备的基本品格》，《青年学报》2017 年第 3 期。

值观是知识增长链条中的一个重要环节，理应受到学界重视。

平等在现代文明社会已经不再是空洞的口号，而是要具体地投射到所有人类活动及其过程之中。同理，对平等价值观的坚守也要贯穿在知识增长的各个环节。无论知识创新、学术发表，还是知识个体的认可和传播，对所有学者来说都应该是平等的。唯此，才符合现代文明社会的基本要求。

**二、学术发表的同行评议规范**

学术发表是一个复杂的过程，涉及许多具体的伦理道德规范。在学术发表的各个环节中，相应的伦理道德标准应该予以遵守。学术发表涉及作者、出版机构、期刊主办单位、主编、编辑、同行评议人等众多参与主体，需要各方一致遵守相关的学术规范。比较而言，教师在学术发表环节最应该关注的是同行评议规范，既包括评议他人也包括接受他人评议。

同行评议制度引入学术发表迄今已有 300 多年的历史。“同行评议从 17 世纪英国皇家学会《哲学会刊》编辑出版开始，逐渐形成一种制度，并在默顿所创立的科学社会学中，作为科学评价过程中的一项重要内容得到了系统的阐述。”① 这个制度之所以能够得以长期坚持，在很大程度上是因为国际学界不断对其操作规程和相关的配套制度加以完善，尤其是学界对同行评议专家的行为规范逐渐达成了许多共识，这些共识已经成为国际学界的常识，深深地印入每位研究者的脑海中。任何研究者要在职业科学研究中获得生存机会，就必须遵循这些共识。它要求每位科学研究者必须自觉遵守。这些共识也构成评议人的美德德性修养。国际学术界的同行审稿人在秉持价值中立原则的基础上必须遵守的基本伦理规范大致（但不限于）包括以下四个方面。

第一，客观而具体地表达专业性审稿意见。敢于和善于坚持真理，不人云亦云，不被已有知识所左右；坚持学术独立，敢于抵制各种损害科学事业的行为；以促进知识生产的态度对待审稿行为；同行评议意见应该有助于作者完善论文，审稿人应当提出具体的改进意见；在遇到有科学争议的稿子时，要敢于和谨慎地表达自己的专业观点。审稿过程中，做到对事不对人；审稿意见应措辞严谨、准确；涉及专利推广运用或有其他社会效益与经济效益前

① 张建中、夏亚梅：《专著出版同行评议：特点与启示》，《科技与出版》2020 年第 1 期。

景的研究开发或相关活动，应当如实报告相关研究开发或活动的重要性、可能的商业活力及其潜在的威胁和其他不足。

第二，必须做到角色到位，高度投入地履行职责。在期刊担任主编、副主编或区域性联络主编等各种义务性或非义务性、名义性或实质性的兼职或名誉职务、职位时，应当符合相关职责要求。在所接受的任何兼职中切实按有关承诺发挥实际作用，名副其实地担当相应的角色，否则应当辞去兼职。

第三，坚持独立审稿，信守审稿秘密。审稿过程中不应当就被审稿的内容同其他研究者进行交流和讨论，审稿人有义务不泄露被评议的研究成果，不能将被评议成果直接或间接地据为己有或者让予他人；不应当同被审稿作者进行直接或间接的联系，杜绝交流、讨论有关审稿的任何事宜；不应当以任何方式接受作者的礼品及其他物质或非物质性的赠予；不应当以任何方式向任何机构和个人泄露与审稿有关的任何信息；不应当以直接或间接的方式反馈给作者，无论该作者是否属于坚持价值中立原则的回避对象。有的同行评议发起单位还可能会要求同行评议人签署保密协议，并配套其他保密措施，包括对不遵守审议保密的惩罚措施。“从保密性措施而言，从个人方面来说，专家在评议之前应签署保密协议，确保所接触的信息和文件不外泄，不得为其他目的使用提案中提供的任何信息，以及不将评论给申请人或任何第三方的审阅者。从机构方面来说，在审查会议结束时，会将所有审核材料交给主管官员加以保管或将其销毁，以此来保证文件的保密性和安全性。”①

第四，敢于承认错误和纠正错误，并对自己的错误采取力所能及的补救措施。无论评议人如何认真负责，非故意的审稿误判也很难百分之百避免。“同行评议是依靠旧知识来评价新知识，本身就具有误判的可能性。当代科技分工越来越细，还造成专家知识的主观性和有限性，进一步造成了同行评议局限性。”② 同行评议的误判不可能完全避免，如果偶尔出现审稿误判，审稿人应该认真反思，防止再犯类似的错误。有些知识创新的价值可能偶尔被误判所埋没，不利于人类知识增长。因此，评议人要敢于正视自己的过错，避

---

① 崔晓彤、赵勇：《国外同行评议专家信用管理模式的比较研究》，《评价与管理》2017 年第 3 期。

② 杨正瓴：《同行评议的局限性和改进之策》，《科技中国》2019 年第 11 期。

免在以后的审稿中再犯，这是必备的科学精神。正因为评议人能自觉地纠正错误，所以同行评议制度能很好地在学术发表中发挥作用。“尽管评议人体制具有其不足，但……它目前的形式对科学的有效发展是非常重要的。”①

## 思考与练习

**【讨论思考】**

1. 结合具体的科学研究规范，谈谈教师应该如何正确对待涉及人体的研究。

2. 科学研究成果发表跟人类知识进步之间是什么关系？

3. 同行评议应该遵循哪些基本的道德规范？

4. 教师受委托审稿，是否可以交给学生代为审稿？简述理由。

**【案例分析】**

材料一

据媒体报道，上海某大学的一位教授领衔的团队研制成功了“汉芯1号”芯片。成果验收的当天，盛况空前，许多政府官员和著名专家出席鉴定会，并宣称：“汉芯1号”及其相关设计和应用开发平台达到了国际先进水平，是中国芯片发展史上一个重要的里程碑。然而没过多久，新闻故事发生了反转，这枚让国人骄傲的“中国芯”居然是一个“水货”，事件的始作俑者曾是上海某大学的教授、博士生导师、微电子学院的院长。该教授买来摩托罗拉芯片，雇人将标志磨去，刻上“汉芯一号”字样，就成了自主研发的高科技产品，骗过了有关评审专家。该教授依靠炮制出来的一系列“汉芯”产品获得上亿元科研经费和令人眩目的学术头衔，使原本该给国人带来自豪感的“汉芯一

① ［美］R. K. 默顿著、鲁旭东、林聚任译：《科学社会学——理论与经验研究》（下册），商务印书馆2003年版，第634页。

号”，变成了一起让人瞠目结舌的重大科研造假事件，不仅使国家蒙受巨大损失，而且影响了国产芯片的研发。

你认为此事件的有关当事人违背了哪些教师科研伦理道德规范？今后应如何避免？

材料二

据悉，2018 年 11 月 26 日，南方某教授宣布一对名为露露和娜娜的基因编辑婴儿在中国诞生。由于这对双胞胎的一个基因（CCR5）经过修改，她们出生后能天然抵抗艾滋病病毒 HIV。这一消息迅速激起轩然大波，震动了世界。同日，卫生行政部门回应“基因编辑婴儿”事件，表示将依法依规处理。11 月 27 日，有专家表示，本次“基因编辑婴儿”如果确认属实，属于被明令禁止的行为，将按照中国有关法律和条例进行处理；中国科协生命科学学会联合体发表声明，坚决反对有违科学精神和伦理道德的所谓科学研究与生物技术应用。11 月 28 日，国家卫健委、科技部就“免疫艾滋病基因编辑婴儿”作出回应：对违法违规行为坚决予以查处。2019 年 1 月 21 日，从广东省“基因编辑婴儿事件”调查组获悉，已初步查明，该事件系某教授为追逐个人名利，自筹资金，蓄意逃避监管，私自组织有关人员，实施国家明令禁止的以生殖为目的的人类胚胎基因编辑活动。当年 12 月 30 日，“基因编辑婴儿”案在深圳市南山区人民法院一审公开宣判；3 名被告因共同非法实施以生殖为目的的人类胚胎基因编辑和生殖医疗活动，构成非法行医罪，分别被依法追究刑事责任。

请你用教师科研伦理道德规范进行分析，为什么该教授的科研行为不道德？教师科研活动应当追求怎样的根本价值目标？

材料三

据《南方都市报》2020 年 4 月 12 日报道，有两位教师被曝作品抄袭。4 月 10 日，有网文指出孙某的著作抄袭，同时也提到另一位教师的论文或涉嫌抄袭。记者对比发现，孙某一书中有近半数内容涉嫌抄袭，多处内容涉嫌全篇抄袭，涉嫌抄袭论文多达 20 余篇。公开资料显示，孙某是初中语文教研员，曾获得多项国家级和省级教育教学科研成果奖。作为“语文课堂立体教学策略体系”系列专著之一的《语文课堂立体教学课型》，于 2018 年 2 月出版发行，是一本 27 万字的语文教学专著。在举报网贴中，这本书被指出多处抄袭他人已发表的论文，被抄袭论文多达 31 篇。记者对比后发现，该书共 235 页，除去序、附录和后记，还有 195 页，其中 104 页均疑似抄袭。而且，多处疑为连续 3—4 页全篇抄袭他人论文，更有多处完全相同的示例和师生问答。采访中，记者联系到孙某，他承认抄袭属实，违背了师德规范。（《深圳两名教师被指作品抄袭，当事人回应，教育部门正开展调查》，《南方都市报》2020 年 4 月 12 日）

请用教师科研伦理道德规范进行分析，如何才能防止此类违背科研诚信行为的发生？

**【拓展阅读】**

1. 教育部社会科学委员会学风建设委员会组编：《高校人文社会科学学术规范指南》，高等教育出版社 2009 年版。

2. 美国科学院、美国科学三院国家科研委员会撰，苗德岁译：《科研道德：倡导负责行为》，北京大学出版社 2007 年版。

3. 全国科学道德和学风建设宣传教育领导小组编：《科学道德和学风建设宣讲参考大纲》，中国科学技术出版社 2012 年版。

**【教学实践互动建议】**

1. 组织师范生或教师进行一次“当前教师科研活动中的道德不当行为和科研道德导向”研讨活动。

2. 组织和引导师范生或教师谈谈“我身边科研道德高尚的好老师”。

# 第九章　教师与家长关系中的伦理道德

学校和家庭是青少年成长过程中最重要的环境。教师和家长的关系，是教师在教育劳动中面临的一对重要伦理关系，它对教师教育劳动的成败有着重要的影响。因此，家校关系一直被学校列为教育工作的重要方面。

## 第一节　教师与家长关系的特点和发生矛盾冲突的原因

### 一、教师与家长关系的特点

教师和家长是两种不同的社会角色，学生（孩子）作为沟通两者的桥梁，使两者之间产生了必然的联系。这种联系在学生接受教师教育教学期间始终存在着，是不以教师和家长的意志为转移的。教师和家长这两个本来互不相干的社会角色因为学生（孩子）走到了一起。

从一般意义上说，教师和家长在教育目标上是一致的。原因在于：在政治上，教师与家长作为国家的公民，他们的政治和法律地位是平等的，由于社会分工不同，扮演着不同的社会角色，承担着不同的社会责任；在经济上，他们都是社会生产资料的共同所有者，在社会大生产过程中是相互合作的伙伴，有密切联系的利益关系；在文化教育上，教师和家长是在同一种文化传统和教育制度下成长起来的，对学校教育的认识有着相似的现实基础。

具体到教育目标上，教师和家长在教育目标上有内在的一致性，这种一致性或共同性主要表现在以下四个方面。一是思想品德培养上的一致性。青少年学生的思想品德不是先天固有的，也不是自发形成的，而是在学校、家庭和社会各方面的综合影响下，通过他们个人的实践活动逐步形成和发展起来的。教师和家长都期盼学生形成良好的思想品德，为此共同负有教育的责任。他们根据国家和社会的需要，向学生传递社会主流价值观，用高尚的道德情操熏陶学生，防止、克服社会上不良思想和行为的影响，帮助学生在思想品德上健康成长。二是知识才能培养上的一致性。社会需要造就一代又一代掌握现代科学知识和技能、能够适应各行各业建设需要的合格的劳动者和各类专门人才。学校教育和社会实践锻炼要帮助学生掌握系统的科学文化知识和必要的基本技能，以发展他们的智力和能力。这是教师和家长共同承担的社会责任。教师和家长都希望学生成绩优异、知识丰富、本领高强，并以此为荣。三是良好身体素质和生活习惯培养上的一致性。青少年学生正处在生理和心理发育逐步成熟的过程中，是否具有良好的生活习惯和健康的体质，既关系到他们能否健康成长，顺利完成学业，也关系到他们今后能否担负起建设国家的重任。因此，保证学生有足够的营养、卫生保健设施以及良好的学习条件和生活条件，引导学生养成良好的生活习惯，也是教师和学生家长的共同心愿。四是审美情趣培养上的一致性。培养学生具有正确的审美观和鉴赏能力，是全面发展教育的必要组成部分。随着社会的发展，广大教师和家长日益认识到培养学生审美情趣的重要性，并逐步加大学生在审美情趣培育上的投入。

简言之，在教育目标上，教师和家长保持高度的一致性。教师因希望学生得到良好的发展，而给予必要的教育和教学劳动投入。家长也会对孩子的成长给予高度的关注和积极的配合。教师和家长在根本利益和教育目标上的这种一致性，是建立两者之间良好关系的客观基础。

**二、教师与家长发生矛盾冲突的原因**

学生是把家庭和学校联系在一起的桥梁，家校关系围绕着学生的教育展开，家校关系中的矛盾同样与双方对学生的教育活动紧密相连。当前家校关系中存在的矛盾，一部分是因为家庭与学校分属两个不同的教育机构，还有一部分则是随着时代和社会的发展而产生的。

1. 学校教育的独立性与家庭参与不可或缺性之间的矛盾。在原始社会，年幼者向年长者学习如何使用劳动工具进行生产劳动，教育活动与生产劳动融合在一起，尚未分化出来。当时教育活动处在“非形式化”的教育阶段，教育的权威主体是家庭和社会。到了奴隶社会末期，学校作为专门的教育机构出现，教育活动进入“形式化”的教育阶段。直至近代，由于社会化大生产的发展对培养的人的质量和数量的要求大大提高，对教育场所、教育内容、教育时间、教育者和被教育者都有一定要求，教育活动由此进入“制度化”的教育阶段。

从学校教育发展的这一历程中可以明显看到，学校教育的独立性正在逐步增强。“学校代替家庭成为教育的权威，学校教育制度也相应地从其他社会制度中独立出来，相对独立地制约着学校教育的运行。久而久之，学校教育自然地产生了自我封闭性，削弱了与社会的联系。学校教育排斥来自社会和家长等的参与也就不难理解了。”①

然而，即使学校已经将教育的权力全部“收入囊中”，也不能拒绝家庭的参与。学生不是生活在学校的“真空”里，学校教育与家庭教育不能截然分开。当学生来到学校时，他必然带着家庭教育的痕迹，表现在德育、智育、体育、美育、劳动教育等诸多方面。当学生回到家庭，学生在学校中受到的教育也必然要与家庭中受到的影响相互作用。暂不论家庭教育的重要性，即使在学校教育中，家长的参与也是不可或缺的。学校对学生采取的种种教育措施都必须考虑到家长的意愿。大量实践表明，如果学校的教育措施遭到大多数家长的反对，那么该项措施就不得不宣告取消。正因为学校教育的对象同时还有另一个身份即家庭的孩子，所以学校教育必须对学生的家庭负责。这也决定了学校教育的独立性与学生学校教育中家庭参与的不可或缺性之间的矛盾是必然存在的。

2. 学生在教师眼里的普遍性与在家长眼里的唯一性之间的矛盾。时代和社会的发展对受教育者的数量和质量提出了更高的要求，在班级授课制盛行的学校教育中，一位教师要面对一个班的学生，上课成为制度被确定下来。“在学校，教师往往面对几十个学生，加上师生的变动，一个教师一般很难深入了解每位学生。对学生了解不够，学生人数多既给密切师生关系带来障碍，

① 安卓：《主角与配角——中小学教师与学生家长关系之分析》，《当代教育科学》2005 年第 1 期。

也对教师实施因材施教、个别教育带来困难。”[①] 学生在教师的眼里仅仅是学生群体中的一员，即使教师主观上希望对每个学生都爱护有加，客观上学生的数量以及教师工作的复杂性限制了这一美好愿望的实现。在大多数情况下，学校教育中教师面对的是学生群体，学生在教师眼里基本上是普遍性的存在。

但是，对一个家庭来说，尤其是在独生子女家庭占多数的当代，孩子在家长眼里却是唯一的。每个孩子都被家长寄予了“成龙”“成凤”的厚望，有的甚至承担着延续父母当年未能实现的梦想的重任。对学校和教师来说，学生只是众多学生中的一个，但对于这个学生的家庭而言，这个孩子可能就是这个家庭中父母的全部。这样，学生在教师眼里的普遍性与在家长眼里的唯一性所导致的，学生在学校中的低关注度与在家庭里的高关注度和期望值之间的矛盾就无法避免。

3. 传统意义上教师在教育领域的权威性与现代社会家长挑战教师权威性之间的矛盾。教师权威主要取决于制度性因素和个人因素。制度性因素形成教师的制度性权威，包括传统权威和法定权威。传统权威指社会的文化传统赋予的权威。法定权威指社会制度和法律法规等因素赋予的权威。个人因素形成教师的个人权威，包括知识权威和感召权威。知识权威由教师个人的学识、专长等产生，感召权威则源自于教师本人的人格魅力、爱心、同情心等。[②] 正是这两方面的因素，赋予了教师在教育领域传统意义上的绝对权威。

然而，现代社会教师在教育领域的权威性正受到来自家长的挑战。挑战主要集中在教师的个人权威上。一方面在知识权威上，教育学知识并不是教师所专有的，而是作为教育者（包括为人父母者）都应该具有的通识性知识。随着现代社会的发展，家长们的文化素质越来越高，很多家长有着自己对教育的理解，也具有一定的教育学素养，对于教师的一些教育行为并不认为是合适的。另一方面在感召权威上，教师的师德也不断受到家长的质疑。当家长对教师个人权威产生怀疑时，往往会通过行为表现出来，如通过给学校施加压力要求更换教师或解雇教师。这种现象在现代社会并不鲜见。另外，不

---

① 马忠虎编著：《家校合作》，教育科学出版社 2001 年版，第 37 页。

② 吴康宁著：《教育社会学》，人民教育出版社 1998 年版，第 209 页。

仅是教师的个人权威，现代社会家长对教师权威的挑战甚至也会涉及学校的制度权威。有些家长认为当下学校教育问题很多，会对学校直接提出质疑。

4. 教师与家长的某些利己和失范行为造成两者关系的对立和冲突。在现实的教育活动中，教师与家长是相对独立的利益主体。受社会上极端利己主义等不良思潮的影响，教师和家长如果不能正确对待和处理教育中的利益关系，可能造成相互之间的利益矛盾和道德观念冲突。从教师方面看，有的教师为了使自己在教育和教学工作中有亮点、出成绩，有利于自己的业绩和职称晋升，只关心成绩好、听话的学生，漠视其他多数学生的上进需求；有的教师对至爱亲朋以及平时热络送礼的家长子女，在评分和评价上偏心偏爱，有违公平公正；有的教师墨守成规，不思进取，教学质量较差，对学生的学习进步造成损害；有的教师对家长不够尊重和理解，因学生存在思想品德和学业上的不足，动辄批评指责和埋怨家长；等等。这些都会使家长对教师产生不满，甚至导致两者关系的对立。从家长方面看，有的家长溺爱自己的孩子，当教师对学生的不足和缺点提出批评时，一味替孩子辩护，认为是教师和自己的孩子过不去，心生怨恨；有的家长只关注孩子的学习成绩，不重视培养孩子的思想品德，把教师按照教育目标组织开展的劳动教育、社会公益和集体文艺活动等，统统看作是给学生增加的额外负担；有的家长不理解、不尊重教师，当自己的教育理念和教师的具体做法不一致，或者发现教师工作中存在一些瑕疵时，常常以偏概全，言行偏激，全盘否定教师辛勤的教育和教学劳动。家长的这些利己和失范行为，往往会造成教师与家长之间道德关系的紧张和对立。只有大力倡导良善的教师伦理道德和家长伦理道德，努力提高双方的思想道德品质，才能创建和谐的人际关系。

## 第二节　教师与家长关系的伦理调节

### 一、建立学校与家庭平等合作的伦理关系

学校和家庭因为学生（孩子）这个中介走到了一起，两者之间构成了一

种不以任何一方意志为转移的客观关系。对这种关系的准确把握和精准定位，对教师与家长的和谐相处是十分必要的。

一般认为，在师生交往中，应该以教师为主导，学生为主体。那么，教师在与家长相处时，是否也应该占主导地位？实际上，教师与家长有着相同的教育对象、共同的教育愿望、一致的社会责任。面对学生（孩子），教师和家长作为教育者，所肩负的责任是同等重要的，不存在谁轻谁重、谁主谁次的问题。可见，教师和家长的关系是一种合作关系，是一种为了使学生（孩子）成才而确立的相互协作关系。但是，教师和家长之间，却常常表现出一种不合作的状态：一是教师与家长之间既缺乏合作教育的意识，也缺乏合作教育的行动；二是“合”而不“作”，教师与学生家长之间表面上和睦相处，实际上各行其是，有的只是等学生出了问题时才“合作”；三是“作”而不“合”，教师与学生家长由于在教育思想和目标上的不一致，导致教育内容和方法上的差异，难免产生“内耗”；四是合而不当，虽然双方对学生（孩子）都有良好的愿望，但极少数教师在与家长的交往过程中，做出有悖教师道德的事情，也使得学生家长从内心瞧不起教师。这突出表现为少数教师利用某些学生家长的地位、权力谋求私利，或者公开向学生家长索要好处等。

上述种种现象，都不利于学生的健康成长。现代教育科学告诉我们，教师和家长必须建立正常、和谐的合作关系与伙伴关系，协调一致地教育学生。如果双方配合不当，非但不能为教育增添力量，反而还会使双方的力量相互抵消，甚至起相反的作用。正如苏霍姆林斯基所说，学校和家庭作为并肩工作的两个雕塑家，有着相同的理想和观念，并朝一个方向行动。在创造人的工作上，两个雕塑家没有相互对立的立场是极为重要的。对此，教师应该有足够的认识，注意在和家长的交往中建立一种平等合作的教育伦理关系。

要建立平等合作的教育伦理关系，教师首先要树立正确的“家长观”。正确“家长观”的核心，就是双方在关系上的平等。在教育学修养方面，教师有时确实比家长高一些，但这也不是绝对的，特别是随着我国人口中接受高等教育的比例快速上升和教育学知识的普及，家长的知识层次和教育学修养也在不断提高。这一变化在我国的大中城市表现得尤为突出。同时，教师和学生家长都是社会的职业劳动者，都具有一定的社会地位，人格上是平等的，不存在领导与被领导、支配与被支配的关系。不应该出现一方高高在上，另一方唯唯诺诺的局面，任何一方都没有权利贬低另一方的平等地位和人格。因此，在家校的联系和交往中，教师和家长应该互相尊重，在教育学生的过程中互相配合、共同协商。

教师和家长在人格上的完全平等，决定了教师和家长的关系具有一些基本特点：一是教师除了道德上的威望，对家长无任何权力可言；二是由于教育学生是教师必负的社会责任，因此教师要和所教学生的家长建立合理的伦理关系，不管学生家长的社会背景如何；三是交往过程中，教师要以主动协调的态度促进与家长平等合作伦理关系的形成，因为教育的主动权大多掌握在教师的手中。

这种平等合作的关系，具体表现为双方社会地位的平等、双方联系交往的互尊和双方在教育过程中的配合。学校和教师在家校关系的指导观念上要实现三个转变：一是要从把家长放在家校关系中的从属地位，转变为以学校为指导、以家长为主体的双向合作关系，家长在家校关系中要由被动转变为主动；二是要从学校、教师单向的居高临下的指导，转变为教师、家长双向互动、相互学习，教师在家校关系中由绝对权威转变为相对权威；三是要从单纯从学校和教师出发要求家长配合的社会性目的，转变为从孩子出发的个体性教育目的。

在家校合作过程中，由于学校拥有专业优势，同时负有社会、历史使命，故而需要承担主要的责任，这就决定了教师不仅要积极主动地吸纳家长参与到学校教育的监督和管理中来，而且对家长负有辅导的责任和义务。学校应转变办学理念，主动加强与家长之间的联系，沟通学生在校和在家的情况。另外，学校应该给家长普及教育学知识，对家长在家庭教育中遇到的困惑给予解答，并且为解决学生与家长之间的沟通障碍（如青春期学生的叛逆等）提供帮助。在这个过程中，教师不能以“教育专家”自居，应该给予家长的是伙伴式、朋友式的帮助和指导。

在家校双方共同构建平等伙伴关系的过程中，家长是不可或缺的“当事人”。一方面，家长与教师都是学生（孩子）的教育者，当在教育学生（孩子）的问题上产生分歧时，家长应该与教师平等协商，不能对教师一味迎合，不敢提出自己的意见。另一方面，家长也不能走向另一个极端，把学校和教师当作为自己服务、给自己打工的“打工仔”，看低学校和教师在孩子教育中的重要作用和贡献。

人与人之间在人格上是平等的，教师与家长之间当然也不例外。建立家校之间平等的伙伴关系，互相配合、通力合作，无疑对学生（孩子）的身心和谐发展是最有利的。

**二、教师应当尊重家长**

在与人交往时尊重对方，既是对一般社会成员普遍的、起码的道德要求，也是衡量一个人社会化程度的标准之一。家长是教师在教育学生过程中不可缺少的合作者，教师必须给予他们应有的尊重。这既是社会对教师的一般要求，也是教育伦理基于教育劳动的特点，对教师提出的特殊要求。

1. 在教育过程中发生困难时，教师要有耐心，学会克制。一般说来，当教育活动比较顺利时，教师和学生家长发生矛盾的可能性比较小。在这种状况下，一般较少发生教师不尊重学生家长的情况。当学生出现过错时，尤其是当学生反复犯同一错误或相似的错误时，教师如果不注意控制自己的情绪，就很容易做出不尊重家长的言行，从而导致家长对教师心生怨意，甚至引发两者间的矛盾冲突。遇到此类情况时，教师为避免自己的不当言行给家长带来伤害，应该在以下方面多加注意。其一，要反思学生所犯的“错误”真是一种错误，还是学生心理需求的自然表露，抑或是学生身心发展过程中的正常现象。其二，要探讨学生犯错误的原因究竟是什么。在有的情况下，错误是学生犯的，但原因可能不在学生本人，而是在其他学生，或者在家庭和社会，甚至在教师。只有找准导致学生犯错的根源，才能有效地纠正和杜绝类似情况的发生。其三，即使是由于学生本人原因犯了严重的错误，也不能将学生犯错归咎于家长。教师必须注意自身的言行，以免由于自己对家长的不尊重而造成不愉快的事情发生。

2. 教师要虚心听取学生家长的意见。教师虚心听取学生家长的意见，并对正确的意见加以积极的采纳，这既是教师职业道德对教师的必然要求，也是教师教育教学质量提高的关键要素。原因在于，其一，家长与孩子朝夕相处，他们对孩子的爱好、兴趣、性格、脾气了如指掌。孩子的言谈举止在家中表现得最自然、真切。家长能真实地反映学生在校外的情况，故而教师有虚心听取家长意见和建议的必要。其二，学生家长的知识水平在不断提高，很多家长也比较注意教育学知识的进修和教育学修养的提高。在一些情况下，家长对教师的教育教学往往能提出一些有价值的看法。教师如能虚心听取，对学校教育是大有裨益的。从这层意义上讲，教师也应该听取学生家长的意见。教师可能没有更多的时间去仔细了解家长的看法，也不是很愿意听到家长的批评意见，他们都想努力体现自身在教育事业中的价值，不想被“抹黑”。但由于教育效果的需要，教师必须虔诚而耐心地倾听家长的意见，这样不仅不会降低教师在家长心目中的威信，反而能密切两者之间的关系。

3. *教师应当一视同仁地对待每一位家长。*一视同仁地对待每一位家长既是教育公正的体现，也是教育公正原则对教师的要求。教师要意识到，正像教师不能随意淘汰后进生一样，教师也无权拒绝和任何一位家长合作。现代学校教育以班级为基本教学单位，师生相互之间没有选择余地，教师也没有选择家长的余地。这就决定了教师不仅不应该拒绝和家长合作，而且还应该主动协调和家长的关系，充分发挥家长在教育活动中的积极作用。一般来说，作为教师，他们对优秀学生的家长和素质比较高的家长较为尊重。事实上，教师和这样的家长也比较容易沟通。但对那些暂时处于后进状态学生的家长和素质不是很高的家长，教师往往缺乏应有的尊重，也缺乏主动沟通的意识。这种状况是不符合教师职业道德要求的。至于有少数教师对具有一定身份、社会地位比较高的学生家长显示出过分的热情，对贫困学生的家长则爱理不理，甚至冷眼相对，这更为教师职业道德所不容。教师职业道德要求教师一视同仁地对待每一位家长，而不论家长的素质、身份和社会地位如何。

对于家长对教师的不正当迎合，应该理解家长的目的虽然是为了自己的孩子能在学校有更多的机会、发展得更好，主观意图是为孩子着想，但采取的手段和客观效果是有违道义的。在这一现象的应对上，教师必须承担起主要的和主导性的责任。首先，教师应该坚守教师的职业道德操守，廉洁自律。自觉拒绝来自学生家长的红包、礼金和礼品，不能利用自己的职务，向学生或学生家长索取任何财物，更不能把学生和学生家长作为谋取私人不正当利益的来源。对家长的不正当迎合必须婉拒，坚决杜绝这一现象的发生。其次，教师必须公平公正地对待每一位学生，即使教师客观上不能对每一位学生都爱护有加，但在主观上绝不能对学生存有偏见，不能因为分数的高低和家境的好坏而在平时的教育教学活动中给予学生不同的待遇。教师的“爱无差等”、公平公正是教师职业道德的要求，是对学生的负责，也是对家长后顾之忧的解除。最后，如果教师接受了家长的不正当迎合，教师在学生心目中的美好形象和教育威信将荡然无存，教师对学生的教育实效也会大打折扣。孔子曰：“其身正，不令而行；其身不正，虽令不从。”[①] 教师如果接受了一位家长的礼品而对这位学生有所偏爱，那么，这位教师就丧失了对全体学生道德上的正面教育和引导权力。

**三、畅通家校间的沟通渠道**

沟通是合作的前提，家校关系中同样如此。

1. 家校双方需要增强沟通意识。学校应该充分认识到家长参与学校教育的重大意义，这是学校从封闭式办学走向开放式民主办学的重要举措。通过与家庭的沟通，学校可以更好地了解每一位学生的情况，从而为因材施教创造条件，为促进学生的全面发展创造条件。家长也应该积极地与学校取得联系，了解孩子各方面的表现，就孩子的教育问题向学校寻求帮助。家长对学校的教育教学情况进行了解和监督，也是对自己孩子的受教育权和学习权的重视和维护。

2. 畅通家校之间的沟通渠道必须有制度上的保证。学校应该将家校之间的沟通作为学校的一项日常工作纳入学校的管理体制，摒弃“问题型”家校关系。对传统的沟通渠道如家长会、电话联系、家访等进行改良，一是从单向灌输转变为双向交流，双方都应该主动而且要有另一方的反馈，形成沟通回路；二是要形成制度，将其作为制度确定下来，定期执行，不能随意变动；三是充分利用信息化社会的便利条件开拓新的家校沟通方式，如建立微信和网络平台。此外，学校应该成立由家长代表和分管校领导共同参加的家长委员会，作为具体落实和执行这一制度的固定机构，制订相应的家校联系的运行原则和方式方法并组织落实。学校不仅要成立家长委员会，更重要的是将

---

① 《论语·子路》。

家长委员会的工作列入学校的发展规划之中，并制订切实可行的工作方案，同时学校必须提供必要的工作条件以保障各项工作的顺利实施。

3. 坚持充满道德意蕴的家庭访问。信息时代家校沟通的途径虽然已多样化，但传统的教师家访应当坚持，因为其中包含着诸多的伦理意蕴。教师走进学生家庭、走近家长这一行为，本身就传递给孩子如何处理人际关系的诸多信息，这也是在用身教告诉孩子如何处理人际关系。电话、微信、电子邮件虽然缩短了家校的时空距离，但也过滤掉了许多语言无法传达的信息，不利于教师与家长、教师与学生之间的相互了解和情感交流。电话、微信、电子邮件之所以无法取代家访，是因为在“家”的环境里，容易营造一种特殊的亲切氛围，有些很难解决的问题，在这种氛围中能够迎刃而解。

教师家访的伦理意蕴在于因材施教。就教育公正这一教育伦理的重要原则而言，因材施教被认为是教育的实质公正。而因材施教的前提是对学生有一个全面深入的了解。每一个孩子都会有一些校外的故事，都会有一部家庭成长史。通过家访，了解学生的这一侧面，对教师因材施教十分必要。

**四、培养与家长沟通的态度与能力**

教师与家长能否进行有效沟通，在很大程度上取决于教师的态度与沟通能力，这种沟通能力是需要培养的。目前，我国教师教育课程体系中缺少相关的培训内容。德国的教师教育课程中，“与家长的关系”与“教学原理”“教育原理”“学校法规”一起成为教育理论培训的重要内容。学习“与家长关系”的关键内容是怎样与家长和谐相处，达到密切合作培养学生的目的。具体要求有三项：一是教师要热爱学生，了解学生的家庭背景、家庭教育状况以及家长作为教育者的任务；二是通过宣传教育学，使家长们获得有关教育的主导政策和教育学、心理学等方面的相关知识，提高家长进行教育活动的能力；三是充分依靠家长的知识、能力和经验，为家庭和学校教育，特别是课外活动提供支持。其研究的专题十分具体，有“怎样召开家长会”“怎样进行家访”“怎样与家长交谈”等。学校通过家长委员会、教师家长理事会、班级的教师家长委员会等组织来沟通家校关系。

我国的教师教育，迫切需要加强对教师与家庭沟通能力的培养。如在与家长沟通的过程中，首先，教师要创造与家长对话的友好气氛，学会倾听学生家长对孩子情况的分析，这是尊重家长的基本表现。以理解的态度评价学生家长的意见，有利于沟通家校双方的教育理念；以建议的方式对家长提出要求，共商“家事”，有利于提高学校对家庭教育指导的有效性。其次，教师要与学生家长保持联系，避免学生犯错后才与家长进行联系。最后，教师在与家长讨论学生问题时，不妨先评价学生的优点，再指出孩子存在的问题。这样既能让家长看到教育孩子的艰巨性，也能使家长增强教育孩子的信心。在家长会上不告状、不点名、不批评，以保护家长的自尊心。学生的问题与家长个别交流为好。家长会也要改变“教师讲、家长听、学生等着挨批评”的陈旧模式。许多教师创造了诸如交流、对话讨论、展示（学生成长历程）、专家报告、联谊、参观游览等多种方式，使家长会真正成为家校合作的有效平台，成为沟通学生、家长和教师情感的重要渠道。当三者都乐意相会的时候，学校和家庭才会有真诚和有效的交流。

**五、教师与家长交往应恪守师德底线，提升自我修为**

教师在与学生交往的过程中，不论在校内还是校外，都应当自觉严格遵守各项师德规范和行为准则，恪守师德底线，为人师表，以身作则，处处表现出良好的思想道德情操。教师不得索要或收受学生及家长的礼品、礼金、有价证券、支付凭证等财物。教师不能利用自己掌握的教育和教学权力，以权谋私，以教谋私，违背教育公正这一基本的教育伦理原则。正如陶行知所说的，要人敬的必先自敬，重师首在自重。

## 第三节　鼓励家长遵守新型的家庭教育伦理

人的成长是一个长期持续演进的过程，是在家庭、学校、社会三方面教育力量合力作用下慢慢成熟完善起来的。在这一过程中，家庭教育尤为重要。学校教育与家庭教育应当相互配合、密切合作。作为承担学校教育职责的教师，既要充分认识家庭教育对青少年成长的意义，又要鼓励家长遵守新型的家庭教育伦理，帮助家长积极推进家庭教育科学化的进程。

## 一、区分家庭教育和学校教育的不同职能

家庭和学校作为特殊的社会组织在培养青少年过程中承担的教育职能是有明显区别的。值得关注的是，学校教育的一些不足可以由家庭教育来弥补。家庭作为人归属的第一个社会群体，使人初步掌握母语，形成生活习惯，自然地接受爱和主动地爱，奠定其人格与个体社会化的初步基础。家庭应该成为孩子道德教育的基地、心理关怀的港湾。这是家庭教育职能的应然状态。家庭关系虽然也属于社会关系，但这种社会关系属于人和人之间最自然的关系。“与其说它是教育，毋宁说是一种社会化更为贴切。”① 如果学校教育和家庭教育各司其职，青少年的成长将保持一种和谐的平衡。青少年在学校教育中所承受的压力可以在家庭生活中得到自然释放，而学校教育又可有效地促进青少年的社会化进程。但是随着社会的发展，学校教育地位日益强大，家庭教育的职能逐渐减弱。家庭教育的任务被定义为：“在儿童入学前主要是使儿童的身心得到健全的发展，为接受学校教育打好基础；在儿童入学后，主要是配合学校教育使其品德、智力和健康得到正常发展，将来能成为国家的建设者。”② 当家庭教育成为学校教育的“承包机构”，承担它难以胜任的教育职能时，就扭曲了本应是“最自然”的家庭关系，学生也会因此而受到挫伤。有新闻报道，南京一位成绩优异的初三女生，由于在学校老师对她有更多的要求，回到家父母又给她加码，感觉自己像学校和家庭两扇“磨盘”间的“麦子”，时刻受到碾压，终于“火山爆发”离家出走。这样的事例在“家庭教育学校化”的状态下并不罕见。而中小学“家庭教育学校化”的倾向正在向幼儿教育蔓延，形成“幼儿教育小学化”。本该在游戏中欢度幸福童年的孩子被家长强制学习拼音、写字、算术。许多幼儿园也纷纷打出各种特色班的招牌，错误地引导家长“不要输在起跑线上”。

有人认为，学校素质教育的主要阻力来自家庭。家长的教育行为在很大程度上是一种从众行为，或是一种迫不得已的选择。如何认识“家庭教育学

① ［日］筑波大学教育学研究会编，钟启泉译：《现代教育学基础》，上海教育出版社 1986 年版，第 148 页。

② 中国大百科全书出版社编辑部、中国大百科全书总编辑委员会《教育》编辑委员会编：《中国大百科全书·教育》，中国大百科全书出版社 1998 年版，第 141 页。

校化”的危害？如何矫正“家庭教育学校化”的倾向？关键的问题在于教育工作者的反思，在于社会的反思。而这种反思首先表现为学校在开展家长教育的过程中需要建立科学的家庭教育观，这是矫正“家庭教育学校化”倾向的前提。

**二、认识家庭教育在青少年健康人格培养过程中的作用**

1. “先入为主”的家庭教育在青少年品德形成过程中的基础性作用。儿童期的教育在人的一生中是至关重要的，它是人生受教育的起步和基础阶段，一个人在儿童期应当在习惯、言语、思想各方面都打下很好的根基。倘若在这个时期各方面的根基不稳，儿童将来想要建造健全的人格便有困难。

绍兴人朱庆澜在广东省任省长期间，曾在其专著《家庭教育》（1916 年写成，1917 年公开印行）中说，小孩子生下来，好似雪白的丝，在家里养活了 6 年，好似进第一道染缸；6 岁进学堂，好似进第二道染缸；20 岁以后出学堂，到世界与同人办事，好似进第三道染缸。他又说，关键是第一道染缸打上“红底子”，以后受到好的教育与影响，就会变成“大红”“朱红”，即使受到不良教育与影响，“红底子”也不会很快变化。如果第一道染缸染上“黑底子”，以后就是受到好的教育与影响，原来的黑底子也很难褪去，如果以后再受坏的教育与影响，那就会变成永不褪色的黑青，永不回头的坏蛋了。朱庆澜以生动的比喻道出了一个重要的规律，家庭教育在青少年品德形成过程中起着重要作用。一个人从小接受的影响与教育在他的意识中占主导地位，而后逐渐形成某种优势意识倾向，会对后来的影响进行选择，接受与其一致的影响，拒绝与其相悖的影响。让天真无邪的孩子“先入”什么？这是孩子的“第一任老师”——父母亲，第一个“学校”——家庭需要认真思考的问题。

2. 家庭教育具有不同于学校教育的独特作用。学校教育只是在家庭教育起点上进一步的延续和深化，这是因为有目的、有计划的学校教育一般具有统一的模式，是按照一定的培养目标而开展的群体教育。正因为如此，所以在学校教育的全部活动中，无论是教育内容的确定，教育进程的快慢，还是教育手段和方法的选择，其立足点总是要面向大多数学生。这种集体化的教育，虽然能保证大多数学生获得相同程度的知识和技能，但不能很好地兼顾每个学生发展水平上的差异。家庭教育可以在其中起调整作用。也就是说，家庭教育可以通过发挥自身的主观能动性，弥补学校教育的不足，甚至矫正学校教育的失误：在孩子压力太大时帮助减压，压力不够时适当加压；在孩子的健康成长受到威胁时保护他们。

3. *良好的家庭教育是社会健康发展的前提。*从社会的结构来看，家庭是社会的细胞。作为机体的社会是否健康，取决于作为细胞的家庭是否健康、是否充满活力。关于这一点，中国的先哲早就认识到，“欲治其国者，先齐其家；欲齐其家者，先修其身”，因为“家齐而后国治，国治而后天下平”。[①] 修身、齐家、治国、平天下就成为家庭教育与社会发展的内在联系。

苏联教育家马卡连柯也曾经告诫过家长：“你们应该永远记住：你们生养和教育儿女，不是仅仅为了父母的愉快。在你们的家庭里，在你们的领导下，成长着未来的公民、未来的事业家、未来的战士。如果你们处理无方，教育不出好的人来，那么，由此所得的苦痛不仅是你们的，而且是许多人的，是整个国家的。不要忽视这个问题，不要认为这是使人厌烦的议论。要知道，在你们工厂里，在你们生产机关里，如果没有生产很好的产品，而生产了粗劣的产品，你们会感到羞愧的。给社会造出不好的或有害的人来，是你们更大的耻辱。”[②] 由此可见，家庭教育不仅对每个家庭有着重要意义，而且对社会也有重要意义。

**三、明晰家长在教育孩子过程中必须遵循的道德要求**

1. *以平等和尊重的态度对待孩子。*不管是把孩子当“小奴才”看待，随意向孩子施以体罚、羞辱等肉体或精神虐待，还是把孩子当作全家的“小祖宗”看待，两者具有共通的本质：没有把孩子真正地作为一个平等的人来看待。在我国传统文化中，儿童是家庭的隶属品，是长辈的依附品。家长对儿女享有全部“主权”，可以随意教养。在“家长说了算”的思想指导下，有的父母常常不把自己的孩子看成是一个具有独立人格和尊严的人，很少顾及孩子的自尊心。如私拆孩子的信件、随便翻看孩子的日记等，常常导致孩子与父母之间发生冲突。这样的做法只会让父母与孩子更加疏远。

---

① 《礼记·大学》。

② ［苏］马卡连柯著，吴式颖等编：《马卡连柯教育文集》（下卷），人民教育出版社 2004 年版，第 485 页。

只有将孩子看成是一个具有独立人格的人，才能自觉地去尊重他们作为人的复杂性、多样性、丰富性和主动性。美国哈佛大学教育研究所发展心理学教授霍华德·加德纳的多元智能理论被教育学与心理学界称为“哥白尼式的革命”。加德纳认为人的智能有九种形态：语言、数学逻辑、音乐、身体、空间、人际关系、内省、自然观察和存在。我们的教育，特别是中小学教育关注更多的是语言、数学逻辑智能，并以此来区别好学生和后进生。这样的教育是残忍的，也是不人道的。作为家长，不应该去强化和扩大学校教育中的弊病，而是要根据孩子的特点去发展他的长处。当我们将孩子看作活生生的人的时候，我们还将会看到他们作为人的主动性。在教育思想发展史上，许多卓越的哲学家、教育家都表示，成长和发展是人的天性。他们把儿童比作树木、花草，认为教师应像园丁那样相信种子具备生长的能力，准备好适当的土壤，全力为树木、花草的生长创造适当的条件让苗儿自己生长，而不是揠苗助长。

当父母没有把孩子作为平等的人来看待的时候，他们对孩子的爱就不会在孩子的心中激起爱的情感，反而会成为一种负担。只有确立了平等的观念，我们才可能以尊重的态度去对待孩子，更多地去尊重孩子的独立性，更多地去发挥孩子的主动性和创造性，给孩子创造更多的选择机会，去接受孩子的差异，并在此基础上因材施教，去积极地发现和发展孩子的潜能，深入地研究孩子的身心发展规律，并根据规律进行教育。对孩子而言，这才是真正意义上的尊重孩子。

不管父母们愿不愿意承认，随着现代信息技术在生活中的普及，年轻一代比上一代人更熟练地掌握数字化生存的技能，一个以子为师的“后喻”时代离我们越来越近。著名人类学家玛格丽特·米德曾经预言，人类发展经历三种文化：第一种是前喻文化，即年轻人必须向老年人学习才能生存；第二种文化是并喻文化，即两代人互相学习才能生存和发展；第三种文化是后喻文化，老一代需要向年轻一代学习，社会才能进步。纵观人类发展史，如果说前喻文化发展得最为漫长（可以上推至原始社会），影响也最为深远，那并喻文化已经短暂得不值一提，有被后喻文化取代的趋势。这种趋势是由以计算机为主题的信息社会的来临所促成的。我们的祖父母在他们年轻时学到的东西够用一辈子，而我们的父母年轻时所学到的东西只够用半辈子，到了我们这一代，年轻时所学到的东西很多已经没有用了。孩子们不同，在他们才智初开的时候，就已经广泛接触最新的信息和技术，并以此改变他们乃至整个社会的生活、学习方式。其实，在许多中国家庭里，这个趋势已为我们所常见：孩子能熟练操作电脑，而父母却往往像看“天书”一样，不知所以，从而出现电脑时代的新“代沟”。面对落后于网络的父母，这不能不令人担心。被《时代》周刊评为当代最有影响的未来学家尼葛洛庞帝曾言，我们从没有这么需要以孩子为师。这就是现实。

2. *根据儿童的身心发展规律施行教育。*我国著名教育学家、家庭教育家陈鹤琴在1935年为庆祝儿童节所写的《儿童年实施后的几点宏愿》一文中，专门就小孩子的心理特点提出了教育要求，值得每一位为人父母者学习。陈鹤琴认为，小孩子是好游戏的。小孩子好动，多游戏、多快乐、多经验、多学识、多思想、多运动、多保健。做父母的应给孩子设置游戏的设备和环境，让孩子有充分的游戏机会。一个5岁多的孩子，面对巧克力伤心哭泣，原来是妈妈把所有的玩具都藏起来了，只让他认字、学习，而他最大的愿望就是玩。父母们自以为抓住了教育孩子的所有要素，但恰恰忽视了“玩”这个学龄前儿童最基本的要求。因此，只有了解儿童的心理，教育才会有良好的效果。小孩子是好模仿的，父母要事事谨慎，务必使自己的举动、言语有以身作则的价值。小孩子是好奇的，小孩子看见不懂的东西，就要问这问那，这些语句就是好奇的表现，是非常可贵的。好奇是小孩子获得知识的开端，父母应抓住这个好机会，对孩子施以适当的教育。小孩子非常喜欢做事情，而且更喜欢把事情做成功。因为事情做成功，一方面自己有趣，另一方面还可以得到父母的赞许，父母应该利用这种心理去鼓励孩子做各种事情。孩子做事情成功了，自信心就会增强；成功次数越多，自信心越大；自信心越大，就越容易成功。自信心与成功是互相作用的。我们知道，学问不仅要在书本中求得，也应在自然中求得。动物学、地理、常识，都可以从自然界中学得。孩子们在书本中看到的是死标本、死山水，应当引导孩子到野外去看活的动物，采活的草本，玩真的沙石。小孩子是合群的，他们喜欢和同伴游玩，做父母的应当利用小孩子合群的心理，帮助孩子结交伙伴，让孩子们互相学习、互相进步。小孩子喜欢被称赞，喜欢听好话、听鼓励的话，做父母的要利用这种心理，循循善诱，多表扬，多鼓励，让孩子在愉快中做事。

陈鹤琴的宏愿是基于对儿童生理、心理的深入研究而得出的结论。

3. 家庭教育的主要功能是教育孩子如何做人。家庭教育的功能是多方面的，但最主要是教育孩子如何做人。做人的问题更多地表现为培养习惯、责任和情感。其中最关键的就是培养习惯，无论是道德习惯还是学习习惯。培根说过，习惯是人生的主宰。杜威也认为道德的本质在于养成习惯。习惯一旦形成，便成为一种半自动化的潜意识行为，对人生、事业、生活起长期的作用。良好的习惯就像是人存放在自身的“道德资本”，人在一生中都会享受由它带来的“利息”。

责任感的培养是少年儿童健全人格必不可少的一部分，并为孩子身心的健康发展提供动力和保障。责任感的培养有助于孩子摆脱以自我为中心，养成自治、自理的能力。许多父母望子成龙心切，一心想让孩子成才，出人头地，于是就替孩子勾画美好未来，替孩子作一切选择，陪孩子做一切事，包括学习。结果孩子误认为学习是父母的事，自己是替父母在学习，其负面效应可想而知。如果一个孩子开始上小学了，家长给他买一个闹钟，告诉他“什么时候起床由你来定闹钟，迟到了挨老师批评也不要埋怨别人”，那么这个孩子必定每天都早早起床，不用父母再费心去叫了。责任感的培养还有助于孩子理解、体谅别人，养成合群的好习惯；有助于孩子关心他人，能很快觉察到别人对自己的态度和评价，从而作出相应的行为反应。而缺乏责任感的孩子往往以自我为中心，对别人的反应不闻不问，我行我素。家庭中责任感的培养应从孩子作为家庭一员的身份入手，大大小小的事情都要有所担当，喜怒哀乐要与孩子共同分享，力所能及的事尽量让孩子自己完成。

家庭教育应当重视培养孩子的健康情感。首先，要让孩子感受到生活的意义和乐趣，活得有意思。生活的意义和乐趣是孩子在体会人与人之间的爱的过程中逐步形成的。如此，家庭中夫妻之间的亲爱、对长辈的孝亲之爱、对亲友和同事的关爱、对周围世界的仁爱……父母良好的榜样示范，是对孩子最好的教育。其次，要有意识地培养孩子去表达爱，如懂得感恩、对弱者的怜悯等都是情感教育的主要议题。值得警醒的是，少数家长在“身教”方面存在问题，比如在外面温文尔雅，彬彬有礼，一进家门就口无遮拦，脏话连篇；在外面是一派急公好义的形象，回到家则马上变成了自私自利的模样。“近朱者赤，近墨者黑”，孩子生活在这样的环境里，必然会受到影响，不利于子女良好情感素质的养成。

正如一位哲人所言，播下思想的种子，获得行为的收获；播下行为的种子，获得习惯的收获；播下习惯的种子，获得性格的收获；播下性格的种子，获得命运的收获。家庭正是行为、习惯、性格养成的“土壤”，父母正是那辛勤耕作的“园丁”，但愿天下的父母都能修炼成合格的、优秀的“园艺师”。

## 思考与练习

**【讨论思考】**

1. 目前家校合作方面存在的主要问题有哪些?

2. 教师在处理与家长关系时应当遵守何种道德规范和要求?

3. 教师在家校合作关系的建立中应发挥何种作用?

4. “家庭教育学校化”的危害是什么？学校为什么不能替代家庭的教育功能?

**【案例分析】**

材料一

某班主任在班级QQ群里给家长发了一条消息，说资质相同的孩子，因为父母的不同，其发展也会不一样。家长分三档：积极行动的、勉强应付的和没能力跟上的。而这就是孩子成绩拉开档次的主要原因。这位班主任把学生的发展完全归结为家长原因的言论，在网络上一石激起千层浪。（《家长该陪学校教育跑多远》，《中国教育报》2013年11月15日）

这位班主任的观点符合教育规律和教师伦理要求吗？你怎么看?

材料二

教师“绑架”家长的事情多半发生在低学段。小孩子听老师的话，家长又拗不过孩子，教师的话往往经由孩子而成为家长不得不听的“圣旨”。家长如有能力科学地指导孩子的学习自是好事，但要有限、有度，不能越俎代庖。要意识到学习是孩子的事，教书是学校的事，家长无法替代。那些没有能力或没有时间督促和辅导孩子学习的家长也不必“辛酸”和焦虑，要相信孩子有自我矫正和修复的能力。对教师来说，如果要成就良师，就必须坚持立足课堂解决问题。如果长期依赖家长这个“助教”，不仅教学效果好不了，人格力量也会大为削弱。中国的父母大多忙于生计，耗费太多精力辅导孩子学习实在勉为其难。教师“不作为”逼迫家长“为”，还言之凿凿，家长对教师和学校是不会有好评价的。“亲其师，信其道”，家长怨言不断，孩子耳濡目染，教师不可“亲”，教学效果必然大打折扣。总之，学校教育和家庭教育均要恪守各自职责。（《学校教育切勿“绑架”家长》，《中国教育报》2013 年 11 月 15 日）

对教师在教学工作中存在的某些“绑架”家长的行为，你怎么看？如何从教育伦理的角度改善教师与家长的伦理道德关系？

材料三

有一次，语文老师在批改作文的时候，知道一个学生的爸爸妈妈喜欢打麻将，根本不管她的学习。班主任知道后，找这个学生了解了一些情况，晚上和这个学生一起去她家，发现家里有两桌麻将正在进行，见老师来了，两位家长连忙离开牌桌。班主任把家长请到另一个屋里，也请来学生。班主任首先说：“我们中年人其实是最辛苦的，上有老人，下有孩子，工作上也常常不顺心，生活上也有许多苦恼，一天累得呀，简直没法说。但是，我们都大半辈子了，我们的希望在哪里？”妈妈说：“我们这辈人是完了，我们的希望，就是孩子能有点出息。”班主任叫孩子去做功课，把作文交给家长说：“这篇作文，很多老师读着读着都感动得流眼泪，我们准备送到一个比较大的刊物去发表，现在请你们两位帮忙改改。”两位家长一起读了近半个小时，女的都哭出了声。男的说：“老师，你没有批评我们，但我们知道错了，我们不是称职的家长。老师，我们把作文留下来，每当我们‘手痒’的时候，只要看看这篇作文，我们就会克制的。”班主任说：“我的意思是希望你们少玩麻将，亲朋好友在一起，偶尔打几次是没有关系的，我也希望你们能和孩子心平气和地谈谈心，孩子会理解你们的。”给家长一个面子一个台阶，让家长自己去改正的效果比批评和责备要有效些。（《给家长一个面子》，钱焕琦主编：《教师职业道德》，华东师范大学出版社 2016 年版，第 157 页）

你认为这位语文教师在处理学生家长的道德关系上遵守了怎样的道德规范和要求？其中包含了怎样的教育道德智慧？

材料四

一小学教师因未收到鲜花，在毕业班会上谩骂学生的视频引发强烈关注。视频显示，涉事教师当场撒泼、谩骂、吐口水、怒砸鲜花，还让全班起立罚站。视频被上传至网络后，引起极大关注。多数网友对涉事女教师的言谈举止大失所望，认为其不配为人师表，希望有关部门严惩该教师，给受辱学生和家长一个说法。教育行政部门很快发布了相关调查处理情况的报告，对这位小学教师作出了撤销教师资格、降低岗位等级等严厉处分。教育部早就明文规定，禁止教师以任何方式索要或接受学生及家长赠送的礼品礼金、有价证券和支付凭证等财物；一些地方教育部门更向校园发出过“禁花令”。（《教师不满学生只给班主任送花发飙　当地整治师德师风》，《人民日报》2020 年 7 月 19 日）

对于目前存在的教师收受学生礼品礼金等违背教师职业道德规范和禁令的现象，你怎么看？为什么教师应当廉洁自律，恪守各项师德规范和要求？

**【拓展阅读】**

1. 王正平著：《人民教师的道德修养》，人民教育出版社 1993 年版，第四章。

2. 钱焕琦主编：《教师职业道德》，华东师范大学出版社 2016 年版，第五章。

3. 陈礼勤、钱焕琦主编：《走进母亲学堂》，南京出版社 2008 年版。

**【教学实践互动建议】**

1. 邀请一位优秀教师谈谈处理与学生家长关系的实践经验。

2. 组织学生和家长线上参加教育部关工委和中国教育电视台共同主办的家庭教育公开课。

# 第十章　教师与社会关系中的伦理道德

教师与社会的关系，决定了教师与社会的伦理道德。在现代人民当家作主的民主社会，教师与社会的关系不是单向的、线性的决定与被决定的关系，而是双向互动生成的关系。也就是说，一方面，社会是由无数个公民包括作为教师的公民所构成的，没有公民就不可能有社会；另一方面，公民有服从社会、维护社会共同体的责任和义务。因此，教师与社会的伦理道德就由两个方面构成，一是教师对社会的道德责任和义务，二是社会对教师的道德责任和义务，二者缺一不可。

## 第一节　教师的社会角色

社会由个人构成，但是个人并非直接面对社会，而是通过结成一定的组织或者群体来构成社会。这种构成，或以血缘（家庭）、地域（行政区划）的方式，或以职业（教师、律师等）、志趣（如登山俱乐部、车友会等）等为依据而形成。随着现代社会的发展，职业、志趣构成的组织群体越来越具有重要地位，当然血缘、地域组织或群体并没有消失，仍然起作用。本章讨论的教师与社会的关系，实则是教师职业这一次级群体与社会整体这一首要或首属群体之间的关系，也就是作为社会共同体构成要素的教师群体（教师个体）与社会整体之间的关系。社会共同体的整体机能决定了教师群体（教师个体）的角色及其责任。或者说教师，不论是作为群体还是作为个体，都是按照社会共同体的整体机能及其需要，而被分配相应的功能角色。要分析教师与社会关系中的伦理道德，前提是确定教师在社会共同体整体中的功能角色。

## 一、社会角色与教师角色

在日常生活中，人们谈论的角色指的是戏剧舞台上、电影里、电视剧中的角色，特别是给人深刻印象的主角即主要角色。不过，角色作为一个严谨的学术专有名词早在 20 世纪 30 年代就被引入到社会心理学中，用以分析个人在不同情境中的行为方式。今天，它被广泛运用到社会关系、行为规范、社会地位、社会责任和社会结构等方面的分析之中，衍生出角色期望、角色规范、角色扮演、角色承担、角色伦理等一系列专门表述。“一种社会角色是指在特定情境下或在群体中，他人所预期的、若干种社会性行为模式中的一种。你所扮演的角色可能是由你的兴趣、能力和目标所决定的，也可能是你所在的群体或不可控的文化、经济和生理条件施加给你的。无论在何种情况下，社会角色会通过让你清楚应该做什么，怎么做，以及什么时候做来规定你的行为。”①

教师角色是与教师的职业身份、职业地位相联系的行为方式，它既可以指教师的实际行为，也可以指对教师的角色期望。教师的实际行为即角色行为，是教师在现实的教育教学情境中的角色行为，如备课、上课、批改作业、与学生讨论交流、与家长联系沟通、与同事学习分享等。教师的角色期望，是指社会、学生和教师自身等对教师行为的期望。由于期望主体多样，而且期望内容随着环境和时代的变化而变化，所以对教师的角色期望是多种多样的，形成了“角色丛”。社会期望教师是公民践行者、公民示范者即好公民，学校期望教师成为优秀的集体成员，同事期望教师是好伙伴、好队友，学生期望教师是知识权威、人格榜样和知心朋友等。这些多种多样的角色期望，不仅存在着差异，甚至还存在着矛盾冲突，既有角色之间的冲突（如班主任与学科教师之间的冲突等），也有同一角色之内的冲突（如教师作为班主任，有作为班级管理者与作为学生发展指导者之间的冲突等）。成熟的教师，不是不存在角色冲突，而是能够找到解决角色冲突的办法，并能有效地化解冲突。

## 二、社会对教师的角色期望

如上所述，社会对教师有多种多样的角色期望。从教师所处的社会空间

---

① ［美］菲利普·津巴多等著，王佳艺译：《津巴多普通心理学》，中国人民大学出版社 2008 年版，第 516 页。

来看，公众期望教师不仅要尊重社会的公序良俗，而且要成为社会公德的榜样示范，即好公民、好邻居、好朋友。从教师所处的国家空间来看，政府期望教师能够成为现实权力关系和权力格局的忠实维护者，并实现现实权力关系和权力格局的再生产，成为听话者、顺从者和国家意志的执行者。从教师所处的学校空间来讲，校长期望教师成为学校秩序的维护者、知识的传递者和道德的示范者；同事则期望教师成为合作者、帮助者，甚至成为学习的榜样。

在教师所处的空间维度之外，还有教育价值取向的维度。建构主义教育理论强调教学的中心任务是知识学习、知识获得，因此教师的角色是学习者、成长者。人本主义教育理论强调教育过程中的情感体验和情意发展，因而教师的角色是关怀者，是艺术家。批判主义教育理论关注教育过程中的意识形态和阶级关系的再生产，因而教师的角色是权力生产者或者批判者。

此外，还有教师角色的时间历史维度。传统社会中，教师是社会和统治阶级的代表，传递的观点最正统，传授的知识最正确。因此，对学生来讲，教师是知识权威，是言行方正的道德榜样，即所谓“学高为师，身正为范”。现代社会中，教师逐渐从知识和道德的“神坛”上走下来，成为民主社会中的平等一员，是现代社会分工格局下众多平凡职业中的一种。教师究竟应不应该、能不能成为社会的知识权威和道德表率，存在着截然对立的观点。

在当代社会主义中国，教师的角色期望、角色责任、角色规范等具有特定的社会背景，这是提出教师对社会的道德责任和义务的逻辑前提。角色伦理的出发点是整体机能，因此只有先了解这个整体（社会）的性质、目的和结构，才能准确把握对部分（教师）的功能和责任要求。第一，当代社会主义中国实行的是人民当家作主的根本政治制度，国家的一切权力既源于人民又属于人民，这不仅从根本上确保了国家权力的正当性，而且确保了国家、社会对每个公民包括对作为公民的教师所提出的诸多道德要求和法律规范的正当性。这就意味着，经过正当程序、由国家机关颁布的宪法、法律，以及种种教育法规、大中小学师德规范等，教师有遵守、服从的义务。第二，当代中国实行的是中国特色社会主义市场经济制度，它肯定每一个参与者（生产者、交换者、消费者等）都是依法享有权力、拥有权利的主体，相互之间是平等的关系，不承认哪一个主体享有特权，它催生了社会主义市场经济伦理，如时间观念、竞争观念、效益观念、契约观念、平等观念等。第三，当代中国倡导的是社会主义核心价值观，即在国家层面上倡导富强、民主、文明、和谐，在社会层面上倡导自由、平等、公正、法治，在公民层面上倡导爱国、敬业、诚信、友善。这种先进的文化价值取向，不仅决定了大中小学教师道德建设的价值取向，而且决定了师德建设的根本宗旨，不是为道德而道德，而是为社会主义现代化建设服务，为培养社会主义建设者和接班人服务。对大中小学教师所提出的道德要求，不能违背社会主义核心价值观，且必须准确反映和体现社会主义核心价值观。

## 第二节 教师对社会的道德责任和义务

教师对社会的道德责任和义务，理论上有两个分析维度，一是作为公民的教师，二是作为教师的公民。前者是指教师与从事其他职业劳动的个体一样，都是国家公民，是民主社会的一员，是平等的公民实践者，是公民道德的践行者，因而必须承担并履行公民的责任和义务。后者是指教师作为从事特定职业的公民，其履行对社会的道德责任和义务具有自己的职业特点，不同于其他职业。作为公民的教师，对社会的道德责任和义务主要有三个方面，即遵守宪法和法律、忠于祖国人民、尊重公序良俗。《新时代高校教师职业行为十项准则》第二条、《新时代中小学教师职业行为十项准则》第二条都有明确规定："忠于祖国，忠于人民，恪守宪法原则，遵守法律法规，依法履行教师职责；不得损害国家利益、社会公共利益，或违背社会公序良俗。"教师在履行对社会的道德责任和义务的过程中，要体现自己的职业特点，作为示范者和教育者，要做到以生为本、有教无类、服膺真理。无论是作为公民的教师，还是作为教师的公民，不仅自己要懂得这些道德责任和义务，而且要让学生懂得这些道德责任和义务。

## 一、作为公民的教师之道德责任和义务

教师作为民主社会的公民，和其他普通公民一样，必须承担对社会的道德责任和义务，成为合格的公民道德践行者。当然，教师承担和履行对社会的道德责任和义务，也有自己的职业特点。

（一）遵守宪法和法律

我国的全称是中华人民共和国，政体是人民代表大会制度，采取的是共和政体形式。所谓共和，从字面上理解，是指众多的政治主体和谐共处；作为一种政体，它有别于君主专制、集权独裁，意味着国家权力是公有物，国家的治理是所有公民的共同事业，政府必须为所有人的利益服务，而不能只为少数当权者的利益服务，即天下为公。天下为公的国家制度性质决定了国家的宪法、法律有其正当性、合理性。这是公民守法的根本前提。

当然，要求公民恪守宪法、遵守法律，除了上述一个理由，还有更多的原因。“人们遵守法律的主要原因在于，集体成员在信念上接受了这些法律，并且能够在行为上体现这些法律所表达的价值观。”① 因此，公民遵守法律还在于人们对法律的信任，不仅接受了法律所表达的价值观（如我国法律所表达的社会主义核心价值观），而且能够在社会活动中践行这些价值观。如果说这是人们对法律的内容正义、实质正义的信任，那么，还有立法和执法的程序正当，即人们相信法律的程序正义，从而自觉自愿地遵守法律。以《中华人民共和国宪法》为例，其产生和修订过程完全符合立法形式的正当性。具体而言，1949 年 9 月，中国人民政治协商会议第一届全体会议通过的《中国人民政治协商会议共同纲领》，实际上起着临时宪法的作用。1954 年 9 月，第一届全国人民代表大会第一次会议上通过第一部社会主义类型的宪法《中华人民共和国宪法》。1982 年 12 月 4 日，第五届全国人民代表大会第五次会议通过了修改的《中华人民共和国宪法》，后历经 1988 年、1993 年、1999 年、2004 年、2018 年五次修正。现行《中华人民共和国宪法》是国家实行依法治国、建设社会主义法治的根本保证，是国家长治久安和繁荣昌盛的根本保证，也是公民生活稳定有序的根本保证。

---

① ［美］昂格尔著，吴玉章、周汉华译：《现代社会中的法律》，译林出版社 2001 年版，第 29 页。

《中华人民共和国宪法》第二条明确规定："中华人民共和国的一切权力属于人民。人民行使国家权力的机关是全国人民代表大会和地方各级人民代表大会。"由这种国家根本制度所决定，国家制定的法律必须集中并代表人民的意志，必须具有程序正义，如此方有正当性。对于正当性的法律（即善法），公民有服从的义务。事实上，《中华人民共和国宪法》首先规定了公民权利，其次规定了公民义务。依据《中华人民共和国宪法》第三十四条到第五十一条，中国公民享有几十项权利，如选举权和被选举权，言论、出版、集会、结社、游行、示威的自由，宗教信仰自由，人身自由，住宅不受侵犯的权利，通信自由，批评国家机关及其工作人员的权利，科学研究的权利，受教育的权利，以及参加劳动并得到劳动保障的权利等。依据《中华人民共和国宪法》第五十二条到第五十六条，中国公民必须承担如下义务：遵守公共秩序，尊重社会公德，维护国家统一，依照法律服兵役，依照法律纳税等。

教师作为中华人民共和国的公民，理所当然要遵守《中华人民共和国宪法》。此外，还应当遵守包括《中华人民共和国民法典》（简称《民法典》）在内的国家现有各项法律法规。2021 年 1 月 1 日开始施行的《民法典》在中国特色社会主义法律体系中具有重要地位，是一部固根本、稳预期、利长远的基础性法律，对推进全面依法治国、加快建设社会主义法治国家，对发展社会主义市场经济、巩固社会主义基本经济制度，对坚持以人民为中心的发展思想、依法维护人民权益、推动我国人权事业发展，对推进国家治理体系和治理能力现代化，都具有重大意义。《民法典》在总则中指出：为了保护民事主体的合法权益，调整民事关系，维护社会和经济秩序，适应中国特色社会主义发展要求，弘扬社会主义核心价值观，根据宪法，制定本法。民法调整平等主体的自然人、法人和非法人组织之间的人身关系和财产关系。民事主体的人身权利、财产权利以及其他合法权益受法律保护，任何组织或者个人不得侵犯。民事主体在民事活动中的法律地位一律平等。民事主体从事民事活动，应当遵循自愿原则，按照自己的意思设立、变更、终止民事法律关系。民事主体从事民事活动，应当遵循公平原则，合理确定各方的权利和义务。民事主体从事民事活动，应当遵循诚信原则，秉持诚实，恪守承诺；民事主体从事民事活动，不得违反法律，不得违背公序良俗。民事主体从事民事活动，应当有利于节约资源、保护生态环境。处理民事纠纷，应当依照法律；法律没有规定的，可以适用习惯，但是不得违背公序良俗。

《民法典》是“社会生活的百科全书”，在我国法治建设历史上具有里程碑意义。《民法典》借鉴了人类法治文明建设的有益成果，汲取了中华民族的优秀法律文化，是一部体现我国社会主义性质、符合人民利益和愿望、顺应时代发展要求的民法典，是一部体现对生命健康、财产安全、交易便利、生活幸福、人格尊严等各方面权利平等保护的民法典，是一部具有鲜明中国特色、实践特色、时代特色的民法典。

教师作为教育职业劳动者，也要遵守《中华人民共和国教育法》《中华人民共和国教师法》等系列法律规定。《中华人民共和国教师法》（1993 年 10 月 31 日第八届全国人民代表大会常务委员会第四次会议通过；根据 2009 年 8 月 27 日第十一届全国人民代表大会常务委员会第十次会议《关于修改部分法律的决定》修正）第七条明确规定教师享有下列权利：第一，进行教育教学活动，开展教育教学改革和实验；第二，从事科学研究、学术交流，参加专业的学术团体，在学术活动中充分发表意见；第三，指导学生的学习和发展，评定学生的品行和学业成绩；第四，按时获取工资报酬，享受国家规定的福利待遇以及寒暑假期的带薪休假；第五，对学校教育教学、管理工作和教育行政部门的工作提出意见和建议，通过教职工代表大会或者其他形式，参与学校的民主管理；第六，参加进修或者其他方式的培训。《中华人民共和国教师法》第八条明确规定教师应当履行下列义务：第一，遵守宪法、法律和职业道德，为人师表；第二，贯彻国家的教育方针，遵守规章制度，执行学校的教学计划，履行教师聘约，完成教育教学工作任务；第三，对学生进行宪法所确定的基本原则的教育和爱国主义、民族团结的教育，法制教育以及思想品德、文化、科学技术教育，组织、带领学生开展有益的社会活动；第四，关心、爱护全体学生，尊重学生人格，促进学生在品德、智力、体质等方面全面发展；第五，制止有害于学生的行为或者其他侵犯学生合法权益的行为，批评和抵制有害于学生健康成长的现象；第六，不断提高思想政治觉悟和教育教学业务水平。

如上所述，无论是《中华人民共和国宪法》，还是《中华人民共和国教师法》，都对作为公民的教师的权利与义务作出了相对称的明确规定。因此，教师守法不仅是法定的义务，更是法定的权利，是对自己权益的可靠保护。

（二）忠于祖国和人民

人是社会性的动物，离开了群体，离开了人与人之间的相互依赖与合作，单个的人是无法生存的。因此，人们总是结成各种各样的团体、组织、单位。国家成为个人最大的首属群体，职业团体如教师集体则是次级群体。我们在国际交往中，首先被问到的就是你是哪个国家的人。由于不存在一个拥有合法权利和有效管治力的全球政府，所以现实的世界公民并不存在，现实存在的还是隶属于不同民族国家或者地区的公民。正是在这个意义上，一个主权国家必然会提出“忠于祖国”（祖国与国家存在差别，这里我们把二者看作是一体的）的道德要求。

当然，人们之所以忠于祖国不限于上述原因，还有如下理由。其一，祖国、国家、社会构成了我们的精神家园，形成了我们的精神机体，如语言、宗教、伦理、情感、观念等，个人正是从祖国给予我们的精神滋养中形成自己的个性和人格。其二，个人所拥有的财富、名誉、地位是国家赋予的，离开了这个制度体系、价值体系，个人就要重新“赋值”，或者毫无价值，或者价值不大，也可能更有价值。其三，个人生存发展所需要的物质资源、社会资源、文化资源等，主要是由自己的国家提供的。综合这些理由，可以认为，人们之所以忠于祖国是因为国家（祖国）与个人之间存在着密切的利益联系，假如没有紧密的利益（含物质利益和精神利益）联系，爱国就会成为无源之水、无本之木。

中国作为人类历史上唯一未曾中断的古老文明国家，爱国主义始终是中华民族的核心价值，家国情怀一直是维护国家统一的重要力量。尽管不同时期爱国主义的具体内容不尽相同，但是维护国家统一，对外抗击侵略，对内维持秩序，在任何时期都具有无可置疑的历史合理性。

比较理想的是，个人与国家处于对等地位：个人通过国家而存在，成为独立个体；国家由个人组成，个人也是国家存在的目的；国家要保护个人自由，维护个人正当权利；个人要服从国家，承担对国家的法定义务。正是国家与个人的对等关系而不是片面的统治与服从关系，才可能生发出健康理性的爱国主义情感和爱国主义美德。

爱国的要求很广泛，包括爱祖国的山河、物产、文化、制度、人民等。具体而言，爱国包括以下几个方面。第一，热爱祖国的自然实体。领土是国之为国的根本，也是我们生活的物质依托。因此，从最基本的层面来说，爱国就是爱祖国的每一寸土地、海域和领空。第二，热爱祖国的文化实体。一个民族、一个国家，只有当它的历史和文化活着的时候，它才是真正活着的。没有历史，没有文化传统，没有共同的记忆，任何国家都无法享有合法的地位并唤起国民的爱国热忱。中国有着完整悠久的历史和辉煌连续的文化，有着建立在此基础之上独特的文明秩序，是一个独立发展的政治文化体。因此，我们应该热爱祖国的文化实体，弘扬中华民族的优良文化传统，推动中华优秀传统文化创造性转化和创新性发展，树立文化自觉和文化自信。当然，这种热爱是建立在“知”的基础上，取其精华，去其糟粕，进而在顺应时代发展趋势的前提下传承弘扬。第三，热爱祖国的制度实体。中国特色社会主义制度是中国共产党领导人民长期奋斗的结果，也是祖国繁荣昌盛和进一步发展的有力保障。这意味着，今天倡导爱国必然要热爱社会主义制度，维护社会主义制度，必然要认同并践行社会主义核心价值观。第四，热爱人民，热爱祖国的万千同胞。热爱祖国和热爱人民是一体的。换言之，爱国主义要落实到人，就必须要落实到爱人民上。现实生活中，有少数人热衷于谈论抽象的、高调的爱国主义，却对身边的同胞疾苦漠不关心，甚至不择手段地伤害同胞（如制造有毒食品，损害同胞身体健康等），这当然不是真正的爱国主义。

爱国主义作为一种道德原则和道德规范，其底线是不损害国家利益，如不从事分裂国家的任何活动，不发表任何有损于祖国历史文化的言论，不背叛祖国等。爱国主义的最高要求是个人能够为祖国利益而牺牲生命，当然这种牺牲一定是建立在个人自觉自愿的基础之上，不是来自外在的强制命令。

值得指出的是，新时代倡导的爱国主义有鲜明而丰富的思想内涵。

第一，我们倡导的爱国主义是追求真理与正义的理性爱国主义。爱国不是盲目的、狂热的、失去理性的行为，而是在理性认识的基础上形成一种高级的、坚定的、成熟的、执着的爱国情感。健康的、成熟的爱国行为，既包括对祖国发自内心的认同和歌颂，也包括对政府国家治理过程中存在的某些问题与不足提出意见与建议，甚至是尖锐的批评。这是社会主义民主法治原则和民主道德原则赋予每位教师应有的权利与责任。可以说，坚持实事求是，追求真理与正义的批评是更高层次的爱国。看到国家在经济文化建设过程中存在这样或那样的不足和缺陷，提出真诚的批评和恰当的建议，帮助政府和领导部门改进工作，并且能一如既往地、毫不动摇地热爱祖国，为建设国家、为社会的文明进步贡献自己的力量，这要比只是一味地“歌颂”、盲目地“赞扬”，要负责得多、深刻得多。

第二，我们倡导的爱国主义是坚定维护和发展本国人民的根本利益，同时尊重和保障世界各国人民的利益，致力于构建人类命运共同体的新时代爱国主义。我们倡导的社会主义的爱国主义，不是损害其他国家人民正当利益的狭隘的民族主义，更不是丧失道德理性、以邻为壑的当代民粹主义，而是包含着肯定和承认其他国家人民正当利益，努力实现不同国家和民族之间合作共赢、和谐共生的人类命运共同体理念。当今世界面临着百年未有之大变局，政治多极化、经济全球化、文化多样化和社会信息化潮流不可逆转，各国间的联系和依存日益加深，但也面临诸多共同挑战。粮食安全、资源短缺、气候变化、网络攻击、人口爆炸、环境污染、疾病流行、跨国犯罪等全球非传统安全问题层出不穷，对国际秩序和人类生存都构成了严峻挑战。不论人们身处何国、信仰如何、是否愿意，实际上已经处在同一个命运共同体中。

进入 21 世纪以来，我国坚持和平发展道路，推动构建人类命运共同体，并把为人类作出新的更大的贡献作为自己的使命。全面建设社会主义现代化国家，一方面要高举爱国主义的思想旗帜，亿万人民凝神聚力，万众一心，全面推进中华民族伟大复兴；另一方面要高举和平、发展、合作、共赢的人类命运共同体的思想旗帜，恪守维护世界和平、促进共同发展的外交政策宗旨，坚定不移在和平共处五项原则基础上发展同各国的友好合作，推动建设相互尊重、公平正义、合作共赢的新型国际关系。

人类命运共同体旨在追求本国利益时兼顾他国合理利益，在谋求本国发展时促进各国共同发展。人类只有一个地球，各国共处一个世界。人类命运共同体这一全球价值观包含相互依存的国际权力观、共同利益观、可持续发展观和全球治理观。一种以应对人类共同挑战为目的的全球价值观已开始形成，并逐步获得国际共识。这些人类命运共同体的基本价值理念包括：坚持共建共享，建设一个普遍安全的世界；坚持合作共赢，建设一个共同繁荣的世界；坚持交流互鉴，建设一个开放包容的世界；坚持绿色低碳，建设一个清洁美丽的世界。

全球抗击新冠肺炎疫情的艰险而伟大的实践告诉我们，一个公民的命运是和他的国家的命运联系在一起的，一个国家人民的命运又是和其他国家及全世界人民的命运联系在一起的。当代生态伦理学家奥尔多·利奥波德指出："当一件事情有益于保护生命共同体的完整、稳定和美丽时，它就是正确的；当它趋向于相反结果时，它就是错误的。"① 无论是促进一个民族或社会的命运共同体建设，还是加强国与国之间人类命运共同体的建设，都离不开一种人们都愿意共同遵守的道德价值理念和行为规范。今天，我们既要高扬爱国主义的伟大旗帜，又要崇尚人类命运共同体的思想理念。

（三）尊重公序良俗

教师劳动与其他劳动相比，有着自己的特点。第一，强烈的示范性。教师劳动的对象是正在成长中的青少年，他们最显著的特征是未完成性、不确定性。而教师正是通过自己的知识、思想和人格来影响学生的，一言一行客观上都有着强烈的示范意义。第二，时间的连续性与空间的广延性。教育是培养人的社会活动，事实上深受家庭、学校、社会等方方面面的影响，很难在规定的时间和空间内完成。特别是今天已经进入了人工智能、"互联网+"的信息时代，时时可以学习、处处可以学习、人人可以学习，教育不能局限在学校固定的时间和空间内。教育的要素，如教学、教室、教师、学生、课程、评价等都需要被重新认识和定义。第三，教师职业劳动关系的丰富性。正规学校教育制度的建立，使得教师劳动处于丰富的社会关系之中，不仅有教师与学生的关系、教师与家长的关系、教师与教师的关系、教师与学校的关系，还有教师与国家的关系、教师与行业的关系、教师与地方或社区的关系等。处在丰富而复杂的社会关系中的教师，只有适应、遵从并妥善处理好这些复

① Aldo Leopold. *A Sand County Almanac*. New York: Oxford University Press, 1981, pp. 224—225.

杂的关系，才能正常开展教育工作。

教师劳动的上述特点，决定了教师必须尊重社会的公序良俗。所谓公序，即国家和社会的公共秩序；所谓良俗，即善良风俗，包括一般道德观念或良好道德风尚。现代社会生活与社会交往纷繁复杂，教师职业劳动和社会关系具有复杂性、广泛性和变动性，已有的法律规定不可能穷尽教师职业劳动的所有细节，因而需要公序良俗。特别是我国幅员辽阔，各地风土人情、民俗习惯、宗教信仰等存在较大差别，作为“国家代表者”的教师，一方面要传播主流观念（主要是社会主义核心价值观），传授正确知识（主要是经过国家课程选择的自然科学知识、社会科学知识和人文学科知识）。正如《新时代中小学教师行为十项准则》第三条所规定的：“带头践行社会主义核心价值观，弘扬真善美，传递正能量；不得通过课堂、论坛、讲座、信息网络及其他渠道发表、转发错误观点，或编造散布虚假信息、不良信息。”另一方面要尊重善良风俗，融入地方文化。教师在职业生涯、教育劳动中，不能违背公序良俗，具体包括：不得危害国家公共秩序，不得违反人权，不得危害家庭关系，不得违反性道德，不得践踏他人的人格尊严，不得违反公平竞争，不得牟取暴利和不当利益等。

**二、作为教师的公民之道德责任和义务**

教师作为民主社会的公民，与其他行业的公民处于平等的法律与道德地位。不过，教师又是特定职业的公民，具有自身的特殊性。教师职业不同于其他职业的特殊性在于：第一，教师的劳动对象不是无生命的物质，也不是低等动物，而是具有思想情感意志、生动活泼的具体个人。他们处于成长发展的过程之中，是尚未定型且具有极强可塑性的未成年人。这就决定了教师职业必须以人为本，或者说以生为本。第二，教师用以影响学生生命成长的中介，不是机器，不是金钱，不是权力，而是教师的知识与人格，教师权威建立在专业知识、道德榜样的基础之上，这就决定教师必须服膺真理，学术至上。教师不仅自己要有高深的学问、精湛的专业能力和优良的品德，更重要的是让学生掌握知识、追求真理、爱好美德。第三，教师在教育劳动中促进教育公正，做到有教无类。教育公正既是社会公正的基石，又是社会公正的检验器。教师在职业劳动中，不可避免地面临众多的利害冲突、矛盾争端，只有秉持有教无类的教育公正原则，才能化解矛盾冲突，促进社会文明进步。

（一）以生为本

教育是培养人的社会活动，这是教育之为教育，教育不同于任何其他社会活动的特殊规定性。无论人类社会如何发展变化，学校教育的根本之道——培养什么样的人以及如何培养人——是学校教育的最高目的，这一点不会变。当然，不同的时代对人的理解有所不同，培养人的方式方法也有所不同。我国是社会主义国家，应该坚持人民至上立场，即做到以人为本，把人当作社会发展的目的，理所当然也是教育发展的目的。这是重要的教师伦理。坚守这个立场，就应该反对把学生物化，反对把学生当作工具。那么，教师通过教育培养的人，应当是什么样的人呢？从理想状态来讲，是全面发展的人！马克思主义认为："人的全面发展就是人的最根本的东西的发展，是'人以一种全面的方式，也就是说，作为一个完整的人，占有自己的全面的本质'，即作为目的本身的人的本质力量的全面发展。"① 从学生的现实发展来看，第一，在广度上实现完整发展，即不能只发展学生某方面的素质而偏废了其他方面的素质。第二，在深度上实现个性发展或自由发展。个性化发展是人的发展的高级目标，是从个体的角度对每个学生独特性的强调，它以每个学生基本素质的完整发展为基础条件。第三，在实现形式上达到和谐发展，即学生各项基本素质的协调统一，它既显示了全面（完整）的含义，又包含了个性化意思（因为任何一个人的和谐都具有与众不同的形式和内容）。

（二）有教无类

"有教无类"自 2 500 多年前由伟大的教育家孔子提出之后，就一直激励着千千万万的教师，成为教师职业的道德规范。尽管学界对它的原初含义究竟是什么存在争议，但基本同意它应有两个方面的内涵：一是要求教师在招收学生时，不论学生的贵贱贫富和种族差异做到一视同仁；二是在教育过程中，公平对待每一个学生，给予每一个学生公平的学习和受教育机会，可以因材施教，但不能厚此薄彼。今天，"有教无类"不仅是对教师个人和教育行业的道德要求，也成为国家教育制度和教育政策的伦理要求，即教育公正，

① 袁贵仁、韩庆祥著：《论人的全面发展》，广西人民出版社 2003 年版，第 108—109 页。

其内涵更加丰富。一般而言，公正有两个层次，一是公平，二是正义。何为公平？得其应得，失其应失，即为公平；权利与义务相对称，即为公平。何为正义？保护弱者即为正义。对于弱势群体，保障或者增加其利益，即是正义！这样来理解，教育公正有三个要点：第一，保证每个学生得其应得，既不会让一个学生得到其不应该得到的，也不会让一个学生失去其所不应失去的；第二，保证教育资源、教育利益在社会群体之间、个体之间、学生之间合理分配；第三，对弱势群体（如失业群体、低收入群体、少数民族群体等）学生给予适当的教育帮助和教育倾斜。

尽管我国在实现教育公平正义的道路上取得了巨大成就，如普及九年义务教育、实现高等教育普及化，以及对中西部地区贫困学生实施生活补助等，但是，城乡之间、区域之间、校际之间甚至班际之间的教育差异不仅存在，而且有些还比较悬殊。个别学校和教师不是在努力缩小教育差异、尽力消除教育不公，而是在人为地制造教育不公。如在校内分班，把学生分成“火箭班”“奥赛班”“快班”“实验班”“平行班”“慢班”等，对成绩好的、升学有望，特别是有望升入上一级重点学校的学生百般呵护、重点照顾，而对后进生、升学困难的学生肆意冷落、打击，甚至羞辱。这种反教育的、功利主义的势利做派，既严重损害了教育公平，也让教师的道德形象一落千丈。

（三）服膺真理

在人类社会的职业分工中，教师的职责是通过传递经过选择的知识文化和道德真理，去培养一代新人。如果说，追求利润是企业的本性，追求权力是政府的本性，那么，追求真理就是学校的本性、教育的本性，理所应当也是教育从业者即教师的本性。由这一本性而提出对教师的道德要求，有多种含义。

第一，相信真理、服膺真理是教师的道德境界，是教师的道德理想和人生价值追求。人与人之间存在着人生境界的差异，如冯友兰所讲的自然境界、功利境界、道德境界和天地境界之别。理想的教师人生境界意味着，一个人自觉自愿地选择了教师职业，最重要、最根本的人生追求不是金钱，不是权力，而是科学知识、高深学问、道德人格和教育智慧。

第二，追求真理、坚持真理、服膺真理应该成为指导教师日常生活的方式。亚里士多德曾说，人有三种生活：享受的生活、政治的生活、沉思的生活。人有七情六欲，要美食美色，这是享受的生活；人是政治的动物，追求权力，爱好荣誉，这是政治的生活；人是理性的动物，爱好沉思，未经省察的生活是不值得过的，这是沉思的生活。教师应该选择什么样的生活方式？显然应该是沉思的生活、探究的生活。一个人过什么样的生活，他就是什么样的人。

第三，追求真理、坚持真理、服膺真理，还应该成为教师的教育原则和教育方法。也就是说，在真理面前师生平等，既是师生交往的道德原则，也是重要的教育方法。作为教育原则，意味着教师不能以知识的权威、道德的法官自居，不能以为自己穷尽了真理、垄断了真理，从而高学生一等。作为教育方法，意味着在教育过程中必须以理服人、以德服人，既不依靠暴力如野蛮体罚来威吓学生，也不依靠教师的优势地位来威胁学生，而必须摆事实、讲道理，以身作则，行为世范。

## 第三节 社会对教师的道德责任和义务

在现代文明社会中，教师与社会的健康关系是双向的。一方面，教师作为国家社会的次级群体，必须承担对社会整体的道德责任和义务；另一方面，社会也对教师负有相应的道德责任和义务，特别是要为教师履行道德责任和义务提供必要的条件和保障。如果只关注第一个方面，则所谓教师道德规范实为对教师的道德专制。这里我们关注第二个方面，即社会对教师的道德责任和义务，主要有三点：保障教师的社会地位，推动教师行业自律，促进教师尊严幸福。

### 一、保障教师社会地位

从社会道德建设的角度来看，形成或者改变一个行业的道德风气，除了道德倡导、制度规范、法律强制之外，还需要相应的社会支持，包括给这个行业提供足够的经济、政治和声望支持。就师德建设来讲，需要国家为教师提供充足的经济利益保障、政治待遇保证和社会荣誉保护。这既是社会对教师职业应尽的法定义务，也是社会对教师职业的道德责任和道德承诺。2018年9月10日，习近平总书记在全国教育大会上的讲话中就明确提出，要“努力提高教师政治地位、社会地位、职业地位，让广大教师享有应有的社会声望”。

之所以要提高教师的政治地位、社会地位、职业地位，其根本原因在于，教师道德整体水平主要依赖于教师队伍的整体素质，教师队伍的整体素质则与教师社会地位及教师待遇密切相关。如果教师社会地位高，教师待遇好，则更有可能提高教师队伍的准入门槛，吸引优秀的人才做教师，教师队伍的整体文明程度也会提升。如果教师收入偏低，甚至不能满足教师的生存性需要，教师的失范行为发生概率会相对增高，尤其是经济性越轨行为，如收受学生财物、有偿补课等。因此，加强师德建设，提升师德师风，不能只着眼于规范与限制，而需要加强对教师的社会支持系统，从传统的、单向的、带有强制色彩的“社会管制”，转向现代民主性质的、双向建构的、自主协作的、共同发展的“社会支持”。事实上，我国一系列教育法规和教育政策，都对此作了明确的规定。

从教师的经济利益保障来看，《中华人民共和国教师法》（1993年施行，2009年修正）第二十五条明确规定，“教师的平均工资水平应当不低于或者高于国家公务员的平均工资水平，并逐步提高”。有研究者通过问卷调查了29个省份的162位教育局长和督学，调研表明，64.73%的受访者认为，不低于当地公务员平均工资水平的目标基本没有实现。① 如果说这是教育当事人的主观感受，那么，客观数据则证实了这种主观感受的真实性。有研究者通过提取2014—2016年全国东、中、西4省份4市（县）义务教育教师工资原始发放表数据，以及当地公务员和教师工资发放标准实施方案，并对两者进行了比较，研究发现，我国义务教育教师平均工资水平低于公务员平均工资水平。② 代表国家意志和国家权威的《中华人民共和国教师法》已经颁布了20多年，但其目标仍然没有实现，说明保障教师社会地位具有必要性、紧迫性。

① 姚翔、刘亚荣：《义务教育教师绩效工资政策执行现状及其治理——基于29省市教育局长和督学的调查》，《现代教育管理》2018第8期。

② 蔡雪、薛海平：《工资改革提高了我国义务教育教师工资水平吗?》，《教育科学研究》2018第9期。

从教师的政治待遇保证来看，《中共中央国务院关于全面深化新时代教师队伍建设改革的意见》（2018 年）提出，要建设现代学校制度，“突出教师主体地位，落实教师知情权、参与权、表达权、监督权”，“保障教师参与学校决策的民主权利”，问题是怎么落实。至于教师的社会荣誉保护，中共中央、国务院发布的《关于深化教育体制机制改革的意见》（2017 年）提出，要“实施师德师风建设工程，建立教师国家荣誉制度”。近年来，教育部、人力资源和社会保障部给从教 30 年的乡村教师颁发“荣誉证书”，就是很好的举措。

## 二、推动教师行业自律

道德是社会的产物，之所以存在形形色色的道德规范，说到底是为了调节人与人之间的社会关系、利益关系。不过，道德规范要真正发挥出功能，需要经由个体的自觉接受、主动认同和自主践行。在这个意义上，道德体现为人类主体精神的自律。如果道德只是停留于对个体的外在限制，那么一是无法形成高水平的道德，个体只能处于道德发展的低级阶段；二是最终会消解真正的道德，抹杀道德的主体性。基于这样的理论逻辑，教师要履行对社会的道德责任和义务，实则是有前提的，那就是教师个体要成为道德主体，具有道德主体性，教师集体要形成行业自律，享有相应的公信力。相应地，社会要创造条件激发教师的道德主体性，推动教师行业自律。

### （一）激励教师成为道德主体

教师道德规范是对教师遭遇的复杂利益关系的反映，这种反映不是照相机式的复写，尽管它要反映客观现实，但是它不停留于现实，而是把现实关系、现实行为、现实活动放到可能的、应该的、理想的世界中加以审视，用理想的标准来引导教师、激励教师。因此，教师道德蕴含了内在的超越性，或者说是实然与应然、实是与应是的统一。要实现这种超越性，必须依靠教师的自由意志，或者说道德自律。教师内化道德规范形成自觉的道德认识，然后通过主动的道德行动把道德认识外化为道德行为，无论是内化过程还是外化过程，自由意志都不可缺席。或者说，如果没有自由意志，内化与外化都无从实现，外在的教师道德规范就不可能变成教师德性。因此，教师要履行对社会的道德责任和义务，逻辑前提就是教师成为道德主体，是具有意志自由、能够自律的道德主体。

在现实的道德生活中，教师成为道德主体依赖多种因素和多方面的条件。比如，作为教师不仅有一定的理性认识能力，而且有足够的道德实践机会，成为现实的主体而不是理论的、可能的主体；教师本人要有成为道德主体的主动性、积极性，不断提高道德修养境界。从社会来讲，第一，制定和颁布的教师道德规范不仅是明确的、清晰的，而且是合宜的、正当的，能够得到教师的认可，具有可行性的。第二，社会能够为教师创造宽松自由的社会环境。具体来讲，就是要确保教师的教育自由权，包括教科书选用权、课程实施计划制订权、教学形式与方法运用权、适当的教育手段使用权。社会在行使教育管理权时，不能越过边界，侵犯、损害教师的教育自由权。

（二）推动教师集体的行业自律

所谓行业自律，是指行业自治组织自觉、自愿对本行业成员的行为进行自我约束和控制。在成熟的现代文明社会，行业自律是各行各业的普遍要求。教师行业因为拥有数量庞大、素质相对较高的从业人员，理所当然地应该具有较高的行业自律。一方面，它对外针对政府监管。教师行业自律，是教育工作者自愿让渡自己的部分权利给教师行业自治组织，由教师行业自治组织对全体教育工作者进行约束，而不是由政府机关如教育部对教师行业进行监管，制定道德规范。另一方面，它对内针对个体自律。教师行业自律，不是无组织的个体自律行为，是由教师一致认可、具有权威性的行业自治组织对教师个体进行约束、控制。相较于教师个体而言，带有一定的“他律”性质，但不同于政府监管，教师行业组织代表的是教育从业者自己，维护的是全体教育从业者的合法权益。

教师行业自律以教师自治为条件。所谓教师自治，不是指教师相对于其他职业的人们享受任何特权，而是教师行业组织拥有专业自治权，自主制定专业内部契约。首先，拥有专业自治权的教师专业组织，是教师自治的组织保障。教师专业组织规定教师的专业权利和义务，并为维护教师职业的声誉和地位实行专业自律。与此同时，通过自愿方式缔结约定加入教师专业组织的教师个体需要接受教师专业组织的规约与监督。对违犯专业伦理规范的教师，专业组织有权依规章制度惩处。其次，拥有教师自主制定的“专业内部契约”，是教师自治的制度保障。根据契约精神，行业内人员必须秉持专业精神，遵守专业准则，以维护专业声望、专业地位，并为劳动对象提供专业人性化的服务。契约规定教师职业的准入标准，并对违反从业标准、未达到准入标准的人员进行专业内的自我裁定，而不受内部行政力量及其他外部力量的干涉。

必须指出的是，教师自治不同于区域自治。其一，教师自治属于行业自律的范畴，而区域自治属于政府监管下的行政自律；其二，教师自治组织属于民间团体，而区域自治组织隶属于政府架构下的行政机关；其三，教师自治组织成员由从业人员民主选举产生，对教师行业及其从业人员负责，而区域自治组织成员由官方行政部门任命；其四，“教师专业内部契约”属于行业规范，适用范围仅为该行业内从业人员，而区域自治的相关条例则属于法律法规，具有区域内普遍的强制性和权威性。

我国现有教育制度设计中有“教职工代表大会”“教师工会”“教授委员会”“学术指导委员会”等教师自治组织，为教师自治提供了一定的组织基础。联合国教科文组织在《关于教师地位之建议书》中明确提出：由于伦理或行为准则对教师合法之权益与其职业权责之行使有极大影响，这类准则应由教师组织加以制定。在教育职业活动中，充分尊重和依靠广大教师的主体积极性，实行教育民主是践行社会主义核心价值观，实现我国教育现代化的必然选择。因此，社会应该允许并鼓励教师成立自治组织。

首先，成立、维护与发展教师专业自治组织是教师应享有的法定权利。《中华人民共和国教师法》第七条规定，教师享有“从事科学研究、学术交流，参加专业的学术团体，在学术活动中充分发表意见”的权利。任何人无权剥夺教师的这一权利。教师专业自治组织是保障教师这一权利的合法机构，能够有效促进教师专业发展。

其次，教师专业自治组织性质上属于民间组织下的社会团体，其管理规定应依据社会团体的相关法律法规。我国《社会团体登记管理条例》中规定：“社会团体是指中国公民自愿组成，为实现会员共同意愿，按照其章程开展活动的非营利性社会组织。”作为公民的教师成立、参与教师专业自治组织，均符合国家、社会以及作为公民的教师自身的利益。

最后，教师专业自治组织应该成为教师专业伦理的制定主体。教师专业自治组织作为教师行业的管理机构，而非教育行政机关的附属、托管部门，需要自主制定专业伦理，既维护教师专业自治组织的专业性、自治性、权威性，使其在管理、运作的过程中有章可循、有据可依，从而维护行业的发展、维护从业人员的权益，同时也使教师专业伦理内在的专业性、权威性得以体现。

### 三、促进教师尊严幸福

在社会主义教育职业活动中，教师既是开展教育和教学工作的主体，又是实现教育劳动，达成个人利益、集体利益和社会教育整体利益相一致的目的或目标。因此，社会有责任和义务促进教师的尊严幸福。

其一，追求教师尊严幸福具有政治合法性。习近平总书记在党的十九大报告中明确提出：中国共产党人永远把人民对美好生活的向往作为奋斗目标。习近平总书记在党的二十大报告中强调：必须坚持在发展中保障和改善民生，不断实现人民对美好生活的向往。这里至少表明两点：第一，人民有权利追求自己的美好生活，或者说人民追求幸福有其政治正当性；第二，满足人民对美好生活的需要是党的行动指南和最根本目的，这不是一时的权宜之计，而是永远的奋斗目标。这两点精神对于广大人民教师、对于师德建设当然也是适用的。从历史上看，只是在“文化大革命”期间，教师被称为“臭老九”，从而被排除在人民之外；在我党努力奋斗的 100 年（1921—2021 年）里，教师理所当然地属于人民，理所当然地具有追求幸福生活的权利，包括师德建设在内的所有有关教师队伍建设的国家政治行为，尽管因为时势变化而具体任务有所不同，但其根本目的仍然是为教师的尊严幸福服务。

其二，追求教师尊严幸福具有教育正当性。教师有尊严有幸福，教育才可能有尊严有幸福；教师有尊严有幸福，学生才可能有尊严有幸福。办人民满意的教育，其前提条件和过程前提是教师满意。教师满意，不只是满意教育的结果，如好的分数、学生的成长与发展，也包括满意教师的工作环境、工作条件、工作过程、工作伦理等。因此，教师的尊严幸福，除了政治目的性价值，还有教育手段、教育过程价值，即具有尊严幸福的教育本身，就是对学生良好的道德示范；尊严幸福的学校生活本身，就是对学生进行良好的道德教化与教育引领，激发学生对尊严幸福的向往与追求。教育职业劳动应当是实现学生幸福、教师幸福和全社会幸福的神圣劳动。

其三，追求教师尊严幸福既是师德建设的直接目的，又是通向高水平师德的必由之路。如果说高压导致的是被动道德或他律道德，高标导致的是虚假道德，那么，只有在教师拥有尊严幸福的情况下，在真正成为道德生活主体的条件下，教师才有可能自觉自愿地走向高水平道德。师德建设的内在要求之一，就是不断提升教师的道德水平和道德境界，创造更加美好的教师道德生活。

当然，实现教师的尊严幸福，有三个前提条件：第一，社会对教师权利和教师地位的合法保障，对教师给予足够的社会承认与尊重；第二，教师行业拥有足够的公信力与约束力，对外能够代表和捍卫教师利益，对内能够得到广大教师的自觉认同；第三，教师个体具有较高水平的道德素养，能够自律自尊。为此，需要国家权力机构自觉保障教师利益、维护教师职业尊严，需要行业自觉即教师行业自律、专业自主，需要个人自觉即教师本人主动追求幸福，提高人生境界与层次。

## 思考与练习

**【讨论思考】**

1. 不同的教师角色之间是否存在伦理道德上的冲突？

2. 教师是否应该成为社会其他成员的道德榜样？为什么？

3. 教师为什么要弘扬爱国主义精神？怎样把弘扬爱国主义精神和建设“人类命运共同体”的价值理念统一起来？

4. 有教无类与因材施教是否矛盾？为什么？

5. 为什么说教师对国家、社会负有道德责任和义务，国家、社会也对教师负有道德责任和义务？

6. 何谓教师尊严？在新的时代背景下，如何实现教师尊严？

**【案例分析】**

材料一

某高中尹老师，为了鼓励学生努力读书，提出了自己的读书目的论，即读书是为了挣大钱娶美女。他认为，学校教育一直在宣传“为中华崛起而读书”“为民族复兴而读书”，这些尽管是主流价值观，但是学生听烦了，觉得有点空，起不到激励作用。因此，他另辟新路，提出要为自己而读书。他在对学生进行入学教育时，明确告诉学生：“读书考大学是为了自己，不是为别人。读书增强了自己的本领，提高了自己的资本，将来能找到一个好的工作，挣下大把的钱，找一个漂亮的老婆，生一个聪明的儿子。”这位尹老师的读书目的论一出口就在网上传播，立即引起学生、家长和广大网民的热议。一种观点认为，尹老师讲的话实在，不教条，能给学生指出用功读书可能给自己带来的实际好处，应当点赞。另一种观点认为，教师对社会负有教书育人的道德责任和义务，教师在讲台上的言行，不同于茶余饭后的闲谈。教师在教育和教学活动中的言行，有责任代表和反映社会主流价值取向，向学生传递积极向上的健康的世界观、人生观和价值观，引导学生追求真善美，有远大的理想，自觉担负推动社会文明进步的责任。

对此，你怎么看？

材料二

每逢教师节，有不少家长、学生为给教师送什么礼物而烦恼。礼物太轻怕拿不出手，礼物贵重又怕教师不敢收。其实大多数教师也为此而烦恼。收了学生和家长的礼物，有违教师职业行为准则；不收的话又显得不近人情，担心导致师生关系紧张。对于学生和家长要不要向教师送礼，网络舆情有两种不同的看法。一种观点认为，中国有尊师重教的传统，而且又是一个人情社会，在一定范围内，学生和家长自愿向辛勤工作的教师赠送一点价格不高又情意浓浓的小礼品，有益无害，能够增进师生之间的感情。但反对教师以权谋私，向学生和家长索取礼品，接受任何高价值的礼品。另一种观点认为，当下学生和家长向教师送礼是社会不正之风在教育工作中的反映，加强师德师风建设，就要旗帜鲜明地反对请客送礼，不能把教师节过成送礼节。教师如果接受学生和家长的各种礼品和好处，会助长教师队伍中的利己主义思想倾向，败坏学校风气，损害教育公正和教育整体利益。

对学生和家长向教师送礼这一现象，你怎么看？教师怎样才能既旗帜鲜明地拒收礼物礼金，又能恰当地和学生及家长保持友好信任的人际关系？

材料三

周某，某高校副教授、硕士生导师，2006 年获博士学位，主要从事高精尖通信技术研究。周某赴国外某大学做博士后研究期间，境外间谍人员数次约他见面，并表示他如果为该国政府工作就可以获得高额报酬，周某利欲熏心，默许了。回国后，周某持续向对方出卖情报。案发前，周某所在实验室承担了一些国防军工单位和军队大量涉密研究项目。2011 年，国家安全机关将周某抓获。2014 年 5 月 20 日，周某因间谍罪被判处无期徒刑。（《金钱利诱下大学副教授出卖国家情报被判无期》，《人民日报》2019 年 4 月 19 日）

周某作为高校教师，理应在科研活动中维护国家利益，保护国防安全，却因为一己之利，违反教师职业道德规范，泄露国防机密，严重危害了国家利益，触犯道德和法律双重底线，受到严法惩处，罪有应得。

请谈谈在对外开放的社会背景下，教师如何在国内外教学和科研交流活动中遵纪守法，自觉维护国家和人民利益？

材料四

近日，一位教师在大学课堂吸烟的视频引发了热议。在某大学教室的讲台上，一位教师正手持香烟，坐着给学生们讲课。据悉，该教授在课堂上说教室吸烟区以讲台桌为界限，吸烟能激发灵感。事后，北京市控制吸烟协会就此事发声，指出大学是传播科学理念、价值观和知识的讲堂，大学教师在课堂上吸烟，传播的不仅仅是二手烟，更是对青年学生思想和行为的不良引导。这既是有违师德的一种表现，更是向公序良俗和现有法律法规挑战的行为。（《中国传媒大学兼职教授上课吸烟被举报　校方：王某已主动辞职》，《北京晚报》2018 年 12 月 12 日）

对此，有人认为，教师在课堂上吸烟其实是小事，不必小题大做。但更多的人认为，课堂是学生学习的场所，教师理所当然遵守相应的文明秩序和约定俗成的规定。这些道德要求不仅学生要遵守，教师也应该以身作则，率先遵守。教师在课堂上公然抽烟，不仅危害了学生的身体健康，而且违背了公序良俗。

对这件事，你怎么看？教师是否遵守公序良俗是一件小事吗？

**【拓展阅读】**

1.［苏］苏霍姆林斯基著，尹曙初、刘尚勋译：《培养学生的爱国主义精神》，湖南教育出版社 1984 年版，“爱国主义教育是学校一项最重要的任务”“教师的榜样是培养学生爱国主义的必要条件”。

2. 于漪著：《教育的姿态》，山西教育出版社 2015 年版。

3. 董宝良主编：《陶行知教育论著选》，人民教育出版社 2015 年版。

**【教学实践互动建议】**

请你在当地开展一次“教师如何在社区生活中成为一名好公民”的调查研究，并就这一情况向学校师德建设领导部门提交一份调查报告。

# 第十一章　教师行为选择与道德评价

从教育伦理的视角看，教师在职业活动中的教育行为大多具有道德性，或者可以转化为某种道德的行为。在教育活动的特定境遇之中，教师的教育行为往往不是现成的、既定的，教师需要在各种可能行为中作出自由的判断和自觉的选择。教师的行为选择是教育伦理的道德原则、范畴和行为规范转化为教师具体教育活动的重要环节。由于教师的教育行为选择受到各种主客观因素的影响，所以每次的选择都反映了教师的道德价值取向和境界。正因为教师的教育行为具有选择性，我们对教师职业道德作出评价才有可能和意义。所以，对教师教育行为选择与道德评价进行科学的考察，是一个兼具理论和实践意义的课题。

## 第一节　教师的职业道德行为

### 一、教师：功能与身份

要评价教师的行为，首先得界定“教师”这个概念。通常对“教师”有两种理解：一是作为功能状态，即处于教育职业工作之中的教师；二是作为身份名称，如作为教师的张某某，即使在路上开车，在商店里购物，或者在餐桌上吃饭，人们还是可以称呼他为张“老师”。对“教师”作这样的区别很有必要，因为教师职业道德所说的“教师”只能是前者。如果张老师在开车、购物或者私人生活中出现道德问题，我们都不能说他师德有问题。所以，教师道德不能泛化到教师个人生活领域的私德，也不要泛化到教师社会生活中的公共道德，只能限定在教师职业活动中，即在职业活动中与学生、同事、家长等的相处之中。

需要说明的是，教师职业与一般职业有所区别。一般职业是做事或者处理物，教师职业是育人，而且是培育身心和价值观成长中的青少年学生。一个国家的前途、未来、命运都在年轻人身上，教师的职业关乎千秋万代，这就决定了对教师会提出更高的职业道德要求。教师在私德、公德领域的表现会在一定程度上反映其素质水平并影响其职业形象。在尊师重教的中国传统文化里，教师历来是以“学高为师，身正为范”“学为人师，行为世范”为标尺，职业形象崇高、纯洁、正派。正因为如此，教师队伍中一旦出现负面的行为表现，就很容易引发媒体和社会舆论的高度关注。这是职业特征、文化传统与社会习俗等共同作用的结果。可见，“教师”这个概念在功能与身份之间的界限相对模糊。正因为教师职业有这些特殊性，教师在职业之外的领域出现违法违规行为，往往是先由相关部门对教师的不良行为予以处罚，学校继而对发生不良行为并且对职业形象造成不良后果的教职员工进行处罚。

**二、教师行为：道德与非道德**

评价教师行为是指用职业道德要求对教师行为的道德性进行评价，这就需要考察教师行为的道德性，并与非道德行为进行区分。教师的道德行为是指教师在教育活动中受一定道德意识的支配而表现出来的对他人有利或有害的行为。教师的非道德行为就是教师在教育活动中没有受到道德意识的支配，对他人没有利害关系的行为。如教师选择的授课方式、考试计分样式等，这些活动一般情况下并没有道德意识，也不会对他人、教职造成利害影响。

教师道德行为具备三个基本特征。其一，基于一定的道德自觉，没有自觉意识的行为不构成道德行为。其二，自愿选择的行为，是教师按照一定的职业道德规范、准则、法规自觉选择的；那些被迫的或者受不可抗拒外力迫使的行为不属于师德行为。其三，对他人或者教职产生利害结果的行为。① 值得注意的是，一个行为是否造成了后果，往往是由行为对象说了算。如教师的有些行为也许是出于善意，却有可能被学生或者第三方“感受”为恶意。相反的情况也很多。道德行为是比较特殊的，它需要得到当事人双方的认可。

① 王正平、郑百伟著：《教育伦理学——理论与实践》，上海教育出版社 1998 年版，第 161 页。

因此，在对师德作出评价的时候，获得当事人双方的反应是确保结论可靠性的必要条件。教师的行为不能由教师单方面的反应来判定，学生和家长的反应是同等重要的方面。当然，具体到某个行为，我们需要把动机、行为方式选择以及行为后果综合起来予以判定。

某些行为，从一般意义上看，可能是非道德行为（如授课方式、计分方式），但是，如果教师具有道德意识和敏感性，他完全可以使这类行为呈现出职业道德的意涵。讲授法、讨论法或者其他授课方式，不仅与教学对象的学情有关，也与教学内容有关。通过认识学生和教学内容而选择相应的授课方式，这就蕴含了教师对学生的尊重。百分制、五分制、等第制或者其他计分方式，在具备道德敏感性的教师那里完全可以成为鼓励、管束甚至打击学生的一种手段。教学组织形式、教学进程与环节的设计等，都可以反映出教师的职业道德。换言之，在教师的教育活动中，哪些行为属于职业道德行为，哪些属于非道德行为，很大程度上取决于教师的职业动机、道德敏感性、道德意识和道德自觉性。

对教师行为性质的理解还受到教育本质的影响。教师的职业行为不能被孤立地理解，它们都要被置于履行教师职能之中才能获得正确的价值。如果我们把教师看作激励学生、引领学生成长的人，那么，为了激发学生的学习动机，教师可以对学生撒谎。许多优秀的教育案例就是这种美丽的谎言。在教育实践中，大量现象告诉我们，为了找到学生的生长点，教师可以故意让学生表现错误；为了鼓励学生早日“不需要教育”，教师可以拒绝学生的求助；为了体现教育公平，教师可以不一样地对待不同学生。所以，同样的规范，在教师那里会有“职业性”的诠释，这种诠释使得它们与个人私德、公共道德或者其他职业道德有所区别。

## 第二节　教师行为的冲突与选择

### 一、教师行为冲突的表现

教师的道德行为是多样性与特殊性的统一。教育的每一种思潮都有相应的教育理念、观念和价值观。今天的教育界，各种教育思潮多元共存，不同的专家宣传和推崇不同的教育观念，不同的教师也根据各自的理解和价值取向秉持不同的教育价值观。教师群体由于年龄、经历的差异，不同时代、不同职称的教师，他们的利益诉求、价值偏好会有所不同，其教育行为也许会存在价值观的类型差异或者代际差异。从横向看，教师的教育行为涉及对学生、同事、家长、教职，以及在履行教职时候对学校各种器物的道德关系，这些不同对象的道德关系，在特定的境遇里会存在价值观上的序列秩序。从纵向看，教师的职业道德通常可以划分出禁止性的底线师德、鼓励性的高标师德和对教师日常分内要求的常规师德。教师群体在执行教育行为的时候，在选择层次上是有差异的。所以，教师行为在横向和纵向上的差异很多时候会形成教育行为的冲突情境。教师行为的冲突表现在以下三个方面。

首先是善恶冲突。属于公认的正确教育观与错误教育观之间的冲突。抽象而言，既然是错误的价值观，教师应该毫不犹豫地摒弃它，继而选择正确的价值观。但是，在实际教育活动中，教师的行为受到各种主客观因素的制约，即使在善恶冲突的情况下也难以干净利落地趋善避恶。比如，“应试教育”一直是舆论的公敌，却很难绝迹，一些教师由于各种原因依然扮演着“应试教育”的痴迷者和助推者。

其次是立场冲突。教育有各种价值，也有不同的价值主体，教师的职业行为需要教师在立足点上作出明确的选择。如制定班级规范是为了形成学生健康的社会秩序感还是为了教师的管理方便，布置的学习任务是为了学生获取更高的分数还是为了促进学生全面发展，设计的学习进度是以优秀学生为标准还是以后进学生为标准，教育事件的处置是为了体现公平公正还是为了关怀学生的心灵情感。在教育实践中，教师还经常会面临制度与办学理念的冲突，让人觉得如果一定要按照既有的规范处理，其结果可能与教师的理念相背离。是坚守规范还是坚守理念，这是教师立场的问题。

最后是境界冲突。从某种意义上说，境界没有对错之分，只有高低之别，境界往往与一个人的认知能力、动机考量、推理判断和行为执行能力有关，是一个人在特定场合下的自然选择。道德境界的划分有多种说法，比如极端自私自利的境界、追求个人正当利益的境界、先公后私的境界、大公无私的境界等等。[①] 作为教师，如果极端自私自利，那么他的一切职业活动（如课时、课序的安排，跟学生和同事打交道，承担职业任务，处理职业活动中出现的问题）都以是否有利于自己的私利为转移，职业活动的唯一动机和目的就是满足个人的需要，甚至不惜损人利己、损公肥私。追求个人正当利益的教师在满足自己利益的同时，不对别人或者集体造成伤害，甚至还能兼顾别人或集体的利益。这种境界是对教师起码的要求。如果教师能够先人后己、先集体后个人地履职，处处以学生、同事、集体的利益为重，凡事为别人着想，在别人与自己的利益产生冲突的时候，把自己的利益放在第二位，在小集体与大集体利益相冲突的时候，把大集体的利益放在第一位，在关键时刻能够牺牲自己的利益去维护和争取别人的或者更大集体的利益，这就属于相当高的职业境界。如果能够看到自己与别人、个人与集体、小单位与大团体之间的本质关联，融通人己之分，把个人融进更大集体，就会走向"大公无私"的至高境界，实现公与私的完美合一，实现职业与人生的完美合一。这是教师职业幸福的根本保证。

对于善恶冲突，教师要旗帜鲜明地择善弃恶，并且努力为此创造支持性条件。对于立场冲突，教师要以正确的教育理念区别立场之间的优劣高下，同时要敢于设身处地、走出自我，转换立场往往会"别有洞天""柳暗花明"。遭遇境界冲突，教师要给予理解和耐心的等待，因为教师的职业道德境界往往不是单一的，教师的每次职业行为选择都是不同层次道德的合力。事实上，也正因为有境界的冲突，才有可能促进境界的提升。

**二、教师行为选择的依据**

教师的教育行为冲突是常有的事，在冲突之中作出选择体现了教师在职业领域的自由程度。自由不是别的，只是借助于对事物的认识来作出决定的能力。教师要想使自己的行为选择合乎自由的尺度，就有必要对影响教师作出行为选择的主客观因素作认真的了解。

**第一，教师要根据特定历史阶段对教育本质的认识去选择教育行为。**联合国教科文组织发布的研究报告《学会生存——教育世界的今天和明天》对

---

① 罗国杰主编：《伦理学》，人民出版社 1989 年版，第 468 页。

教育本质的演变作了经典和权威的阐释。这个报告提出，当代教育出现了前所未有的新特征：以往我们说教育发展决定于经济发展的水平，如今教育先行，引领着经济的发展；以往教育功能只是再造现存的社会和现有的社会关系，如今的教育是在替一个未知的世界培养未知的儿童；以往的社会发展比较缓慢，所以能够吸纳教育培养的人才，如今日益加快的社会发展与社会结构的变化使在学校获得的知识在很短时期后就会过时，因而学校开始拒绝使用学校培养的毕业生。毫无疑问，创新意识和终身学习能力的培养已成为当代教育无法推脱的道德责任。教育的这些特征，在信息文明的社会中显得尤其突出。拥有更丰富的知识曾经是教师优越于学生的职业条件，传授这些知识也就构成了传统教师的核心职能。但是，网络信息文明消解了教师的知识霸权，在获取知识方面，学生拥有了与教师同等的资格、同样的资源，因而今天的教师在体现自己专业职责的时候，“越来越少地传递知识，而越来越多地激励思考”[①]，越来越倾向于通过知识技能的学习培养学生的可持续学习能力。从这个意义上讲，教师在教育中所有的活动，它们在价值上的妥当与否取决于是否有利于促进学生自主学习。新的教育本质派生了新的教育目的和教师职能，也派生了教师职业道德行为新的选择标准和评价标准。生活在今天这个特定历史时期的教师，如果不能依据历史阶段的教育本质和目的去认识教职本质，改进教学内容和方法，调整师生关系，那将会导致业务与师德的双重失败。

第二，教师要根据教育劳动的特点和教育规律的要求去选择教育行为。教师劳动的对象是学生。与人打交道跟与物打交道并不相同，与人的部分属性打交道跟与人的身心全面属性打交道有差异，与一般人打交道跟与成长中的青少年打交道也有差异。教师不仅要与个体学生打交道，同时还要和群体学生打交道，并且是将个体学生置于群体氛围里。在教育范畴内，学生出现的未成熟乃至过错可以被当作教育契机，身心发展曲线的不一致性也为学生的青春期叛逆等异常表现提供了合理的解释，对个别行为的奖惩会在班级群体中形成社会学效应。总之，教师的工作特点是非常典型的。教师要使自己

① 联合国教科文组织国际教育发展委员会编著，华东师范大学比较教育研究所译：《学会生存——教育世界的今天和明天》，教育科学出版社 1996 年版，第 108 页。

的教育行为取得满意的效果，首先就得拥有生理学、心理学、伦理学、社会学等各学科的知识和技能，然后再根据教育活动的特点去取舍教育行为方案。可见，教育活动虽然是一种充满艺术性的社会实践，但并不是杂乱无章、无规可循的。无视甚至违反规律的教育活动，必将陷入盲目、困顿之中，继而受到教育本身的内在惩罚。

第三，教师行为的选择还受到教师本人主观因素的影响。教师的行为要受到个人理智的制约，教师的教育行为若要符合自由的法则，就必须对行为有关方面的属性有理性的认识，而不是凭个人主观的冲动。如对教材内容以及教师自身教学风格的认识影响着教师处理教学的方式，对学生身心状况的认识也会影响教师对教学方式、节奏或者评价方式的选择。教师对职业的理解，对情绪、态度状况、心理健康、身体倦怠等状态的认知，对教育理念的选择等，都会影响教师的行为。教育中发生的诸如体罚学生这样的师德失范行为，往往是教师在当时场景下受自身非理性情绪的影响而作出的反应。影响教育行为的因素极其丰富，也非常复杂，有经验的教师往往会根据各种因素理性选择、控制和调整自己的教育行为。教师的道德取向和水平也会对其行为选择产生影响。世界观、人生观和价值观是人们对世界、人生、伦理的根本观点和总的看法，教师的行为选择总是基于对教育、学生、课程诸要素的认识去进行的。教师一般不会基于恶的价值去选择教育行为，但是，不同的教师在道德取向、风格上还是存在差异的。如有的教师属于公正取向道德，有的属于关爱取向，他们在选择教育行为上必然会体现出不同的风格。根据品德心理学的研究，人的道德推理水平不同，对行为意义的判断和行为反应的选择也会存在差异。

## 第三节　教师道德的评价

### 一、教育善：师德评价的标准

在教育工作中，我们经常出现以既有的教育职业规范作为评价教师行为标准的现象。那么，规范是否可以作为评价标准？规范源于人们的道德生活。在道德生活中，如果我们遵循道德规律，我们的关系会处理得比较顺畅；如果违背道德规律，我们迟早会受到“惩罚”。所以，规范是人们对道德规律的认识成果，它们对后续道德生活起指引和预警作用，便于节省道德生活成本，维持社会秩序。但是，规范虽然源于生活经验，却是对经验的某种抽象，规范一旦形成往往就具备某种独立性，如果运用不妥，便容易走向异化，将遵守规范本身看作目的。我们知道，师德规范的“初心”是支持与促进教师更好地履行教职以便实现教育目的，所以，规范的善恶其实需要得到教育目的的论证。“要理解一个人的行动，我们必须将它置于行动者要达到的目的之下，否则一切行动都会显得毫无意义。”[①] 如果忘记了教育的目的，那么遵守师德规范本身便隐含着风险。在教师的职业活动中，我们经常会遭遇“合理不合情”的情况。依据师德规范，似乎可以很明显地作出善恶判定，但是，如果考虑实际情况，却无法简单地作出结论。教师在处理职业活动和人际关系的过程中需要大量的智慧和变通能力，这是教育目的赋予教师在执行师德规范时体现出的创造性。正如亚里士多德在《尼各马可伦理学》的开篇所言，如果我们所做的一切都有某个特定的目的，如果我们所选择的一切也是为着这个目的，很显然，那一定就是善，就是最高的善。

一般意义的道德评价标准是人性和道德的善，但是，职业道德行为的评价标准首先是职业善。职业善划定了不同职业道德的专业性特征。教育善是师德评价的标准。今天，我们的教育目的不是教给学生大量的知识和技能，而是培养会学习的主体，教师在教育中发挥指导者、促进者的职能。这样的目的和职能既是确立、解读教师职业道德行为的基本立足点，也是评判教师行为的专业标准。

教育的善恶标准具体又分为社会性维度标准和心理维度标准。社会性维度标准是衡量、判定教师教育行为善恶的社会尺度和准绳，是国家向教师提出的职业行为要求的体现和反映。它一方面要求教育行为符合教育过程的需

---

① Deborah L. Schussleretc., Building Awareness of Dispositions: Enhancing Moral Sensibilities in Teaching, *Journal of Moral Education*, 2013, (1), p. 72.

要和教育规律的要求，最大限度地提高教育效果，促进教育事业的发展；另一方面它又要求教育行为符合反映时代特征的课程内容和价值取向的规定，有利于培养出符合时代趋势的学生。心理维度的标准是衡量、判定教师教育行为善恶的心理尺度和准绳。它要求教育行为符合教师和学生的个性心理特征，并且有利于师生心理的健康发展和良好心理品质的形成。正常情况下，社会维度与心理维度应该是统一的，国家要求、课程标准与师生的教学心理如果不能统一，不仅这两方面的标准会形成冲突，而且社会的目的、意志以及个人的追求也无法顺利实现。

对这两个标准的倾向性选择便产生了教育目的中社会本位论与个人本位论的区分。如果教师只依据国家、社会的要求，而忽视学生的学习心理状况，也许可以为社会培养出特殊人才，但却以牺牲学生的身心健康为代价。如果教师在尊重学生心理的同时忽视国家、社会的课程内容和价值要求，培养出来的学生将难以融入社会，难以回报社会。教师选择符合社会需要的教学内容是帮助学生找到顺利走进社会、服务社会的途径，学生价值观如果不能与社会保持一致，学生的社会化过程也会遭遇挫折。因此，教师应该在社会维度与心理维度保持一致的条件下作出行为选择。社会的应然要求要适合并且通过学生的实然心理才能落实到教育过程中，学生的实然心理也必须通过应然的社会要求才能丰富自身的人性，实现人的全面发展。

教育的善恶标准通常以师德规范的形式体现出来。在师德评价的道德实践中，每一个社会和时代的师德规范都具有特别重要的意义和作用。规范是标准的意思，所谓师德规范，就是教师在教育职业活动中的道德关系和道德行为的普遍规律的一种反映，是一定社会对教师教育行为的基本要求和概括。它是在教育职业活动中，调节人们之间的相互关系，判断教师教育行为是非善恶的准则。① 师德规范为师德评价提供直接的、可操作的行为标准。

每个社会师德规范的确立，都是一定的社会关系的客观要求，受教师职业活动的性质、目的和任务所制约。马克思指出："人们按照自己的物质生产的发展建立相应的社会关系，正是这些人又按照自己的社会关系创造了相应

① 王正平著：《人民教师的道德修养》，人民教育出版社1993年版，第71页。

的原理、观念和范畴。”① 我国现有的师德规范，是由社会主义经济、政治、法律、道德、文化等关系决定的，是为教师所从事的发展中国特色社会主义现代化教育事业，培养德智体美劳全面发展的社会主义新人服务的。同时，教师道德规范是教师具体职业劳动和教育规律的客观要求。教育劳动具有自身的特点，必须符合教育规律的客观要求。我国现有的师德规范继承了中国几千年积累起来的宝贵师德智慧，总结了新中国成立以来广大教师的师德实践经验，同时吸取了世界各国师德建设的有益经验，对于指导广大教师正确处理教育劳动中的各种利益关系、辨明教育行为的善恶是非提供了有益的思想和行为准绳。

师德规范的形成与发展有一个在实践中不断探索和提高的过程。进入 21 世纪以来，我国社会高度重视大中小学师德规范的建设，并随着现代教育事业的深入发展不断修改、丰富和完善。如教育部颁布的《中小学教师职业道德规范》（2008 年）、《高等学校教师职业道德规范》（2009 年）、《新时代高校教师职业行为十项准则》（2018 年）、《新时代中小学教师职业行为十项准则》（2018 年）、《新时代幼儿园教师职业行为十项准则》（2018 年）等重要师德规范，为广大教师的师德评价提供了实践指南。由于教育劳动本身的特点和师德实践的多样性和复杂性，把师德规范具体转化为师德评价的标准，仍然需要我们以科学的态度在师德评价的实践中不断摸索和探究。

上海师德研究与评价中心自 2016 年开始，精心研制我国中小学师德评价指标体系。指标体系主要依据教育部 2008 年版《中小学教师职业道德规范》。这套规范以德目的方式凝练出爱国守法、爱岗敬业、关爱学生、教书育人、为人师表、终身学习六个师德规范，将教师与学生、家长、同事、职业的关系融入其中，在师德条目的阐发中又体现了鼓励性的高标准希望、常规性的日常要求、禁止性的底线禁令这三级规范。这是一部比较经典的师德规范。2014 年 1 月和 7 月，教育部分别印发了《中小学教师违反职业道德行为处理办法》和《严禁教师违规收受学生及家长礼品礼金等行为的规定》。2018 年 11 月，教育部颁布了《新时代中小学教师职业行为十项准则》。这些文件的主

① 《马克思恩格斯选集》（第一卷），人民出版社 2012 年版，第 222 页。

要精神对2008年师德规范形成了必要的补充和发展，其重要观点也被纳入到指标体系之中。指标体系将6条核心德目作为一级指标，将教育部对每条德目的解读分解成21个二级指标，在此基础上研发出若干条行为线索作为三级指标，三级指标是进一步研制师德评价题的依据（表11-1）。

**表11-1　上海师范大学版中小学师德评价指标体系**

| 一级指标 | 二级指标 | 三级指标 |
| --- | --- | --- |
| 一、爱国守法 | （一）坚定政治方向，拥护中国特色社会主义 | ◎ 理解教育作为强国富民、促进社会文明进步先手棋的新时代职能<br>◎ 在党的领导下，积极探索和践行中国特色的教育规律 |
| | （二）立德树人，全面贯彻国家教育方针，依法履行教师职责权利 | ◎ 立足于学生的身心成长开展教育教学活动<br>◎ 在遵守宪法和其他教育法规的基础上开展教育工作<br>◎ 自觉探索素质教育，面向全体学生，开展德智体美劳全面发展教育<br>◎ 对于冲击职业底线或原则的事情敢于仗义执言，理性维权<br>◎ 拒绝接受学校对自己工作安排的时候，能够有让领导和其他同事信服的理由 |
| | （三）不得有违背党和国家方针政策的言行 | ◎ 不在课堂上传播违背党的政策、国家法律法规、教育方针的言论<br>◎ 不通过课堂、论坛、讲座、信息网络及其他渠道，编造、散布虚假信息、不具建设性的观点<br>◎ 不在招生、考试、考核、职务评审、教科研中弄虚作假、营私舞弊，虚报或篡改个人工作效绩<br>◎ 不以民族、性别、地域、家庭背景、是否有残疾、学习成绩以及身心发展水平为由，偏袒或歧视学生、家长 |

续表

| 一级指标 | 二级指标 | 三级指标 |
| --- | --- | --- |
| 二、爱岗敬业 | （四）忠诚于人民教育事业，甘为人梯，乐于奉献 | ◎ 把教职作为服务社会、致敬祖国的伟大事业<br>◎ 教职是乐意选择的岗位<br>◎ 尽心尽责，以健康的身心状态投身于教育事业<br>◎ 尊重和珍爱教职，对所授课程真正感兴趣，享受课堂<br>◎ 参与职业活动的兴趣不受该活动带来的物质利益的影响 |
| | （五）对工作高度负责，认真备课上课，认真批改作业，认真辅导学生 | ◎ 用心研究课程标准，教学内容、方法有针对性和实效性<br>◎ 每节课有明确价值的、难度适宜的、可检测的教学目标，并且使教学过程、教学评价与教学目标保持一致性<br>◎ 作业和试卷设计能够针对核心学习目标<br>◎ 批改作业的结果能够对教学起到承上启下的作用 |
| | （六）不得敷衍塞责 | ◎ 不漠视学生的学习困难<br>◎ 不放任学生影响到其他同学权利的不良行为<br>◎ 不无故迟到、早退、缺课，不擅自离职、停课、缺岗或请人代课<br>◎ 在工作时间不做与教育教学工作无关，且可能对之造成影响的事情 |
| 三、关爱学生 | （七）关心爱护全体学生，尊重学生人格，平等公正对待学生 | ◎ 把学生当作公民而予以尊重和热爱<br>◎ 能够开展全纳又高效的教学，相信所有学生都能够学会<br>◎ 在教育教学活动和学生管理、评价中公平对待学生，不受到学生与自己的关系、学生的学习成绩、家长的身份地位、家长的态度等因素的影响<br>◎ 相信学生在文化、家庭背景、个性、社会水平、家庭变故等方面是有差异的，并且在教育中能够考虑这些差异<br>◎ 理性区分学生的违规类型，针对不同性质的违规行为予以相应的对待 |

续表

| 一级指标 | 二级指标 | 三级指标 |
| --- | --- | --- |
| 三、关爱学生 | （八）对学生严慈相济，做学生良师益友 | ◎ 建立平等、尊重、信任、关爱的支持性师生关系，使学生感受到身体、社会、文化、情感的安全<br>◎ 表扬和批评学生的时候能够结合学生的具体行为给出理由，使表扬或批评具有针对性、指导性和激励性<br>◎ 批评学生的时候耐心听取学生的辩解<br>◎ 能够多角度解读学生的异常行为<br>◎ 关怀弱势学生 |
| | （九）保护学生安全，关心学生健康，维护学生权益 | ◎ 维护学生正当的教育权利，知道学生的教育权利受到威胁时的应对办法<br>◎ 担负学生监护人职责，了解保护学生身心健康的相关措施<br>◎ 在教育教学活动中遇突发事件时，履行保护学生人身安全职责<br>◎ 能够区分哪些是学生身心成长中需要理解与引导的正常表现，哪些是应该尊重与保护的正当个人权利，哪些是必须制止与处罚的威胁他人、群体利益的不当行为 |
| | （十）不侮辱、侵害学生 | ◎ 管控自己的情绪，不将自身的情绪压力向学生发泄<br>◎ 不因个别或少数学生不轨而责备或处罚全体学生<br>◎ 惩罚学生行为的时候，坚持人与事相分开的原则，不连带地贬低、侮辱学生人格<br>◎ 不讲粗话、痞话，不对学生使用语言暴力<br>◎ 严禁以体罚或变相体罚的方式虐待学生，伤害学生身心健康<br>◎ 不利用教职优势地位和便利条件对学生实施性骚扰或者性侵学生 |

续表

| 一级指标 | 二级指标 | 三级指标 |
| --- | --- | --- |
| 四、教书育人 | （十一）遵循教育规律，实施素质教育 | ◎ 了解学生成长规律的经典学说和相关研究成果，科学施教<br>◎ 能够结合实例说出学生的一些身心特征，知道其成长受到社会、民族、文化、语言等方面的影响<br>◎ 知道自己任教学科在学生品性成长中的独特作用，让学生明确所学课程的理论、实践意义以及对学生人生的指导意义<br>◎ 知道教学的目的是指向学生身心成长，而非止于学科知识的掌握<br>◎ 善于运用环境的力量，使物理环境安全、方便并且对学习有促进作用<br>◎ 运用组织体系和制度的力量促进学生的学习 |
| | （十二）循循善诱，诲人不倦，因材施教 | ◎ 学科教学中能够根据不同的知识类型，采用不一样的教学策略<br>◎ 教学方案适合于学生的经验、兴趣、知识水平、理解能力<br>◎ 在教学与评价方式上关注与尊重学生的多元智能；根据学生的不同理解力，调整表达方式<br>◎ 鼓励和倾听学生的课堂发言，尊重学生的不同观点<br>◎ 重复教学内容的时候会根据新的情况作出调整，并且能够说明调整的理由 |
| | （十三）培养学生良好品行，激发学生创新精神，促进学生全面发展 | ◎ 形成清晰明了、有助于学习的课堂规范<br>◎ 学科教学中融合道德品质的培养<br>◎ 善待学生的奇思妙想<br>◎ 提供讨论、质疑、探究、合作、交流的机会，培养学生批判性思维 |
| | （十四）不以分数作为评价学生的唯一标准 | ◎ 不依据学生的学业分数划分等级，分配教育资源，影响教育权利 |

续表

| 一级指标 | 二级指标 | 三级指标 |
| --- | --- | --- |
| 五、为人师表 | （十五）坚守高尚情操，以身作则，作风正派，自重自爱 | ◎ 尊重事实，崇尚先进，追求美好，做促进学校发展的正能量<br>◎ 树立校荣我荣、校衰我耻的观念<br>◎ 做学生成长的引路人，要求学生做到的，教师自己要率先垂范<br>◎ 洁身自好，维护教师队伍清正廉洁的形象 |
| | （十六）衣着得体，语言规范，举止文明 | ◎ 有与学生相适应的口头表达能力、书写能力，能够理解学生的书面语言、口头语言<br>◎ 穿着打扮、行为举止符合职业身份，适合教育情境<br>◎ 教育环境中能够使用规范化语言，语气、语调符合教育内容 |
| | （十七）关心集体，团结协作，尊重同事 | ◎ 知道学校的办学理念，并且能够自觉将理念落实在教育活动中<br>◎ 能够与同事一起评估和确认那些处于边缘状况学生的需要，同事间能够无私分享行之有效的教育经验，为了更好地履职而善意提醒、互相支持<br>◎ 尊重同事们多样化的教育探索<br>◎ 维护教师集体在课时、作业量之间的秩序和平衡<br>◎ 尊重其他教师的人格、声誉、威信和工作业绩<br>◎ 维护集体共同作出的决定或制定的规则，避免因为擅自行动而造成学校教育工作的混乱 |
| | （十八）尊重家长 | ◎ 能够向家长清楚说明学校办学理念、班级管理理念、教学及其评价理念<br>◎ 代表家长履行未成年学生在校期间的监护人职责，与家长形成双向交流机制，客观、及时、建设性地反馈学生的在校表现、学科学习情况、进步和身心健康情况 |

续表

| 一级指标 | 二级指标 | 三级指标 |
| --- | --- | --- |
| 五、为人师表 | （十八）尊重家长 | ◎ 向家长了解其子女在家庭生活中的情况，提供家庭教育指导意见而不强制家长采纳<br>◎ 形成家校之间相互尊重的关系，不训斥、刁难、侮辱家长<br>◎ 明确家校之间在教育上的界限和分工，不把该教师做的事推给家长<br>◎ 保护学生及其家庭的信息，特别是隐私方面的资料 |
| | （十九）自觉抵制有偿家教，不利用职务之便谋取私利 | ◎ 不组织或者强制要求学生参加校内外有偿补课<br>◎ 不组织或者参与针对学生的经营性活动，或者强制学生订购教辅资料、报刊等，以谋取利益<br>◎ 不收受家长的贿赂性馈赠，不参加有可能影响教育公平的家长招待<br>◎ 不利用教职的优势，对学生或者家长提出教育教学工作之外的非工作要求 |
| 六、终身学习 | （二十）崇尚科学精神，树立终身学习理念，拓宽知识视野，更新知识结构 | ◎ 自觉探索人的发展、社会发展、行为影响等方面的知识，相信教育的改善不完全靠经年累月的经验，更是一项科学探究的事业<br>◎ 对待业务精益求精，关注教育理论、学科教学的发展形势<br>◎ 在学科教材之外，能够有较广泛的阅读体验 |
| | （二十一）勇于探索创新，不断提高专业素养和教育教学水平 | ◎ 用心记录和分析自己教育成败以及感受，反思教育工作<br>◎ 听取同事、学生的反馈意见，改进教育工作<br>◎ 结合自身的教学业务，阅读、了解相关的科研成果，从事专业性的项目研究<br>◎ 有明确的教育主张，并且能够清晰地表达和论证 |

资料来源：

上海师德研究与评价中心：《中小学师德评价指标体系》（2020），http://shidao.shnu.edu.cn/a1/10/c22806a762128/page.htm。

## 二、师德评价的依据

究竟是依据教师的行为动机还是依据其行为结果来进行评价，是评价教师行为必然要明确的问题。

行为效果与行为动机其实也是伦理学在讨论道德评价时一直争议的主题之一。以功利主义为代表的效果论者认为，评价一个人的道德要看其客观可见的行为效果；以康德为代表的动机论者则主张看行为主体的内在动机。动机与效果可以构成四对组合关系。好动机好结果、坏动机坏结果的性质是非常容易判定的，评价的难点在好动机坏结果、坏动机好结果这两种情况。

动机与结果不一致的问题可以从动机方面作分析。为什么好的动机会导致坏的结果呢？一般是因为有三种情况：第一种情况是好的动机在被执行的过程中受到偶发的、不可抗拒外力的干扰；第二种情况是自己虽然有好的动机，却缺乏落实动机所需要的基本知识和技能，或者落实动机的时机、方式不合适，或者执行动机的驱动力不足，意志不坚定；第三种情况是好的动机其实是缺乏客观依据的非理性臆想，或者是从个人私利出发的爱好和私欲，从本质上根本无法实现，得到坏的结果也是必然的。

第一种情况的动机属于正常动机，也是康德充分肯定的善良意志。康德说："如果由于生不逢时，或者由于无情自然的苛刻，这样的意志完全丧失了实现其意图的能力，如果他竭尽自己的最大力量，仍然还是一无所得，所剩下的只是善良意志……它仍然如一颗宝石一样，自身就发射着耀目的光芒。"①

第二种情况的动机，即主观准备不足的动机也大量地出现在教师职业生活中。研究发现，教师对学生发出的"爱"有时候并没有被学生"收到"，其中很重要的原因就是教师表达爱的方式方法、时机等不合适，属于虽有爱心，却缺乏爱的主观能力。其实，这样的情况也是动机论者所力图弥补和修饰的。康德在论述善良意志的时候，指出善良意志不是单纯的愿望，而是包括了竭力去实现善良意志的努力，是一种出于尊重道德规律的必然性。动机的客观化、理性化才能最后实在化，进而结出相应的果实。可见，动机派并未机械地对动机作狭隘的理解，而是力图延展动机的边界。同样的道理，功利主义

① ［德］康德著，苗力田译：《道德形而上学原理》，上海人民出版社2005年版，第43页。

的代表人穆勒虽然持效果论立场，但是在谈到道德评价时，依然区分了对行为的评价和对行为者的评价，前者看结果，而后者（对行为者的评价）除了考察其行为善恶之外，还需要考虑其动机。这可以看作是功利主义者对狭隘效果论的一种矫正。在职业活动中，教师有道德的意愿却无道德的能力，使好的动机无法抵达对方，这是一种单向度的职业道德，至少不是完全意义上的职业道德。

第三种情况的动机缺乏理性基础，本质上无法抵达良好结果，或者只会让主体陷入臆想的狡辩。如有的教师为了提高学生成绩，给学生布置大量的家庭作业，而学生同时还要学习好几门其他的学科，每一门学科都有不少的作业集中到学生身上，这些作业就成了无法完成的任务。在这种情况下，教师如果对没有按时完成作业的学生采取处罚，那么，这样的行为动机就缺乏理性基础，是无法实现的“善”。有的教师在体罚学生时声称是为了学生好，是恨铁不成钢。这种缺乏理性尊重的“爱”只能是一种臆想型的爱。没有尊重，所谓的“爱”只会以伤害收场。

我们评价教师的职业道德，要从其行为效果和动机的两个方面来进行综合分析，既要联系执行动机的活动过程来理解其动机，也要联系行为过程来理解其效果。动机与效果不能脱离执行过程，否则便是孤零零的概念，无法成为有效的评价对象。这正是辩证唯物主义用实践来统一动机与效果的高明之处。

对于教师的行为，是看其效果还是究其动机，也会使得同一道德行为得到不同的解读与判断。斯特赖克等人在《教学伦理》[①] 中，以美国“教师专业伦理典章”为蓝本，对教师的行为判断作了解读。美国的师德绝大多数由底线道德构成，每一条规范都因为是看其效果还是究其动机而使教师的价值判断和行为选择变得复杂起来。这本书对开启教师的职业行为选择智慧有所帮助。该书同时也启示我们，如果没有“教育善”的指引，我们的判断比较容易受到效果论、动机论的纠缠，产生价值混乱，或者各执一端，造成久讼不决的争议。

---

① ［美］肯尼思·A. 斯特赖克、乔纳斯·F. 索尔蒂斯著，洪成文等译：《教学伦理》，教育科学出版社 2007 年版，第 1—2 页。

### 三、师德评价的形式

与一般的道德评价类似，教师的职业道德评价主要是通过社会舆论和教师内心信念等形式来进行的。

社会舆论可以分为校内舆论和校外舆论。校内舆论就是教师同伴、学生以及学校其他管理人员、教辅人员等对教师行为的态度和评价。就个体教师而言，校内舆论因为距离近、接触多，对教师的影响相对更大一些。校外舆论主要指新闻媒体、学生家长、社会团体、政府部门或公众对教师行为的评价。现实生活中的校内外舆论并不一致，因为社会舆论评价一般依据教师应有的“形象”对现实行为作出善恶判断。

校外舆论影响评价结果的因素表现在两个方面。一方面是群体成员的构成影响了师德行为的评价。不同的人会有不同的利益诉求，对教师行为的解读立场也会有所不同。比如，家长群体与非家长群体，教育主管部门与新闻媒体，他们由于利益和立场的不同，可能会形成不一样的判断。新闻媒体，尤其是当今智能手机日益普及背景下的微信和网络新媒体，在报道师德事件的时候，可能会选取能够博取眼球的视角编制标题，然后，为了产生“新闻效应”，刻意断章取义，选择某个有新闻效应的角度进行渲染和炒作。现在网络传播速度与范围是传统纸质媒体所无法比拟的，一旦新闻传播出去，广大读者就会依据记者呈现的内容和角度进行评判，当事人尽管不同意对事件的描述，却已经百口莫辩、无能为力了。媒体人的这种做法虽然属于少数，但由于其巨大的影响力，媒体的宣传很容易影响社会对教师的评价。如何在新媒体背景下坚持公平、合理、恰当的师德评价，不被为逐利而偏激、缺少客观公正的报道态度的自媒体“道德舆论绑架”，是目前值得高度关注的问题。另一方面表现为，对教师形象的认知影响对教师行为的评价。教育部门之外的社会群体对教育缺乏专业性的了解，有时候会依据一些关于教师的“习俗形象”来判断师德。习俗形象是长期以来特定人群对教师应有的形象所形成的认知，其科学性、专业性不一定得到保证。习俗形象是比较简便的评价尺度，人们对某一教师行为进行评价的时候，总是不知不觉地首先判定它是否符合“习俗”，是否符合“常规”。正因为习俗是特定人群的观念，人们在教师“习俗形象”的认知上难以达成一致，所以，社会上对教师职业道德的行为作出不同性质的评价也就可以理解了。此外，在不同的教育概念中，教师的“专业形象”也会有所差异。如果把教师作为教育者，学生作为受教育者，社会比较看重教师的以身示范形象，希望教师本人有较高的道德修养，并且以身教的力量影响学生；如果把教师看作促进者，社会更希望教师能够对学生的身心成长起到专业性的指导作用。

教师的内心信念是指教师个人发自内心的，对某种教育道德理想、道德观念和道德原则的坚定信仰，以及由此产生履行相应道德义务的强烈责任感，是教师道德认识、道德情感和道德意志在教育实践上的统一。这是教师对自己职业行为进行善恶评价的内在力量。内心信念在教师行为的评价中主要是作为教育良心发挥作用的。它作为一种强烈的责任感，是驱使教师对自身行为进行评价的内在动力，教师在评价自身行为时常常以是否违背教育良心为直接或者直觉的准绳。同时，教师评价的结果只有转化为教师个人的内在信念，才可能成为教师的职业行为习惯，进而形成良好的职业道德风尚。

在教师行为评价中，舆论与内心信念的评价虽然有所偏重，却是相互联系、相互补充的。舆论评价通常容易受到教师行为结果的影响，而教师本人则比较容易从自身的主观动机上评价自己的行为，这也是自身评价与社会评价发生矛盾的原因。它们的联系和补充也是比较明显的。一方面，教师内心信念的形成和巩固会受到社会舆论的影响，当社会舆论与教师内心信念在评价方面保持一致的时候，教师更容易增强自身的良心信念；反之，则会引起内心的矛盾和良心的冲突，甚至可能动摇其职业信念。这是社会评价不能不注意的地方。另一方面，教师的良心评价对于他的职业行为具有更为重要的作用，因为社会舆论评价要经过教师自身评价的“过滤”才会真正影响其行为。在道德评价方面，社会舆论要通过主观良心的接受才会发生实质性的评价效果。

### 四、师德评价的方法

评价教师的职业道德行为实际上就是对教师的职业行为进行善恶性质评价和善恶程度评价，前者告诉我们这个行为是好还是坏（质），后者告诉我们这个行为好的程度或者坏的程度（量）。教师一般是依据教师职业道德规范作出行为反应的。正如在评价标准里说的，职业规范需要在职业善的理念下予以理解和执行，所以，教师行为评价首先要依据我们对教育目的、教师职能的理解对职业道德规范进行分解，形成评价指标体系。指标体系构成教师行为的评价点，是研制评价题的依据。评价取向不同，评价题也会不一样。

借鉴道德评价的方法，师德评价的方法主要分为以下两类。

一是内容取向的评价，问卷调查是其代表性方法。内容取向的评价是当前评价教师行为的主要方法，它通常是通过问卷法去了解教师在职业道德某些方面的知识、态度、行为等，其调查的结果表明被试知道什么、做了什么、同意什么、认为怎样等这种内容性的、结果性的东西。这个方法比较灵活，既可以根据师德框架全面了解师德风貌，也可以选择比较重点的项目予以调查。运用这个评价取向，我们需要注意几点。第一，要对师德进行理论研究，形成师德评价主题的理论框架，生成一些典型的师德评价点。有了框架，评价点的布局是否合理，是否平衡地遍及所要评价的类目上，就一目了然。第二，要特别注意“一题一例”的评价题设计，在一个评价题里，只能调查一个方面的内容，不能在一个题目里融进多个内容，以免被试无法确定究竟要回答哪个方面的内容。第三，在题目的措辞上要避免使用具有暗示意义的词汇或者表述方式，以免被试猜测测试者的态度，然后作出迎合式回答。第四，评价题要与评价点之间形成推断逻辑，否则调查出来的事实对评价点的解释力会不够。第五，如果是选择题，选项设计要尽量贴近被试真实的思维，使被试能够在各种真实可能的选项中选择。如果选项中只有一个选项很明显是正确答案，那么，这个选择题价值就不大了。为了使选项更加“接地气”，有必要事先做些访谈，了解教师对于某个测题可能有的多样想法。第六，评价题的核心词汇不要过于抽象和笼统，而是要将抽象的词汇转化为可观测、可操作的具体化陈述。生活中的很多词汇，尽管使用频繁，其含义往往流于笼统，或者存在歧义，所以最好把抽象的概念变成操作性定义。

美国师范教育院校联合委员会成员编辑出版了《中小学教师职业道德培训手册》①，该书给读者呈现了 6 所学校的案例，具体介绍每所学校是如何设计和评价师德的。如有一所学校开展人性化师德的培训和测评，学校在把人

① ［美］小彼得・C. 穆雷尔等编，麦丽斯译：《中小学教师职业道德培训手册：师德的定义、养成与评估》，中国青年出版社 2016 年版，第 39—66 页。

性化师德界定为“教是为了让所有孩子都能学习”后，为了把这个理念落实到具体行为中，他们确立责任感（去了解多样性背景学生认知世界、感受世界的方式，理解多样性对教与学的影响）、不竭的信念（相信不同语言文化背景学生的潜力）、决心（决心与学生及家长共同构建知识体系，帮助学生与家长发现并发挥自己的力量）、意愿（与他人合作时愿意接受、面对并设法克服在教学中遇到的困难）、毅力（坚定地支持学生）这五项为核心师德。接着，根据五大核心的明确定义，列举出一系列具体可观察的教师行为线索，然后用这些行为线索作为师德测评题。

该学校的这项师德评价给我们的启示是，要调查师德，必须对师德进行理性解读；要解读师德，必须根据教育本质去界定教师的职能，比如，从学生为本的教育推出“教是为了让所有孩子都能学习”的教师职能，为了落实这个职能，我们才能将它分解为诸多行为线索。这样，教育本质、教师职能、师德表现便构成了前后关联的逻辑体系。

二是形式取向的道德评价，以皮亚杰和科尔伯格学派为代表。皮亚杰借助“对偶故事”对儿童进行访谈，发现儿童的思维结构特征以及发展层次区别。科尔伯格则通过“道德两难故事”进行道德判断访谈，提出著名的“三水平六阶段”模型。形式取向的道德评价将重心放在行为动机上，依据人的行为动机对行为发展水平作出判断。这与内容取向的评价形成了互补：一个评价结果，另一个评价动机。科尔伯格提出的“三水平六阶段”模型对德育评价具有重要价值，因为要评价就必然涉及对发展水平的判定，而这个模型对道德发展水平的描述是目前国际上比较公认的。科尔伯格的同事和学生（如莱斯特、吉利根、特里尔）在科尔伯格之后研发出了一些其他的道德评价方法，对科尔伯格基于公正的道德访谈方法起到补充和发展的作用。

但是，对于教师职业道德评价而言，比较切合的是“中层概念测评法”（Intermediate Concept Measure），这个方法也是属于科尔伯格学派的，是由美国道德心理学专家莱斯特（J. R. Rest）和纳薇兹（D. F. Narvaez）于1994年首次提出，经毕博（M. J. Bebeau）和托马（S. J. Thoma）等人的不断完善而日趋成熟。中层概念就是日常生活中经常面临的道德概念，如责任、诚信、自律、尊重、勇气等。中层概念测评比较适合对职业道德的评价。它最初就是通过“牙医与患者”的故事对牙医作职业行为测评。

> 患者布洛克听信某健康俱乐部的小册子所宣传的虚假知识，要求梅耶医生替他把一颗臼齿拔掉。梅耶查阅病历本以后发现两年前布洛克的牙齿做过根管治疗，随后那里长出了牙冠，这是很正常的现象，并且也没有对布洛克的生活造成影响，因此建议不要拔掉。但是，布洛克很固执，说：牙齿是我的，我也付了费，我现在要求你把牙齿拔掉。请你说说梅耶应该怎么办?[①]

中层概念测评的具体做法是，首先要从教师的职业生活中搜集情境故事，并且对情境故事进行一定的加工，以保证每个故事聚焦于特定的职业道德，使每个故事在情节的复杂程度、长度等方面符合一定的标准。然后，将情境故事提供给被评价的教师阅读，在每个情境故事之后，给被试提供 8—12 个选项，每个选项提出了一种情境故事中该教师“可接受”的做法，请被试教师对每种做法标注同意的程度（程度分 5 级，从完全同意这样做到坚决反对这样做）；接着，给被试提供 8—12 项“为什么可以这样做”的理由，同样由被试标注其同意程度（也分 5 级，从完全同意这个理由到坚决反对这个理由）。标注完以后，再从“可接受”“为什么可接受”之中挑选前 3 项最赞同的排序，从“不可接受”“为什么不可接受”之中挑选最反对的 2 项排序。中层概念测评法只对进入“排序”项打分。打分的标准答案由专家制定。专家是指测评领域方面比较有见识的人群，师德测评的专家队伍可以是有关领域的优秀教师、学校管理者、教研员、大学教授等。专家制定标准答案，然后将被试的选择与专家的标准答案对照计分。

在师德评价中引入中层概念测评法有几个优势。第一，故事法比抽离于故事的抽象判断更容易调动教师的真实反应，如单纯问“你关心学生的成绩吗?”教师的答案一般是比较抽象的。相反，如果将教师置于某种真实的教育

---

① Bebeau, M. J., Thoma, S. J. “Intermediate” Concepts and the Connection to Moral Education. *Educational Psychology Review*, 1999, (4), pp. 342—360.

情境，通过他对情境的处理来看他是否关心学生的成绩，这样的评价更加真实，更加具体。第二，它力图整合内容取向与形式取向，既调查教师要“做什么”，也调查教师“为什么这样做”。第三，将以往虚拟的或者远离职业生活的道德两难故事调整为结合教师生活经验而加工的师德情境故事，故事未必以两难形式呈现，却是能够引起教师困惑和思考的情境。第四，测评题的研制过程邀请教师加入，每所学校都会有各自的校情，每门学科的教学都会有不完全一样的立德树人途径，所以，评价题往往具有校本化、个性化色彩，比较切合教师的日常生活。这与科尔伯格或者 DIT（全称 do it together，译为“一起做”）多年使用固定的两难题对所有被试进行测评是不一样的。第五，由于教师被试群体参与了测评的研制，而研制过程本身往往是测评者带着教师回顾、反思、交流工作经验，使大家得到提高的过程。于是，测评不只是去裁定教师的职业道德发展水平，而是帮助他们发现状况、激发潜能的培养过程。

形式取向和中层概念的测评都是有心理学背景的专家研制出来的，比较重视量化测评，这对我们一贯使用模糊评价的情况来说，形成了必要的补充。其实，我国也有学者尝试对道德进行量化测评的研制。比如，龚华平在论文《道德评价根据新论》[①] 中认为，一个人的道德风貌由道德品质和道德行为构成。道德品质是由一系列的道德行为铸成，表现为一个人比较稳定的特征与倾向。道德品质与道德行为一般而言是一致的，但是也存在矛盾。因为道德品质是长期形成的稳定倾向，而道德行为则与具体事务、对象和环境条件相联系。所以，一个道德品质良好的人有时候也会做出不道德的行为。但是，从整体、长期看，他大多数道德行为是合乎道德的。对道德行为的评价是统一地看其动机、行动、效果，道德品质的评价根据则是整体、长期的道德行为综合状况。

在道德行为构成的三个要素中，行动最为重要，被赋予了最大的权重系数（1.0），因为没有行动，动机只是一种意向，效果也无从说起。其次是动机（0.6），最后是效果（0.3）。于是，道德行为的评价＝动机评价×0.6＋行动评价×1.0＋效果评价×0.3。

---

① 龚华平：《道德评价根据新论》，《南昌大学学报（社会科学版）》1996 年第 3 期。

动机往往不是单一的，有善念，也有恶念；有较强的，也有较弱的；有主要的，也有次要的。其中主要的动机被称为优势动机，其他是辅助动机，所以，动机评价＝优势动机评价＋辅助动机评价。同理，行动本身也有善恶区别，强度区别。效果则可以分出全局效果和局部效果，长远效果和目前效果。动机、行动、效果的这些区分也被赋予了不同的权重系数，正向的依次被赋予了 1.0、0.5、0.25；负向的依次被赋予了－1.0、－0.5、－0.25。

**表 11-2　道德行为三要素评价法**

| 要素 | 权重 | 性质 | 强度 | 权重 |
|---|---|---|---|---|
| 动机 | 0.6 | 善念 | 极好善念 | 1.00 |
| | | | 很好善念 | 0.50 |
| | | | 较好善念 | 0.25 |
| | | 恶念 | 较差恶念 | －0.25 |
| | | | 很差恶念 | －0.50 |
| | | | 极差恶念 | －1.00 |
| 行动 | 1.0 | 善行 | 极好善行 | 1.00 |
| | | | 很好善行 | 0.50 |
| | | | 较好善行 | 0.25 |
| | | 恶行 | 较差恶行 | －0.25 |
| | | | 很差恶行 | －0.50 |
| | | | 极差恶行 | －1.00 |
| 效果 | 0.3 | 善果 | 极好善果 | 1.00 |
| | | | 很好善果 | 0.50 |
| | | | 较好善果 | 0.25 |
| | | 恶果 | 较差恶果 | －0.25 |
| | | | 很差恶果 | －0.50 |
| | | | 极差恶果 | －1.00 |

资料来源：

根据龚华平《道德评价根据新论》（《南昌大学学报（社会科学版）》1996 年第 3 期）编制。

以下新闻报道事件为例：

雷同学今年9岁了。一天中午，他的奶奶照常去校门口等他放学。奶奶看着别的学生差不多都走完了，但一直没看到小雷的身影。过了约10分钟，小雷的奶奶前往教室寻找，发现小雷一个人坐在教室里，默不作声。“坐这里干吗？回家吃饭啊！”听到奶奶的声音，小雷“哇”地哭了起来。看到孙子这副模样，奶奶急忙上前安慰，并让他起身回家。小雷边哭边指着双腿喊疼。奶奶掀起小雷的裤子看到，小雷左右小腿上满是被抽打的痕迹，已肿得很大。奶奶用手轻轻一碰，小雷痛得哇哇叫。奶奶想让小雷回家，可他疼得无法站立，更没办法走路。

怎么回事？原来这位雷同学以前多次没有完成作业，这次他的英语老师王老师发现他又没有完成英语作业，一气之下就用成捆的钢丝把他狠狠地打了一顿。被打之后，孩子不敢第一时间跟家里人说，直到他奶奶来后才发现这件事。奶奶随后让小雷的母亲赶到学校，把他背出了教室。

事情发生后，校长带着王老师前往医院探望孩子，向孩子和家长诚恳地道歉，并且垫付了医药费。校长说：王老师有六七年的教学经验，是一位很敬业的教师。王老师的本意是为了孩子好，想让他好好学习，提高成绩，可王老师采取的教育方式确实有些过火。接下来，校方将对王老师进行批评教育，并且以此为例，在学校开展师德教育培训。

对本案例中王老师职业行为可以作出如下评价：动机很好（0.5），行动很差（－0.5），效果极差（－1.0），导入公式，$0.5\times0.6+(-0.5)\times1.0+(-1.0)\times0.3=-0.5$，可知王老师的表现是很差的师德行为。

当然，道德品质的评价需要联系一个人在某一实践领域的一定时段（乃至终生）的全部道德行为的综合，其中的每一次道德行为的评价可以依据上面对道德行为评价办法的介绍操作。应该说，作者对道德评价的思考方式和所作的计分探索是比较精微的。首先对动机、行动、效果赋予不同的权重，然后对动机、行动、效果分别给予善恶水平的判定，这种做法虽然缺乏道德发展水平阶段的客观研究，对动机、行动、效果的水平判断依然是凭借个人经验，但是，这种介于精确与模糊之间的计分方式还是比较符合对道德的评价的。

日常的师德评价由于缺少较合理的量化办法，一旦出了师德事件，学校或教育主管部门往往很难拿捏处置力度，有时候被网络舆情甚至家长态度所左右，有时候简单化地“重视”师德问题，动辄高举师德“一票否决”大棒，对相关教师一撸到底。这些都是师德评价缺乏专业性、科学性的表现。

2013 年，教育部在《关于建立健全中小学师德建设长效机制的意见》中要求严格师德考核，并且希望各级教育行政部门要制定师德考核办法，学校制定具体的实施细则。教师职业道德行为是很复杂的，而对道德的评价也被称为“世界性的难题”，可见对教师职业道德的评价也将是个长期探索的主题。

从评价本身来讲，如何将师德规范置于教育理念之下，避免以规范论规范的狭隘评价观念，如何从国家的师德规范演绎出具有学校、学段、区域差异的指标体系，并且从指标体系演绎出对评价点具有解释力的评价题，如何对评价结果作出合理的解读，如何看待教师本身的师德评价与学生、家长对师德评价的差异，等等，都是确保教师行为评价科学性的内容。从评价的管理维度看，如何使师德评价内容符合国家和时代对教师职能的界定，如何平衡处理师德评价的发展功能与问责功能，如何既严格按照职业规范的要求又对教师职业发展保留容错机制，如何既高度重视师德行为管理又不至于使师德“一票否决”演变成简单粗暴的惰政，如何针对教师不同职业发展阶段予以区别性的评价，如何建设性地利用评价的结果等，都是影响教师行为评价是否具有专业性的关键因素。

## 思考与练习

**【讨论思考】**

1. 什么是教师职业道德行为和非职业道德行为？

2. 师德评价的标准是什么？师德规范在师德评价中有什么作用？

3. 师德评价的依据是什么？师德评价如何实现效果与动机的统一？

4. 师德评价的形式和方法有哪些？

**【案例分析】**

材料一

某初三班主任杨老师平时工作认真负责，教学成绩突出。2019 年的一天，她让两名迟到学生在教室外罚站，但两人偷溜至操场玩耍，杨老师发现后怒不可遏，用书本抽打了两个调皮的学生。后由于家长闹到学校，学校以体罚学生为名给杨老师“停职一个月；向当事学生和家长赔礼道歉，向学校书面检查；承担诊疗费；取消评优，师德考核不及格；党内警告、行政记过”等五项严厉处分。然而这个处分并没有让家长满意，他们进一步向学校和教体局施加压力，教体局进一步加重对杨老师的处分，扣发绩效工资，解除聘用合同，将其纳入县信用评价系统“黑名单”。《中国教育新闻网》《人民日报》《共青团中央》等主流媒体纷纷报道，舆论哗然。大家认为这样一棍子打死的处罚，简单粗暴，不负责任，是对教师责任心的打击，更是寒了千万教师的心。随后，为响应群众呼声，山东省日照市五莲县人民政府发布情况通报，撤销教体局对于杨老师的追加处理决定，同时对教体局和学校进行严肃的批评教育，要求采取有效措施，加强师德师风建设，切实维护好师生合法权益。（《媒体评老师体罚逃课生被重罚：抽打学生该罚，处理勿成新抽打》，《齐鲁晚报》2019 年 7 月 11 日）

对这一事件，多数教师和家长认为，杨老师用书本抽打学生的行为有不当之处，但严格教育学生是好的。学校和教体局不能因为教师有一点过失，就片面顺从家长的要求将其一棍子打死。

你认为应当怎样全面评价教师的师德？如何正确发挥社会舆论在社会评价中的积极作用？

材料二

何老师在担任初中班主任时，班上一名学生的功课不好，见到考试就害怕，常常借故“逃考”。尤其是数学考试，哪怕是小测验，也要提前两天“装病”。有一次考数学，何老师提前三天从数学老师那里“偷”来一份试卷，然后跟这个学生一起躲在何老师的宿舍，手把手地教他做好每一道题。这次考试他得了71分。这对他来说是破天荒的事。接下来的一次考试，何老师又“偷”到了试卷。但是，何老师这次告诉他说：“这张试卷你自己去弄吧，我实在没时间教你了。”于是，这个学生借来了同学的听课笔记，翻着自己的教科书、练习册，甚至绕着弯儿向班级学习好的同学请教。这次考试他得了80分！用数学老师的话说：“简直是奇迹！”接下来的第三次考试之前，何老师跟他说：你不要担心，我还可以提前弄到试卷！结果，他不要何老师“偷”试卷了。他说他已经认真听课了，作业每次都没落下。何老师由衷地赞扬了他，并用整整一个礼拜天和他一起复习考试内容。复习后，何老师还是把“偷”来的试卷给他，他随手把试卷仍进了纸篓。这次考试，他尽管只得了63分，但挂在他脸上的是长久以来从未有过的灿烂笑容。从此以后，他再也没有逃过任何考试。第二年中考，他顺利地考上了普通高中。（朱小蔓等著：《教育职场——教师的道德成长》，教育科学出版社2004年版，第100页）

请从教师行为冲突和选择的角度分析案例，你认为何老师的教学行为合乎教师职业道德吗？

材料三

罗老师从教20余年，目前是小学语文高级教师，并且担任学校教导处副主任职务，业务能力比较强，多次获省、区级奖励。一天下午，她和丈夫带着孩子去广州参加比赛，因为跑错了车站，当他们赶到车站的时候，已经临近发车了。她和女儿顺利地通过了检票口赶到了站台，却发现带着行李随在后面的丈夫没有进站，打电话后得知他被检票员拦住不准进站。由于身份证和行李都在老公身上，她就请列车长用对讲机叫检票员放行，但是列车长并没有那样做。于是罗老师以等丈夫为由，用身体强行堵住车门，造成该次列车延迟发车。事后，铁路公安认定罗老师的行为涉嫌“非法拦截列车、阻断铁路运输”，扰乱了铁路车站和列车的正常秩序，违反了《铁路安全管理条例》第77条规定，依法对其作出了处理。此事一经媒体曝光，立即引起公众的重视。随后，当地教体局也对其作出停职检查的决定。（《“高铁扒门”女子：学校凭什么让我停职？我教学没过错”》，《都市快报》2018 年 1 月 10 日）

对此，多数公众认为，教师应当为人师表，是遵守社会公德的模范，罗老师的行为违反了公共生活的基本道德要求，有违师德。也有人认为，罗老师的行为违反的是公共生活秩序和社会公德，与她的师德好坏无关，对教师的师德评价不应当泛化。对此，你怎么看？

**【拓展阅读】**

1. 王正平主编：《教育伦理学》，人民教育出版社 2019 年版，第十九章。

2. 经济合作与发展组织编，窦卫霖等译：《为了更好的学习：教育评价的国际新视野》，上海教育出版社 2019 年版，第三章、第五章。

3. 联合国教科文组织编著，华东师范大学比较教育研究所译：《学会生存——教育世界的今天和明天》，教育科学出版社 1996 年版，第一章。

4. ［美］小彼得·C. 穆雷尔等编，麦丽斯译：《中小学教师职业道德培训手册：师德的定义、养成与评估》，中国青年出版社 2016 年版，第二章。

5. ［荷］雅普·希尔伦斯等著，边玉芳等译：《教育评价与检测——一种系统的方法》，教育科学出版社 2017 年版，第一章、第二章、第三章。

**【教学实践互动建议】**

1. 搜集一份师德调查问卷，分析其评价题的质量。

2. 参照中层概念测评的内容，研制一道师德评价题，包括情境故事、行为选项、理由选项。

# 第十二章　教师职业道德修养

一切关于道德的论说，终究都要落实为德性，即通常所讲的道德品质。德性影响乃至决定着人的行为活动，教师职业道德也是如此。无论师德理论多么丰富、深奥，终究都要落实为教师的德性，否则就是空谈。师德不是凭空而来的，它的形成、演变与成熟是有条件的，且具有一定的规律性。教师的职业道德修养是师德形成与发展的基本途径之一，对教师职业道德修养加以研究，努力把握其中的规律，是理论研究走向实践的关键一环。

## 第一节　教师职业道德修养的内涵、特点与意义

### 一、道德修养和教师职业道德修养的内涵

"修养"是一个中国传统文化色彩很浓的词，在西方语言中很难找到严格对应的词语。修，本义是擦拭物品，使之洁净、有光泽，引申为修饰以求美观、整饬以求齐整等含义。养，本义是供养，后来引申为凡提供条件使某物生长都可以叫作养。"修养"一词古代多有使用，主要是指为延年益寿而进行的身体修炼与养护。现代汉语中，"修养"成为一个常用词，并具有比古代更丰富、更深刻的含义。它可以作名词，比如我们说某人"有很好的修养"，这时它的意思与"素质""素养"近似。它也可以作动词，这时它是指获得某种素质或素养的活动、过程。作为活动、过程的修养，是与教育相对而言的。教育和修养是使人养成某种素质、素养的两种基本途径，教育是教育者对受教育者采取的行为活动，教育者与受教育者不是同一个人，而修养是人对自己采取的行为活动。假设把修养理解为一种特殊的教育形式，那么教育者与

受教育者是同一个人，因此修养就是人的自我改造、自我教育。

由于人的素质、素养是多方面的，所以修养有很多种。其中一种就是道德修养。道德修养，顾名思义，就是人在道德方面所具有的素质、素养，以及为养成这种素质、素养而进行的自我改造、自我教育的活动与过程。不过，现代汉语中“修养”一词的用法深受儒学影响。众所周知，儒学的着眼点不是身体上的修炼、养护，而是德性上的提升，所谓修身、涵养都是这个意思。因此，很多情况下，“修养”成了“道德修养”的代名词。

人生活在社会之中，需要有道德修养，教师也不例外。作为专业人员的教师，所需要拥有的、应该进行的道德修养，就是教师职业道德修养。需要注意的是，教师的职业道德与教师的道德不完全相同。教师的道德，是教师个人所有的全部道德，而教师的职业道德只是其中的一部分，是教师在职业领域中的道德。职业领域的道德与职业领域之外的道德虽然是紧密相连、彼此影响的，但不能把它们等同。与此相应，教师职业道德修养也不是教师的全部道德修养，而是其职业领域中的道德修养。为了表达方便，我们经常把教师职业道德叫作教师道德或师德，把教师职业道德修养叫作教师道德修养或师德修养。

## 二、教师职业道德修养的特点

每种职业都有自身的特点，教师职业也是如此。教师职业的特点会在职业道德修养上体现出来。简略勾勒师德修养的特点，有助于提高我们对师德修养诸多问题的认识。

第一，修养主体。师德修养的主体是教师，而教师是一个特殊的职业群体。首先是教师的社会地位，包括政治地位、经济地位与狭义的社会地位等，与道德修养是有关系的。“仓廪实而知礼节，衣食足而知荣辱。”① 人关心自己的德性，有德性修养上的追求，通常是以一定的物质生活条件为前提的。另外，人的社会地位往往也影响着他们对待社会主流道德甚至全部道德的态度。教师的社会地位，在不同的时代、不同的国家，是变动不居的。就我国现阶段而言，教师群体拥有较高的社会地位，全社会有理由期望教师关注自身的

① 《管子·牧民》。

职业道德，不断提高自身的道德修养。其次是教师的文化水平。修养与教育不同。在教育过程中，教育者是主动的、自觉的，而受教育者可以有较高的主动性、自觉性，但也可以是比较被动、不自觉的。同时，有的教育层次较低，并不必然地包含较多的精神内涵。修养则不然。修养是一种高度主动、自觉的活动，还是一种具有较多精神内涵的活动。显然，能否以及能在多大程度上主动、自觉地开展具有较多精神内涵的活动，文化水平是一个至关重要的决定因素。教师是“知识密集”的职业群体，其总体文化水平在社会各群体中居于前列。所以，就文化条件而言，教师是最宜于通过自我修养的方式来提升职业道德的群体。从修养主体方面来看，师德修养具有高度的现实可行性。

第二，修养目标。师德修养的目标有两个特点较为明显。一是内容比较繁多，结构比较复杂。职业道德修养在内容上的繁简，主要取决于职业活动交往对象的种类与特征。教师职业活动的交往对象是比较复杂的，有学生、同事、学校管理人员、教育主管部门、学生家长以及社会公众，而这些对象又各具特征，差异很大。为了使所有这些关系都能得到妥善处理，教师的道德素养本身一定是相当复杂的。另外，一些根本性观念方面的要求，比如教师应该如何理解国家的教育目标，应该如何理解自己的职业，也会反映到师德素养当中来。这就使得师德素养进一步复杂化。二是整体标准较高。与社会各个群体相比，师德的整体标准应该处于怎样的层次？对于这个问题，是存在争议的。在一段时期内，受总体社会环境的影响，我国的师德标准被设定得非常高。随着社会环境的变化，此前的观念和做法被重新思考，一些人得出的观点是，教师职业与大多数社会职业一样，没有什么特殊性，因此师德标准也不应该有什么特殊性。我们认为，这种观点有矫枉过正的弊病。让教师群体普遍达到道德楷模的高度，无疑是有问题的，但若彻底否认教师职业与师德的特殊性，使其标准层次完全等同于其他职业群体和职业道德，显然也是有问题的。教育不是直接的物质生产活动，它肩负的职责是传承文化、造就人格。一个社会要保持健康和进步，需要传承优秀文化，造就健康乃至高尚的人格，需要自己的文化和社会成员的人格不断革故鼎新，不断改善与提高。既然教师承担着这一使命，教师群体的道德修养就不应该下降到普通社会群体的水平，否则是无法发挥引领文化与人格进步的重要作用的。我国教育理论家杨贤江曾说：“教育事业固然不比别的事业为神圣、高尚，任教育事业的人，固然也不必比任别种事业的人为清苦。但就教育事业本身而论，到底是一种很有关系的事业。因为教育事业底对象，是一个个活泼泼的人，教育底事业就可以说是造人的事业。所以做教师的人，应得认清这一种职业底关系，而有以尽自己做人的义务。”①

第三，修养环境。教师的道德修养活动是在两个环境中进行的。一是小环境，即以学校为中心的职业生活领域；二是大环境，即小环境之外的社会环境。有的职业群体，两种环境的差别不大，但也有的职业群体，两种环境存在很大差异。教师职业就属于后者。虽然有“学校是个小社会”的说法，但学校毕竟是个特殊的工作与生活领域。师生关系的相对纯洁、非物质化，同事关系的相对平等，学校中一般所具有的较为浓厚的文化氛围，教育职业通常所具有的理想主义色彩等，各种因素共同造就了学校小环境与社会大环境的差异。而教师，一方面生活在小环境中，另一方面却又无法脱离社会大环境。社会大环境带来的压力、诱惑，严重影响着教师的职业道德修养。在这一点上，教师与学生没有什么不同。很多学生在学校接受了积极的世界观、人生观和价值观，但走出学校、走进社会之后，两种环境的落差给他们的观念造成严重冲击，甚至使之扭曲和垮掉。教师也会承受两种环境“错位”所带来的冲击。与学生不同的是，教师承受的冲击是缓慢的、持续的。这意味着，教师的职业道德修养活动，几乎总是伴随着思想上的斗争、心理上的挣扎与行为上的抉择。

## 三、教师职业道德修养的意义

谈师德修养的意义，有两个不同的角度：外在的角度和内在的角度。所谓外在的角度，是说从教师之外的某种立场上来看师德修养的必要性。比如，我们熟悉的社会立场，就是最常见的外在角度。从社会来看师德修养，会很自然地得出结论：教师应该具有良好的德性，应该积极培养这样的德性。因

---

① 杨贤江：《教师职业底重要》，载任钟印主编：《杨贤江全集》（第一卷），河南教育出版社 1995 年版，第 374—375 页。

为，只有具备良好的德性，教师才能更好地从事职业活动，才能更好地为社会的教育事业作出贡献。这个道理非常浅显，任何人都会懂得。

既然师德的重要性如此浅显易懂，为什么仍然有一些教师缺少良好的师德，并且也缺少进行师德修养的积极性呢？这个现象本身就说明了一个道理：谈事物的意义，仅仅从外在的角度来谈是不够的。对于师德修养而言，更是如此。如上文提及，道德修养本质上是人的一种主动的、自觉的活动，没有内在的主动性、自觉性，仅仅靠外力的推动或强制，那或许可以叫作道德教育，却不能叫作道德修养。道德修养活动的根本前提，是人的主动性、自觉性。那么，我们需要追问：人对于某种活动的主动性、自觉性，是从何而来的？答案只能是：人们自身意识到并认同此项活动的意义。这是谈意义问题的内在角度。师德修养真正得以开展的前提，只能是教师从自己的立场，认识到并同意这种活动是重要的、有价值的。简单地说，只有教师认为师德修养对自己有意义时，才会进行师德修养，师德修养才会成为现实活动。从这个角度说，整个道德修养活动最重要的环节，也是最难解决的问题，就是如何使人认同道德修养对自己的意义，进而产生修德向善的内在动力。

师德修养能否让教师本人感到有意义，取决于两个因素，一是教师自身既有的一系列特征，尤其是他的人生理想；二是教师对各种事物，特别是师德与自己的人生理想之间关系的认识。每个教师都有自己的人生理想，这是各种事物对他来说有无意义、有怎样意义的基石。古代哲学家在谈修养时经常说，立志是最重要的一步，也是整个修养活动的第一步。细究起来，其中的道理大概就在于此。所谓立志，就是确定应有的人生理想，只有人生理想确立之后，人的活动才有明确的方向，各种事物、各种活动才被赋予意义。不过，恰恰是人生理想的确立，是最深奥难测的事情。就现阶段人类的认知水平来说，人类无法把人生理想的确立与发展完全纳入理智控制之下。归根结底，这是因为，人生理想乃是与一个人相关的一切主客观因素的综合产物，而我们既无法一一指明这些因素，更无法完全把握各种因素的运动规律，我们只能就人生理想的生成与演变，给出一些粗线条的勾勒而已。

这里的主题是师德修养，不是人生理想，所以我们把这样一个基本事实作为讨论的出发点就够了：教师群体的人生理想千差万别。因此，我们的问题就是：不管教师具有什么样的人生理想，师德修养是否都有无法否认的意义，乃至不应轻忽的重要意义？我们认为答案是肯定的。至于有些人不这样认为，不过是因为思想上存在某些错误认识。

一种错误认识认为，凡是对自我真正有价值的东西，一定会被自己感知到，既然师德修养的必要性没有被感知到，它就不是真正有价值的东西。坦率地说，教师像其他大部分公众一样，时常感知到很多方面的匮乏，如物质财富、名望、闲暇与自由等，却很少有人会感觉到自己德性上的欠缺。但是，人是否真的能够及时地、全面地意识到自己所缺乏的东西？这是个值得思考的问题。我们认为，人的认识能力是有限的，对于自己真正需要的、有价值的东西，其认识也是有限的，且往往是有偏差的。所以，未能感觉到德性的必要性，并不是德性对他来讲确无意义的证据。“人往往不知道自己的真正需要”，这句话对很多人来说是正确的，对教师来说也是正确的。

另一种错误认识是，虽然意识到德性的必要性，但对德性的价值却估计不足，以为对于自己人生理想的实现而言，德性只是一种非常次要的因素。人通常能够清楚意识到其他一些因素的重要性，比如知识、能力、经验甚至偶然的机遇；而德性在生活中的作用，似乎是若有若无、虚无缥缈，因而很容易使人产生错觉，误以为它仅仅是生活中起辅助作用的次要因素。实际上，德性体现在我们对待他人、对待工作的态度上，体现在我们处理各种人际关系的方式中。没有人会说，我们对待他人、对待工作的态度不重要，我们处理各种人际关系的方式不重要。我们不能仅仅因为德性在其中的作用是浸透式的、潜移默化的，就忽视它的重要性。须知，一些在政治思想、职业技能等方面均有良好素养的教师，也会因为某些偶然事件遭遇职业生涯的严重挫败。某些偶然事件看似偶然，实则却有师德素养上的根源。假设在师德素养上能够避免大的瑕疵，这些偶然事件以及引发的职业挫败原本也是可以避免的。

还有一种常见的错误认识是，一些人懂得德性的重要，却认为自己的德性修养已达到很高的水平，因而不必在德性修养上再花时间。这是一种道德上的自满意识。这种自满意识在教师群体中并不少见。这是因为，教师有着较高的文化素质，在生活与工作中的品德表现也较好，尤其当以其他一些社会群体作参照时，更容易产生自满意识。应该承认，有一些师德标兵的确拥有高尚的师德素养，因此有理由对自己的师德素养感到自豪。但是，对于大多数教师而言，师德素养始终具有很大的提升空间。孔子弟子曾子说："士不可以不弘毅，任重而道远。仁以为己任，不亦重乎？死而后已，不亦远乎？"① 我国民主主义教育家杨昌济先生曾言："盖君子之于修身，乃毕生之事，一息尚存，此志不容稍懈。"② 道德高尚的前贤，尚且戒除对自身德性的自满意识，把德性修养视为毕生的事业，普通人更没有理由骄傲自满，不去作毕生的努力了。

## 第二节　教师职业道德修养的要素

弄清师德修养的要素，对于师德的养成是十分重要的。这就像建造房屋，需要首先弄清构成房屋的砖瓦木料，否则建造房屋是无从着手的。有学者侧重把师德修养理解为一个动态过程，把这个过程分解为"提高师德认识、陶冶师德情感、锻炼师德意志、坚定师德信念、培养师德行为和习惯"五个方面，并统称为"教师道德修养的内容"。③ 在本节中，我们侧重于把师德修养理解为素养、品质，即一种静态的结果或结构。因此，我们把构成这个静态结构的东西叫作要素。两种处理方式殊途同归，都是为了给师德修养活动提供清晰的指导。我们之所以选择这种处理方式，是认为它或许在表述上更简洁、更清楚。

师德修养有许多高低不同的层次，但无论什么层次，其构成要素是共通的。④ 这些要素归为两大类：一类是内在精神要素，一类是外在言表要素。完

---

① 《论语·泰伯》。

② 李沛诚著：《杨昌济教育思想简论》，湖南教育出版社 1983 年版，第 146 页。

③ 钱焕琦主编：《教师职业道德》，华东师范大学出版社 2016 年版，第 257 页。

④ 从层次的角度说，不同层次的德性叫作"道德境界"，这是我国学界从中国传统哲学中借用的另一个重要术语。

整意义的师德修养，必须同时包含这两类要素。

## 一、教师职业道德修养的内在要素

在哲学上，人的内在精神要素通常划分为知（认知、知识）、情（情感）、意（意志）。因为所有的精神要素都与人的德性有关，所以，伦理学谈德性的内在构成要素时，通常归纳为道德认识、道德情感和道德意志。后来，鉴于德性与其他许多精神现象相较所具有的特殊性，一些学者又提出道德信念或道德信仰的概念。在这里，我们认为还应该增加一项，即道德能力。前三项是更为单纯的要素，而后两项则带有复合性特征，由单纯要素综合、转化而来。我们按照这个分类框架，简略说明师德修养的内在构成要素。

### 1. 师德认识

认知因素对于德性的形成与提升具有非常重要的作用，而且本身“镶嵌”在德性之中，是德性结构的一种基本要素。大多数动物没有同情、羞耻、公平等德性，原因在于缺少足够的认知能力。因为，这些德性的发生，一个必要的条件就是具有抽象思维的能力和一定程度的想象力。如只有当动物有自我意识，能清楚地分辨自我与他者，并且能够借助想象力把自己想象成处于他者的位置上，才有可能“感同身受”，体验到他者的苦乐感受，也才有可能进一步形成同情心。近来的研究表明，高级灵长类动物具有某些德性的萌芽，这是因为它们初步进化出一定的认知能力。更高水平的德性，只有人类才能形成，因为只有人类才拥有较高程度的认知能力。不只在德性的发生过程中，在德性的提高、完善阶段，认识的作用也是非常关键的。这是因为，只有我们对事物有正确的认识，知道它们对我们意味着什么，我们才能判定它们是好是坏，进而形成关于它们的道德观念。

在这些基本原理上，师德修养与一般的道德德性没有什么不同。这里只需要对师德认识的特殊内容略加提示。既然我们关注的是师德，那么相关认识就必然集中在教育问题上。教师只有对教育尤其是现实社会环境中的教育，包括教育的一般原理，教育的现状、任务、存在的问题及根源等，有较为清晰的认识，有自己的见解与判断，才能形成较为明晰的、正确的教育善恶观念。从一般的善恶观念到教育善恶观念，需要有一个过渡的桥梁，这个桥梁就是我们关于教育的各种知识。

2. 师德情感

关于德性的本质究竟是理智还是情感，以及如果它们都与德性相关的话，它们的相对地位是怎样的，这些历来是道德哲学中有争议的话题。我们赞同这样一种观点：对德性而言，认知（理智）与情感都是不可或缺的，但情感具有更根本的意义。认知因素帮助道德情感的形成，并给予道德情感以更合理、更科学的形式，道德情感是德性的“质料”，是第一位的。认识有偏差，会影响德性的优劣，而情感却决定着德性的有无。没有仁爱、荣辱、公平等情感，无论一个人有多高的知识水平，都不能改变他没有德性这一事实。

对于师德修养来说，道德情感同样是第一位的。比如，我们的师德倡导教师对教育事业的热爱，而这种热爱显然不同于普通的兴趣爱好，其本身是一种强烈的情感，并且植根于其他某些更为深沉的情感，比如对祖国、对人民的热爱。再如，热爱学生也是师德中的重要一项，这种热爱也不是一般的好感、喜欢，而是基于多种因素共同作用的强烈情感。师德中的荣辱观、公平观等内容，有着相似的道理，都是以道德情感为核心要素的。

3. 师德意志

意志虽然是个常见概念，但其含义却不像认识、情感那样容易把握。有时这个词被用作意愿、志向的同义词，和欲望（不管是什么种类的欲望）、情感关系密切；有时它的用法类似于日常语言中的“毅力”，指固守立场、对抗压力、坚持预定目标的心理能量，这时它不仅与欲望、情感有关，似乎还与神经系统的生理特征有关。讲道德意志时，意志的含义倾向于后一种用法。因此，道德意志就是使道德主体固守自己的道德立场，对抗道德实践中的各种压力，坚持预定道德目标的精神力量。

道德哲学之所以讲意志或意志力，当然不是故弄玄虚，而是基于人及其生活环境的特征。人是有主体性的动物，具有自我观念和保持自我的趋向。人还是目的性的动物，不只生活在过往和当下，还生活在对未来的预期之中，是在预期的引导下展开自己的生活的。同时，人的社会生活环境又是一种“异质的”存在，即总含有无数违逆、背离人的主观意愿的因素，以及由此形成的对人的压力、阻力和诱惑。因此，为了坚持立场，追求目标，人就必须用意志力来抗拒、战胜各种压力、阻力与诱惑。

道德意志在师德中也非常重要。像很多职业一样，教师的职业活动也充满挑战。一位教师，如果能够始终坚持自己的道德立场而不妥协，始终以自己的道德理想为指引而不偏离，其实是相当不容易的，是需要强大意志力的。现实生活中有许多反面的例证。不少教师原本具备良好的师德，但其师德意志比较薄弱，因而会在外在压力下低头，会面对困难而退缩，会因某种诱惑而丧失道德防线。发生这些问题，主要原因不是认识或情感上的，而是由于意志不够坚定。

4. 师德信念

道德信念本质上是一种道德观念，但不是所有的观念都被称为信念，信念有自己的特性。信念与信仰相近，因此，只有那种在人的心目中极其坚定、崇高的观念，才有资格被叫作信念。信念极其坚定，它是所有观念中最稳固、最不容易被放弃的部分。由于在主体自我心目中极其崇高，它才被视为最值得珍惜、最不愿受到损害、破坏与颠覆的部分。从这个意义上讲，道德信念不仅是一个人全部道德观念的基石与纲领，还是道德实践最充沛的力量源泉。

按照这个界定，不是所有有道德的人都有道德信念。如果一个人心目中没有什么道德观念是十分坚固的，那么他就不具备道德信念。同样，如果没有什么道德观念足够崇高、值得尽心竭力地去捍卫，他也不具备道德信念。道德信念的缺失，对德性来说是一个严重缺憾，这意味着人的整个道德观念缺乏稳固性，很容易倒塌；也意味着人的道德观念缺少总的指引和充沛动力，很容易失去方向、陷入懈怠。

如前文所说，在社会各群体中，师德修养的标准是比较高的，而其环境又相对复杂，因此，教师努力确立起师德信念，就显得十分重要。只有确立起师德信念，师德修养才能获得足够的稳固性，也才能始终给人明确的指引和强大的动力。以此衡量，师德信念是许多教师职业道德修养中非常薄弱的环节。

5. 师德能力

道德能力是一个较为新鲜的概念，需要作些解释。它可以看作与前四种要素相并列的第五种要素。它与道德认识的关系最为密切，但又不能等同于道德认识。众所周知，能力部分来自认识、知识，但认识、知识并不就是能力。知识丰富而能力低下的事例不胜枚举。在道德领域中也是如此。一个人拥有丰富的道德知识，却未必具有高超的道德能力。

所谓道德能力，是人处理各种道德问题的能力。它主要表现在这样几个方面。第一，善于运用一般道德知识解决具体道德问题。知识再具体，也具有一般性；具体问题再一般，也必然具有特殊性。因此，很多时候，并不是懂得一般的道德知识，就自然能顺利解决具体的道德问题。能够运用一般道德知识来解决具体道德问题是道德能力的一个表现。第二，善于运用有限的道德知识和经验解决新出现的道德问题。社会生活总是处在变化之中，尤其是现代社会，变化迅猛而多端，各种新问题不断涌现。在这种情况下，不管我们的道德知识、经验储备得多么丰富，都很难轻而易举地应对众多新问题的挑战。这就需要我们把既有的知识、过往的经验提升为强大的能力，才能作出妥善应对。第三，善于处理道德困境。所谓道德困境，就是道德生活中的两难问题。道德两难既是道德哲学中的理论难题，更是现实生活中广泛存在的实际问题。[①] 解决这种问题，需要人们在掌握道德规范体系精髓的基础上，拥有敏锐的洞察力和平衡感，能够将原则的坚定性与策略的灵活性结合起来。如荀子所说，道德境界极高的人，一个特点就是“宗原应变，曲得其宜”[②]。宗原，就是掌握住要领和精髓。这句话大意是：凭借对道德体系要领、精髓的掌握，很好地应对各种难题、困境，使事情的方方面面都能得到妥善处理。荀子虽然没有区分所遇问题的性质，但主旨是清楚的，即指明了什么是道德能力，并强调了道德能力的重要性。

我们之所以提出“道德能力”这个概念，并用较多的文字来解释它，是因为我们认为，师德能力对教师的职业活动十分重要，理应在师德修养中占有一席之地，但同时人们迄今尚未对它给予足够的重视。教师的一些做法引发争议，被批评为在师德上有瑕疵，有时原因并不在于教师缺少道德知识、道德情感等，而在于处理道德问题时不能做到得心应手。归根结底，这是师

---

① 关于道德困境的哲学讨论，可参阅［美］托马斯·卡思卡特著，朱沉之译：《电车难题》，北京大学出版社 2014 年版。关于教师职业中道德困境的简要阐述，可参阅王正平主编：《教育伦理学》，人民教育出版社 2019 年版，第五章。

② 《荀子·非十二子》。

德能力问题。特别是在当今社会，教育越来越复杂，各种新现象、新事物、新问题层出不穷，加之某些偶然难料的事件，教师在应对过程中很容易出现道德上的偏差。这方面的例子很多，不再赘引。

**二、教师职业道德修养的外在要素**

德性的灵魂的确是人内在的思想情感，但是，外在的举止谈吐、仪容仪表也是人的道德修养的组成部分。这是因为，在德性修养发挥作用的过程中，举止谈吐、仪容仪表这些外在因素扮演着不可缺少的角色。大体上说，它们具有如下两点功能。第一，表达—认识功能。人的内在思想情感，除了以实质性的行为活动（即产生实际利害效果的行为活动）来表现外，还可以通过言表、仪容来表达。言表、仪容不产生实际的利害效果，因此是象征性的或符号性的。人与其他动物的一个差别就是，人会创造、使用高度复杂的符号，这些符号大大拓展了人的交往空间，丰富了交往内容，可见，符号对人的社会生活有巨大助益。从主体自我的角度来说，是借助言表、仪容来表达自己的思想情感，而从他人的角度来说，是借助言表、仪容来了解、认识对方的思想情感。第二，对自我德性的改造功能。有其里就有其表，反过来，有其表也会刺激其里的演变和提升。言表、仪容的标准有明显的社会性，即它们不是个人随心所欲规定的，而是社会共同体以自觉或不自觉的方式逐渐造就的。因此，一个人接受这些标准，按照这些标准来做，就意味着接受社会共同体的规范。这一接受与践行的过程，本身就是对人的规范意识的训练。另外，特定的道德情感与特定的言表有一定的对应与互动关系。比如，一个人总是温文尔雅、彬彬有礼，久而久之，其内在的谦和、温良就会潜滋暗长；反之，一个人习惯于污言秽语、举止粗野，时间久了，其内在的粗鄙野蛮也会得到激发与滋生。

对于教师而言，言谈举止、仪容仪表的道德意义还有另外一点，即道德教育的功能。教师从事的是教育工作，面对的通常是年轻人甚至是未成年人。人的年龄越小，越容易受他人的影响，越容易模仿他人，包括他人的谈吐、仪表，乃至非常细节性的方面。因此，不仅通过自己的思想情感、实质性的行为活动，还通过自己的言谈举止、仪容仪表，给学生造成好的影响，这是教师的道德责任。

教师德性外在要素的具体内容比较多，这里仅择要举出几点。[①]

1. 语言文明

语言是人内在思想情感的流淌，语言是否文明，非常直接而准确地反映出一个人的道德素养。杜绝粗鄙，追求文明，是对每个人的语言要求。语言是教师开展职业活动的主要手段，因此，教师语言更需要强调文明、文雅。我们很难相信，一个言语粗俗、污秽、刻薄的教师会有美好的思想情感，更难相信他不会给学生造成非常恶劣的影响。

养成文明的谈吐原本就不是容易的事，我国在相当长一个时期把礼仪教育当作落后的东西抛弃掉，导致很多人连起码的敬语都不懂。近年来我国社会有一种语言粗鄙化的风气，用词鄙俗，格调低下，不以为丑，反以为美。这种风气也感染到教师队伍，特别是年轻教师。因此，加强语言文明的修养，是师德修养中一个不容忽视的任务。

2. 态度和善

俗话讲“严师出高徒”，教师当然应该严格要求学生，对于学生的过错要严肃批评，但这不等于说教师不需要有和善的态度。恰恰相反，严肃、严厉只应该是教师态度的次要方面，和善才是教师态度的基调。和善的态度，体现着一个人温良的本性，也传达着对别人的善意与友好。如果教师希望通过自己的日常表现给学生的道德品质施加积极影响的话，大概没有什么比自己的和善态度更方便、更有效的了。反之，则会对人造成伤害。众所周知，学生对于教师对他们的态度非常敏感，教师的和善可以产生巨大的安抚、鼓励作用，而教师的冷漠、嫌弃、厌恶等态度则会产生超出想象的消极后果。

北宋程颢、程颐，是古代著名的哲学家、教育家，他们长期从事教育活动，门下弟子众多。程颐为人严肃，甚至有些刻板，而程颢性情温和，对人和蔼可亲、平易宽容。二人共同教授的弟子，在程颐面前比较拘谨，而在程颢面前却十分放松、活跃。成语“如坐春风”，就来自弟子形容与程颢在一起的感受。程颐也是伟大的教育家，但显然只有程颢能在教育教学中给予弟子

① 在教师言谈举止、仪容仪表方面的要求上，学界与教师群体有很高的共识。可参见王正平、郑百伟著：《教育伦理学——理论与实践》，上海教育出版社 1998 年版，第十一章。本小节下述内容是该书相关章节的提要。

某种更加积极的学习体验，成就教育史上的一段佳话。

3. 举止端庄

教师在职业活动中应该做到举止端庄，避免轻浮粗率。教师在与学生交往中，要让学生体验到教师举止中特有的那种沉着内涵的美。比如，教师走路时应步伐稳健，抬头挺胸，表现出成熟向上的性格，而不要东倒西歪，步子拖沓，左顾右盼，显得精神松散；教师授课时要举止适度，动作文雅，表现出文明的气度，拍黑板、擂讲台、大声喊叫，会显得缺乏修养；教师和学生交往谈笑，举止要热情而有分寸，亲切而讲究礼仪，表现出庄重而随和的品质，不要不分男女，拍拍打打，无聊嬉闹，显得十分粗俗；教师要讲究卫生，不要乱抛烟蒂，随地吐痰，把脚搁到桌子上；等等。

4. 服饰得体

这里所说的服饰，包括着装与妆饰。一般而言，教师的着装应该整洁大方。有的教师不修边幅，衣冠不整、邋里邋遢，给学生留下不好印象，很难赢得学生的好感与尊重。也有的教师追求华贵高档，喜欢穿戴满身的名牌。这种做法在其他一些职业里或许不是什么毛病，但对教师来讲却有失妥当。未成年人往往不能很好地理解特异的物质消费现象，而且学生的家庭经济条件千差万别，我们完全无法预料一个满身名牌的教师会带给学生怎样的刺激，在他们的观念上带来怎样的影响。还有的教师过于追求美观，喜欢时尚服饰，乃至奇装异服、穿着暴露。爱美之心可以理解，但显然不适宜于学校这种场所。它既可能引起学生的盲目效仿，还可能分散学生的学习注意力，给教学活动造成不必要的干扰。

总之，良好的师德修养是内在各要素与外在各要素的统一与结合。如孔子所说："质胜文则野，文胜质则史。文质彬彬，然后君子。"① 教师的道德认识、道德情感等内在要素就是师德修养的质，其言谈举止、仪容仪表等外在要素就是师德修养的文，只有前者而偏废后者会流于粗野，只有后者而偏废前者则华而不实。因此，只有诸多要素结合交融、相辅相成，师德修养才会臻于完整与齐备。

---

① 《论语·雍也》。

## 第三节　教师职业道德修养的方法

本质上讲，没有一套适用于所有人的师德修养方法。这是因为，每位教师的道德起点与目标不一样，各种主客观条件也不一样。但是，确实存在一些较为普遍适用的具体方法，对大多数教师都有一定的启发指导作用。只要教师仔细领会、灵活运用，这些方法对于教师的道德修养是大有裨益的。

### 一、勤于自省或反思

人的认识有两个方向：一是向外看，二是向内看。向外看，就是认识、思考外部客观对象；向内看，就是认识、思考主体自我，更准确地说，认识、思考主体自我的心灵。心灵是思考者，若把自身作为思考的对象，这就叫自省或反思。

为什么说自省在师德修养过程中具有特殊的重要性呢？回顾一下修养的本质即可明白。如前所述，修养是一种主动、自觉的自我改造、自我教育。这就是说，修养活动是指向主体自身的，是把自我的心灵当作改造的对象。既然如此，人必须首先对自己的心灵加以审视，改造活动才会随后展开。只有自我审视，才能发现自身的不足与缺憾，进而才能激起加以补救与完善的主观意愿。试想，一个人从不反思自己，从不关注自己的心灵，所思所想的永远都是外部事物，其德性修养很难提升。所以，反省是德性修养的最基本前提，只有那些善于反省的人，才会是善于修养的人。

自省可以在多个层面上进行，其中有几点对德性修养尤其重要。

第一，对人生意义的反思。人生意义问题听起来很玄虚，实际却支配着我们的整个人生进程，包括我们的德性修养进程，因为是人生意义而非别的，才给我们以生活的动力和前进的方向。许多人终其一生，都未作过真正的反思，或许也过得心满意足，但作为人，在其仅有的一次人生旅程中从未有过对旅程目的地的自觉，这是十分可悲的。英国哲学家穆勒说：“做一个不满足的人胜于做一只满足的猪；做不满足的苏格拉底胜于做一个满足的傻瓜。”[①] 缺少对人生意义的自觉，即便他对生活感到心满意足，这种满足也是低下而不足道的。何况，这种满足感的获得通常也带有强烈的侥幸色彩，而对绝大多数人来讲，只有在自觉的人生目标引导下，他们才有可能发挥最大的潜能，经受住生活的各种挑战与磨难。奥地利心理医生、哲学家维克托·弗兰克尔，在二战期间差点死在纳粹集中营，他以自己的亲身经历写了一本书《活出生命的意义》，其中有句话说得好："个人一旦成功地找到了意义，那他不但会感到幸福，还会具备应对磨难的能力。”[②] 在师德上不求进取者姑且毋论，如果在师德上有崇高的追求，这种追求必然是以自觉的、高尚的人生目标为前提的，也必然以自觉的、高尚的人生目标为指导。

第二，对自我德性状况的反思。一种活动进行得是否顺利、有无成效，很大程度上取决于活动的计划性。师德修养活动同样是这样。虽然对于一般人而言，很难像建筑师设计房屋图纸那样来设计自己的师德修养，但尽可能提高这项活动的计划性，也是能做到的。我们可以时常静心反思，看看自己的师德究竟达到了怎样的水平，取得了哪些成绩，存在哪些不足，下一步努力的重点是什么等。反思，在现在的教师职业环境中变得尤其重要。现代人的生活像高速运转的机器，教师工作也不例外。繁重的任务，匆忙的节奏，使得教师难得有安心静思的时刻，也就难得有机会比较深入、全面地反思自身的师德状况。

第三，对自身具体道德实践的反思。所谓道德实践，其基本内容与我们的生活、工作活动是一回事，因为这些活动大都带有善恶是非的性质，体现着我们的道德素养。像其他人一样，作为自觉的从业者，教师也会反思自己的职业活动，但通常不是从道德的角度，而是从非道德的角度。也就是说，教师对自己的教育教学活动进行总结、回顾，更多是看技术技巧上是否高明，效果上是否成功，而不是看自己的行为活动是善是恶，具有怎样的道德价值。这是缺乏道德自省习惯的表现。甚至少数极端的教师，在因自己的错误行为

---

① ［英］约翰·穆勒著，徐大建译：《功利主义》，上海人民出版社 2007 年版，第 10 页。

② ［美］维克多·弗兰克尔著，吕娜译：《活出生命的意义》，华夏出版社 2010 年版，第 175 页。

而受到批评指责时，也从不反躬自省，而只是认为自己的运气不佳、手段不够高明，或者认为别人吹毛求疵。这种严重缺乏自省能力、自省习惯的教师，不可能开展真正意义上的师德修养活动，也不可能改过迁善，使自己的师德水平得到提高。

人不可能生而具有完善的德性，不可能不犯错、不作恶。犯错作恶之后，自己究竟采取怎样的态度，便成了自身德性后续走向的分水岭。不进行道德反思，习以为常，怙恶不悛，人只能日趋堕落；唯有善于反思，及时改过自新，人才能在道德上站稳脚跟，不断提升自己的德性水平。曾子有句名言，“吾日三省吾身：为人谋而不忠乎？与朋友交而不信乎？传不习乎？”① 后世有学者阐发道：“贤如曾子，犹日三省。若在吾人，资本中下，尤非曾子可比，千破万绽，其所当省者，岂止于此。”② 这话是非常朴实而中肯的。

**二、重视并坚持“慎独”**

在师德修养过程中，“慎独”是另一个值得重视与坚持的方法。“慎独”或类似的概念，在我国先秦由不同的思想家提出过，不过对后世影响最大的是《大学》和《中庸》的说法以及朱熹的释义。这里只引用《中庸》的论述：“道也者，不可须臾离也，可离非道也。是故君子戒慎乎其所不睹，恐惧乎其所不闻。莫见乎隐，莫显乎微。故君子慎其独也。”③ 朱熹对其中关键词的解释是：“隐，暗处也。微，细事也。独者，人所不知而己所独知之地也。”④ 按照这一释义，“慎独”的基本意思是说，人要在别人无法察知而只有自己知道的地方，对自己的所思所为始终小心谨慎，以使它们合乎道德要求，而避免因放松懈怠而陷于过恶。作为一种道德修养方法，“慎独”有着悠久的历史和广泛的影响。

所谓“人所不知而己所独知之地”，有两种情况：一是独处的状态，二是内心的动机、念头。独处的状态，是与共处状态相对而言的。在我们的道德

---

① 《论语·学而》。

② 程树德撰，程俊英、蒋见云点校：《论语集释》(一)，中华书局1990年版，第21页。

③ 朱熹撰：《四书章句集注》，中华书局1983年版，第17页。

④ 朱熹撰：《四书章句集注》，中华书局1983年版，第17—18页。需要提示的是，古代哲学中的“慎独”思想非常复杂，至今在理解上都存在很多争议。可参见梁涛、斯云龙编：《出土文献与君子慎独——慎独问题讨论集》，漓江出版社2012年版。

修养、道德实践中经常发生的一个问题就是，在与别人尤其是众人共处的时候，尚能遵守道德规范，可是一旦独处，缺少了别人的监督，就往往不再在意自己的行为是善是恶，很容易偏离道德规范。内心的动机、念头，是与外在的言行相对而言的。外在的言行可以被别人直接察知，其善恶性质通常一目了然，而内在动机、念头却是无形的，别人难以直接掌握，只有我们自己知其善恶。因此，我们在自己的言行上往往比较慎重，对内在的动机、念头却容易放松要求，甚至放任坏的动机、念头滋生蔓延。因此，无论是独处状态还是内在动机、念头，都属于"独"的范畴，都是"慎独"要应对的对象。

"慎独"是人的德性发展规律的要求，就是说，一个真诚追求自身德性的人，必须重视和坚持"慎独"，否则不可能顺利地提升自己的德性水平。试想，一个人在众目睽睽之下能够恪守道德要求，而在无人监督的时候却肆意妄为；对待自己的言行能够小心谨慎，对内心可能存在的恶意恶念却放任不管，那么，他的道德人格实际上处于一种矛盾、分裂的状态，这种状态会使其心灵纠缠于过多的、不必要的纷扰不安。一个人连心灵的纷扰不安都应对不暇，怎么可能使自身德性的各个要素获得积极的、有条不紊的发展？再者，即便一个人能够忍受道德人格上的分裂及其带来的心灵不安，也不能保证自己不会在恶的方面越走越远。因为，在独处时养成的习惯很容易在与人共处时暴露出来，同样，内在动机、念头也必然影响到外在的言行，更准确地说，内在的恶意恶念不可能总是包裹在善的言行之中，终究会以恶的言行呈现出来。

"慎独"是师德修养的重要方法，又是师德修养的一种极高境界。古人云："为人师者可无慎耶？"[①] 由于教师所从事的教育劳动具有相对的个人独立性，这就使"慎独"具有特殊重要的意义。教育劳动是教师个人劳动和集体劳动的有机结合。每位教师在教育职业活动中既具有重大的职责与义务，又拥有独立而自由选择教育行为方式的权利。一个教师怎样对待每天的教学劳动，怎样处理与学生的关系、与家长的关系，不是时刻都处在组织或群众的监督下的。在许多情况下，教师的职业活动是单独进行的。他的许多教育行

① 《春秋繁露·重政》。

为具有“隐蔽”的特点。如他的个人备课是认认真真、一丝不苟，还是马马虎虎、得过且过；他给学生评分是实事求是，还是有所偏向；评价学生的好坏，是依据教育公平原则，还是凭借个人的兴趣好恶；他在独处的情况下或单独与学生、家长、教师的交往中，是始终按教师职业道德办事，还是放松自己，行为失德失范等，外界往往一时不能直接觉察和督促。一个教师能否“慎独”，即在无人监督的情况下，处处按照教师道德的要求行事，直接关系到学生的全面发展和健康成长。[①] 教师职业活动中这些较为隐蔽的方面，无法从外部进行充分有效的监督和评价，只能依靠教师的自觉。从教师德性发展的角度讲，教师若在这些方面放松自我要求，一定会阻碍自身德性的提升，甚至导致职业道德上的失足。

**三、知识学习与道德实践并行**

知识学习与道德实践并行，是前人在长期修养活动中总结出来的一条重要方法。比如，理学家讲格物致知和居敬涵养，把它们比喻为车子的两个轮子、鸟的两个翅膀。格物致知大致相当于知识学习，居敬涵养大致相当于道德实践。佛学主张定慧双修、止观双修，慧、观接近于知识学习，定、止接近于修炼实践。虽然他们修养的主要性质是宗教的，不是道德的，但其中的原理是相通的。这一方法是千百年人们普遍经验的总结，因此在师德修养中也是行之有效、值得参照的。

这一方法的道理，在师德的要素上也能得到说明。如前所说，师德包含认识、知识的要素，也包含情感等要素，是这些要素的综合体。因此，在养成师德的过程中，必须一方面提高认识、丰富知识，另一方面勤于实践、勇于实践，通过实践获得情感等要素所赖以产生的感受体验。

在知识学习方面，原则上任何知识都有助于师德的提高与完善，不过，主要应该放在这样几点上。一是社会理论，尤其是关于现阶段我国社会的理论。教师是教育的一个要素，而教育又只是社会的一个部分、一个领域，因此，只有懂得社会，才能真正懂得教育、懂得教师。二是教育理论、教育知识。有关教育的理论和知识，是与教师职业关系最直接、最密切的理论知识，离开这些

---

① 王正平著：《人民教师的道德修养》，人民教育出版社 1993 年版，第 272—273 页。

理论知识，教师不可能弄明白自己职业中的各种现象和问题，包括道德现象、道德问题。三是伦理道德的理论与知识。伦理道德的理论知识是人类知识领域中的一个特殊部分，必须经过学习才能有足够的了解，不能想当然地认为靠着日常生活的朴素经验，靠着道听途说，就能够对伦理道德有足够的认识。

在道德实践方面，关键是要确立重视实践的态度。师德要素中最核心的一项是道德情感，这些情感包括教师对教育事业的热爱、对学生的热爱。作出善恶是非判断所需要的荣辱感、正义感，都不是依靠单纯认识活动就能生发出来的。比如，对事业、对学生的热爱，主要来自教师对教育事业的亲身投入，与学生之间建立起来的活生生的互动关系。只有亲身投入，教师才能获得酸甜苦辣的各种体验，而这些体验正是道德情感的基本源泉。在情感与行为活动的关系问题上，我们认为，情感会引发行动，行动也会刺激情感的发生与发展。这就意味着，当人尚未形成某种情感，或者只拥有某种微弱的情感时，通过采取与此种情感相匹配的行为活动，可以使该种情感得以形成与发展。行为能激发情绪进而影响情感，曾被视为 W. 詹姆士（1842—1910）的重要心理学发现。[①] 实际上，这一点在古代中国就被视为常识。比如，古代的礼乐文化，主旨之一就是通过外在的礼乐活动来调控内在的情绪、情感，使过分与不及的情绪、情感都达到中道状态。有关的理论阐述很多，此不具引。不只道德情感，诸如道德意志、道德信念、道德能力等，都不是纯粹理性的东西，都包含着非理性的成分，因此，其滋生、发展也都不可能单纯依靠认识来解决。

### 四、坚持积累与渐进性

荀子在论人的修养时，曾有一段著名的话：“积土成山，风雨兴焉；积水成渊，蛟龙生焉；积善成德，而神明自得，圣心备焉。故不积跬步，无以至千里；不积小流，无以成江海。骐骥一跃，不能十步；驽马十驾，功在不舍。锲而舍之，朽木不折；锲而不舍，金石可镂。”[②] 他非常重视积累的作用。我们知道，这是符合从量变到质变的哲学原理的。

---

① ［美］赫根汉著，郭本禹译：《心理学史导论》（上册），华东师范大学出版社 2003 年版，第 511 页。
② 《荀子·劝学》。

教师的道德修养，不管是内在精神要素的发生与成熟，还是外在要素的确立与习惯化，都需要有一个比较长的过程。道德知识必须慢慢积累，只有学到一定程度，人们才能融会贯通，才能悟到其中的要领和精髓。情感体验必须逐渐积累，只有积累到一定程度，体验才能升华为真正的道德情感。言谈必须耐心打磨，只有打磨到一定程度，才能达到温文尔雅的境界。其他各项要素的发育成熟，都是同样的规律。

有人喜欢走捷径，喜欢谈飞跃、顿悟。在人的德性发展过程中，飞跃、顿悟当然是存在的，但必须知道，飞跃、顿悟是有基础的，这个基础就是积累、渐进。积累到一定程度，渐进到一定地步，自然就会有飞跃和顿悟。飞跃、顿悟何时会出现，如何出现，是不由人的理智所控制的，也是没有规律可循的。因此，飞跃、顿悟从来就不是什么方法。只有积累、渐进才受理智的指导，才有方法可言。所以我们相信，优秀的师德都是不断学习、磨炼的结果，是较长时期知识、体验日积月累的结果。

**五、正面因素熏陶与负面因素锤炼相结合**

影响人的全部外界因素，按照其善恶性质，可以分为两大类，即正面的、善的因素，和负面的、恶的因素。当我们进行道德修养时，如何对待这两类因素，是一个值得研究的问题。我们认为，在师德修养过程中，正面因素的熏陶与负面因素的锤炼，都有助于德性的发展。

关于接受正面因素的熏陶，这一点历来谈得很多。接触外界的好人好事，会使我们自己的德性受到积极的影响，这是非常浅显的道理。孔子早就说过，人选择居住地，要选择道德风尚淳厚的地方，这才算明智。荀子对这个主张论述得更多。“蓬生麻中，不扶自直；白沙在涅，与之俱黑……故君子居必择邻，游必就士，所以防邪僻而近中正也。”① 他建议，与什么人相处，结交什么样的朋友，一定要慎重，“无与小人处”②。远离道德不好的人，除为了使自己免受坏人的伤害外，更重要的考虑是担心自己的道德品质受坏人的影响而变得堕落、败坏；亲近道德良好的人，主要不是为了受好人的善待，而是为

① 《荀子·劝学》。

② 《荀子·大略》。

了便于向好人学习。这一主张无疑是合理的。一个教师多接触身边师德修养好的人，自己的思想情感很可能就会在潜移默化中得到净化和提高。至于了解师德楷模的先进事迹，更有可能受到心灵上的震动，激发起对高尚师德的向往和自我改造的热情。

对于生活中可能出现的负面因素，需要有辩证的眼光。坏人坏事本身是消极的，但对我们自己的德性发展未必就是消极的，如果处置得当，消极的因素完全可能产生积极的影响。北宋哲学家邵雍曾说，《诗经·小雅·鹤鸣》中的“他山之石，可以攻玉”富有哲理，因为它告诉了我们一个道理：好人与好人之间的交往是不够的，就像两块玉相磨不能产生足够大的助益一样，好人还必须与坏人打交道，品德才有可能得到大的锻炼，就像玉受到石头的磨砺一样。可见，邵雍的意见是非常有启发性的。第一，教师不是生活在真空里，而是生活在复杂的现实社会中，因此不可能把坏人坏事从自己身边彻底排除掉。与品德不好的人交往，是教师无法回避的。所以，与其采取消极的回避态度，不如在思想意识上更积极些，想方设法从负面因素上获得正面的结果。第二，师德成熟的一个标志，是它能够经受得起消极因素的检验，不仅能经受住物质生活的困窘等非道德因素的检验，还能经受住坏人坏事这种道德因素的检验。在与坏人坏事接触当中，只有保持自己的德性不受染污、蒙蔽和诱惑，才能证明自己的道德意志足够强大、道德信念足够坚定。第三，对未成年人来说，耳闻目睹坏人坏事，暴露在坏人坏事的影响下是很危险的，因为未成年人的道德素质远未健全。教师是成年人，具备一定的德性基础，能够分辨善恶是非，因此不必担心教师会轻易受这些消极因素的迷惑，在道德上迷失自我。第四，坏人坏事是师德修养过程中的“反面教员”，就像师德楷模是正面教员一样。只要利用得好，这种反面教员也能教给我们有益的东西。比如，通过解剖这些消极因素，能够比较具体而深入地了解恶行发生的原因与所导致的恶果，从而引以为戒，避免自己重蹈覆辙。人的相似性远大于差别，别人身上发生的恶行，完全可能发生在自己身上。以别人的道德失足为镜鉴，可以使自己少走弯路，甚至不走弯路。从这个角度讲，认真分析师德上的反面案例，给予我们的帮助或许与学习师德榜样一样重要。

## 思考与练习

### 【讨论思考】

1. 师德修养与师德教育有何异同？
2. 怎样理解道德能力？
3. 为什么说自省是师德修养的首要环节？
4. 教师职业道德修养方法有哪些？教师为什么要“慎独”？

### 【案例分析】

材料一

陶行知对自己和孩子的道德要求很严。1940年夏天，他的儿子要去成都一家无线电修造厂学习和工作，需要资格证明书，但他没有正规的学历，于是，他绕过陶行知，私下向陶行知的一个同事、老朋友要了张晓庄学校的毕业证书。陶行知从他这位同事那里得知此事后，一面批评他的做法，一面立即从重庆打电报给儿子，马上追回证明书，并写信谆谆教导儿子“追求真理做真人”，“绝不向虚伪的社会学习或妥协”。（四川省纪念陶行知先生诞生九十周年大会筹备组编：《陶行知纪念文集》，四川人民出版社1982年版，第107页）

在师德教育中，有许多教师对陶行知的行为表现出来的高尚道德品格十分敬佩，表示要向陶行知先生学习，做到道德自觉。但也有的教师认为，教师想关心一下自己的子女，情有可原，对自己的道德要求没必要这么严格。对此，你怎么看？

材料二

一位参加教育工作几十年的教师回忆道：“刚参加工作的那一年，我曾先后三次打学生，而且每次我都有充足的理由：我是因为爱我的学生而打欺负他们的高年级学生。但我这种狭隘自私的爱，并没有让我的学生感激我，相反他们也认为我有失身份；而被我教训的高年级学生则不但长期仇视我，而且对人民教师的神圣也产生了怀疑。这点我至今想起来仍然感到深深的内疚。我曾多次在失误之后这样原谅自己也这样对学生进行解释：'我是真诚地爱学生，我是一片好心啊！'但是，现在我意识到，不管我们平时对学生有多么深厚的感情储备，不管我们过去在学生心目中有多高的威望，也不管我们以前对学生进行了多少'行之有效'的教育，只要我们深深地伤害了他们的心灵——也许是一记耳光，也许是一句辱骂，甚至也许只是一个鄙视的眼神——那么，这一切都烟消云散了！根据我的教训，教育者要尽量避免在这四方面对学生心灵造成伤害：打学生、用语言伤害学生的自尊心、冤枉学生、在学生面前表现出对他绝望……因此，我用我的教育失误真诚地告诫我的同行：永远不要对学生扬起你的拳头；永远不要用刻薄的语言对你的学生说话；宁可让学生欺骗十次，也不要冤枉学生一次；无论你的教育遇到了多么大的困难，都千万不要对学生说'你是不可救药的！'"（李镇西著：《做最好的老师》，漓江出版社 2008 年版，第 106—107 页）

你能从这位教师的自我道德反省和觉悟中受到哪些启示？一个教师应当如何在教育实践中不断提高自己的师德觉悟和品质？

**【拓展阅读】**

1.《伦理学》编写组：《伦理学》，高等教育出版社 2012 年版，第十一章。

2. 王正平、郑百伟著：《教育伦理学——理论与实践》，上海教育出版社 1998 年版，第十一章。

3. 王毓珣、王颖编著：《师德培育与生成》，教育科学出版社 2013 年版。

4.《荀子·劝学》。

**【教学实践互动建议】**

课堂讨论：请谈谈你在学校读书或从事教育工作过程中，有哪位教师、因为什么原因，在个人师德修养方面给你留下了深刻的正面或反面印象？为什么？

# 附录：教师职业道德重要规范选录

## 中小学教师职业道德规范

（教育部、中国教科文卫体工会全国委员会，2008 年修订）

一、爱国守法。热爱祖国，热爱人民，拥护中国共产党领导，拥护社会主义。全面贯彻国家教育方针，自觉遵守教育法律法规，依法履行教师职责权利。不得有违背党和国家方针政策的言行。

二、爱岗敬业。忠诚于人民教育事业，志存高远，勤恳敬业，甘为人梯，乐于奉献。对工作高度负责，认真备课上课，认真批改作业，认真辅导学生。不得敷衍塞责。

三、关爱学生。关心爱护全体学生，尊重学生人格，平等公正对待学生。对学生严慈相济，做学生良师益友。保护学生安全，关心学生健康，维护学生权益。不讽刺、挖苦、歧视学生，不体罚或变相体罚学生。

四、教书育人。遵循教育规律，实施素质教育。循循善诱，诲人不倦，因材施教。培养学生良好品行，激发学生创新精神，促进学生全面发展。不以分数作为评价学生的唯一标准。

五、为人师表。坚守高尚情操，知荣明耻，严于律己，以身作则。衣着得体，语言规范，举止文明。关心集体，团结协作，尊重同事，尊重家长。作风正派，廉洁奉公。自觉抵制有偿家教，不利用职务之便谋取私利。

六、终身学习。崇尚科学精神，树立终身学习理念，拓宽知识视野，更新知识结构。潜心钻研业务，勇于探索创新，不断提高专业素养和教育教学水平。

## 高等学校教师职业道德规范

（教育部、中国教科文卫体工会全国委员会，2011年颁布）

一、爱国守法。热爱祖国，热爱人民，拥护中国共产党领导，拥护中国特色社会主义制度。遵守宪法和法律法规，贯彻党和国家教育方针，依法履行教师职责，维护社会稳定和校园和谐。不得有损害国家利益和不利于学生健康成长的言行。

二、敬业爱生。忠诚人民教育事业，树立崇高职业理想，以人才培养、科学研究、社会服务和文化传承创新为己任。恪尽职守，甘于奉献。终身学习，刻苦钻研。真心关爱学生，严格要求学生，公正对待学生，做学生良师益友。不得损害学生和学校的合法权益。

三、教书育人。坚持育人为本，立德树人。遵循教育规律，实施素质教育。注重学思结合，知行合一，因材施教，不断提高教育质量。严慈相济，教学相长，诲人不倦。尊重学生个性，促进学生全面发展。不拒绝学生的合理要求。不得从事影响教育教学工作的兼职。

四、严谨治学。弘扬科学精神，勇于探索，追求真理，修正错误，精益求精。实事求是，发扬民主，团结合作，协同创新。秉持学术良知，恪守学术规范。尊重他人劳动和学术成果，维护学术自由和学术尊严。诚实守信，力戒浮躁。坚决抵制学术失范和学术不端行为。

五、服务社会。勇担社会责任，为国家富强、民族振兴和人类进步服务。传播优秀文化，普及科学知识。热心公益，服务大众。主动参与社会实践，自觉承担社会义务，积极提供专业服务。坚决反对滥用学术资源和学术影响。

六、为人师表。学为人师，行为世范。淡泊名利，志存高远。树立优良学风教风，以高尚师德、人格魅力和学识风范教育感染学生。模范遵守社会公德，维护社会正义，引领社会风尚。言行雅正，举止文明。自尊自律，清廉从教，以身作则。自觉抵制有损教师职业声誉的行为。

## 新时代高校教师职业行为十项准则

（教育部 2018 年颁布）

一、坚定政治方向。坚持以习近平新时代中国特色社会主义思想为指导，拥护中国共产党的领导，贯彻党的教育方针；不得在教育教学活动中及其他场合有损害党中央权威、违背党的路线方针政策的言行。

二、自觉爱国守法。忠于祖国，忠于人民，恪守宪法原则，遵守法律法规，依法履行教师职责；不得损害国家利益、社会公共利益，或违背社会公序良俗。

三、传播优秀文化。带头践行社会主义核心价值观，弘扬真善美，传递正能量；不得通过课堂、论坛、讲座、信息网络及其他渠道发表、转发错误观点，或编造散布虚假信息、不良信息。

四、潜心教书育人。落实立德树人根本任务，遵循教育规律和学生成长规律，因材施教，教学相长；不得违反教学纪律，敷衍教学，或擅自从事影响教育教学本职工作的兼职兼薪行为。

五、关心爱护学生。严慈相济，诲人不倦，真心关爱学生，严格要求学生，做学生良师益友；不得要求学生从事与教学、科研、社会服务无关的事宜。

六、坚持言行雅正。为人师表，以身作则，举止文明，作风正派，自重自爱；不得与学生发生任何不正当关系，严禁任何形式的猥亵、性骚扰行为。

七、遵守学术规范。严谨治学，力戒浮躁，潜心问道，勇于探索，坚守学术良知，反对学术不端；不得抄袭剽窃、篡改侵吞他人学术成果，或滥用学术资源和学术影响。

八、秉持公平诚信。坚持原则，处事公道，光明磊落，为人正直；不得在招生、考试、推优、保研、就业及绩效考核、岗位聘用、职称评聘、评优评奖等工作中徇私舞弊、弄虚作假。

九、坚守廉洁自律。严于律己，清廉从教；不得索要、收受学生及家长财物，不得参加由学生及家长付费的宴请、旅游、娱乐休闲等活动，或利用家长资源谋取私利。

十、积极奉献社会。履行社会责任，贡献聪明才智，树立正确义利观；不得假公济私，擅自利用学校名义或校名、校徽、专利、场所等资源谋取个人利益。

## 新时代中小学教师职业行为十项准则

（教育部 2018 年颁布）

一、坚定政治方向。坚持以习近平新时代中国特色社会主义思想为指导，拥护中国共产党的领导，贯彻党的教育方针；不得在教育教学活动中及其他场合有损害党中央权威、违背党的路线方针政策的言行。

二、自觉爱国守法。忠于祖国，忠于人民，恪守宪法原则，遵守法律法规，依法履行教师职责；不得损害国家利益、社会公共利益，或违背社会公序良俗。

三、传播优秀文化。带头践行社会主义核心价值观，弘扬真善美，传递正能量；不得通过课堂、论坛、讲座、信息网络及其他渠道发表、转发错误观点，或编造散布虚假信息、不良信息。

四、潜心教书育人。落实立德树人根本任务，遵循教育规律和学生成长规律，因材施教，教学相长；不得违反教学纪律，敷衍教学，或擅自从事影响教育教学本职工作的兼职兼薪行为。

五、关心爱护学生。严慈相济，诲人不倦，真心关爱学生，严格要求学生，做学生良师益友；不得歧视、侮辱学生，严禁虐待、伤害学生。

六、加强安全防范。增强安全意识，加强安全教育，保护学生安全，防范事故风险；不得在教育教学活动中遇突发事件、面临危险时，不顾学生安危，擅离职守，自行逃离。

七、坚持言行雅正。为人师表，以身作则，举止文明，作风正派，自重自爱；不得与学生发生任何不正当关系，严禁任何形式的猥亵、性骚扰行为。

八、秉持公平诚信。坚持原则，处事公道，光明磊落，为人正直；不得在招生、考试、推优、保送及绩效考核、岗位聘用、职称评聘、评优评奖等工作中徇私舞弊、弄虚作假。

九、坚守廉洁自律。严于律己，清廉从教；不得索要、收受学生及家长财物或参加由学生及家长付费的宴请、旅游、娱乐休闲等活动，不得向学生推销图书报刊、教辅材料、社会保险或利用家长资源谋取私利。

十、规范从教行为。勤勉敬业，乐于奉献，自觉抵制不良风气；不得组织、参与有偿补课，或为校外培训机构和他人介绍生源、提供相关信息。

## 新时代幼儿园教师职业行为十项准则

（教育部 2018 年颁布）

一、坚定政治方向。坚持以习近平新时代中国特色社会主义思想为指导，拥护中国共产党的领导，贯彻党的教育方针；不得在保教活动中及其他场合有损害党中央权威和违背党的路线方针政策的言行。

二、自觉爱国守法。忠于祖国，忠于人民，恪守宪法原则，遵守法律法规，依法履行教师职责；不得损害国家利益、社会公共利益，或违背社会公序良俗。

三、传播优秀文化。带头践行社会主义核心价值观，弘扬真善美，传递正能量；不得通过保教活动、论坛、讲座、信息网络及其他渠道发表、转发错误观点，或编造散布虚假信息、不良信息。

四、潜心培幼育人。落实立德树人根本任务，爱岗敬业，细致耐心；不得在工作期间玩忽职守、消极怠工，或空岗、未经批准找人替班，不得利用职务之便兼职兼薪。

五、加强安全防范。增强安全意识，加强安全教育，保护幼儿安全，防范事故风险；不得在保教活动中遇突发事件、面临危险时，不顾幼儿安危，擅离职守，自行逃离。

六、关心爱护幼儿。呵护幼儿健康，保障快乐成长；不得体罚和变相体罚幼儿，不得歧视、侮辱幼儿，严禁猥亵、虐待、伤害幼儿。

七、遵循幼教规律。循序渐进，寓教于乐；不得采用学校教育方式提前教授小学内容，不得组织有碍幼儿身心健康的活动。

八、秉持公平诚信。坚持原则，处事公道，光明磊落，为人正直；不得在入园招生、绩效考核、岗位聘用、职称评聘、评优评奖等工作中徇私舞弊、弄虚作假。

九、坚守廉洁自律。严于律己，清廉从教；不得索要、收受幼儿家长财物或参加由家长付费的宴请、旅游、娱乐休闲等活动，不得推销幼儿读物、社会保险或利用家长资源谋取私利。

十、规范保教行为。尊重幼儿权益，抵制不良风气；不得组织幼儿参加以营利为目的的表演、竞赛等活动，或泄露幼儿与家长的信息。

## 教育部关于建立健全中小学师德建设长效机制的意见

（教育部 2013 年颁布）

各省、自治区、直辖市教育厅（教委），新疆生产建设兵团教育局，部属师范大学：

教师是教育的根本，师德是教师的灵魂。长期以来，全国广大中小学教师教书育人，敬业奉献，为我国教育事业改革和发展作出了重要贡献，赢得了全社会的广泛赞誉和普遍尊重。但是，近年来极少数教师严重违反师德的现象时有发生，引起社会广泛关注，损害了教师队伍的整体形象。为贯彻落实《国务院关于加强教师队伍建设的意见》，以社会主义核心价值体系为引领，充分尊重教师主体地位，大力弘扬高尚师德，切实解决当前出现的师德突出问题，引导教师立德树人，为人师表，不断提升人格修养和学识修养，努力建设一支师德高尚、业务精湛、结构合理、充满活力的中小学教师队伍。现就建立健全教育、宣传、考核、监督与奖惩相结合的中小学师德建设长效机制提出如下意见：

一、创新师德教育，引导教师树立远大职业理想。将师德教育纳入教师教育课程体系。师范生培养必须开设师德教育课程，新任教师岗前培训开设师德教育专题，在职教师培训把师德教育作为重要内容，记入培训学分。重视法制教育、心理健康教育和民族团结教育。创新师德教育内容、模式和方法，突出针对性和实效性。采取实践反思，师德典型案例评析，情景教学等丰富师德教育形式，把教书育人楷模、一线优秀教师等请进课堂，用优秀教师的感人事迹诠释师德内涵。结合教育教学、社会实践活动开展师德教育，切实增强师德教育效果。

二、加强师德宣传，营造尊师重教社会氛围。将师德宣传作为教育行政部门和学校重点工作。坚持正确舆论导向，大力宣传教师的地位和作用，让全社会广泛了解教师工作的重要性和特殊性。大力树立和宣传优秀教师先进典型，通过组织举办形式多样、务实有效的活动，深入宣传优秀教师先进事迹，充分展现当代教师的精神风貌，弘扬高尚师德，弘扬主旋律，增强正能量。针对师德建设中出现的热点、难点问题，要及时应对并加以引导。充分利用教师节等重大节庆日、纪念日的契机，联合电视、广播、报纸、网络等多种媒体集中宣传优秀教师先进事迹，努力营造尊师重教的浓厚社会氛围。

三、严格师德考核，促进教师自觉加强师德修养。将师德考核作为教师考核的核心内容，摆在首要位置。各级教育行政部门要制定师德考核办法，学校制定具体的实施细则。师德考核应充分尊重教师主体地位，符合教师职业性质，促进教师专业发展；坚持公平、公正、公开原则；采取教师个人自评、家长和学生参与测评、考核工作小组综合评定等多种方式进行。考核结果一般分为优秀、合格、基本合格、不合格四个等次。考核结果公示后存入师德考核档案并报学校主管部门备案。师德考核不合格者年度考核应评定为不合格，并在教师资格定期注册、职务（职称）评审、岗位聘用、评优奖励和特级教师评选等环节实行一票否决。

四、突出师德激励，促进形成重德养德良好风气。将师德表彰奖励纳入教师和教育工作者奖励范围。完善师德表彰奖励制度。把师德表现作为评选教书育人楷模，模范教师、教育系统先进工作者，优秀教师、优秀教育工作者，中小学优秀班主任、中小学德育先进工作者等表彰奖励的必要条件。在同等条件下，师德表现突出的，优先评选特级教师和晋升教师职务（职称）、选培学科带头人和骨干教师。

五、强化师德监督，有效防止失德行为。教育行政部门和学校要建立健全师德年度评议制度，师德问题报告制度，师德状况定期调查分析制度和师德舆情快速反应制度，及时研究加强和改进师德建设的政策和措施。构建学校、教师、学生、家长和社会广泛参与的师德监督体系。教育行政部门和学校要建立行之有效的多种形式的师德投诉、举报平台，及时获取掌握师德信息动态，及时发现并纠正不良倾向和问题，将违反师德行为消除在萌芽状态。要将师德建设纳入教育督导评估体系。

六、规范师德惩处，坚决遏制失德行为蔓延。建立健全违反师德行为的惩处制度。依据有关法律法规和《中小学教师职业道德规范》，教育部研究制定《中小学教师违反职业道德行为处理办法》，明确教师不可触犯的师德禁行性行为，并提出相应处理办法。对危害严重、影响恶劣者，要坚决清除出教师队伍。建立问责制度。对教师严重违反师德行为监管不力、拒不处分、拖延处分或推诿隐瞒，造成不良影响或严重后果的，要追究学校或教育主管部门主要负责人的责任。对涉及违法犯罪的要及时移交司法部门。

七、注重师德保障，将师德建设工作落到实处。建立师德建设领导责任制度。地方各级教育行政部门负责对师德建设工作的指导和监管，主要负责人是师德建设工作第一责任人，有关职责要落实到具体的职能机构和人员。各地要结合实际，制订本地师德建设规划和实施方案。充分发挥教育工会等教师行业组织在师德建设中的积极作用。中小学校要把师德建设摆在教师工作首位，贯穿于管理工作全过程。中小学校长要亲自抓师德建设。学校基层党组织、广大党员教师要充分发挥政治核心和先锋模范作用。学校教代会和群团组织紧密配合，形成加强和推进师德建设合力。

# 教育部关于建立健全高校师德建设长效机制的意见

（教育部 2014 年颁布）

各省、自治区、直辖市教育厅（教委），有关部门（单位）教育司（局），新疆生产建设兵团教育局，部属各高等学校：

为深入贯彻习近平总书记 9 月 9 日在北京师范大学师生代表座谈会上的重要讲话精神，积极引导广大高校教师做有理想信念、有道德情操、有扎实学识、有仁爱之心的党和人民满意的好老师，大力加强和改进师德建设，努力培养造就一支师德高尚、业务精湛、结构合理、充满活力的高素质专业化高校教师队伍，现就建立健全高校师德建设长效机制提出如下意见：

**一、深刻认识新时期建立健全高校师德建设长效机制的重要性和紧迫性**

高校教师的思想政治素质和道德情操直接影响着青年学生世界观、人生观、价值观的养成，决定着人才培养的质量，关系着国家和民族的未来。加强和改进高校师德建设工作，对于全面提高高等教育质量、推进高等教育事业科学发展，培养中国特色社会主义事业的建设者和接班人、实现中华民族伟大复兴的中国梦，具有重大而深远的意义。

长期以来，广大高校教师忠诚党的教育事业，呕心沥血、默默奉献，潜心治学、教书育人，敢于担当、锐意创新，为高等教育改革发展做出了巨大贡献，赢得了全社会广泛赞誉和普遍尊重。但是，当前社会变革转型时期所带来的负面现象也对教师产生影响。少数高校教师理想信念模糊，育人意识淡薄，教学敷衍，学风浮躁，甚至学术不端，言行失范、道德败坏等，严重损害了高校教师的社会形象和职业声誉。一些地方和高校对新时期师德建设重视不够，工作方法陈旧、实效性不强。各地各高校要充分认识新时期加强和改进高校师德建设工作的重要性和紧迫性，建立健全高校师德建设长效机制，从根本上遏制和杜绝高校师德失范现象的发生，切实提高高校师德建设水平，全面提升高校教师师德素养。

**二、建立健全高校师德建设长效机制的原则和要求**

建立健全高校师德建设长效机制的基本原则：坚持价值引领，以社会主义核心价值观为高校教师崇德修身的基本遵循，促进高校教师带头培育和践行社会主义核心价值观。坚持师德为上，以立德树人为出发点和立足点，找准与高校教师思想的共鸣点，增强高校师德建设的针对性和贴近性，培育高校教师高尚道德情操。坚持以人为本，关注高校教师发展诉求和价值愿望，落实高校教师主体地位，激发高校教师的责任感使命感。坚持改进创新，不断探索新时期高校师德建设的规律特点，善于运用高校教师喜闻乐见的方式方法，增强高校师德建设的实际效果。

建立健全高校师德建设长效机制的工作要求：充分尊重高校教师主体地位，注重宣传教育、示范引领、实践养成相统一，政策保障、制度规范、法律约束相衔接，建立教育、宣传、考核、监督与奖惩相结合的高校师德建设工作机制，引导广大高校教师自尊自律自强，做学生敬仰爱戴的品行之师、学问之师，做社会主义道德的示范者、诚信风尚的引领者、公平正义的维护者。

**三、建立健全高校师德建设长效机制的主要举措**

创新师德教育，引导教师树立崇高理想。将师德教育摆在高校教师培养首位，贯穿高校教师职业生涯全过程。青年教师入职培训必须开设师德教育专题。要将师德教育作为优秀教师团队培养，骨干教师、学科带头人和学科领军人物培育的重要内容。重点加强社会主义核心价值观教育，重视理想信念教育、法制教育和心理健康教育。创新教育理念、模式和手段。建立师德建设专家库，把高校师德重大典型、全国教书育人楷模、一线优秀教师等请进课堂，用他们的感人事迹诠释师德内涵。举行新教师入职宣誓仪式和老教师荣休仪式。结合教学科研、社会服务活动开展师德教育，鼓励广大高校教师参与调查研究、学习考察、挂职锻炼、志愿服务等实践活动，切实增强师德教育效果。

加强师德宣传，培育重德养德良好风尚。把握正确舆论导向，坚持师德宣传制度化、常态化，将师德宣传作为高校宣传思想工作的重要组成部分。系统宣讲《教育法》《高等教育法》《教师法》和教育规划纲要等法规文件中有关师德的要求，宣传普及《高校教师职业道德规范》。把培育良好师德师风作为大学校园文化建设的核心内容，挖掘和提炼名家名师为人为学为师的大爱师魂，生动展现当代高校教师的精神风貌。充分利用教师节等重大节庆日、纪念日契机，通过电视、广播、报纸、网站及微博、微信、微电影等新媒体形式，集中宣传高校优秀教师的典型事迹，努力营造崇尚师德、争创师德典型的良好舆论环境和社会氛围。对于高校师德建设中出现的热点难点问题，要及时应对并有效引导。

健全师德考核，促进教师提高自身修养。将师德考核作为高校教师考核的重要内容。师德考核要充分尊重教师主体地位，坚持客观公正、公平公开原则，采取个人自评、学生测评、同事互评、单位考评等多种形式进行。考核结果应通知教师本人，考核优秀的应当予以公示表彰，确定考核不合格者应当向教师说明理由，听取教师本人意见。考核结果存入教师档案。师德考核不合格者年度考核应评定为不合格，并在教师职务（职称）评审、岗位聘用、评优奖励等环节实行一票否决。高校结合实际制定师德考核的具体实施办法。

强化师德监督，有效防止师德失范行为。将师德建设作为高校教育质量督导评估重要内容。高校要建立健全师德建设年度评议、师德状况调研、师德重大问题报告和师德舆情快速反应制度，及时研究加强和改进师德建设的政策措施。构建高校、教师、学生、家长和社会多方参与的师德监督体系。健全完善学生评教机制。充分发挥教职工代表大会、工会、学术委员会、教授委员会等在师德建设中的作用。高校及主管部门建立师德投诉举报平台，及时掌握师德信息动态，及时纠正不良倾向和问题。对师德问题做到有诉必查，有查必果，有果必复。

注重师德激励，引导教师提升精神境界。完善师德表彰奖励制度，将师德表现作为评奖评优的首要条件。在同等条件下，师德表现突出的，在教师职务（职称）晋升和岗位聘用，研究生导师遴选，骨干教师、学科带头人和学科领军人物选培，各类高层次人才及资深教授、荣誉教授等评选中优先考虑。

严格师德惩处，发挥制度规范约束作用。建立健全高校教师违反师德行为的惩处机制。高校教师不得有下列情形：损害国家利益，损害学生和学校合法权益的行为；在教育教学活动中有违背党的路线方针政策的言行；在科研工作中弄虚作假、抄袭剽窃、篡改侵吞他人学术成果、违规使用科研经费以及滥用学术资源和学术影响；影响正常教育教学工作的兼职兼薪行为；在招生、考试、学生推优、保研等工作中徇私舞弊；索要或收受学生及家长的礼品、礼金、有价证券、支付凭证等财物；对学生实施性骚扰或与学生发生不正当关系；其他违反高校教师职业道德的行为。有上述情形的，依法依规分别给予警告、记过、降低专业技术职务等级、撤销专业技术职务或者行政职务、解除聘用合同或者开除。对严重违法违纪的要及时移交相关部门。建立问责机制，对教师严重违反师德行为监管不力、拒不处分、拖延处分或推诿隐瞒，造成不良影响或严重后果的，要追究高校主要负责人的责任。

**四、充分激发高校教师加强师德建设的自觉性**

广大高校教师要充分认识自己所承担的庄严而神圣的使命，发扬主人翁精神，自觉捍卫职业尊严，珍惜教师声誉，提升师德境界。要将师德修养自觉纳入职业生涯规划，明确师德发展目标。要通过自主学习，自我改进，将师德规范转化为稳定的内在信念和行为品质。要将师德规范积极主动融入教育教学、科学研究和服务社会的实践中，提高师德践行能力。要弘扬重内省、重慎独的优良传统，在细微处见师德，在日常中守师德，养成师德自律习惯。

高校要健全教师主体权益保障机制，根据《教育法》《高等教育法》《教师法》等法律法规和高等学校章程，明确并落实教师在高校办学中的主体地位。完善教师参与治校治学机制，在干部选拔任用、专业技术职务评聘、学术评价和各种评优选拔活动中，充分保障教师的知情权、参与权、表达权和监督权。创设公平正义、风清气正的环境条件。充分尊重教师的专业自主权，保障教师依法行使学术权利和学业评定权利。保护教师正当的申辩、申诉权利，依法建立教师权益保护机制，维护教师合法权益。健全教师发展制度，构建完整的职业发展体系，鼓励支持教师参加培训、开展学术交流合作。

**五、切实明确高校师德建设工作的责任主体**

高校是师德建设的责任主体，主要负责人是师德建设的第一责任人。高校要明确师德建设的牵头部门，成立组织、宣传、纪检监察、人事、教务、科研、工会、学术委员会等相关责任部门和组织协同配合的师德建设委员会；建立和完善党委统一领导、党政齐抓共管、院系具体落实、教师自我约束的领导体制和工作机制，形成师德建设合力。要建立一岗双责的责任追究机制。

要加大师德建设经费投入力度，为师德建设提供坚实保障。

高校主管部门要把师德建设摆在教师队伍建设的首位，主要领导亲自负责，并落实具体职能机构和人员。建立和完善师德建设督导评估制度，不断加大督导检查力度。支持高校设立师德建设研修基地，搭建教育交流平台，积极探索师德建设的特点和规律，不断提升师德建设科学化水平。

各地各校要根据实际制订具体的实施办法。

## 新师德宣言

——我们的师德信条

我们——来自全国大中小学教育工作第一线的教师，为了加强师德师风建设，落实立德树人根本任务，志愿努力做“四有”好教师，培养德智体美全面发展的社会主义建设者和接班人。

在这个建设中国特色社会主义的伟大新时代，应当倡导新时代所需要的新师德，凝练中华民族新师魂。我们特提出以下新师德宣言，作为我们在教育和教学工作中恪守和践行的师德信条。凡同意和认可以下十二项师德信条的教育工作者，都可以成为新师德宣言的倡导者和实践者。

我们深信，教师应是全民族和全人类优秀道德的继承者、体现者和传播者。

我们深信，教育伦理和教师道德是全部教育教学工作的价值基础。

我们深信，新的社会环境，需要建构与时俱进又面向实践的新师德，重筑时代新师魂。

我们深信，面向实践，归依真理，才能重建合理的、人人应做、人人能行的师德规范和师德标准。

我们深信，合理的师德规范，应能恪守底线，追求高尚，自他两利，提升自我，促进专业发展。

我们深信，良善的新师德师风形成，需要公正的社会分配和科学的教育管理机制支撑、正确的舆论导向和教师作为道德主体的积极努力。

我们深信，教师应享有道德和法律赋予自己的全部人格尊严和正当利益，通过诚实的教育劳动创造人生的幸福。

我们深信，教师应有责任之心，教书育人、立德树人是教师的天职。

我们深信，教师应有仁爱之心，关爱学生，为学生一辈子的幸福生活着想。

我们深信，教师应有敬业之心，严谨治学，搞好教学是教师的专业责任。

我们深信，教师应有乐群之心，关心集体，尊重同事，自重重人。

我们深信，教师应有爱国之心，家国情怀，在平凡的教育和教学岗位上，为社会的文明进步，民族的伟大复兴，尽智竭力。

（本宣言由中国教育伦理学会会长、上海师范大学哲学与法政学院教授王正平起草，于 2017 年 10 月 20 日在湖北大学召开的全国第五届教育伦理学学术研讨会上正式发布，200 多位来自全国各地的专家学者、大中小学校长和一线教育工作者共同签署。）

# 主要参考文献

1. 包连宗、郑建平编著:《教师职业道德修养》,华东师范大学出版社1985年版。

2. 曹孚编:《外国教育史》,人民教育出版社1979年版。

3. 陈娇云、汪荣有著:《教育伦理与教育公正》,安徽大学出版社2015年版。

4. 陈学恂主编:《中国近代教育文选》,人民教育出版社1983年版。

5. 程亮著:《教育的道德基础——教育伦理学引论》,福建教育出版社2016年版。

6. 戴双翔、王本陆主编:《教师职业道德养成——做一个温暖的师德实践者》,北京师范大学出版社2015年版。

7. 樊浩、田海平等著:《教育伦理》,南京大学出版社2000年版。

8. 冯婉桢著:《教师专业伦理的边界——以权力为基础》,教育科学出版社2012年版。

9. 龚乐进著:《素质教育下的教师道德》,人民教育出版社2001年版。

10. 金生鈜著:《教育与正义——教育正义的哲学想象》,福建教育出版社2012年版。

11. 贾馥茗著:《教育伦理学》,江苏教育出版社2008年版。

12. 贾新奇著:《教育伦理学新编》,山西教育出版社2008年版。

13. 李清雁著:《困惑与选择——基于身份认同的教师德性养成论》,人民出版社2016年版。

14. 李天凤主编:《教师职业道德》,高等教育出版社2015年版。

15. 林本著:《现代的理想教师》,台湾开明书店1975年版。

16. 《伦理学》编写组:《伦理学》,高等教育出版社2012年版。

17. 罗国杰主编：《伦理学》，人民出版社 1989 年版。

18. 吕寿伟著：《从排斥到承认：通往有尊严的教育伦理生活》，教育科学出版社 2015 年版。

19. 孟宪承编：《中国古代教育文选》，人民教育出版社 1979 年版。

20. 糜海波著：《教育伦理建设引论》，中国社会科学出版社 2015 年版。

21. 钱焕琦主编：《教育伦理学》，南京师范大学出版社 2009 年版。

22. 钱焕琦主编：《教师职业道德》，华东师范大学出版社 2016 年版。

23. 丘景尼编著：《教育伦理学》，福建教育出版社 2011 年版。

24. 单中惠主编：《西方教育思想史》，教育科学出版社 2007 年版。

25. 沈璿著：《我国教师伦理规范的制度属性及其建构》，中国社会科学出版社 2015 年版。

26. 施修华、严缘华主编：《教育伦理学》，上海科学普及出版社 1989 年版。

27. 檀传宝等著：《教师专业伦理基础与实践》，华东师范大学出版社 2016 年版。

28. 檀传宝著：《教师伦理学专题——教育伦理范畴研究》，北京师范大学出版社 2014 年版。

29. 万俊人著：《寻求普世伦理》，北京大学出版社 2009 年版。

30. 王正平主编：《教育伦理学》，人民教育出版社 2019 年版。

31. 王正平、周中之著：《现代伦理学》，中国社会科学出版社 2001 年版。

32. 王正平著：《环境哲学——环境伦理的跨学科研究》，上海人民出版社 2004 年版。

33. 王正平、郑百伟著：《教育伦理学——理论与实践》，上海教育出版社 1998 年版。

34. 王正平主编：《应用伦理学》，上海人民出版社 2013 年版。

35. 王正平主编：《教育伦理研究》（第 1—8 辑），华东师范大学出版社 2014—2021 年版。

36. 王正平著：《人民教师的道德修养》，人民教育出版社 1993 年版。

37. 王正平主编：《高校教师伦理学》，上海交通大学出版社 1991 年版。

38. 王本陆著:《教育崇善论》，广东教育出版社 2001 年版。

39. 王淑芹主编:《教师职业道德新编》，高等教育出版社 2016 年版。

40. 王少哲等著:《教师职业道德》，贵州人民出版社 1985 年版。

41. 卫荣凡著:《高校教师师德自律论》，中国社会科学出版社 2008 年版。

42. 余玉花主编:《高校教师职业道德》，华东师范大学出版社 2014 年版。

43. 张岱年著:《中国伦理思想研究》，江苏教育出版社 2005 年版。

44. 任钟印主编:《西方近代教育论著选》，人民教育出版社 2001 年版。

45. 周辅成编:《西方伦理学名著选辑》，商务印书馆 1987 年版。

46. 朱法贞主编:《教师伦理学》，浙江大学出版社 2013 年版。

47. 朱贻庭主编:《中国传统伦理思想史》，华东师范大学出版社 2003 年版。

48. 朱小蔓等著:《教育职场——教师的道德成长》，教育科学出版社 2004 年版。

49. ［美］爱德华·希尔斯著，徐弢等译:《教师的道与德》，北京大学出版社 2010 年版。

50. ［苏］B. H. 契尔那葛卓娃、И. И. 契尔那葛卓夫著，严缘华、盛宗范译:《教师道德》，华东师范大学出版社 1982 年版。

51. ［英］边沁著，程立显等译:《论道德与立法的原则》，陕西人民出版社 2009 年版。

52. ［美］蒂洛著，孟庆时等译:《伦理学——理论与实践》，北京大学出版社 1985 年版。

53. ［苏］季塔连科主编，黄其才等译:《马克思主义伦理学》，中国人民大学出版社 1984 年版。

54. ［美］胡佛著，兰英主译:《教师督导与评价——理论与实践的结合》，中国轻工业出版社 2007 年版。

55. ［德］康德著，苗力田译:《道德形而上学原理》，上海人民出版社 2012 年版。

56. ［美］肯尼思·A. 斯特赖克、帕梅拉·莫斯著，鞠玉翠译:《伦理学与大学生生活的案例研究》，北京大学出版社 2012 年版。

57. ［美］肯尼思·A. 斯特赖克、［加］基兰·伊根著，刘世清等译：《伦理学与教育政策》，北京大学出版社 2013 年版。

58. ［美］肯尼斯·A. 斯特赖克、乔纳斯·F. 孛尔蒂斯著，洪成文等译：《教学伦理》，教育科学出版社 2007 年版。

59. ［英］罗伯特·G. 伯吉斯著，卜玉华等译：《教育研究伦理学》，北京大学出版社 2013 年版。

60. ［美］马修·桑格等著，刘玉琼译：《师德教育培训手册》，中国青年出版社 2015 年版。

61. ［美］麦金太尔著，龚群等译：《德性之后》，中国社会科学出版社 2020 年版。

62. ［美］小彼得·C. 穆雷尔等著，麦丽斯译：《中小学教师职业道德培训手册：师德的定义、养成与评估》，中国青年出版社 2016 年版。

63. ［美］汤姆·L. 彼彻姆著，雷克勤等译：《哲学的伦理学——道德哲学引论》，中国社会科学出版社 1990 年版。

64. ［美］威廉·K. 弗兰克纳著，黄伟合等译：《善的求索——道德哲学导论》，辽宁人民出版社 1987 年版。

65. ［古希腊］亚里士多德著，邓安庆译：《尼各马可伦理学》，人民出版社 2010 年版。

66. ［加］伊丽莎白·坎普贝尔，王凯、杜芳芳译：《伦理型教师》，华东师范大学出版社 2011 年版。

67. ［英］约翰·穆勒著，徐大建译：《功利主义》，上海人民出版社 2007 年版。

68. ［美］罗尔斯著，何怀宏、何包钢、廖申白译：《正义论》，中国社会科学出版社 2009 年版。